China Real Estate Listed Companies Decade Development Report

中国房地产上市公司10年发展报告

中国指数研究院
中国房地产TOP10研究组 著

经济引擎

The Economic Engine

经济管理出版社
ECONOMY & MANAGEMENT PUBLISHING HOUSE

图书在版编目（CIP）数据

中国房地产上市公司10年发展报告/中国指数研究院，中国房地产TOP10研究组著. —北京：经济管理出版社，2013.1
ISBN 978-7-5096-2315-2

Ⅰ. ①中… Ⅱ. ①中… ②中… Ⅲ. ①房地产业—上市公司—经济发展—研究报告—中国
Ⅳ. ①F299.233

中国版本图书馆CIP数据核字（2013）第018122号

组稿编辑：勇　生
责任编辑：杨国强
责任印制：木　易
责任校对：超　凡　熊兰华

出版发行：经济管理出版社
（北京市海淀区北蜂窝8号中雅大厦A座11层　100038）
网　　址：www. E-mp. com. cn
电　　话：(010) 51915602
印　　刷：三河市延风印装厂
经　　销：新华书店
开　　本：787mm×1092mm/16
印　　张：19.5
字　　数：349千字
版　　次：2013年3月第1版　2013年3月第1次印刷
书　　号：ISBN 978-7-5096-2315-2
定　　价：198.00元

编委会名单

中国房地产 TOP10 研究组成员

联席组长： 赵昌文　刘洪玉　莫天全

主要成员：

黄　瑜　汪　勇　马　骏　张政军　范保群　杨振鹏
郭晓旸　杨　帆　姜沛言　蒋云峰　白彦军　李建桥
张咏华　张　哲　张　璇　饶彩霞　马　岚　李　晶
李　想　柳华健　姜　燕　刘宇飞　刘佩佩　张　涛
李　东　黄秀青　张志杰　刘　萱　林建晖　张化学
罗勇成　钟文辉　杜丙国　张　伟　高院生　周瑞蓉
吴晓桃　刘慧鸣　黄　雪　薛建行　张晓伟　钱慧群
陈　佳　朱柏润

序

2002~2012年，是中国经济飞速发展的10年，也是房地产行业迅速壮大的10年。10年来，我国经济总量实现了历史性的跨越，上升为世界第二大经济体。其间，房地产行业一直是国民经济和社会生活中备受关注的热点行业，市场规模持续提升，对国民经济的带动作用日益显著。同时，房地产上市公司在这个“黄金10年”依托与资本市场的深入对接，在经营业绩、质量、发展模式、资本运作、资源整合等方面一直代表着整个行业的先进水平，不断做大做强。因此，分析、研究房地产上市公司的发展脉络，对整个房地产行业的成长有着重要意义。

中国房地产TOP10研究组由国务院发展研究中心企业研究所、清华大学房地产研究所和中国指数研究院三家权威研究机构共同组成，秉持“客观、公正、准确、全面”的基本原则，致力于对中国房地产行业的优秀企业进行深度研究，并持续10年对境内外房地产上市公司进行跟踪分析，在业内及社会各界形成了广泛深入的影响力。

《中国房地产上市公司10年发展报告》是一本全景式展现中国房地产上市公司10年来发展历程的著作。在本书中，读者可以了解到10年来房地产上市公司的走势，优秀房地产上市公司在发展战略、经营模式、公司治理等方面值得借鉴的经验，房地产上市公司未来5~10年的发展趋势等。本书对各类读者都具有重要的参考价值：投资者可通过对各房地产上市公司经营业绩、资金状况、资本运作与表现等方面的了解，更好地发掘房地产上市公司的价值，从而做出更加明智的投资决策；房地产企业可以借鉴优秀上市公司的发展经验，制定更加科学的战略规划；政府相关部门可以全面地了解优秀房地产上市公司的经营实力及发展特点，更好地完善相关政策与法规，引领行业稳健发展；研究者可以了解10年来房地产市场的发展状况、各房地产上市公司的成长模式、影响房地产上市公司发展的重要因素等。迄今为止，我国还没有对数量庞大的中国房地产上市公司进行过如此系统、全面的研究，《中国房地产上市公司10年发展报告》的出版将填补这一空白。

本书中引用的数据均来自于政府有关部门（包括市城乡建设委员会、房屋管理局和统计局等）的公开数据、各房地产上市公司的年报资料、相关专业数据库以及各类财经信息平台等。

特别感谢支持中国房地产TOP10研究的房地产上市公司：万科企业股份有限公司、保利房地产（集团）股份有限公司、中国海外发展有限公司、恒大地产集团有限公司、金地（集团）股份有限公司、招商局地产控股股份有限公司、绿城中国控股有限公司、金融街控股股份有限公司、上海世茂股份有限公司、宝龙地产控股有限公司、佳兆业集团控股有限公司、越秀地产股份有限公司、融创中国控股有限公司、北京北辰实业股份有限公司、江苏新城地产股份有限公司、北京城建投资发展股份有限公司、湖北福星科技股份有限公司、南京栖霞建设股份有限公司、武汉东湖高新集团股份有限公司等。它们为本书提供了大量的企业信息和资料，无偿地奉献自己企业的成功经验。在这里，我们代表编委会对它们再次表示诚挚的谢意。

中国房地产TOP10研究组联席组长：

国务院发展研究中心企业研究所所长　**赵昌文**

清华大学房地产研究所所长　**刘洪玉**

中国指数研究院院长　**莫天全**

2012年12月

目　录

第一章 中国房地产行业 10 年发展概述

第一节 经济腾飞奠定行业发展基础

发展与改变，是这 10 年宏观经济的主题词。2002~2011 年，中国经济加快转变增长方式，不断深化改革、改善宏观调控，有效地应对了金融危机的冲击。中国社会生产力和综合国力显著提升，刷新了改革开放以来的经济发展纪录，经济总量实现了历史性的跨越，中国国际经济影响力显著提升。

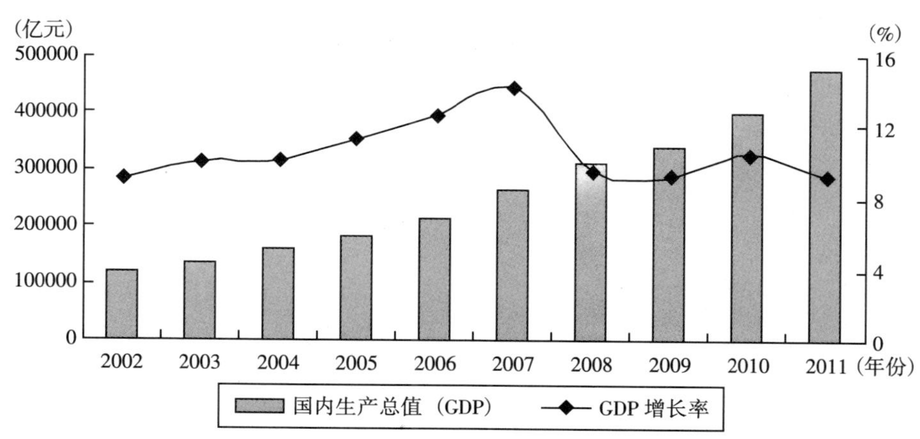

图 1-1 2002~2011 年国内生产总值及其增长率

如图 1-1 所示，10 年来，我国经济总量连续跨越新台阶。2002~2011 年，国内生产总值年均增长 10.6%，其中有 6 年实现了 10%以上的增长速度，截至 2011 年，我国国内生产总值达到 47.2 万亿元。2008 年，我国国内生产总值超过德国，居世界第三位；仅过了两年又超过日本，成为仅次于美国的世界第二大经济体。

中国对世界经济发展的贡献也日益显著。我国经济总量占世界的份额由 2002 年的 4.4%提高到 2011 年的 10%左右，对世界经济增长的贡献率超过 20%。在受国际金融危机冲击最严重的 2009 年，中国依然实现了 9.2%的经济增长率，成为带动世界经济复苏的重要引擎。

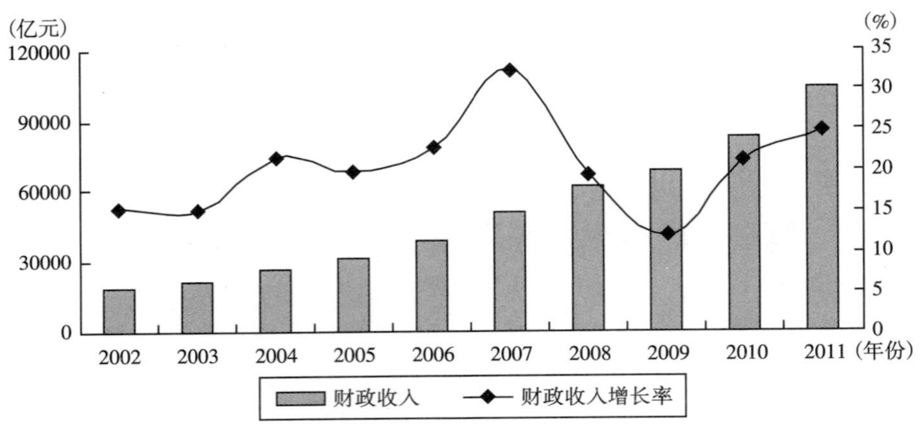

图 1-2　2002~2011 年全国财政收入及其增长率

经济快速增长的同时，也带来了国家财政收入的稳定增长。如图 1-2 所示，2011 年，我国财政收入超过 10 万亿元，是 2002 年的 4.5 倍，年均增长 20.8%。财政收入的快速增长为加大教育、医疗、社保等民生领域投入以及增强政府调节收入分配能力提供了有力的资金保障。

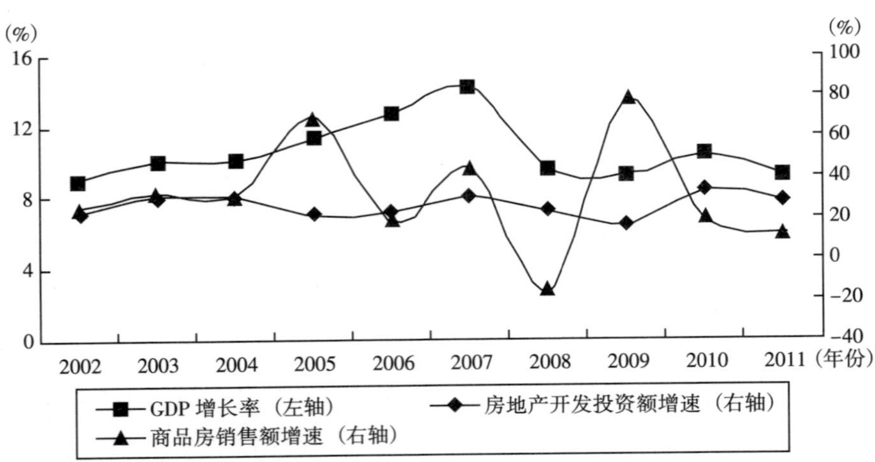

图 1-3　2002~2011 年全国 GDP、房地产开发投资额与商品房销售额走势

从图 1–3 的宏观经济数据来看，全国房地产投资额、商品房销售额与 GDP 走势基本趋同，三者联动效应明显。从 2002 年开始，房地产开发投资额、销售额及 GDP 三个指标的增幅均保持了比较平稳的态势。2008 年，受金融危机影响，GDP 增速回落至 10%以下，同时商品房销售额首次出现负增长，投资额也同样开始下滑，但 2009 年触底反弹。2011 年，三项指标都继续增长，不过增速都开始下滑：国内生产总值 47.1 万亿元，同比增长 9.2%，较 2010 年回落 1.1 个百分点；房地产投资额突破 6 万亿元，同比增长 28%，增速比 2010 年回落 5 个百分点；销售额同比增长 12.1%，增速较 2010 年下降 6.8 个百分点。

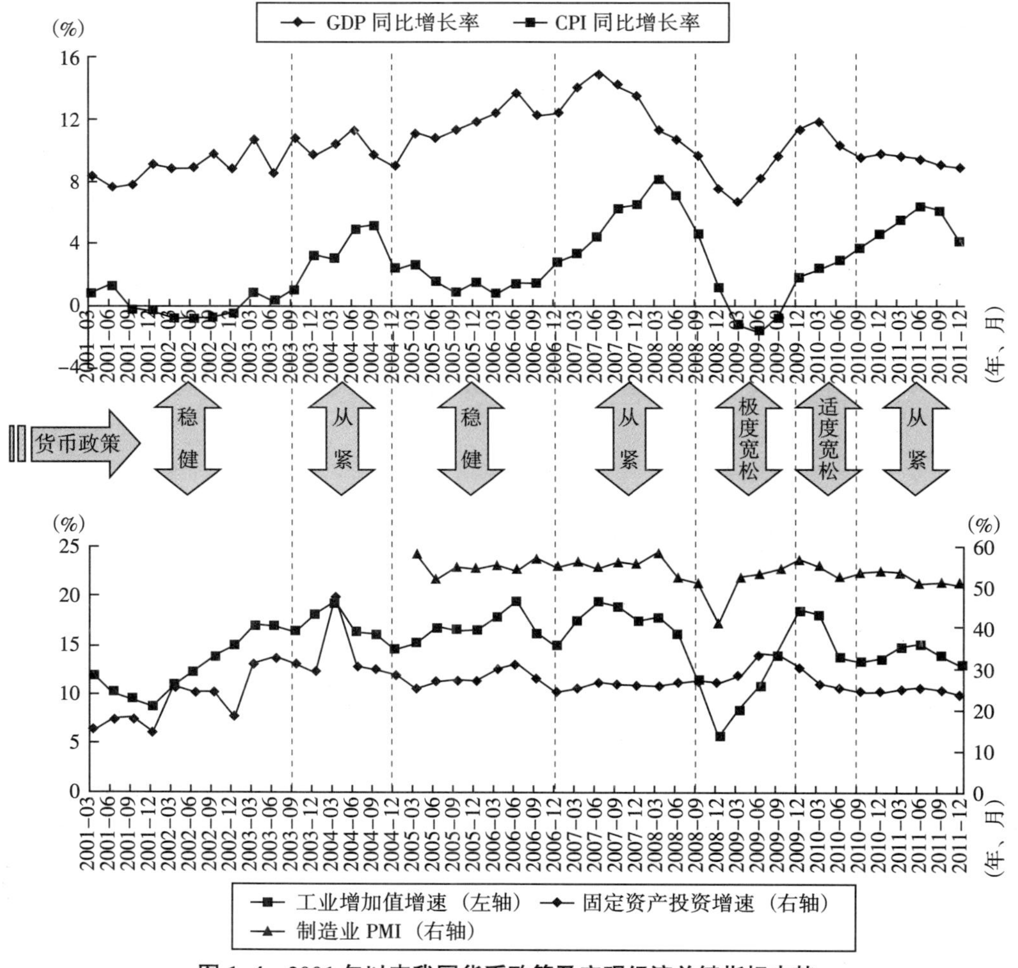

图 1–4　2001 年以来我国货币政策及宏观经济关键指标走势

回顾 10 年来货币政策变化及相关时期经济指标的变化，如图 1–4 所示，经济增长和物价水平是货币政策转向的最关键因素。历史数据显示，货币政策转向往往是存款准备金率先于利率进行调整，但货币政策的实质转向还需要关注存贷款利率的调整。

在经济快速发展的同时，我国经济结构调整也开始启动：城镇化步伐明显加快，2011 年，我国城镇化率首次突破 50%，达到 51.3%，比 2002 年提高 12.2 个百分点，城乡结构发生历史性倒置；中西部地区加快发展，2011 年，中部、西部地区 GDP 占全国的比重分别为 20.1%、19.2%，分别比 2002 年提高 1.3 个、2.0 个百分点。除此之外，由于加入世界贸易组织，中国目前已成为世界第一大出口国和世界第二大贸易国，“中国制造”行销全球，越来越多的企业开始走向国际市场。

经济的增长和货币投放的加快，促进居民收入水平提高，为房地产市场创造了良好的外部环境。不过，当前中国经济发展中依然存在支撑高增长的优势开始弱化、经济增长面临的资源环境约束力增强、城乡区域发展不平衡等诸多问题。总体来看，经济发展亟待转型，结构调整仍需深化。准确清醒地认识过去以及当前的经济发展形势，是我们描绘房地产行业 10 年发展曲线的基础。

第二节　房地产行业走过黄金 10 年

中国经济的高速增长和城市化步伐的迈进，推动房地产行业也走过了一个波澜壮阔的 10 年。房地产行业整体规模与影响力快速提升，已经发展成为包含土地、建筑、交易和金融服务的多链条、多部门的重要产业，持续为国民经济增长作出重要贡献。综合来看，全国房地产投资占固定资产投资比例接近 25%，房地产业增加值占 GDP 比重在 5%左右，房地产行业对 GDP 增长的贡献率在 10%左右，年平均拉动 GDP 增长 1.5~2 个百分点[①]。同时，房地产市场也逐步形成、完善和成熟。

在宏观经济较快增长、人民收入水平不断上升、城市化水平稳步提高、居民住房需求强劲等各种因素的促进下，10 年来，中国的房地产市场处于长期的上升通道，投资、开工、销售等指标屡创新高。2002~2011 年，全国商品房销售面积从 2.7 亿平方米增长至 11 亿平方米，累计增长 3.1 倍（复合增长率 16.89%）；

① 根据国民经济核算的两种方式（生产法和支出法）计算得出。

销售额从 6032 亿元扩大至 5.9 万亿元，累计增长近 8.8 倍（复合增长率 28.84%）；销售均价从 2250 元/平方米上涨至 5377 元/平方米，累计上涨 1.4 倍（复合增长率 10.16%），如图 1–5 所示。

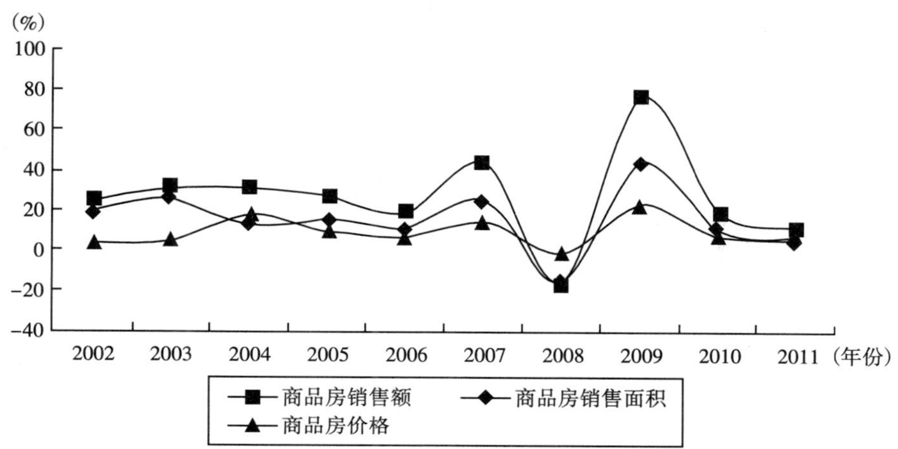

图 1–5　2002~2011 年商品房销售指标同比增速

如图 1–6 所示，10 年来，房地产投资占固定资产投资的比例接近 20%，有力地拉动了经济增长。数据显示，2002 年至今，房地产开发投资增幅一直保持在两位数，2003 年首次超万亿元，增速达到 30%的阶段性高点，占固定资产投资的比重也增加至 18%，这一比重持续了 5 年左右。经过 2009 年短暂下滑后，2011 年房地产投资额突破 6 万亿元，同比增长 28%，其占固定资产投资的比重达到 20%的历史高点。

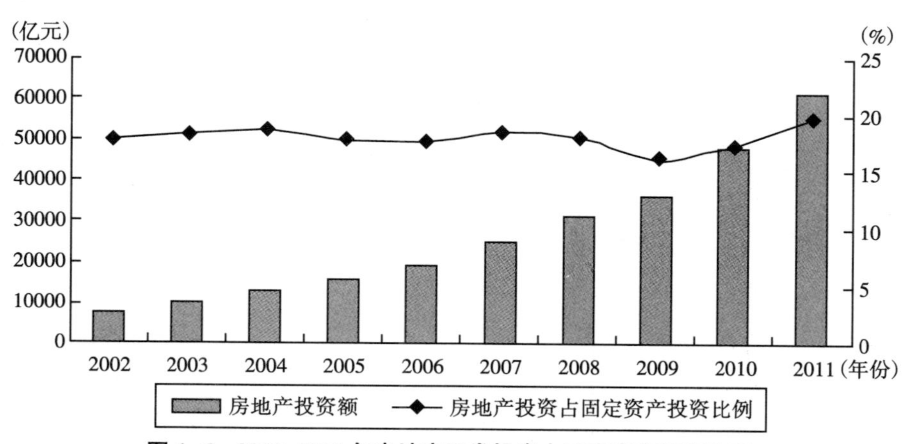

图 1–6　2002~2011 年房地产开发投资占固定资产投资比重

任何市场都有一定的生命周期，我国房地产市场也具有明显的阶段性特点，

与房地产调控政策以及宏观经济发展有着密切的联动关系。

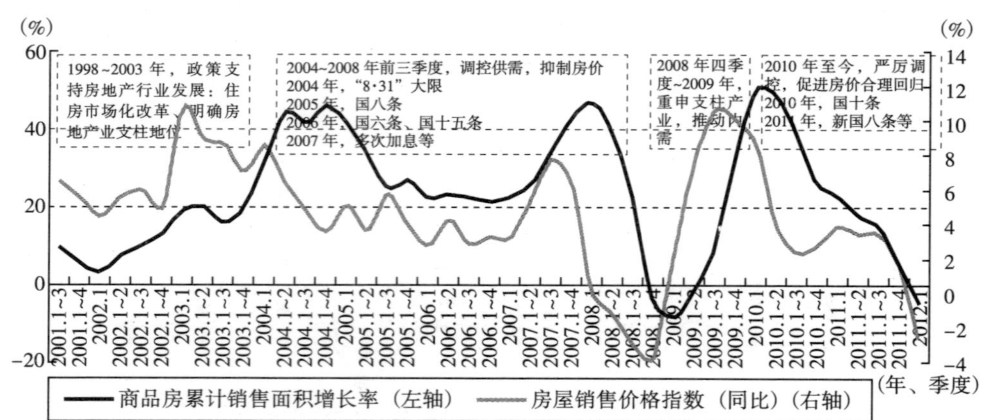

图 1–7　近年我国房地产市场及政策演变历程

如图 1–7 所示，1998 年“房改”以来，我国房地产政策大体经历了“支持房地产行业发展（1998~2003 年）”、“调控供需，抑制房价（2004~2008 年）”、“重申支柱产业，推动内需（2008 年四季度~2009 年）”以及“严厉调控，促进房价合理回归（2010 年至今）”四个阶段。

1998 年注定是写入中国房地产发展史册的一年，国务院颁发了《关于进一步深化城镇住房制度改革加快住房建设的通知》。这份后来被看作房改纲领的“23 号文件”，正式开启了以“取消福利分房，实现居民住宅货币化、私有化”为核心的住房制度改革。同时，房屋贷款、购房退税等一系列的住房金融服务举措带给了购房者更大的空间和自由。2003 年，《关于促进房地产市场持续健康发展的通知》（以下简称“18 号文件”）出台，明确将房地产行业列为我国国民经济的支柱产业，成为房地产行业崛起的信号。我国房地产市场在此时期获得了政策鼓励与信贷支持，平稳发展。

针对房地产投资过热和房价上涨过快的现象，2004 年开始国家又陆续出台一系列调整政策，通过调控供需总量抑制过热的投资和房价的过快上涨。2008 年，受全球金融危机阴影笼罩，我国也出现了“房改”以来房地产市场量价的全面调整。

从 2008 年四季度开始，为应对金融危机以及保持国内经济稳定增长，货币政策和针对房地产业的抑制性政策全面放松，中央与地方政府积极出台各种措施拉动消费信心，市场下行态势很快被遏制。2009 年，楼市又出现涨幅的新高点，房地产市场成为在金融危机下“内需驱动”的重要发动机。

2010年，针对楼市的重新高涨，“国四条”、“国十条”、“新国八条”接连发布，“限购限价限贷”政策频出，房地产调控的目标也由“遏制房价过快上涨”升级为“促进房价合理回归”，拉开了新一轮时间长、级别高、力度大、措施严的宏观调控。

在宏观经济和房地产调控政策的综合影响下，同期，我国房地产市场也大致分为三个阶段：鼓励性政策下平稳快速发展期（1998~2004年）、抑制和促进交错的大幅波动期（2005~2009年）和调控不断升级的合理回归期（2010年至今）。由于政策和经济环境的变化，2007年以来房地产市场量价波动频率明显加快，但市场总体向上趋势不变。

1998年以后，我国房地产市场和房地产行业进入了新的发展时期，全国城镇停止了住房实物分配，各项优惠政策纷纷出台，住房建设加快，住房金融快速发展，住房二级市场开始活跃。中国房地产市场整体出现了飞跃，房地产投资首次超过1万亿元；房地产上市公司规模、数量也呈几何级增长。

不过，2004年以前，自住型购房消费占主流，房地产价格涨幅较小，并且波动不大。2005年后，经济发展刺激了住房消费，加上大量资金进入房地产市场以期保值增值，推动了房价的快速上涨。特别是2006~2007年，深圳、广州、上海等地楼市快速上涨，并蔓延至二、三线城市，全国房价屡创新高，地王频现，出现了一波令人咂舌的行情。从2008年下半年开始，受全球金融危机的影响，房地产市场从交易量到价格都迅速下滑。之后，在我国增加投资刺激经济的政策鼓励下，2009年房地产市场又很快进入了一个非理性的快车道。2010年持续至今的政策调控使房地产市场重新回归稳定。2011年，商品房销售面积和销售额的增长率分别下降至4.9%和12.1%，而之前10年基本在10%和20%以上；销售均价增长率降至6.9%，明显低于2005~2009年的10.3%。从近几年来看，宏观调控政策不断出台，但房地产市场规模扩大趋势不改，正稳步向常态化发展回归，增长节奏更趋稳健。

第三节　房地产上市公司崛起与壮大

房地产上市公司的发展及变迁直接反映了房地产业的发展状况和趋势。2002~2011年，是中国房地产上市公司锐意进取、积极进行产品与模式创新、全面引领行业发展风向的“黄金10年”。10年来，中国房地产上市公司市场布局与业务版图迅速拓展，规模和业绩实现了飞跃发展，为促进行业进步、经济增长作出了不可磨灭的贡献。

房地产上市公司数量在10年增长迅速。2002年，中国房地产上市公司只有80余家①（包括11家大陆在港上市房地产公司）。其后10年来，房地产上市公司如雨后春笋般出现，到2011年底，中国房地产上市公司已上升为近180家（包括136家沪深上市房地产公司和36家大陆在港上市房地产公司）。上海、深圳两大交易所始终是房地产企业上市的主要选择，房地产上市公司数量已占沪深上市公司总数的6%左右；而36家大陆在港上市房企已占港交所全部房地产企业一半以上。此外，还有少部分房地产企业在新加坡、美国、欧洲等地进行境外IPO上市，包括在美国上市的鑫苑（中国）、在新加坡上市的仁恒置地等。

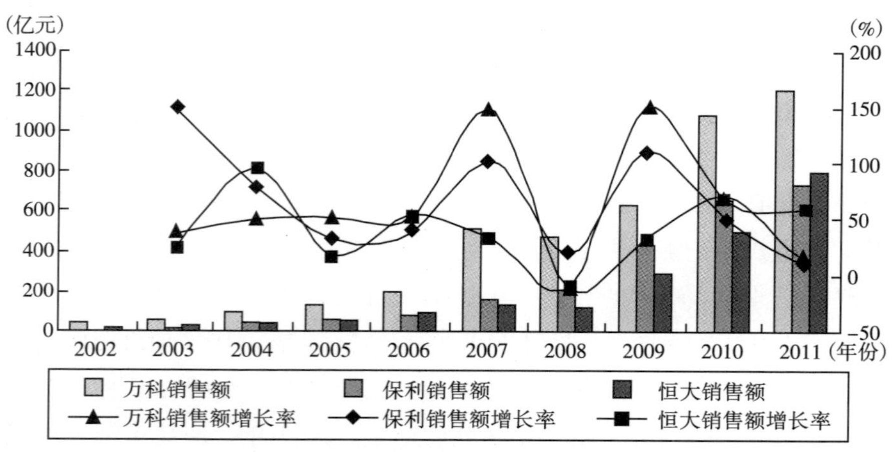

图1–8 2002~2011年重点房地产上市公司销售额变化情况

房地产上市公司规模实力与经营质量持续提升。房地产上市公司一直在行业的快速发展中发挥着重要领军作用，从图1–8来看，万科近10年的房屋销售额从44.2亿元增长了26倍达1215.4亿元，并已于2010年、2011年连续两年突破千亿元销售大关，稳居行业首位；保利地产2011年销售额为732.4亿元，其2002~2011年的复合增长率达61.1%；恒大地产从2007年销售额首次过百亿元后，至2011年已跃升至803.98亿元。这些企业的业绩增速均远远超过同期的行业平均水平，持续引领行业的快速发展。

从地域分布来看，近10年来，房地产上市公司一直呈现东南强、西北弱的

① 本书中“房地产上市公司”主要指主业为房地产经营的上市公司，包括ST股，不包括B股。

分布特征。一线城市、东部和南部城市及快速发展的省会城市是房地产上市公司的主要“聚居地”，北京、上海、深圳拥有的上市房企占全国房地产上市公司总数的六成，其中上海数量居首。

尽管在整个房地产行业中，上市房地产公司在数量上所占比例不大，但在市场中占有的份额及影响力却越来越大。优秀房地产上市公司致力于提升产品品质、实现区域深耕、勇于承担社会责任，对拉动地区经济以及提高全国人居水平贡献卓越。

一、加强产品品质，不断提高人居水平

随着生活水平的不断提高，消费者的价值取向、居住观念及消费理念不断变化。房地产企业也逐步认识到，房屋提供的不仅仅是一个居住场所，更是一种生活方式，于是通过扩大住房建设规模、“做精做专”产品、创新多元化业务、挖掘增值服务等手段，持续创造更为人性化的产品、服务，满足人们不断升级的居住、情感以及价值需求。

（一）房地产上市公司满足了消费者不断增长的住房需求，促进人均居住面积持续提升

中国城市人均住宅建筑面积2002年为24.5平方米，2011年达到32平方米，增长了30.6%；同期商品房销售面积则增加了3.1倍。房地产上市公司为此作出了重要贡献：2011年，仅万科、恒大、中海、保利四家上市房地产公司的销售套数已逾36万套，占当年房地产行业销售套数的4.1%。截至2011年年底，万科累计售出43.9万套住宅，已经覆盖到以珠三角、长三角、环渤海地区和中西部城市经济圈为重点的54个城市，259个社区，居住在万科社区的人口规模已逾百万。

（二）房地产上市公司专注品质，积极创新业务，差异化定位满足客户多元化需求

产品品质是企业的生命线，房地产上市公司通过加速产品的升级和技术更新，不断提高专业化和精细化水平，引领住房产品的更新换代，不断改善、提高人居水平。

中海地产始终秉承“诚信卓越，精品永恒”的经营理念，坚持以丰富的专业

知识和经验，创造如艺术品一般具有原创性和独特性的精品。每个楼盘都体现了规划设计理念、环境设计、施工材料的创新，精品化、差异化和创新保证了中海地产项目的恒久价值与时代精神。这种永远追求超越自我的创新能力和创新精神推动中海地产独立研发了逐级递进的五代精品住宅。以建设低碳、环保、健康适用的人居环境为宗旨，中海地产不仅引领行业品质不断发展，其“过程精品、楼楼精品”的品牌实力也获得了消费者的高度认同。

万科坚持面向自住购房者的产品定位，在产品方面不断探索创新，产品结构契合市场主流需求。2002 年 3 月，万科研发的“户户带花园或露台的住宅”成为中国住宅行业第一个专利产品和第一项发明专利，标志着万科住宅标准化与产品创新的成功结合。万科还站在产品生产模式变革的潮头，率先启动了住宅产业化战略。工业化的建筑方式将带来产品品质的提升，并具有耐久易维护的特点，有利于房屋的保值升值，进而推动行业的下一步升级进程。万科的住宅产业化，目前已经进入规模化实施的阶段。未来几年，万科的产业化施工面积还将出现快速增长。

绿城始终奉行“品质第一”的理想，每一产品系列都根据市场发展需要不断优化、自我升级。1995 年至今，绿城开发的别墅产品完成了从造房到造园再到造生活的三代别墅的演变，并创新开发出“平层官邸”户型。绿城同一系列的产品，无论是在哪个城市，都具备可识别的“绿城特质”，通过在产品的规划设计、景观设计、施工营造、物业管理当中不断注入文化和其他活力元素，使住宅产品突破物化产品的功能属性，上升为具有精神意义的艺术审美作品，成为城市美丽和居住美好的代名词之一。

招商地产是中国绿色地产的先行者，2004 年至今，已举办了八届中外绿色人居论坛。招商地产结合自身实际，从营造绿色低碳的城市环境和进行引领行业趋势的产业培育两个维度，通过制定绿色技术标准规范，积极推动和探索生态与创意城市的开发建设，打造宜居宜业及生态化的综合新城。

沿海绿色家园将绿色环保低碳作为自己的行为标准。作为中国最早加入美国绿色建筑协会的房地产开发商之一，沿海集团率先引入美国绿色建筑 LEED-ND 体系对小区进行绿色认证并按照绿色体系进行设计，通过将健康住宅理念、技术体系、建设体系、评估体系有机融合，逐步形成了体现沿海集团品牌内涵的“健康住宅产品体系”，其核心包括健康住宅技术、健康住宅建设和健康住宅评估三大体系，为营造绿色健康的居住环境、创造健康生活空间提供切实可行的保障。

表 1-1 列举了我国部分房地产上市公司的差异化定位。

表 1-1 部分房地产上市公司差异化定位

企业	差异化定位
保利地产	一直致力于从人文、艺术、历史的角度，积极倡导和谐地产理念，关怀公众精神生活，堪称文化地产的领跑者
招商地产	不断升级成熟的绿色节能技术和绿色产品，以绿色地产为原动力引领房地产行业走向绿色创新之路
华侨城	致力于成为以文化为核心、旅游为主导、中国领先的现代服务业集聚型开发与运营商，通过独特的创想文化，致力提升中国人的生活品质
SOHO 中国	致力于打造实现家庭办公梦想的功能型地产，为注重生活品位的人群提供了创新、高质量的居住、工作和消费的空间以及时尚的生活方式

（三）房地产上市公司挖掘服务附加功能，促进业主满意度不断提升

随着房地产产品种类的日趋丰富和多样化，消费者对服务的期望也跃升为对生活质量、社区生活方式、精神文明、使用附加值等生活价值的期望。房地产上市公司将客户关怀作为重要环节，通过提升物业服务、进行客户关系维护来丰富品牌内涵。

绿城物业致力于成为“中国最具完整价值的园区生活服务商”。2010 年，绿城创建了包括健康、文化教育、生活三大服务系统的“园区生活服务体系”，为广大业主提供亲情化和充满人文关怀的服务。从“营造品质房产”转变为“营造品质生活”，这个引领整个房地产行业的全新运营模式，成为其独特的企业文化和核心竞争力，拓展了房地产行业的价值内涵与产业链条。

强烈的客户意识始终贯穿于万科的发展中。万科是国内第一家聘请第三方机构每年进行全方位客户满意度调查的住宅企业。万科物业服务是全国首批通过 ISO9002 质量体系认证企业；“万客会”是住宅行业的第一个客户关系组织。万科物业推行全生命周期物业管理，并采用“精益流程”方法，提炼出的《DS 安全管理模式》将小区的“物防—技防—人防”手段科学结合，为业主编织一张无形而又可靠的安全防范网络。2012 年，中国指数研究院进行的重点开发企业居民居住整体满意度评价显示，万科客户总体满意度为 78.91%，领先行业均值。

房地产上市公司通过挖掘物业服务价值，不仅提升了消费者的满意度水平，同时促进了房地产行业作为“服务业”的更长远发展。

二、实现区域深耕，拉动地区经济发展与城市升级

从区域经济来看，房地产行业是一个区域差异巨大、级差收益明显的行业。

一个区域的房地产行业发展程度必然受到该地区经济发展水平及产业结构状况的制约。一般而言，区域经济增长是随着投资量的不断增加和需求量的持续上升而发展起来的。这种投资与需求的增长，必然导致对房地产需求的增加，从而带动房地产行业的发展。

房地产行业的发展同样会给区域经济带来深远影响。10年来，在多项区域振兴规划的带动下，中国各个区域经济体迎来了全面繁荣的新阶段。作为地区经济发展的中坚力量，一批规模大、业务特色鲜明的房地产上市公司及园区开发上市公司，在完善城市功能、加快城市产业升级、与区域经济实现共同繁荣发展等方面持续发挥了重要作用。

（一）长三角区域

上海浦东新区的张江高科将国内外先进理念融入科技园区、工业园区的规划建设之中，目前园区已聚集集成电路、生物医药、软件、金融创新、文化创意产业等多个产业群，辐射了上海乃至长三角区域的高新技术产业。其中，以中芯国际为产业核心，由150余家企业组成的集成电路产业链群占据国内同行业的半壁江山；软件园批准设立企业近900家，成为国内规模最大的软件基地之一；生物医药机构累计达280个，包括跨国公司的研发中心、国家级和上海市级的研发中心、全球制药前20强跨国公司等。

绿城始终坚持“为城市创造美丽”的使命。从20世纪90年代开始崛起，绿城就在营造城市的过程中不断重新阐释和注解杭州的历史肌理和文化脉络。分析绿城的产品线，无论是杭州的桃花源、上海的玫瑰园还是北京的御园，都是代言城市历史文化、缔造城市人居高度的顶级产品。绿城独特的人文城市开发模式将房地产产品视为承载人类精神、传承人类文明的载体，并达到创造城市美丽、提升城市人文精神内涵之目的。

（二）环渤海区域

远洋地产作为北京最主要的开发商之一，推动并见证了北京房地产的商品化发展。远洋地产项目大多地处长安街及其延长线、各环路主干线周边、主要商业区域等核心黄金地段或交通便利地区，涵盖商业地产、写字楼、高档住宅、精品别墅等不同形态。远洋地产以城市运营理念，创建坐标型项目，改变着京城楼市的格局，同时持续深耕环渤海经济圈，目前已进入该区域7个城市。

金融街控股将区域建设与城市功能有机结合，深化城市运营，将金融产业发展升级，形成了独特的开发模式。目前，北京金融街已建设成为集决策监管、资产管理、支付结算、信息交流、标准制定为一体的国家金融管理中心和中央企业总部的聚集地，有力地促进了北京金融功能区的完善。依托北京金融街的资源和品牌优势，金融街控股已逐步形成以京津区域为核心，向全国重点城市发展的业务格局，不断提升城市品质，促进城市经济发展与文化繁荣。

北辰集团积极参与2008年北京奥运会场馆和周边设施的建设，承建了北京国际会议中心、国家会议中心以及媒体村等多个项目，对奥运会的成功举办功不可没，其持有的投资和零售商业也集中于亚奥商圈，为此后形成的奥运经济圈留下了宝贵财富。自2008年北京奥运会以来，北辰集团在运营北京国际会议中心、国家会议中心两大会展场馆的基础上，已为北京经济贡献了10.5亿元的收入，并间接拉动了住宿、餐饮、购物、交通、旅游、物流等相关行业近百亿元收入，为北京城市经济发展作出了重要贡献。

（三）珠三角区域

招商地产在深圳蛇口开发区深度开发近30年。2009年起，招商地产开启了总量达600亿元的投资计划，对蛇口进行全方位改造升级。新蓝图包括集“海陆空铁”于一体的太子湾现代化国际邮轮母港、华南地区规模最大的全新互联网电子商务产业基地——蛇口网谷以及实践绿色地产的里程碑项目——新海上世界。招商地产的社区综合开发实践在蛇口引领着“城市更新”，起到了完善城市功能、改善人居环境、促进城市资源可持续和良性发展的作用，并计划在各地复制推广，持续推动地方经济的发展。

作为广州乃至中国最早的房地产企业，越秀地产一路见证了广州房地产市场的发展。从1983年开发的江南新村这个全国首个实施“六统一”开发和管理模式的住宅小区，到20世纪80年代初帮助广州市政府建设天河体育中心并成功拓荒天河区、全程开发二沙岛及打造高档住宅区——“宏城花园”，再到建成全球十大超高层建筑之一的广州商务新地标——广州国际金融中心，越秀地产始终坚持发展与城市同步，成为广州城市名片的缔造者。

（四）中西部区域

龙湖地产通过区域深耕战略，在重庆的市场占有率连续9年位居首位，并形成了一种“龙湖效应”，即龙湖进入某个区域，这个区域便会迅速实现居住价值的提升和飞跃，成为整个楼市瞩目的焦点。从新牌坊到北城天街，从经开大道到冉家坝，再到北部新区高新园的江与城，多年来，通过一个个项目的成功运作，龙湖不仅拥有了深厚的品牌累积，更以恢弘的手法创造着新城市，给这座城市的居住环境和生活模式都带来了深刻转变。

福星股份控股子公司福星惠誉多年来稳居武汉市房地产企业综合实力第一名，也是湖北地区房地产行业的龙头企业。福星惠誉坚持以旧城改造和城中村改造为基点的开发思路，与城市共同成长，从 2007 年开始开发了多个以城中村改造为主的大型城市综合体项目，总计 300 多万平方米。福星惠誉改变了武汉中心城区的面貌与人居环境，已经成为武汉城市化进程最重要的推动者。

三、勇担社会责任，凸显企业公民价值

规模与业绩的快速提升，为房地产上市公司承担更多的社会责任奠定了良好基础。众多企业遵循简单、透明、规范的价值观，不断进行企业社会责任体系的完善与健全，在保障房建设、依法纳税、慈善公益等领域贡献巨大，在反哺社会的过程中，树立了积极的企业公民形象，成为奉献社会、服务民生的行业典范。

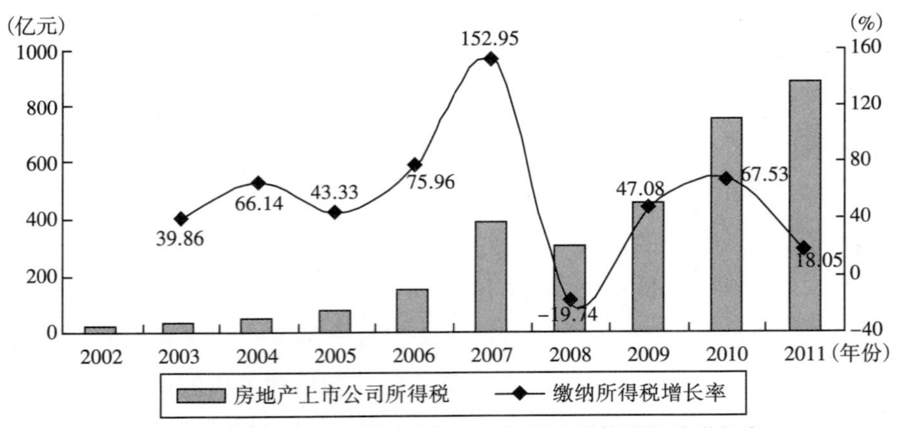

图 1-9 2002~2011 年房地产上市公司缴纳所得税及其增长率

从图 1-9 可以看出，房地产上市公司在创造财富的同时，更加注重依法纳税。纳税总额由 2002 年的 25.8 亿元上升至 2011 年的 894 亿元，增长近 33.6 倍，年均增长率达到 54.6%，成为行业中履行企业公民责任的典范。

众多房地产上市公司还积极承担政策性住房的建设使命，在保障和改善民生领域走在行业前列。北京首开股份及天津天房集团 2011 年新开工保障房面积分别占当地新开工保障房面积的 3.1%和 9.4%。首开股份曾开发包括北京回龙观、

通惠家园在内的大型经济适用房项目累计达800万平方米，目前在北京地区在建和拟建的保障性住房包括朝阳常营、小屯馨城、大兴康庄、顺义英各庄等项目，建筑面积超过120万平方米，预计2014年前开发完毕。在首开股份未来的产品结构中，保障房将具有更为重要的地位。作为天津城市建设和保障房建设的主力军，天房集团近年来不断通过提高建设水平、创新融资渠道等多种方式，探索国有企业参与保障房建设的路径，先后投资170多亿元，开发建设了天房雅韵、嘉春园、华明新家园、渤海天易园等一大批保障房，建筑面积达500多万平方米，目前仍有超过300万平方米保障房正在建设。越来越多的房地产上市公司积极参与到保障房建设中来，为当地安居工程作出卓越贡献，企业奉献民生的意识越来越强。

房地产上市公司在快速发展中，也为社会提供了大量的就业岗位。截至2011年年末，沪深上市房地产公司共拥有员工19.68万人，加上促进相关产业发展带来的就业岗位，其对整个产业链就业规模的扩大发挥了重要作用。

此外，房地产上市公司还通过慈善捐赠、开发公益活动等形式为社会和谐发展作出贡献，涉及教育、医疗、卫生、文化、体育、环境保护、旧城改造等诸多领域，获得了社会公众广泛称赞。万科于2007年发布了第一份社会责任报告——《绿皮书》，之后每年都发布年度社会责任报告，在节能环保、公益慈善等多方面为其他房地产企业做出了责任地产的表率。绿城在经营房产的同时大力投资教育事业，已投资建设了3所幼儿园、1所小学、3所中学，教育已经成为绿城心系理想、回报社会的一个重要平台，是绿城事业的有机组成部分之一。佳兆业集团积极回馈社会，发起并建立深圳佳兆业公益基金会，支持扶贫救灾、捐资教育和文化等公共事业。

房地产上市公司积极地承担社会责任是房地产行业成熟的重要标志，它们在追求经济效益的同时，与利益相关方实现共赢发展，这是遵守社会守则和商业道德的直接表现，更是改善形象、实现可持续发展的重要途径。

第二章　中国房地产上市公司10年经营状况

2002~2011年，中国房地产上市公司成长迅速，不断做大做强，规模、数量呈几何级增长，在经营业绩、创富能力以及投资价值等各个方面都体现了自身的价值，成为引领行业大发展的中坚力量，对经济发展与社会进步也起到了巨大的推动作用。

第一节　经营业绩跨越式发展

2002~2011年，是房地产上市公司快速发展的"黄金10年"，企业规模实力和经营质量持续提升，总资产、营业收入、净利润等均呈几何级增长，企业的综合实力和影响力日益提升，为推动行业发展壮大发挥了重要作用。

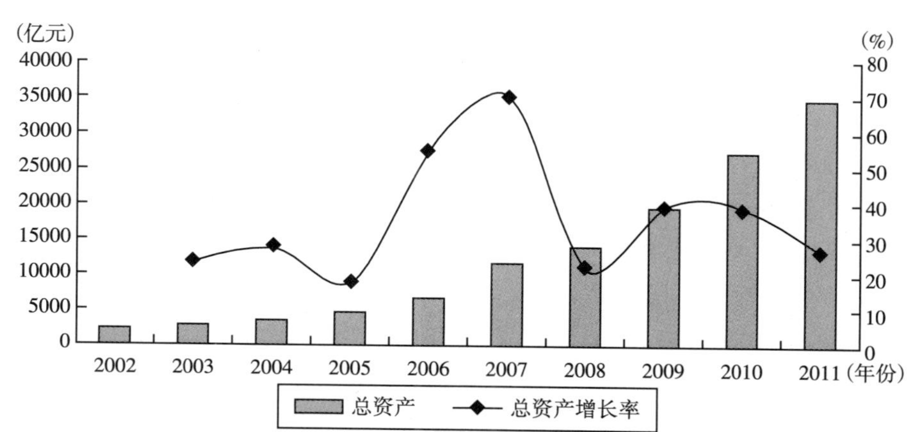

图2-1　2002~2011年房地产上市公司的总资产及其增长率

如图 2–1 所示，2002~2011 年，房地产上市公司的总资产呈现连续同比增长的趋势，总额由 2367 亿元增长至 34555 亿元，经营规模扩大近 13.6 倍，资产复合增长率近 35%。即使在国家进行严格调控的近两年，房地产上市公司的资产规模仍以每年超过 7000 亿元的速度扩大。房地产上市公司资产规模持续扩大的原因在于：一方面，企业以主营业务为核心，通过资产置换整合内部资源，增加总资产；另一方面，企业通过扩大区域布局、增加土地储备，不断扩大主营业务规模，从而促进资产规模的持续扩张。

万科连续 10 年保持高速增长，2011 年销售额达 1215 亿元，并连续两年销售额突破千亿元。2011 年万科总资产 1962 亿元，较 2002 年增长了 35 倍多，复合增长率高达 43.1%，业务覆盖至以珠三角、长三角、环渤海三大经济圈为重点的 50 多个城市，成为国内地产业界当之无愧的领军企业。在过去 10 年中国房地产行业高速增长的周期中，中海地产的增长速度也同样领先于同行：2002~2011 年，中海销售额复合增长率为 36.1%，2011 年总资产达到 1760 亿元，较 2002 年增长了 11 倍。

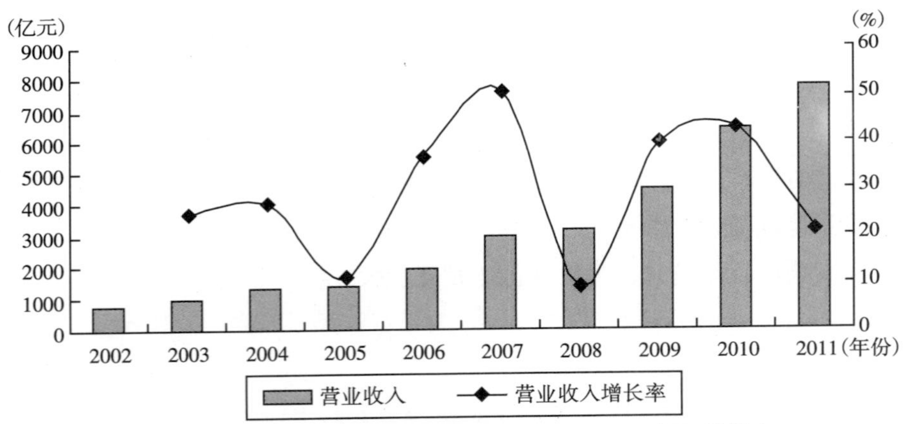

图 2–2　2002~2011 年房地产上市公司营业收入总额及增长率

从收入规模的变化来看，近 10 年房地产上市公司的营业收入由 2002 年的 820 亿元增长至 2011 年的 7782 亿元，增长了近 8.5 倍，复合增长率达到 28%。房地产上市公司的营业收入变化趋势与房地产市场的销售情况紧密相连，在市场火热的 2007 年和 2009 年，房地产上市公司的营业收入增长率均超过 30%（见图 2–2）。从数量分布来看，截至 2011 年年底，营业收入超过 100 亿元的房地产上市公司共 18 家，营业收入在 50 亿~100 亿元的房地产企业达到 24 家，而 2002 年没有一家房地产企业的营业收入超过 100 亿元；在 2002 年，仅有万科的营业收入超过了50亿元。

近两年来，随着房地产调控的持续深入，房地产上市公司的营业收入分化更加明显，行业集中度持续提升。2011年，营业收入前十的房地产上市公司占总营业收入的比重达到43.99%，其中万科2011年实现营业收入717.83亿元，同比增长41.54%，在所有房地产上市公司中继续领跑；恒大地产2011年营业收入达到623.96亿元，名列大陆在港房地产上市公司的首位。大型房地产企业依靠多元化、多区域经营更好地分散了市场风险，营业收入持续提升。与此同时，有57家较小的企业受销售不畅影响，营业收入出现负增长，较2010年增加了17家。未来，房地产调控仍将持续，行业的两极分化会继续加剧，行业集中度将进一步提升，强者恒强的局面愈加明显。

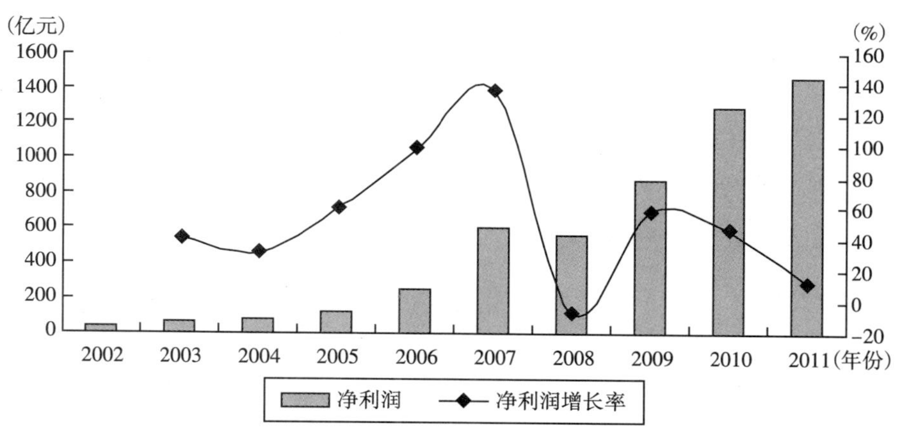

图2-3　2002~2011年房地产上市公司净利润总额及增长率

图2-3表明，2002年至今，房地产上市公司盈利能力也有所提升，其净利润总额由10年前的43亿元迅速飙升到2011年的1462亿元，净利润均值由3704万元增至10.4亿元，增长了27倍多。2002年，沪深上市房地产公司中可获得亿元以上净利润的企业仅15家，居首的陆家嘴当年获得净利润5.2亿元。到2011年，房地产上市公司净利润超亿元的已有76家，各梯队分化已非常明显，净利润超10亿元的企业9家；在净利润1亿~10亿元的企业中，5亿~10亿元的企业占3成，3亿~5亿元的企业占3成，1亿~3亿元的企业占4成，同一阵营内的企业竞争也愈加激烈。

大陆在港上市的房地产企业盈利水平远高于沪深上市公司，2011年平均净利润28.5亿元，比沪深上市公司净利润均值高出4倍多。另外，2011年大陆在港上市房企中仅一家亏损，而沪深上市房企中有9%亏损。中海地产2011年实现净利润 125.5 亿元，成为最盈利的房地产上市公司。首先，中海地产在发展策略、运营及财务管理、人才培养方面较内地房企更加成熟，为公司较高的盈利能力奠定了基础；其次，中海地产的产品定位以中高端为主，主要分布在一、二线城市的核心地段，产品的溢价水平较其他企业具有明显的优势，这也是中海地产能保持较高利润的重要原因；最后，中海地产的盈利能力还来自对成本的出色控制，中海地产的“安全、环保、质量、工期、成本”五个统一管理模式深得行业认可，公司要求在每个进入的城市都要进入当地市场的前几名，在每一个城市都要进行多项目开发以体现规模效应，这种方式无疑摊薄了各种成本，提升了企业的盈利水平。

第二节　股东回报稳步提升

在经营业绩实现跨越式发展的同时，房地产上市公司也更加注重对股东的回报，积极提升收益水平为股东创造更多的实际价值。

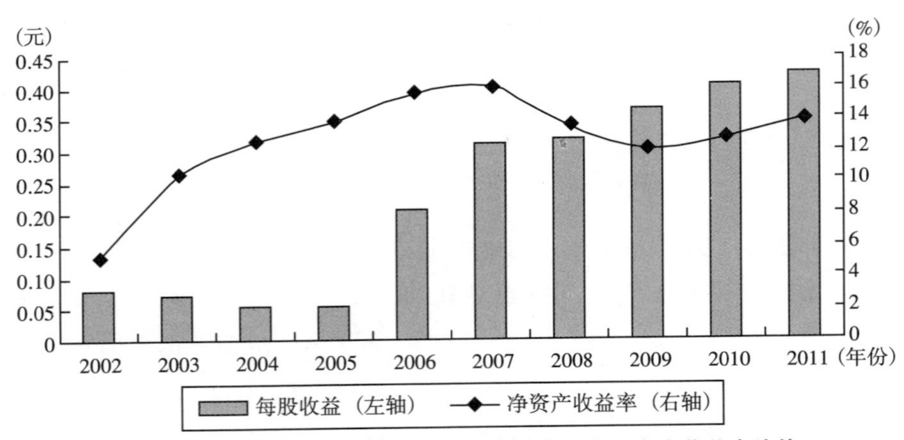

图 2-4　2002~2011 年房地产上市公司每股收益与净资产收益率均值

如图 2-4 所示，10 年来，受益于盈利规模的扩大，房地产上市公司净资产收益率自 2006 年以来一直保持在较高水平。2011 年，房地产上市公司净资产收益率均值为 14.07%，其中，沪深上市房地产公司较 2010 年提升 1.27 个百分点至 12.70%，大陆在港上市房地产公司则达到 18.95%，较 2010 年提高 1.19 个百分点。随着房地产上市公司整体经营能力与资本利用效率的提升，其净资产收益

率逐年提高。同时，房地产上市公司的每股收益均值自2006年以来也逐渐提升，2011年，沪深及大陆在港上市的房地产公司的每股收益都较2010年提升了0.02元，分别达到0.38元和0.58元，股东回报稳步提升。

在房地产上市公司股东回报整体水平提高的同时，优秀的房地产企业更是发挥表率作用，引领行业发展。其中，保利地产在实现自身发展的同时，高度重视股东的合理投资回报。“筑行业龙头，树优质蓝筹”是保利地产资本市场形象定位的鲜明写照，公司的持续快速成长得到了股东和资本市场参与各方的一致认可，被称作上市房企成长的标杆典范。公司自2006年上市至今，已累计分红近25亿元，其中，现金分红17.5亿元，现金分红占实现净利润比例达13.7%，现金分红占实现净利润比例呈上升趋势，2010年该比例更是高达20%，使股东在获得资本增值的同时也获得了丰厚的现金回报。2011年，公司实现每股收益1.1元，同比增长33%，并实施每10股分配2.15元的现金红利分配方案，为股东带来了更多利益。金融街控股则在经营规模和盈利能力不断提高的情况下，为回馈股东对公司发展的支持，企业自2000年资产置换上市后在每个会计年度均通过现金分红或资本公积转增股本方式进行利润分配，且每年的现金分红规模均在当年净利润中占有较大比例。

在充分借鉴国外经济附加值（Economic Value Added，EVA）研究的理论框架和计算方法的基础上，中国房地产TOP10研究组自2003年起对我国房地产上市公司的财富创造能力进行测评，并在此后的研究中不断地完善EVA研究体系，以便更公正、更客观地分析房地产上市公司的财富创造水平。经济附加值是基于税后营业净利润和产生这些利润所需资本投入总成本的一种企业绩效财务评价方法。公司每年创造的经济增加值等于税后净营业利润与全部资本成本之间的差额。其中，资本成本包括债务资本的成本，也包括股本资本的成本。从算术角度说，EVA等于税后经营利润减去债务和股本成本，是所有成本被扣除后的剩余收入（Residual Income）。EVA是对真正“经济利润”的评价，或者说，是表示净营运利润与投资者用同样资本投资其他风险相近的有价证券的最低回报相比，超出或低于后者的量值。

如果EVA的值为正，则表明公司获得的收益高于为获得此项收益而投入的资本成本，即公司为股东创造了新价值；相反，如果EVA的值为负，则表明股东的财富在减少。随着房地产上市公司盈利能力的提升，企业所创造的经济附加值也逐渐提高。如图2-5所示，沪深上市的房地产公司的EVA已经连续四年为正值，大陆在港上市的房地产公司的EVA均值也在2010年达到历史高点。2011

年，由于受房地产调控影响，房地产上市公司的EVA均值有所下滑。一方面，随着房地产上市公司的经营规模的扩大，投入资本规模持续增加，债权资本和股权资本规模快速扩张；另一方面，加息带来的加权资本成本率的持续提高使房地产上市公司的资本使用成本显著增加，从而给企业的财富创造能力带来挑战。但万科、恒大、中海等行业龙头企业实现的经济增加值保持了连续增长，在房地产上市公司中有着良好表现，为股东持续创造价值。

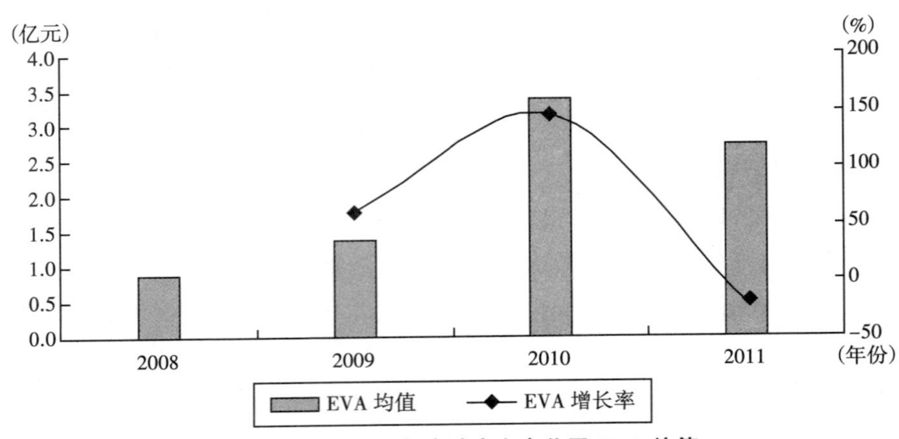

图2-5 2008~2011年房地产上市公司EVA均值

第三节 稳健运营能力持续加强

随着我国房地产市场的发展，房地产上市公司的经营逐步实现正规化、标准化。企业在快速发展的同时，十分重视企业的稳健经营，通过优化区域布局、完善产品体系、拓展融资渠道、规范财务制度等方式，保障企业实现可持续发展。

为充分发挥股东投入资金的运营效率，房地产上市公司往往利用财务杠杆来扩大企业经营，以较低的资本量获取更大的利润，为股东创造更多价值。房地产上市公司的资产负债率相对其他行业较高，但总体来说，企业的负债结构仍较为稳定，整体资产负债水平处于安全范围内（见图2-6）。2008年以来，沪深上市和大陆在港上市房地产公司的资产负债率均有不同程度的提升，截至2011年，分别达到67.43%和63.43%，达到历史最高点，但企业资产负债率的提升很大一部分是预收账款大幅提升所带动，从剔除预收账款后的有效负债率来看，房地产上市公司的均值在50%左右，比例保持良好，企业负债结构较为均衡。另外，房地产上市公司近几年来持续强化风险管控能力，万科、龙湖、中海等房地产上市公司的风险控制能力深受行业认可。

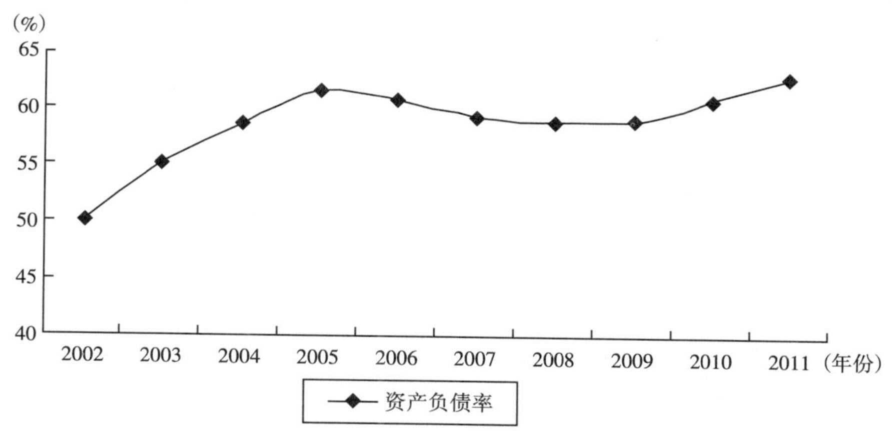

图 2-6 2002~2011 年房地产上市公司资产负债率均值

万科系统风险控制在业界首屈一指，企业对政策风险、财务风险、土地风险等方面均实现有效控制。首先，万科坚持限制企业高利润，提出利润率高于25%就不做，将发展重心放在开发大众住宅上，实际上是对国家“抑制房地产过度开发高利润高档住宅，引导地产企业开发中低档住宅”的宏观调控政策有着准确的把握和理解，能够将政策风险降至最低。其次，万科始终坚持多元化融资方式，避免单一融资带来的风险，通过增发股票、引入战略合作伙伴、加快资金回收率等多种途径，满足企业快速扩张过程中的资本需求。同时，万科始终对财务风险保持高度警惕，一直保持较低的资产负债率，坚持“现金为王”的经营策略。最后，万科十分重视土地风险的控制，即保持一定量的土地储备，避免土地短缺，同时又坚持审慎拿地，遵循“不囤地、不捂盘、不当地王”的策略。目前，万科的土地资源基本满足企业未来 2~3 年的开发需要，既符合万科稳健发展的经营策略，又足以支撑企业持续发展。

中海地产高质量、稳步的规模扩张为其赢得了不少商机。由于国内房地产行业在不同区域、不同城市总会出现不同程度的波动和调整，中海地产在发展中选定主流地段，全国布局，分散利润分布，较为有效地控制和平衡了市场周期性风险。目前，企业基本实现了以港澳、珠三角、长三角、环渤海、东北、西部为区域重点的均衡战略布局，各区域的销售面积和金额比例均衡，实现良性发展。另外，中海地产在风险控制和经营管控方面有着独到的、前瞻性的理念，公司制定实施了“低成本竞争、高品质管理”的发展策略，把风险意识与对风险的防范渗透于公司经营管理的每个方面，稳健经营已经成为中海地产的基本经营思想。如2012年11月，中海地产宣布将发行10亿美元的担保票据，其中7亿美元的票据，10年期票息3.95%；3亿美元票据，20年期票息5.35%，融资成本较低。龙湖地产则根据企业发展目标，制定了“区域聚焦、多业态”的发展战略，企业运用多业态与区域的双重平衡实现持续稳步发展，分散产品结构不均衡和区域周期不均衡带来的风险，在少于竞争对手城市布点的情况下，运用多种业态布局实现业务规模的领先，达到在不同业态间的收入平衡。另外，在境内外信贷紧缩的环境下，龙湖地产坚持审慎的财务原则，积极采取多项措施，以确保财务稳健并保持合理借贷水平。2011年，龙湖地产首获标准普尔BB+及穆迪Ba2信用评级，这是中国民营房地产企业获得的最高评级，企业拥有颇具竞争力的融资成本安排，因而龙湖在当年就完成了7.5亿美元债券融资及2.5亿美元银团贷款，融资成本为当期民营房企最优水平，而企业平均债务成本仅为6.4%，较同期央行基准利率低。龙湖高度重视销售回款管理，全年销售回款率超过9成，高于同业平均水平。截至2011年底，龙湖地产的净负债率进一步下降至43.02%，企业负债水平和财务结构的持续优化为抵御市场波动、降低财务风险奠定了良好基础。

第四节　投资价值逐步凸显

2005年以后，资本市场房地产板块开始崛起，房地产上市公司的业绩表现成为众多机构投资者关注的焦点。通过分析反映上市房地产企业投资价值、成长质量及发展前景的关键性指标，我们可以看到房地产上市公司及中国房地产行业整体的发展和演变。

如图2-7所示，房地产上市公司的市值在近10年波动较为明显，但总体上呈现稳步上升态势。2002~2005年是上市房企发展的第一个阶段，其间上市房企的市值均值稳定在20亿元左右的范围内；2006~2007年，上市房地产企业实现爆炸式增长，市值均值大幅攀升，2006年突破55亿元，2007年则达到近年的最高峰——145亿元；2008年，股市遭遇金融危机，房地产上市公司市值均出现大幅下跌情况，市值均值同比下降61.4%，即55.94亿元；2009年，政府出面救市，资本市场回暖、经济环境总体利好，房地产上市公司市值均值出现爆发式反弹，再次上涨131.5%，达到129.5亿元。此后，国家频频出台的政策调控给房

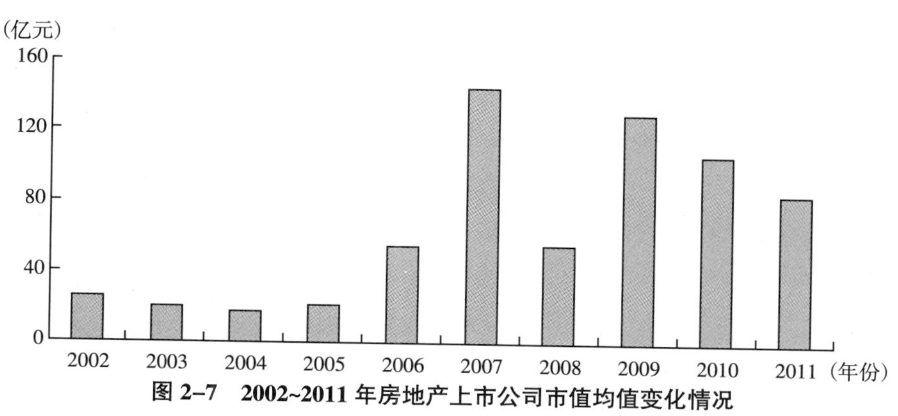

图 2-7 2002~2011 年房地产上市公司市值均值变化情况

地产资本市场带来一定影响，房地产上市公司市值均值再次进入下行通道，到2011年底，上市房企的市值均值为85.17亿元。总体而言，虽然在房地产行业黄金10年期间，房地产上市公司的市值出现较为明显的波动，但整体而言，上市房企的市值仍实现了快速的增长。

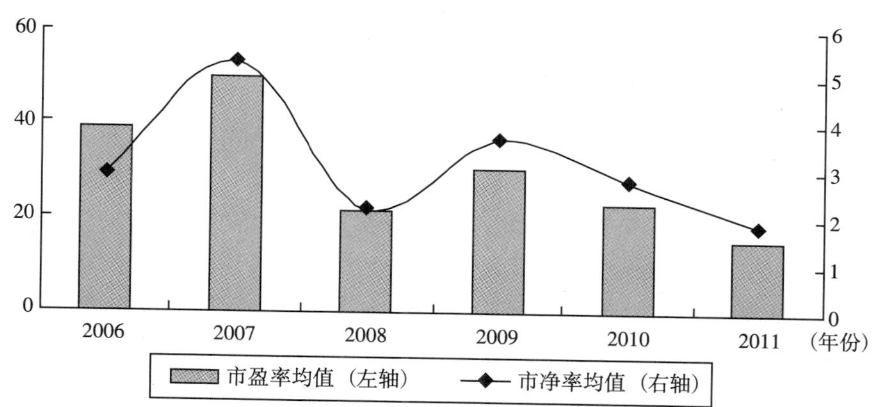

图 2-8 2006~2011 年房地产上市公司市盈率及市净率均值变化情况

市盈率及市净率是考察上市公司投资价值的重要指标，同时也能反映出上市企业的估值水平及发展潜力。由于房地产企业受国内整体经济发展、宏观调控政策影响较大，上市房地产企业市盈率及市净率的发展变化呈现出明显的规律：从图2-8可以看出，在2006年、2007年，中国股市经历了牛市，国内股市整体持续走高，沪深及港股的上市房企股价大涨，其市盈率及市净率均值达到高点。

进入2008年，由于受到金融危机的影响，股市经历动荡，房企的市盈率及市净率大幅回落，估值泡沫挤出效应明显；进入2009年之后，由于整体经济回暖，市场利好增多，上市房企的市盈率及市净率出现明显上扬，但整体仍未恢复至2007年的水平；2010~2011年，房地产上市公司在行业调控政策的持续影响下，股价大幅下跌，2011年末房地产上市公司的市盈率均值为15.49，市净率均值为1.86。近6年，房地产上市公司先是经历了爆发式的股价上涨，之后又经历了震荡回调，逐步进入一个相对合理的区间。同时，在港上市房地产公司的市盈率及市净率相较沪深上市公司明显偏低，仍有一定的估值上升空间，投资价值凸显。

一方面，投资价值的彰显，离不开企业基本面的表现，特别是上市公司经营业绩与经营质量的提升；另一方面，持续强化与投资者的沟通和交流，不断完善对管理层及核心员工的激励机制，也能更好地满足员工、投资者及社会公众对公司的信心，提升公司在资本市场的吸引力。在当前国内外资本市场波动加剧的情况下，仍然有一批地产企业股获得了较多的市场关注。这些上市公司不断强化市值管理与投资者关系管理水平，建立健全股权激励机制，投资价值不断获得认可。

一、加强市值管理

市值管理，即上市公司基于公司市值信号，综合运用多种科学的价值经营方法，以达到公司价值创造最大化、价值实现最优化的战略管理行为。市值管理是推动上市公司实体经营与资本运营良性互动的重要手段。市值管理的核心是价值管理，是价值创造与股东价值实现，其目标是追求可持续的上市公司市值最大化，其本质是一种长效战略管理机制。

加强市值管理是房地产上市公司经营理念的重要转型。对于上市房企来说，如何顺应变化的市场发展要求、有效地进行更为市场化的市值管理，是企业能否做大做强、提升其投资价值的关键所在。

加强市值管理的核心内涵，就是不断优化和扩大上市公司的资产质量以实现市值提升。实现路径：第一个路径是通过经营业绩的提升而促使股价上升，那么所有股东的市场价值就得到了相应的提升；第二个路径是通过多种方式不断扩大公司的资产规模。在这方面，需要特别注意资产质量和经营业绩的匹配关系，避免盲目追求规模导致经营质量下降和股价走低，否则就可能会对市场价值产生负面影响，严重的甚至会拖累公司失去融资资格，经营问题的累积也会导致被迫退市的极端情形。

对于房地产上市公司来说，市值管理水平是提升其投资价值的重要一环，更是企业综合运营与管理水平的体现。通过对市值规模较大的几家上市房企的研究发现，市值表现稳定的企业往往能获得资本市场更多的青睐，投资价值也更加突出。在目前形势下，房地产上市公司更应重视市值管理，深层次挖掘影响公司市值背后的因素，在发展战略、规范运营、治理结构、团队素质以及投资者关系等层面不断进行优化和调整，以维持较为稳定的市值水平，从而获得资本市场及投资者的关注，开拓资金来源渠道。

在上市房地产企业里，万通地产的市值管理工作系统性比较强，可谓独树一帜。在2008年的弱市下，万通提出“新股东文化的建设”，核心内容是将过去的功利目的升华成注重和谐、追求供应的“新股东文化”，将投资者管理发展成新股东文化管理，将监管部门和行业协会的提倡或要求转变成公司的自觉意识与主动行动。当年，“新股东文化”的提议和举措得到了投资者的广泛关注与好评。

2008年3月，万通地产董事会讨论通过万通地产新股东文化建设九条措施，明确提出要实施“三级投资者网上接待日”，“定期发布公司经营业务业绩快报，进一步提高公司的透明度”，“革新独立董事的提名方式”，“邀请机构投资者参与公司重大投资项目的投资决策委员会会议”等。具体而言，万通地产的中小投资者有机会通过网站或者面对面与董事长冯仑“亲密接触”，对公司分配方案发表意见，甚至有机会成为万通地产独立董事候选人提名者。为了减少公司决策的风险，万通还邀请行业内相关专家参与对投资项目的论证，充分发挥第三方专家的专业知识和经验，并聘请专业机构担任公司的管理顾问，制定提升公司股东价值的长期战略，提高公司管理的科学性和有效性，收到了良好的效果。

二、加强投资者关系管理

投资者关系管理（IRM）是指公司通过充分的信息披露，运用财经传播和营销的原理，加强与投资者和潜在投资者之间的沟通，促进投资者对公司的了解和认同，建立公司和投资者长期的良性互动关系，实现公司价值最大化和股东利益最大化的战略管理行为。

IRM强调准确地向投资者传达公司具备使未来盈利稳定和快速增长的能力，降低其对行业和公司经营风险的疑虑，从而使公司股权在资本市场上能得到较高的定价，令投资者认为可以长线持有或增加投资。一言以蔽之，IRM有利于使上市房地产公司与投资者、客户、员工、供应商等利益相关者之间的关系达到均衡和谐，其核心有以下三个基本点：公司必须深刻了解投资者的需求和期望；将投资者的需求和关注点有效地反馈给公司管理层；向投资者传播有关公司的可靠信息。

培育可持续发展的投资者关系，是上市房地产公司用以改善自身形象、提高自身对投资者吸引力的重要方式之一。在这方面，房地产上市公司应建立资本市场研究部门，深化与公众投资者良好的互动关系，以扩大投资者基础、增强股票流动性、提升股票价值，为公司再融资打好基础。

为了对房地产上市公司的投资者关系进行更深入的了解，中国指数研究院曾进行了一次房地产上市公司投资者关系问卷调查，受访者为上海部分金融机构（包括券商、基金、私募基金等）从业人员。

有关“哪些公司的投资者关系最好”，调查列出了得票率最高的 10 家公司。国内房地产标杆企业，如万科、金地集团、保利地产、华侨城、恒大地产、碧桂园等企业的投资者关系都得到了较高票数，进入了前 10 名。其中，万科得票率最高，得票占调查人数的 83%；其次是金地和保利，如图 2–9 所示。

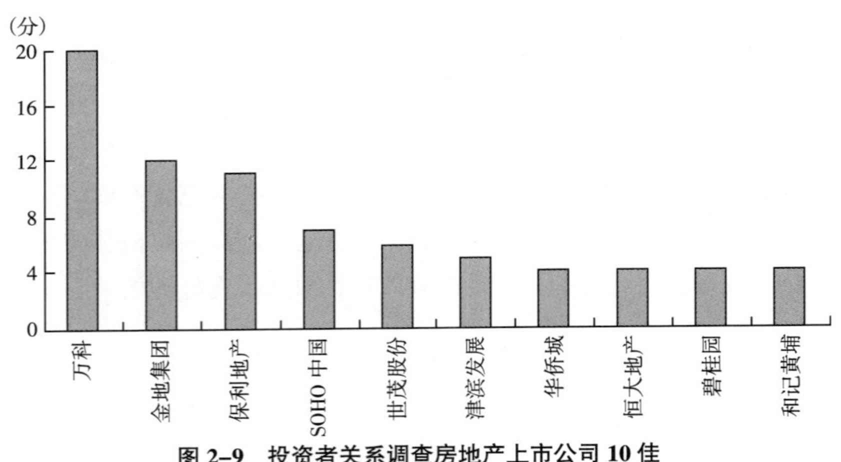

图 2–9 投资者关系调查房地产上市公司 10 佳

在“影响投资者关系的因素”的调查中，公司重大投资、公司发展战略与成长性分析、行业前景预期、公司业绩未来影响因素、公司行业竞争状况分析排名前五位。约有 60%的受访者认为，公司重大投资是影响投资者关系的最重要因素，占比最大。如图 2–10 所示。

投资者关系管理同时也是投资者权益保护机制的一项重要内容。因此，保利地产、银亿地产、招商地产、中粮地产、天房集团等著名上市房地产企业均纷纷推出自己的投资者关系管理制度，目的是进一步规范和加强上市房地产企业与投资者和潜在投资者之间的沟通交流，深化投资者对于公司的了解和认同，促进公司和投资者之间长期、稳定的良好关系，完善公司法人治理结构，切实保护投资者特别是社会公众投资者的合法权益。

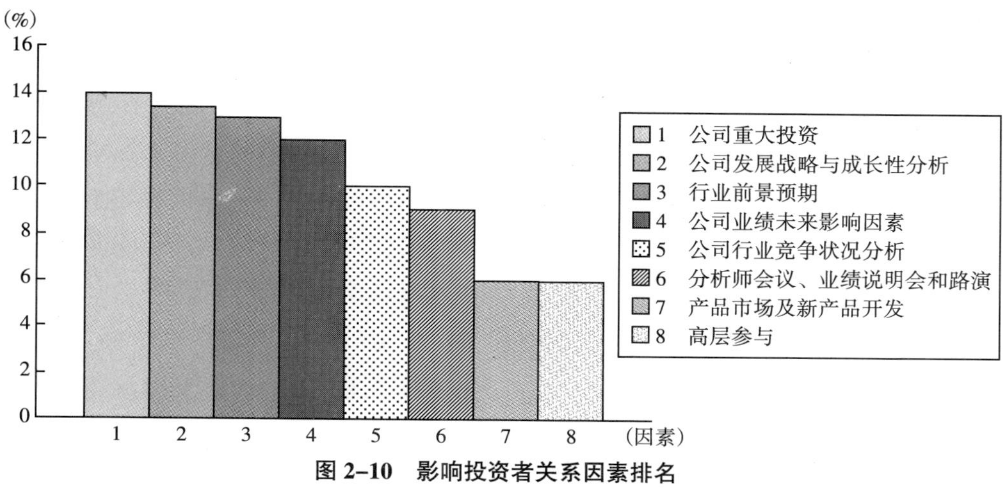

图 2-10 影响投资者关系因素排名

三、股权激励机制

自20世纪90年代以来，中国房地产上市公司不仅在数量上稳步增加，而且规模不断扩大，企业也逐渐改变原有的管理模式，让更多的外聘管理人才参与企业管理。为了更好地吸引和留住人才，使他们更加积极地参与到上市公司的经营和管理中，我国的房地产上市公司需要建立一套适宜的激励机制。在各种激励机制中，股权激励机制是上市公司经常采用的一种方式。

股权激励制度是房地产上市公司中较为新颖的一种激励机制，它利用所有权力量实现对经营者长期有效的激励和约束，从而激励和留住高素质人才，培养员工对企业的忠诚度，保证上市房企长期、持续、有效的发展。通过企业与员工之间的股权安排，提高了员工积极性，激发其责任感，从而提高企业的资本运营效率，增强企业内部凝聚力。

由于股权分配对高级别人才的吸引力远大于现金奖励，因此，在我国上市房企中实施股权激励制度，可以在很大程度上缓解企业面临的成长极限，它把对高级别人才"绩效"的考量转化为长期经营绩效，有效约束了上市房地产企业中人才战略的短视行为。

目前，股权激励的主要形式是股票期权，是指根据特定的契约条件，赋予企业经营者在一定时间内按照某个约定价格购买一定数量公司股票的权利。这种激励制度兼有"报酬激励"和"所有权激励"，是企业经营者薪酬构成中的重要组成部分。

同时，上市房企对其一般员工可实行持股计划。员工持股计划是“员工所有权”的一种实现形式，可以作为一种员工福利计划来实施，通过员工持股会具体操作。员工持股会既可以获得现有股票，也可以购买新增股票。员工持股后主人翁的意识会越发强烈，他们会关心企业的长远发展，与企业的命运紧密联系，发挥自己所能，从而推动企业进一步发展。特别是在目前市场环境相对低迷、指数点位比较低的情况下，企业推出员工持股计划不仅风险相对较小，而且可以帮助上市房地产公司稳定市场信心，利于其在资本市场发展。除了对员工工作的激励和公司治理的提升等作用外，实施大规模的员工持股计划，对于资本市场产生的积极作用也十分明显：通过公司员工对于公司股票的买卖行为，可以给资本市场投资者传递更加明确的公司经营状况的信息，从而帮助投资者更好地做出投资决策。

作为国内上市房地产龙头企业，保利地产于 2011 年 11 月 5 日宣布将授予部分股票期权作为其激励计划，计划的激励对象包括部分董事、高级管理人员及对公司经营业绩和持续发展有直接影响的管理骨干和技术骨干（不包括独立董事、监事，也不包括持股 5%以上的主要股东或实际控制人，或其配偶及直系近亲属），激励对象总人数为 178 人，占公司员工总数的 1.56%。此次股票期权激励计划的期权数量为 5567 万份，行权价格为 9.97 元。公司已于授予日完成向激励对象授予股票期权。

无论是在保利集团内部还是资本市场，均对此次股权激励方案做出积极反应。由长远发展的眼光来看，该股权激励计划得到批准并且实施，将有助于更好地将保利地产的增长与核心骨干的利益结合起来，因为公司期权分配倾向于执行层面的子公司高管，对公司发展尤为重要。同时，考虑到目前的房地产宏观调控的潜在影响，2011~2015 年绩效考核所要求的条件比较严格，这表明保利地产对未来几年的增长前景抱有较强信心。

第三章　中国主要房地产上市公司发展特点

伴随着中国房地产市场化进程的深入，房地产上市公司的发展路径日趋多样化，经营特点越发鲜明。本书选取了一些有代表性的上市公司，对其在战略发展、业务与产品模式、资本运营等方面的成功经验进行了深入分析，力图全面展现主流房地产上市公司的发展特点与趋势。

“聚焦主流　高效运营”的发展模式，聚焦主流刚需人群，打造优质产品，在目前调控政策下更显示出对市场的适应能力。同时，通过快速周转解决了房地产开发过程中的现金流难题，往往能够获得较好的经营绩效，因此这一类上市公司规模与实力得到了迅速增长。

“品质经营　铸就价值”的发展模式注重高端精品项目的打造，尤其对产品品质有着特别的执著。这类上市公司规模虽然并不一定是最大的，但往往盈利能力较强，且品牌优势突出。

“多元探索　特色领先”的发展模式走的是差异化发展之路，在商业地产、产业园区运营、旅游地产以及地产金融等方面进行了成功的探索，为行业的转型升级提供了重要启示。

“关注民生　稳健增长”的发展模式强调稳健发展，在降低运营风险的同时更加关注政策性住房、旧城改造等民生地产，为地方城市的发展作出重要贡献。

第一节　聚焦主流　高效运营

在调控日益深入的背景下，越来越多的房地产上市公司的业务集中于为主流人群开发住宅地产，并通过快速周转较好地适应了市场环境，获得了良好的经营绩效，规模与实力成长迅速。万科作为规模最大的住宅开发商，始终保持了快速周转和有质量的增长；锁定主流居住需求和快速开发周转，是保利地产持续高速成长、保持产品竞争力的关键所在，而住宅与商业的有效平衡则协助企业走得更加稳健；恒大地产、佳兆业集团、新城地产同样以首次置业与首次改善的刚需人群为主要客户群，奉行高周转策略和标准化运营，业绩获得了跨越式的增长。

一、万科：成功资本运作助推千亿元“地产航母”形成

万科，中国首批上市的股份制企业，规模最大的住宅开发商。多年来，企业坚守价值底线，坚持以专业能力从市场获取公平回报，以其高超的资本运作能力、抢占先机的战略思想、追求卓越的气质、透明规范的原则以及强烈的社会责任感，成为房地产行业当之无愧的领军企业。

（一）企业名片：受尊敬的行业龙头

万科企业股份有限公司（股票代码：000002.SZ，以下简称“万科”）成立于1984 年 5 月，总部位于深圳，是国内首批上市的股份制企业之一，目前为中国最大的住宅开发企业。截至 2011 年底，万科净资产为 529.68 亿元，总资产2962.08 亿元，市值 818.71 亿元。

1. 经营业绩跨越式增长，行业龙头地位持续彰显

2002~2011 年，万科的经营业绩突飞猛进，销售额从 44.2 亿元增长至 1215.4 亿元，年复合增长率高达 44.5%。

利润的增长是公司股价长期上涨的根本动力。2002 年，万科营业收入为45.74 亿元，净利润为 3.98 亿元；到 2011 年，企业营业收入达 717.83 亿元，净利润为 116 亿元，分别增长了近 15 倍和 28 倍，盈利规模持续提升。其中，2007 年盈利规模增长水平达到顶峰，近年来增速向常态回归并趋于稳定，如图 3-1 所示。

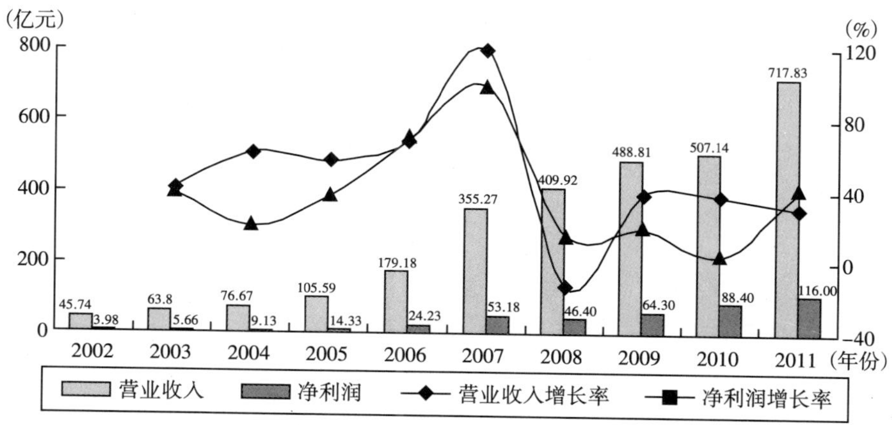

图 3-1 万科 2002~2011 年营业收入、净利润及其变化

除了2008~2009年为应对危机而采取“收缩”战略，造成土地储备不足，盈利增速出现大幅下滑外，10年中（2002~2011年）万科大部分时间都比较准确地把握了行业发展节奏，充分受益于房地产业的黄金10年并且利用周期波动逆市扩张，获得了高速发展。不过，万科并不以高盈利见长，对于这个“航母”级别的房地产企业来说，保持快速周转和稳健增长，同时兼顾增长质量，对股东和社会尽到应有的责任，才是首要问题。

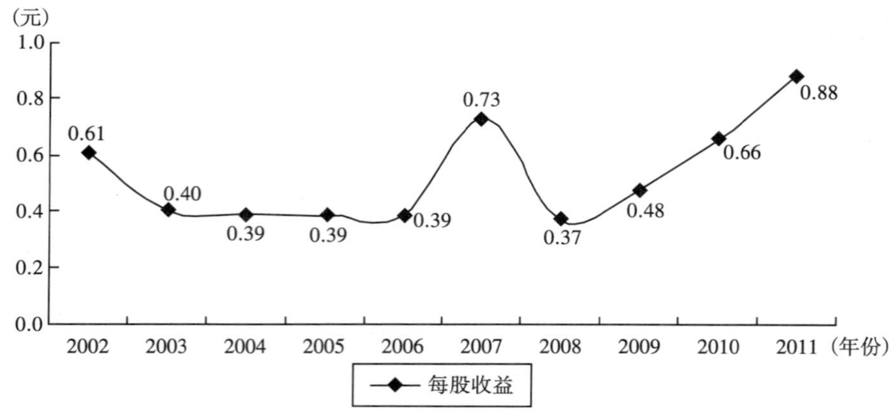

图3–2 万科2002~2011年每股收益

如图3–2所示，2008年以来，万科每股收益持续攀升，2011年底每股收益达0.88元的高点。10年中，除了2008年市场波动导致万科每股收益短暂回落之外，企业通过加快资产周转、提高财务杠杆、净利润的滚存和再融资等手段不断提升每股收益。2006年，万科定向增发获得资金42亿元，2007年以超过30倍的市盈率公开增发获得资金100亿元，两次大规模的融资使万科进入新一轮的扩张周期，有效保障了盈利增长的可持续性。

2. 资本市场表现稳定，长期投资价值凸显

王石：“随着经济改革的深入，中国资本市场日趋成熟，万科正是在这个不断成熟的市场中成长起来的。”

万科不仅是国内第一家完全按照国际规范改造成的股份制企业，还是国内第一家具有外资股的股份制工商企业，是新中国第一家严格按上市公司标准规范运作上市的公司。

10年来，除了几次增发外，万科股价走势与深成指收盘点位涨跌趋势基本相吻合。2006年以前，万科处于蓄势待发期，股价走势比较平稳。2006年对万科来说是不平凡的一年，这一年，企业销售金额、主营收入、净利润、开工面积、竣工面积同比增长都超过 50%，成为第一家进入全国纳税百强榜的地产企业，股价也开始大幅攀升。整个中国房地产行业也在这一年进入了一个狂飙突进的高速发展期，直至 2008 年金融危机来袭（见图 3–3）。10 年来，万科以其持续稳定的增长和强有力的经营能力赢得了股东的信任，其对股东的回报在业内获得较高评价。

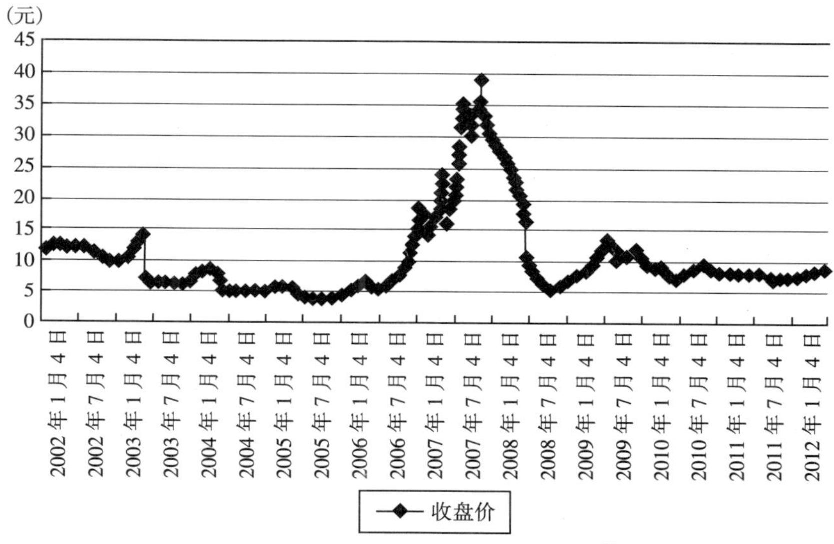

图 3–3　2002~2011 年万科股价变化[①]

多年来，万科致力于规范、透明、简单、责任的企业文化和稳健、专注的发展模式，结合其清晰的业务架构、良好的风险控制能力和一批优秀的职业经理人团队，成为最受客户、投资者、员工、合作伙伴欢迎，最受社会尊重的企业，长期投资价值凸显。

（二）资本运作多元发展，成功缔造千亿元级地产航母

郁亮：“每一次成功的资本运作，紧随其后的是万科更快的成长和突破。”

在房地产这样一个资金密集型行业中，资本运作水平一直是影响房地产企业成功经营的重要因素。万科的成长也与其资本运作有着千丝万缕的关系。随着企业规模不断壮大，单一融资渠道显然无法支撑公司的成长，凭借其在治理结构、

① 万科股价变化为未复权数据，以下企业股价变化如未特别标注皆为未复权数据。

品牌和管理上多年积累下来的良好口碑，万科在公众和资本市场上深受认可。因此，万科能够积极探索灵活的多渠道融资方式，为推进企业腾飞积蓄力量，率先缔造业内千亿元级航母。

1. 证券市场长袖善舞，多渠道吸取充裕发展资金

1988 年 12 月，万科首次公开发行股票，募集社会股金 2800 万元，资产及经营规模迅速扩大，为公司快速发展打下了基础，并于同年介入房地产领域。1991 年 1 月 29 日，万科股票正式在深交所上市。通过上市，万科打开了资本市场的大门。对整个行业而言，万科上市为资金密集的房地产行业找到了宝贵的融资渠道，开辟了房地产企业做大做强的路径。上市是万科发展的一大步，也是房地产行业发展的一大步。

仅 5 个月后，万科又通过配售和定向发行新股 2862 万股，筹集资金 1.27 亿元，利用这笔资金万科挤进上海地产市场，开始跨地域拓展房地产业务。

1993 年，万科发行 4500 万股 B 股，募集资金 4.5 亿港元，主要用于城市居民住宅的开发，房地产核心业务进一步凸显，取得了良好的投资收益。在宏观调控银根紧缩的 1993~1997 年，凭借此次所募集的 4 亿多港元，万科保持了稳健的成长。1997 年和 2000 年，万科通过两次增资配股，共募集资金 10.08 亿元，主要用于深圳房地产项目开发及土地储备，并奠定了其在深圳市场上的领先地位，公司实力进一步增强。

由于万科股权分散程度很高，同时又连续多年稳定快速成长；因此，很容易成为收购对象。为避免被恶意收购的风险，加上正在进入高速增长期的万科需要国际资本的强力支持，万科瞄准了具有国家资本背景的香港华润集团。通过种种努力，华润于 2000 年通过协议受让股份成为万科第一大股东，持股占 15.08%。华润集团以雄厚的资金实力、良好的海外融资背景和政府关系以及优质的土地储备，使万科突破了快速发展的“瓶颈”，为其持续增长提供了更广阔的空间。

股改后的万科，羽翼开始丰满，同时加快了融资的步伐。2002 年、2004 年万科两次共计发行 34.5 亿元可转债，且绝大多数成功转股，进一步增强了发展房地产核心业务的资金实力；2006 年，发行 4 亿股 A 股，募集资金 42 亿元，创下了当时 A 股市场的最高融资纪录；2007 年，增发 A 股，募集资金 100 亿元，用于广州、佛山、珠海、杭州、宁波、上海、南京 7 个城市 11 个房地产项目的开发；2008 年，发行不超过 59 亿元公司债券；2009 年，增发 A 股，募集资金 112 亿元。万科的融资规模在 20 年中呈几何级数增长。

2012 年 7 月，万科通过收购南联地产的方式更进一步涉入中国香港资本市场，这意味着万科国际化融资平台敲定。此次收购，一方面可以在中国香港甚至是境外做些开发尝试，另一方面可通过打造一个境外融资渠道，尽力规避近年来内地资本市场对房地产开发企业设置的融资壁垒。

证券市场的融资功能被万科使用到了极致。1991 年末，万科 A 股总股本 7796.55 万股，经过一系列配股、送股、转增、B 股 IPO、权证行权、发行可转换债券、增发等融资方式，到 2011 年底，万科股本扩张到 109.95 亿股，股本扩张约 143 倍，股东 948934 户，平均每户持股 11587 股。

万科坚持股东回报原则，1991 年以来每年分红，1993 年以来实现每年现金分红。上市以来，截至 2012 年 10 月 25 日，万科共向上市公司股东募集资金 151.69 亿元，派现 69.16 亿元（见图 3-4），证券市场上的长袖善舞为万科的持续发展提供了充足的动力。

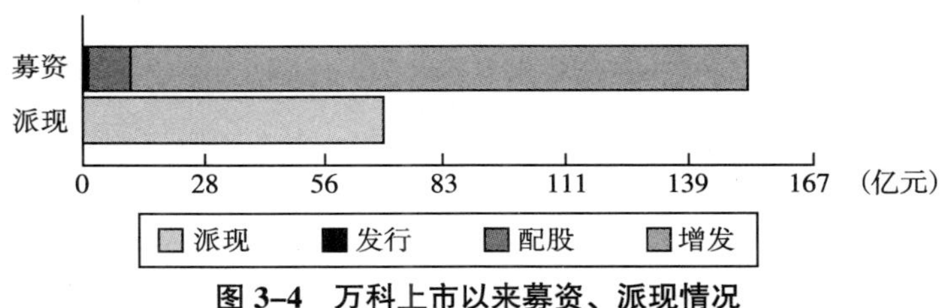

图 3-4 万科上市以来募资、派现情况

2. 战略性并购与股权转让，加速实现业务扩张

万科融资方式的多元性在国内房地产行业居于前列。除了通过股票、债券方式进行融资外，万科还通过股权转让与并购等方式完善公司业务结构，低成本获取优质土地储备，迅速实现战略布局的拓展。

20 世纪 90 年代初，境外投资机构认为万科主业不清，不看好万科。在投资机构面前碰壁，万科决定走专业化道路，将房地产作为其主营业务，同时开始剥离其他业务。这样既确定了房地产的核心业务地位，同时又获取了资金，促进了地产业务的发展。2001 年，万科将直接及间接持有的万佳百货股份有限公司 72%的股份转让予中国华润总公司及其附属公司，成为专一的房地产公司。

2005 年 3 月，万科出资 18.58 亿元受让上海南都的 70%、苏州南都的 49%和浙江南都的 20%股权，取得了较多项目资源和土地储备。当年，原南都项目对万科贡献的销售回款超过 11 亿元，长三角区域占主营收入比例达 32%，超过万科的大本营珠三角区域（占 27%）。截至 2007 年 3 月，万科共斥资 40.17 亿元、分三个阶段完成了对浙江最大房地产企业南都地产的收购，最终得到了 219 万平方米建筑面积的土地项目储备和渴望已久的江浙市场，完善了万科的城市区域布局。此时，行业内资源整合的需求大量出现，不少发展商主动找到万科希望合作。2005年，万科48.3%的新增项目依靠合作方式获得。

2006年1月，万科出资3.89亿元受让北京市朝阳区国资委持有的北京市朝万房地产开发中心60%的股权，获得了50万平方米的优质土地。由此，万科在站稳长三角区域之后，构建起环渤海区域的根基，使其三大重点发展区域的布局结构更趋完善、合理。

2007~2011年，万科平均每年收购超过20家公司。2008年与2011年，万科用于收购地方中小企业的资金均超过40亿元，在市场波动较大时期实行并购有助于万科缩短开发周期，提高资金周转率。

3. 多方借力境外资本，全面整合国际融资通道

由于国内银行贷款的政策风险较大，从2004年开始，万科就有意识地拓展境外的融资渠道，希望借此改变以往在资金上过多依赖国内银行的局面，全面整合海内外的融资通道。

2004年，万科与全球最大的房地产项目融资银行之一——德国HI银行签订合作协议，HI银行出资3500万美元，双方共同在中山完成地产项目。合作条款规定，在项目回款之后，万科将以同业拆借利率再加几个点的利息赎回股权。因此，这一笔法律上的股权融资实质上是一笔商业贷款。这次合作被视作中国首例“变相海外贷款”，为万科境外融资打开了方便之门。

此次融资对万科十分有利：从融资成本看，此项融资的协议利率水平大约只相当于国内同类型贷款的名义利率水平；从资金来源看，该项目的投资全部来自HI银行，对万科并不形成资金负担；从风险角度看，在法律上，资金全部来自HI银行，名义控股者也是HI银行，因此至少在名义上，项目的风险完全由HI银行来承担，万科也不需要承担汇率风险；从最后取得的利润看，这个项目的最终利润可以由万科完全掌握，万科需要付出的只是几个百分点的融资成本。当时，国外资金普遍渴望投资中国房地产，但是对风险又感到难以把握，而万科凭借规模、品牌和业绩，促成了此次融资合作。

2005年12月，万科又与新加坡政府产业投资有限公司附属公司RZP签订了两项转让项目公司部分股权的协议，获得税前收益8700多万元。面对宏观调控带来的增长机会，万科将手中部分开发周期较长的项目出售给资金实力更为雄厚的境外投资者，获得的资金可用于购买开发效率更高的土地，从而可以加快资金周转速度，提高投资回报。

2007年4月，全球最大的地产公司通用电气商业金融房地产公司把在内地的首笔2000万美元投向“中信资本·万科中国房地产开发基金”，这一基金是2005年12月万科与中信资本投资有限公司共同筹组成立的。

在与境外资金的合作中，万科良好的治理结构和一贯坚持的规范运作发挥了重要作用。与此同时，万科也可以通过学习国外资本的专业投资经验，提高运营水平。

万科以出色的资本运营能力构建了房地产行业最为成熟的多元化融资渠道和最为丰富的创新融资工具。在股本融资方面，除股东初始投资之外，万科还先后采取了IPO、配股、认股权证认购、可转债转股、资本公积转增、认沽权证股改、定向增发和公开增发等多种股本扩张方式；在债务筹资方面，除最为常见的商业信用和银行信用之外，从GIC到Hypo国际地产银行，再到信托产品、二次可转债、房地产开发基金和公司债，万科为全国扩张打造了一条稳定的资金链；尽管国际融资在其总资金中的规模不大，但万科已将利用国际资金的触角伸及日本、中国香港、新加坡、美国和德国等国家和地区，成功规避了国内银根紧缩和融资通道狭窄的不利影响。万科成功的资本运作成为其核心竞争优势之一。

（三）基于战略领先的成功之道

对于中国房地产企业来说，在市场跑步向前的“牛市”中实现快速扩张并非难事，但保持10年以上的持续成长，则仿佛马拉松长跑，需要长远的目标、坚强的意志、平和的心态和理性的节奏。万科究竟凭借什么得以在众多房企中脱颖而出、持续领跑，最早达到“千亿元”的目标？除了强大的资本运作能力外，万科的竞争优势还有以下几点：

1. 志存高远，严格执行领先战略

万科有着专注的战略精神。20多年来，万科在多元化中做减法，在区域扩张中做业务收缩，在专业化中做精细化、集约化，在产品领先中做技术创新，摸索出“增长的减法四原则”：做简单而不做复杂；做透明而不做封闭；做公平而不做暴利；做规范而不做权谋。

战略决定目标，目标决定行动，行动决定结果。

联想控股董事局主席柳传志曾多次提及，中国民营企业最缺少的是战略思维和战略决策。而万科是国内少有的、以百年为时间长度来思考问题的公司。20多年前，在上市公告中，万科即立志做“中国现代企业制度”的榜样。上市之后的20多年中，万科经受住了无数考验，10年来始终保持着行业领跑者的地位，

这与其战略主导思想密不可分。从公司成立到目前为止，万科经历了几次重要的战略转型。

20 世纪 80 年代，万科以做贸易起家，之后尝试了若干类型的多元化业务，通过股份制改造、上市发行 A 股以及增资实现了 90 年代初的快速发展。万科的多元化发展虽然有利于企业规模的迅速扩大，却不利于形成最有力的竞争优势。因此，万科在发展过程中审时度势，进一步了解自身的特点，对已有业务逐步进行摒弃整合。1992 年，万科正式确定以大众住宅开发为核心业务，将中国香港的新鸿基作为榜样，开始由多元化向专业化的调整；2000 年，万科实行股份制改革，引入第一大股东华润集团；2001 年，以出售所拥有的万佳全部股权为标志，万科经历多年的专业化战略调整全部完成。此后，万科进入了大规模土地扩张和滚动开发阶段。

2003~2004 年，当中国整个房地产市场还处于“野蛮生长”的发展初期，万科却树立了新的学习标杆——美国帕尔迪，明确了有质量增长的战略。什么是有质量的增长？万科总裁郁亮对此有过一个总结，概括起来就是以股东回报为核心，实现公司、客户、股东和社会共生共赢的长期的、可持续的增长。业绩的增长只是经营效率提升的自然结果，而不是万科的终极目标。万科的扩张战略要建立在“集约规模效率”的能力之上，而不是建立在“项目数量”的外延性扩张之上。

万科在战略扩张方面也曾经走过弯路。20 世纪 90 年代早期，万科的跨地域扩张就带有很多盲目性与随机性，造成了一批“地方诸侯”，许多项目的管理与控制都出了问题。于是万科紧急收缩，从 13 个城市收缩到 5~6 个城市。

在经历了收缩之后，万科 1999 年又开始了第二轮扩张。这次的扩张目标非常明确，即城市圈地域扩张思路。在这种思路下，万科总部建立了三大集权体系：以客户为中心的战略集权体系；以聚焦资源为核心的财务资源分配集权体系；以打造强大的职业经理人为核心的人力资源体系。为了保证区域公司的灵活性，又建立了以深圳、上海、北京三大区域总部为核心的管控体系。依靠管理模式的领先，万科大大地超越了同行，取得了业绩的领先。2006~2007 年，万科经历了新一轮融资及再次扩张阶段，稳固了行业地位。

市场热点不断变换，万科近 10 年来却只做“减法”——凭借高度专业化，创造核心竞争力，推动大规模生产，全面提升产品质量与服务。2010 年开始，万科重启内涵式增长，抢占战略高度并严格执行其战略思想，保证了万科持续成为行业的领跑者。

2. 以消费者为导向，优质客户服务铸就常青品牌

王石："在未来10年，万科面临着两个转型：一是如何从传统的营销向技术科研转型；二是如何从建房卖房向服务转型，无论从技术上转，还是服务上转，有一点是非常明确的：以消费者为导向。"

客户是企业永远的伙伴，尊重客户，理解客户，持续提供超越客户期望的产品和服务，引导积极、健康的现代生活方式，是万科一直坚持和倡导的理念。作为客户服务的佼佼者，万科在业内首倡"全生命周期服务"，无疑走在了市场最前沿。

上市后的前10年中（1992~2001年），万科从中国香港新鸿基地产的客户关系管理模式获得了不少启示，比如1998年成立的"万客会"，便是仿照前者的客户组织"新地会"成立的。1997年和2002年又分别被万科定为公司的"客户年"和"客户微笑年"，足见万科一直以来对客户的尊重和关注。

"万科不仅是在建房子、卖房子，更重要的是在为自己的客户提供细致、周到的物业服务，创造一种新的生活氛围，引领一种新的生活方式。"这是万科对所有客户做出的承诺。万科努力创新服务模式，"一路同行"、"6+2"步法等客户服务体系是其最受好评的两个体系。

从客户第一次来电、第一次到访，万科便开始了与客户"一路同行"的服务历程。万科持续通过各种渠道收集客户的意见和建议，第一时间协助解决客户遇到的各种问题，保持良好的客户关系。

2006年，万科参照美国帕尔迪公司客户服务的七步法，结合中国客户需求形成"6+2"触点式客户关系管理步法。该步法以时间轴厘清客户体验的各个阶段，并在每个阶段制定标准化服务动作和沟通渠道，全程提升客户的体验品质。之后几年，"6+2"步法已经成为万科客户满意度提升的关键驱动因素。2011年，"6+2"步法成功申请著作权登记。

20年来，强烈的客户意识一直贯穿于万科的发展历程中。公司物业服务通过全国首批ISO9002质量体系认证；公司创立的"万客会"是住宅行业的第一个客户关系组织。万科在企业内外均奉行"阳光照亮的体制"，对于客户的意见或投诉提供四条沟通渠道，及时答复处理业主提出的需求和意见。2011年、2012年，万科物业连续两年荣获"中国物业服务百强企业"称号并位列第一名。

万科是国内第一家聘请第三方机构，每年进行全方位客户满意度调查的住宅企业。随着业主入住后对万科产品和服务的体验加深，他们对万科品牌的信任也逐步增强。2011年，第三方调查显示万科客户总体满意度82%，超过行业均值

15个百分点。

以消费者为导向的转型对万科品牌的强化起到了不可估量的作用。无论在房地产市场还是资本市场，万科的品牌价值都得到了最大限度的彰显。

3. 坚持精细化与专业化，领军住宅产业化变革

王石："万科希望在未来的10年当中，在专业化方面继续努力。我们的专业化往下走就是精细化，这是万科非常明确的目标。"

万科坚持面向自住购房者的产品定位，在产品方面不断探索创新，产品结构契合市场主流需求。1998年，万科成立建筑研究中心，开始集中研究消费者的细节需求以及住宅产品本身。2002年3月，万科研发的"户户带花园或露台的住宅"成为中国住宅行业第一个专利产品和第一项发明专利，标志着万科住宅标准化与产品创新的成功结合。万科凭借充满异国情调的花园洋房设计、推崇开放社区与邻里沟通为主题的社区规划、人文关怀与职业化为导向的物业服务，迅速获得处于成长期的白领阶层的喜爱。针对客户特点及喜好，万科产品策略正逐步向精细化与专业化发展。

出于对商业价值的不懈追求，万科一直坚持推动住宅产业化。企业近年来布局持续向全国化扩张，规模日益庞大，管理难度大幅增加，管理效率受到严峻考验。住宅产业化不仅能够带来规模效应，也使得管理复杂性对规模的敏感程度大幅度降低。

万科的住宅产业化源自两个判断：①受到国外的启发，在规模很大的时候，万科如果要保持性价比方面持续提高，必须采用国际先进的工业化住宅建造方式。住宅工业化提高住宅质量、加快建造周期、减少人工成本，并在很大程度上减少建筑垃圾，在西方发达国家的运用已经非常成熟。②来自对劳动力的观察。目前，新生代农民工几乎占到农村外出务工者的60%，这些"80后"、"90后"新生代农民工大半不愿意从事建筑行业。因此，近年来建筑行业用工短缺，人工成本大幅上升。2009~2011年，建筑行业的人工成本上涨了一倍以上。而未来相当长一段时间内，住宅的施工量仍将保持增长。住宅产业化能够在一定程度上解决未来因用工不足影响住宅供给的严峻问题。

早在1999年，万科就提出住宅"工业化"的概念，但并未得到行业和上游供应链的实质性响应。2000年，万科成立了专门的研究中心进行住宅产业化研究。此后，万科独自承担起这一重任。2006年，万科在上海新里程项目尝试用"工业化"方式盖房子。2007年，万科工厂化技术的研发和应用取得重要进展，位于东莞的住宅产业化基地正式投入运作，并被建设部授牌为“国家住宅产业化基地”。2010 年 8 月，万科在深圳龙华的保障性住宅项目以“工业化”方式开工建设。试验表明，工业化生产将施工时间缩短了一半，而且节约了 80%的劳动力并大大缩短了项目的设计规划时间。此后 4 年，万科产业化开工面积增加了 16 倍。2011 年，万科住宅产业化开工面积达到 272 万平方米。万科的住宅产业化目前已经进入到规模化实施的阶段，未来几年，产业化施工面积还将出现快速增长。

万科的住宅产业化，不仅能够有效解决其千亿元后的管理控制问题，而且如果形成规模，企业可获取明显的成本竞争优势，比现在的产业化建造成本低 20%，这将在与同行竞争中处于极为有利的地位，形成超越普通产品与市场竞争的另一个产业竞争空间。

（四）绿色建筑的承诺：引领行业发展风尚

王石：“万科把绿色建筑作为未来的竞争力，目前虽然有困惑、有艰难，但是，我相信这是中国未来的发展趋势。”

“做卓越的绿色企业”已经成为万科中长期发展战略中一个不可或缺的组成部分。作为房地产行业的领跑者和中国最大的住宅开发企业，万科利用专业优势致力于建筑节能减排。2008 年，万科正式把绿色写入企业愿景。2009 年，万科提出绿色战略规划，分三步推进绿色战略：第一是装修房；第二是住宅产业化；第三是绿色建筑。

目前，国家标志认证的最高节能环保建筑标准是绿色三星级别，能够提高可再生能源利用率 10%、提高可循环水源利用率 30%、提高可再利用建筑材料使用率 10%。2010 年开始，万科在全国各地积极推进绿色三星项目。2011 年，万科建筑研究中心基地启用零碳展示中心，住宅实验塔竣工，并于 2012 年 6~7 月投入试运行。为了配合绿色战略的实施，2011 年万科建筑研究中心投入研发费用 1.03 亿元，比 2010 年增长 10.4%；通过绿色三星级认证的项目共计 273.7 万平方米，占全国三星住宅项目总面积的 41.1%，其中住宅 268.4 万平方米，占全国 50.7%，相当于每两栋绿色三星住宅中就有一栋是万科所建。企业计划 2014 年全部开工项目将达到国家绿色建筑标准。此外，万科开始与英国建筑研究院（BRE）展开合作，筹建北京绿色建筑公园，引入世界最权威、最广泛使用、最严格的绿色建筑标准——BREEAM（英国绿色建筑评估体系），引进国际尖端实验室与科研院所开展替代能源、材料技术、信息技术、生物技术等方面的研究，力图将其打造为国内最先进的绿色建筑理念推广平台。

万科节能技术包括传统技术应用和可再生能源两类，通过提升建筑围护体系保温、隔热性能、提升空调效率、地源热泵空调采暖应用、高效照明、太阳能热水系统应用等技术实现节能减排。2011 年，万科通过绿色建筑技术的应用减少碳排放量达到约 3.14 万吨。

万科节能减排技术的应用获得了政府的认可和鼓励，在全国 7 个城市被列为可再生能源、节能专项示范或扶持项目，获得了政府补贴或奖励。万科“绿色企业”的形象也提高了行业整体形象健康度，节能环保正成为更多房地产企业产品发展的方向。

万科是一个由鲜明的理想主义和坚定价值观奠基的企业。坚守价值底线，拒绝暴利诱惑，坚持以专业能力从市场获取公平回报，是万科获得成功的基石。在当前激越的变革年代，万科义不容辞地担当起先行者的责任。这一责任，不仅包括率先实现商业模式和生产方式的变迁，而且包含引领行业承担企业公民的社会责任，不断促进社会和谐、赢得社会的尊重。

万科的领先并非偶然，而是源于不断创新、不断突破。通过产品创新、服务创新和制度创新，追求有质量、有效率的持续增长，迅速拉开与竞争对手的差距，是万科实现行业领跑、创造丰盛人生的重要途径。从创立至今，万科始终坚持追求卓越、重视股东回报、可持续发展的信念以及简单、透明、公平、规范的企业文化，这些信念和文化也成为万科积累的最重要财富。万科在 20 多年的发展过程中，并非一帆风顺，也走过弯路和歧途，但因为企业领导人始终保持着危机感和独立清醒的认识，坚守着企业的价值观和发展战略，不断自我审视和自我超越，才使企业重新回归到正确的路线。从长期来看，经营能力将成为企业发展的核心竞争力。在政策多变的背景下，万科的投资和应变能力已得到证明，其经营优势必将进一步显现。

如今，万科的后千亿元时代已开启。在波谲云诡的房地产大潮中，无论是处于波谷的压抑还是浪峰的激越，万科都没有忘记其既定的目标与航线，这艘千亿元级航母始终在波澜起伏中向着阳光，扬帆领航！

（五）万科大事记（见表 3-1）

表 3-1　万科大事记

事　件	时间	说　　明
成立	1984	公司成立，以“现代科教仪器展销中心”名称注册，经理王石，国营性质
涉足房地产	1988	以当时的 2000 万元天价投标买地，进入房地产行业
发行 A 股	1988	12 月 28 日发行 2800 万股，发行价格 1.00 元，募集资金总计 2800 万元
	1989	招股完成，召开第一届股东大会，成立了由王石等 11 人组成的第一届董事会
	1991	1 月 29 日 A 股在深圳证券交易所挂牌交易，首日开盘价 12.00 元
跨地域开发	1991	进入上海和厦门，开始跨地域房地产业务发展
核心业务确立	1992	正式确定以大众住宅开发为核心业务，坚持至今
发行 B 股	1993	5 月 28 日发行 B 股总计 4500 万股，每股发行价为 11 元，以每股 10.53 港元支付，以公开发行方式向境外公众发售
万科物业通过国际认证	1996	深圳万科物业管理公司顺利通过 ISO9002-94 第三方国际认证检验，成为国内首家被国际机构承认符合质量标准的物业管理公司
配股	1999	12 月 22 日公告：每 10 股配 2.73 股，配股价格 7.50 元。2000 年 1 月 10 日除权，2000 年 2 月 16 日上市
股份改革	2000	引入华润成为第一大股东，持股比例 15.08%
实现专业化	2001	转让万佳百货 72%股份给华润，成为专一房地产公司
转债	2004	10 月 18 日上市 19.90 亿元，面值 100 元，期限 5 年，利率 1.00%。2005 年 3 月 24 日转股，转股价格 5.48 元/股
制定 10 年中长期发展规划	2004	全面制定 2004~2014 年中长期发展规划，确定了战略领跑的思路
首期股权激励方案披露	2006	首家上市公司通过股权激励将公司考核与公司市值水平挂钩
增发	2007	8 月 22 日增发 31715.83 股，发行价格 31.53 元/股，增发后总股本 687200.64 万股。9 月 5 日上市
股权激励	2010	发布 A 股股票期权激励计划，以股东回报率和净利润增长率为关键指标，突出内生增长要求。该方案是对职业经理人价值的肯定
参加世博会	2010	作为唯一独立建馆的房地产企业参加上海世博会，传播绿色理念，共接待四方来宾逾 121 万人，品牌形象得到全面提升
销售破千亿元	2010	实现销售额 1086 亿元，成为内地首个销售额破千亿元的房地产公司。近 10 年的房屋销售额从 44.2 亿元增长 26 倍至 1215.4 亿元，并连续两年突破千亿元大关，稳居行业首位
收购中国香港南联地产	2012	通过收购南联地产的方式在中国香港实现借壳上市，国际化融资平台敲定

二、保利地产：中国房地产业的“千里马”

20年来，保利地产凭借12万元启动资金一路打拼到总资产规模超过2000亿元的行业翘楚，成为行业龙头中增长业绩较确定的公司，为社会创造了无与伦比的物质和精神财富。如今，保利地产作为中国改革开放和城市化进程的见证者和参与者，用屹立在41个城市的一座座建筑丰碑，诠释着“和者筑善”的品牌理念和“打造中国地产长城”的企业愿景。

（一）速度与耐力兼备，“成长”型房地产企业的典范式突进

保利房地产（集团）股份有限公司（股票代码：600048.SH，以下简称“保利地产”）2012年6月累积总资产规模已达2168.03亿元，但依然以高周转的“成长”型企业自居，希冀最大限度地分享未来10~15年中国住宅市场的红利。保利地产在发展中一直彰显了企业在速度和规模增长上极为剽悍的作风，不断谱写着中国房地产市场中的“千里马”传奇，以多种战略优势形成无可比拟的王者形象。纵观保利地产发展历程，成功并不重要，成长才是一个持续的过程，正如保利地产创始人李彬海所坚持的“成长比成功更重要”。

1. 经营业绩增长保持领先，规模与效益实力兼备

保利地产一直坚定对中国房地产行业长期看好的判断，始终以加强扩大经营规模与提高开发效益相结合，促进企业快速成长。从图3-5中可以看出，2003~2011年，保利地产营业收入、净利润的年复合增长率分别高达71.75%和

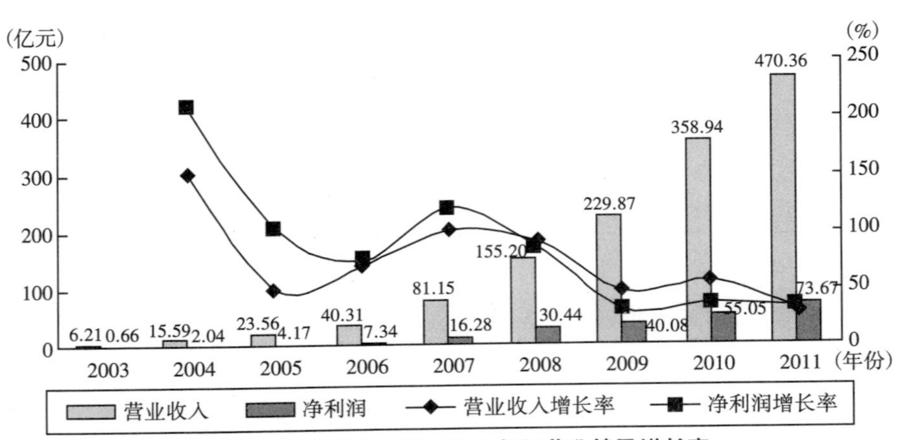

图3-5　保利地产2003~2011年经营业绩及增长率

80.28%，取得了突飞猛进的高速增长。速度已成为这家军旅背景企业的优良基因。

2003~2006年，保利地产致力于开展全国化战略布局，主营业务收入由6.21亿元上升至40.31亿元，同期净利润由0.66亿元上升至7.34亿元，业绩创下了许多速度纪录，在资产规模、销售额、利润总额、土地储备量等方面均保持着接近100%的增长率。自2006年7月底上市以来，保利地产在其后的两年更是呈现出翻番的增长速度，火箭式的发展无疑缘于证券市场的大力推动。即使在房地产企业普遍陷入低谷的2008年，保利地产的净利润也同比增长了86.93%，增长态势十分激进。近三年，随着国家宏观市场调控力度的持续加大，保利地产的营业收入仍保持了30%~60%的增长速度，各项经营指标创造了一个又一个地产业的速度神话，为房地产业内外所称道，在房地产上市企业中始终处于领先地位。特别是保利地产的营业规模从2006年的40.31亿元，经短短1年多时间就进入百亿元阵营，可谓是中国房地产企业中的一匹“千里马”。

保利地产在发展中一直积极把握规模增长与质量效益的齐头并进。从图3-6中可以看出，2005年以前，保利地产的净资产收益率不断攀高，2005年达到42.81%的顶峰，主要受益于其部分收益率比较高的商业项目的结转。保利地产一直准确把握房地产市场经济形势的变化，2006~2011年净资产收益率保持在20%上下的稳健水平。随着公司经营规模扩大，营业、管理、财务费用的绝对金额逐年增长，但保利地产在费用控制上已具备规模优势，三项费用率由2004年的7.70%降低至2011年的5.09%。特别是在市场环境趋紧的前提下，保利地产的成本控制得当使企业的盈利水平能够在近几年仍维持走高趋势，提振了投资者的信心。

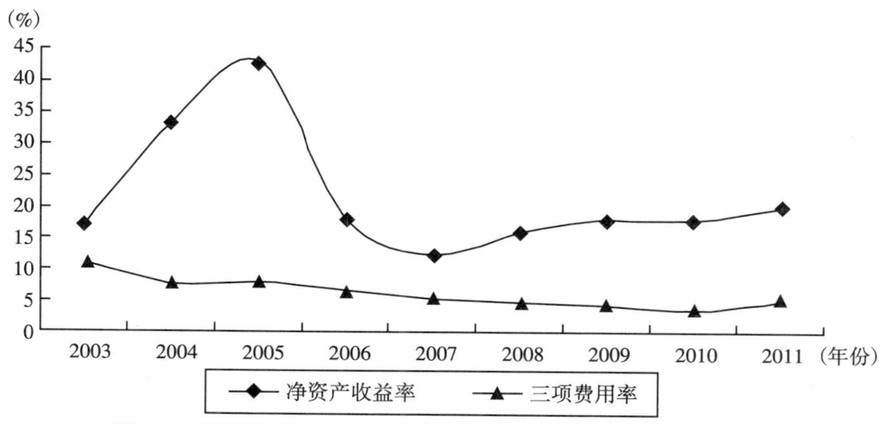

图3-6 保利地产2003~2011年净资产收益率及三项费用率情况

2. 业务发展与经营规模相匹配，持续“保利式”高速扩张

2002年保利地产改制，并提出10年销售额超过100亿元的计划，但仅仅用了不到5年时间就超额完成目标。截至2012年年底，再度时隔不到5年的时间，保利地产的签约销售额达到1017.39亿元，迈入了千亿元俱乐部，发展速度令其他企业望尘莫及。

坚持滚动开发、快速周转，拿地节奏、规模扩张与公司的经营和发展节奏相匹配，是保利地产自2006年上市以来的战略重心。大量的土地资源储备可供快速开发销售，保障了可售资源的充足。自2009年起，保利地产发起了第二轮的全国扩张，在销售面积突破100%的增长幅度之下，连续两年在土地储备方面下工夫，分别新增储备面积1338万平方米和1441万平方米。2006~2011年，保利地产的新开工面积逐年递增，2011年全年新开工增长50.33%，达到1503万平方米的峰值（见图3-7），使2012年全年可供销售的货量充足。近两年，随着企业销售规模的不断扩大，保利地产在继续理性扩张的同时，相对放缓了拿地节奏，并将关注点从拿地布局逐渐转移到流通环节，通过采取灵活销售策略来加快推货速度，2011年全年的销售去化率超过了68%。保利地产良好的销售去化能力形成了企业从容应对市场波动的竞争优势，而充足的土地储备更加增强了企业的可持续发展能力，为今后的长远发展奠定了双重保障。

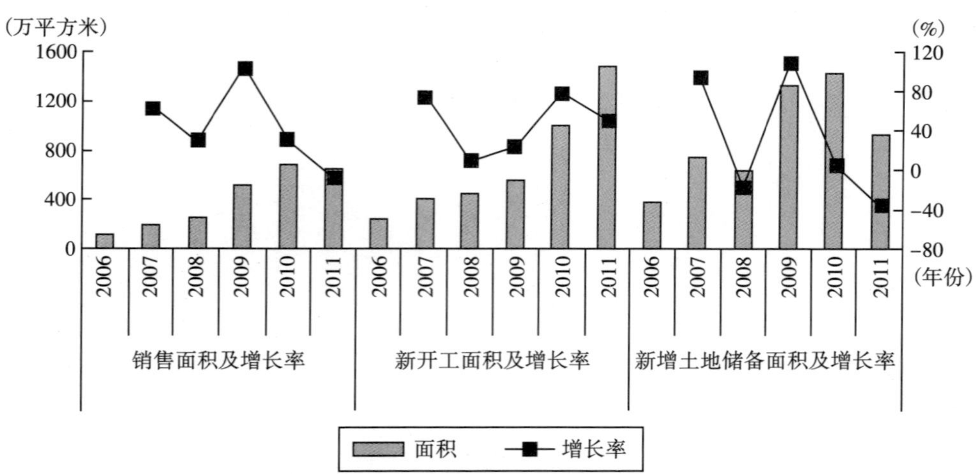

图3-7 保利地产2006~2011年销售面积、新开工面积和新增土地储备面积及增长率

3. 资本市场表现抢眼，彰显中长期投资价值

保利地产发展规模迅速、市场影响力和流动性高，上市不到一年，即作为行业龙头企业成功入选“上证50”、“上证180”、“沪深300”、“中证100”等代表性成份股，彰显了其健康、富有成长性的发展特点。自 2006 年 7 月 31 日正式挂牌上市，保利地产的总市值已从当初的 238.26 亿元增长至 2012 年 9 月 12 日的 748.78 亿元。从图 3–8 中可以看出，保利地产的股价走势与上证指数点位涨跌趋势基本吻合，分别在 2007 年下半年、2009 年下半年以及 2012 年上半年三段时间显著优于大盘表现。借助房地产市场利好之势，保利地产 2007 年以高达 53.38 的市盈率公开增发获得资金 70 亿元，2009 年则定向增发筹资 80 亿元，助推盈利与规模的可持续增长。

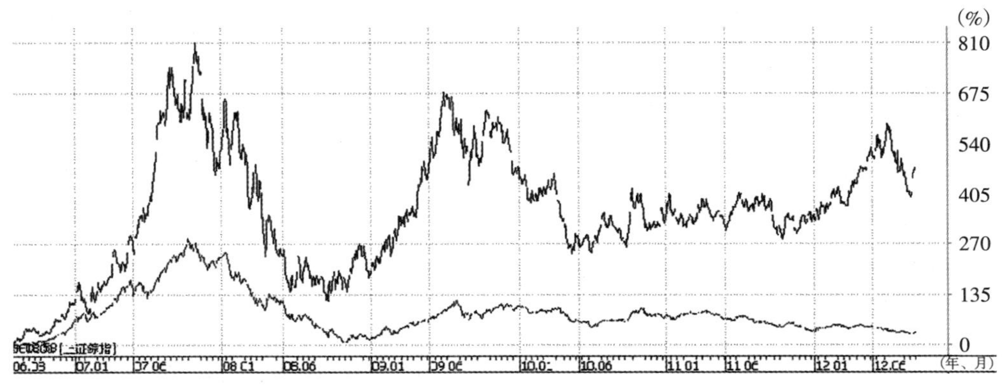

图 3–8　保利地产股价表现（向前复权）

在业绩高增长和盈利水平领先的情况下，保利地产的每股收益水平也在稳定增长。如图 3–9 所示，在 2008 年金融危机影响下，每股收益仅仅回落至 0.91，优于其他龙头股份的表现，实现了逆势做强。2008 年以后，保利地产每股收益持续攀升，截至 2011 年底每股收益达 1.10 元的高点。

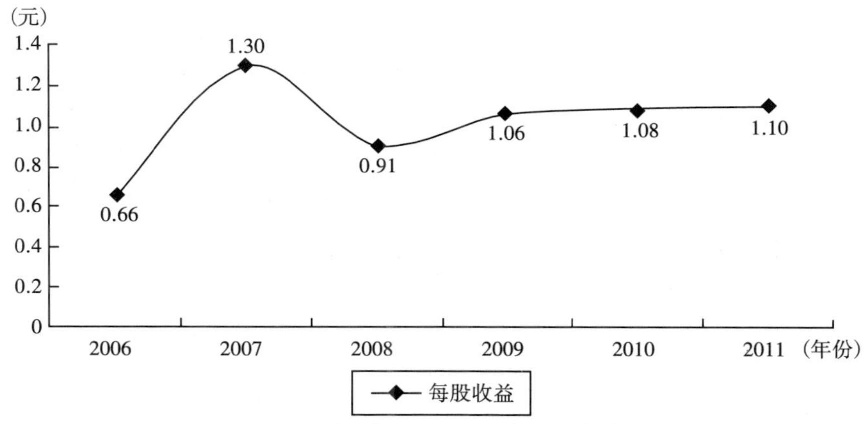

图 3–9　保利地产 2006~2011 年每股收益情况

强劲的增长势头和优异的资本市场表现，给了投资者持续看好保利地产的信心。即使在最严峻的宏观调控之下，保利地产在资本市场上依然拥有相当的号召力，因为这一曾经创造了价值增长神话、一贯表现优秀的企业，不会因为短期的市场波动而改变其增长路径。保利地产在资本市场树立了“行业龙头、绩优蓝筹”的良好形象，展现出了能够带给投资者稳定收益的中长期投资价值。

（二）融资渠道持续畅通，资本运作如虎添翼

凭借央企背景的国内龙头房企的先天优势，保利地产的资金来源一直较为畅通，资金优势明显。从图 3–10 中可以看到，主要来自股市、大股东的投资在 2007 年、2009 年等年份为企业扩张起到了关键性的作用，而来自银行、信托等金融机构的借款数额和占比都相对较大。特别是在信贷紧缩、房地产行业融资环境日趋严峻的情况下，保利地产凭借其规模实力与良好的信誉，依然取得了大规模的新增借款；多样化的资本来源使保利地产有效缓解了公司运营的资金压力、优化了公司债务结构。

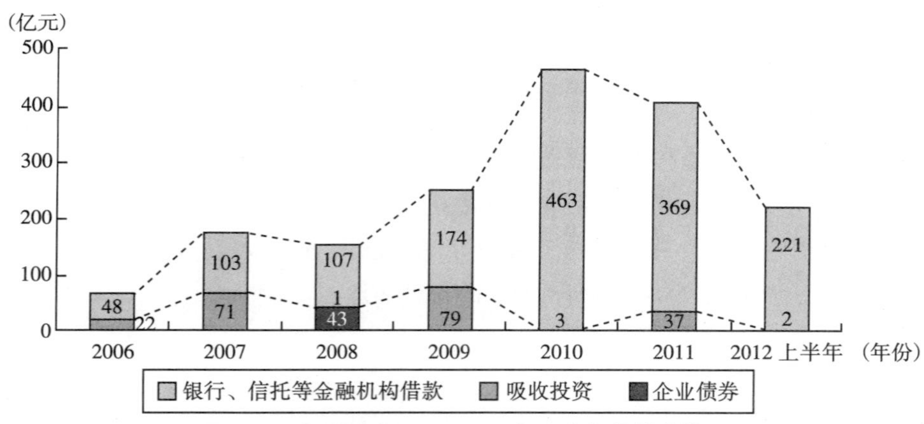

图 3–10　保利地产 2006~2012 年上半年的筹资情况

作为龙头企业中杠杆率较高的扩张型企业，资本市场的运作能力就显得更加举足轻重。保利地产相对激进的资本运营在企业的发展过程中起到了画龙点睛的功效，充分体现了脱胎于军旅地产商的坚毅和果敢。

1. 灵活采用大规模资本市场融资，助推企业跨越式成长

资产市值与账面价值的巨大差异、资金需求的旺盛、行业面临宏观调控三大因素，决定了资本市场价值发现和融资功能对房地产企业的意义非同一般。历经多次融资和股本扩张，到 2012 年上半年，保利地产总股本已从上市之初的 1.2

亿股增加到 71.38 亿股，股东 104613 户，平均每户持股 68232.38 股。股市融资的便利助推了保利地产迅速成长为国内房地产上市公司的龙头企业。

从图 3-11 中可以看出，仅在上市一年之后，保利地产就完成了一次漂亮的增发融资，融资金额达到了 70 多亿元，不但创下了 A 股市场公开增发议案从提出到实施的最快纪录，也创下了当时 A 股公开增发的最高价纪录。募集的资金大大增加了公司在地产项目的获取与开发方面的资金筹码，成为保利地产业绩再度腾飞的助推器，全国化扩张战略的成效明显。2009 年，保利地产成功实现定向增发，融资 78.15 亿元，较大程度补充了公司自有资本，改善了公司资本结构，避免了由于杠杆率过高可能引发的信贷风险，并推进项目在原有全国布局基础上由点到面地展开。

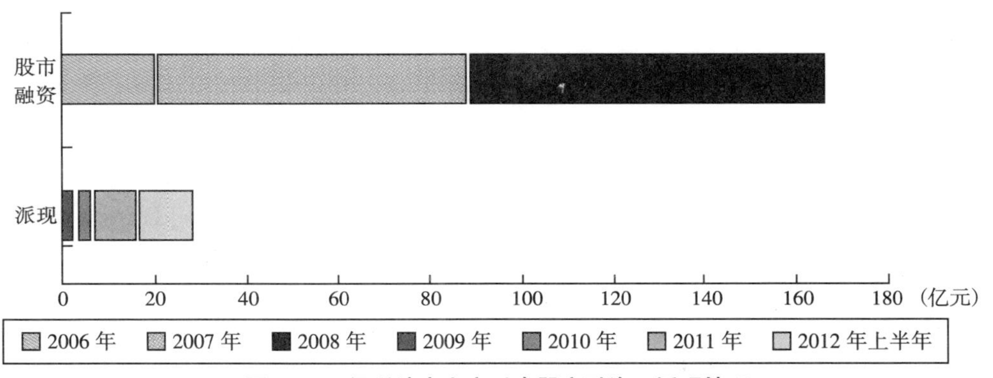

图 3-11 保利地产上市以来股市融资、派现情况

除了使股东获得资本增值，保利地产也高度重视股东回馈，给予投资者丰厚的现金回报。从 2006 年上市至 2012 年上半年，已累计现金分红 30.3 亿元，现金分红占实现净利润比率达 13.9%。2011 年，公司实现每股收益 1.1 元，同比增长 33%，实施每 10 股分配 2.15 元的现金红利分配方案，现金分红占实现净利润比率达到 20%，呈现上升趋势，赢得了广大投资者的信任和支持。2012 年 5 月，保利地产执行的股权激励计划也有利于公司保留及吸收优秀管理团队，利用资金运作强化了企业长远发展的保障。

2. 借贷渠道持续通畅，广泛吸取充裕资金

保利地产依托中国保利集团的雄厚背景，其快速发展离不开母公司强大的资金支持。2003~2005 年，保利地产来源于集团及兄弟公司的资金，以及由集团及兄弟公司担保获取的贷款合计占到了当期借款及其他应付款总额的 83%、47%和 50%，使公司在拿地和经营上更为主动和灵活，业绩也实现了突飞猛进的增长。

在 2006 年之后，保利地产始终以来自银行、信托等金融机构的长期借款作为主要的资本来源，具有融资规模大、资金成本低的显著优势。近两年来，尽管融资渠道在深度调控期全面收紧，大多数房地产商"求钱若渴"，但国内的银行、信托等金融机构依然向保利地产大开方便之门，2010 年、2011 年保利地产分别获得 463 亿元、369 亿元的借款额度，使得企业的发展畅通无阻。研究统计表明，2011 年中期，134 家房企累计 3700 亿元银行贷款中，保利地产一家以占比 1/8 的优势独占鳌头，企业实力受到银行的青睐，中信银行、农行、建行等均与保利地产建立了战略合作伙伴关系。从图 3-12 中可以看出，保利地产的长期借款主要以保证贷款和信用贷款为主，2011 年两项合计占比达到 87%，这两种贷款方式无须任何抵押，签单即借款，充分表现出了保利地产优于同行的资金成本。可以说，正是由于保利地产雄厚的背景和强劲的实力，企业在资本市场上的发展一直游刃有余。

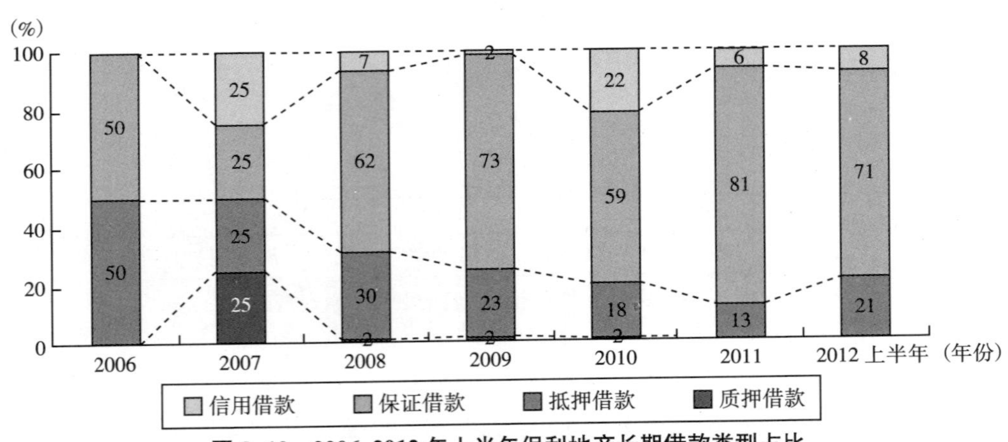

图 3-12　2006~2012 年上半年保利地产长期借款类型占比

除了信贷融资之外，保利地产也在有意识地拓展企业债、基金、信托、票据等多种直接融资方式，为旗下项目的顺利运行获得更为充裕的资金流，在资金相对紧缺的大环境下依然为业绩增长提供充足的动力。2008 年，在外部经济形势严峻、销售和融资难度加大的环境下，公司保持了平稳的资金运作，成功发行 43 亿元规模、票面利率为 7%的 5 年期固定利率债券，满足了公司业务发展所需资金，保持了公司顺畅的资金运作和较强的偿债能力，这也意味着公司的融资更加市场化；2010 年，保利地产设立了信保（天津）股权投资基金管理公司，为公司项目提供更好的资金保障；截至 2011 年，保利地产累计与 16 家信托公司合作发行 21 款信托计划，规模大多在 70 亿元以上；2011 年 7 月，保利地产又宣布拟发行规模不超过40亿元的中期票据，用于保障性住房项目的建设，这是保利地产对积极拓宽融资渠道的又一次有益尝试。

从西方国家成熟的发展经验来看，中国的民间资本一直缺少投资渠道，而市场存在很多需要回报高但厌恶风险的资金，发展房地产基金将是中国房地产业发展的必由之路。在银行与资本市场上均长袖善舞的保利，多年来游走在财务安全边际线上，以其出色的资本运作能力实现了超速扩张。目前，保利地产更为希冀在资金成本可控的前提下，积极拓展房地产基金的融资模式，多向拓宽融资渠道，以求打造出一条更为坚固的资金链，持续提升企业的资本运作能力。

（三）"静水流深，棋行天下"，超前战略保驾护航

有了充裕的资本在后方提供坚实的保障，保利地产开启了一次又一次的战略征程。20年来，速度与规模兼备的成长历程，与保利地产卓越的战略眼光和灵活的市场应变能力密不可分，严格按照正确的战略规划推进也是保利地产一直以来都引以为傲的方面。正如宋广菊一直认为的那样，"保利的军队背景无论从整合能力还是决策魄力而言，都最具有做开发商的独到优势"，其经验可用12个字来概括："善于战略、优于决策、强于执行"。

1. 1992~2002年，10年沉淀，蓄势待发

这10年，保利地产扎实地奠定了企业发展的基础：一是锁定主流需求；二是文化地产。这个基本路线贯穿了保利的发展历程。这10年可分为两个阶段：

第一个5年，保利地产制定了"坚持以经济效益为中心，以房地产开发为主业，开发中小型房地产项目"的五年规划，完成了资本和经验的初始积累，培养了第一批专业队伍。

第二个5年，保利地产确立了"房地产开发要走精品路线"的思想以及"精品地产、文化地产"的市场定位，塑造了保利花园等经典项目和企业的品牌形象。

这10年时间，保利地产在广东区域保持了低调的作风，稳扎稳打，坚持不懈做"加法"，形成了资本、产品、品牌、管理的规模化条件，为全国扩张打下了坚实的基础，使保利地产在未来10年发展过程中经受住了市场变迁的考验。

2. 2002~2009年，高效周转，快速崛起

10年后的保利地产启动了攻城略地的"乘法"之路。始于2002年的"10年发展规划纲要"明确了保利地产"立足广州，布局全国"的战略转型，以及"以中高端精品住宅为主、商业地产为辅"的产品战略，锁定主流居住需求和快速开发周转，是保利地产持续高速成长、保持产品竞争力的关键所在。

2002~2007年，保利地产以快速开发、快速周转的模式为基础，开疆拓土，短短5年时间即在全国三大核心经济圈、十大重点城市布下网络。2007年，企业提出了成为首批跻身中国企业“千亿元俱乐部”成员的战略目标，敏锐地捕捉到城市化进程中因经济的聚集而形成的城市群，果断在战略上做出相应的区域战略选择。这次扩张目标转向从城市的点状格局铺开，围绕“中国经济圈”、“产业布局”、“高铁局部”的发展机会，形成三纵两横的布局，经营业绩迎来了一轮又一轮质的飞跃。与万科正面对抗，并肩成为地产企业区域扩张的行业领先者，保利地产的发展速度堪称中国的霍顿（D.R. Horton）。

另外，保利地产通过研究借鉴国内外企业的经验，超前地认识到“滚动开发”模式的市场条件及政策条件难以长期持续，而“持有经营获利”的模式则经过了无数国家的印证，将成为市场主流的盈利模式。因此，早在2002年就确立了将滚动性开发收入与物业经营收入相结合的超前发展战略，这在国内的开发商中少之又少，多元产品线与租售并举的策略在目前的市场环境中得到了充分验证，保利地产对商业领域的提前布局，也取得了良好的战略收获。

3. 2010年至今，一专多能，成就标杆

中国房地产市场告别野蛮生长的黄金10年，在调控下正在悄然变局：房地产在国民经济中的定位调整；自住需求在不断提高；商业地产的分量不断提升；三、四线城市的房地产市场正蓬勃发展；等等。众多房地产公司纷纷入冬谋变，未来谁能有效平衡“住宅与商业”、“速度与利润”、“资本与资产”三者之间的关系，将直接决定谁能够走得更好、更稳健。“万保恒金”已成为A股市场新的四大标杆，这些公司都步调一致地选择了在坚持主营住宅地产的同时，转变经营业态求新求变。

保利地产的过冬之术既不是龟缩冬眠，也不仅是逆市抄底，而是更为重视“冬练三九”的方法，在行业冬天里正在进行着一场抢占未来先机的演练。企业开始正视自身由于快速扩张所引发的诸如产品与管理等方面引致利润侵蚀的短板问题。2010年，保利地产在战略上进行了“扩大经营规模与提高开发效益相结合”的调整，转而通过规模化经营与精细化运作来推进效率型增长，并立下“三年再造一个保利”的目标，同时也在积极拓展房地产基金等多元化融资方式，以免调控下的资本不足会制约发展速度。

保利地产最大的战略调整莫过于企业的模式之变。2012年，保利地产高调地宣布了下一个10年的发展战略规划：除了重点发展商业地产之外，也效仿日本养老社区模式，形成养老地产设计标准，重点拓展养老地产的市场机会，综合体项目和旅游地产项目也是其正在积极探讨与研究的方向，这标志着保利正式踏上了多元化扩张之路。

（四）产品、管理、品牌，打造地产专业运作的竞争优势

1. 产品定位主流，走品质与多元化路线

产品，永远是企业的生命。产品有优势，定位是第一步。宋广菊认为，锁定主流居住需求和快速开发周转，是保利地产持续高速成长、保持产品竞争力的关键所在。在众多开发商都在选择高姿态、走高端的项目开发路线时，保利地产便认准了大众消费市场的刚性需求。

保利产品的成功来自其富有差异化内涵的精品品质，讲究“自然、和谐、舒适”，不仅很好地结合了南派地产的精细，又融合了北方开发商的文化气质，力求达到建筑与自然、人与建筑、人与人之间的和谐共生。保利地产在策略上保持一贯务实、激进的军队作风，但在产品上却极力打造“文化”、“和谐”的亲和感，在公司与消费者之间用文化筑起了一座桥梁。

早在 1999 年开发保利花园时，保利就提出“零缺陷”规划设计理念，全面提升住宅性能，形成一整套独有的节能型、环保型、智能化社区建筑设计规范标准，成为国内仅有的三个全优通过国家康居示范小区之一。以此为起点，10 余年来，在很多企业以牺牲产品质量换取高速发展和扩张的时候，保利地产将“客户定义的质量”作为质量管理的追求目标，持续向客户提供有品质保证的高性价比产品。2010 年推出“自然和美”的产品开发理念，倡导“三色系优建”，着重从精细化、低碳化与科技化三方面进行产品研发，提升产品品质，努力打造消费者认可的“放心房”与“优质房”。图 3–13 是保利地产的“三色系”产品谱系。

保利地产的另外一个产品优势是其多元化的产品线，除了满足主流市场不同层次的消费需求，平衡市场变幻带来的风险之外，更为企业带来产业化的生产方式，同时也打造了品牌植入的良好渠道。旗下的康居、珍品、山水、尊享四大产品系列分别定位于城市家庭的健康人居、都市精英珍藏的城央领地、有识之士的山水大宅以及层峰人士的人居名片，满足了不同人群对人文雅居的价值诉求，形成经典的项目品牌。保利地产在产品系列的框架下，有计划地推进标准化建设和住宅产业发展。2009 年，保利地产深入模块化与标准化设计，完成《保利地产住宅产品设计标准》和《住宅项目统一构造做法》的修订，以统一、可复制的设计保证产品品质并在公司全面推行；2011 年，进行再次修订，推动了保利地产在精装修领域标准化、模块化的进程。

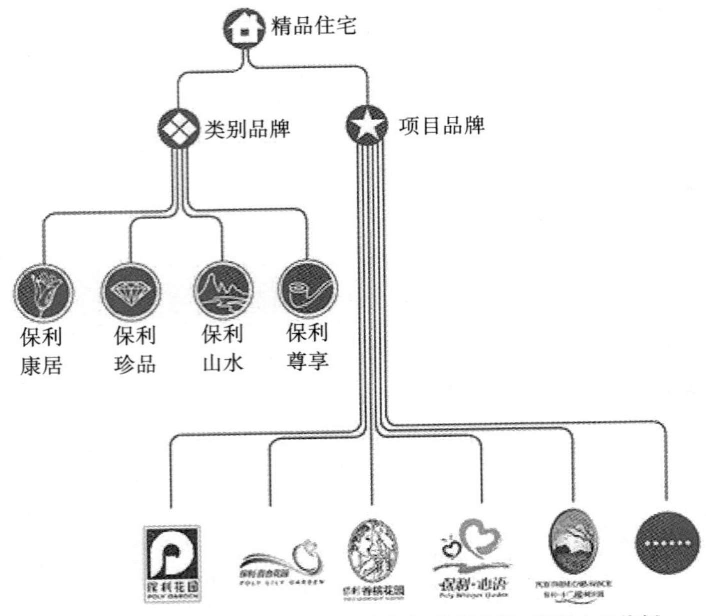

图 3-13 保利地产“三色系”产品谱系

2. 成本模式之变，强化企业核心竞争力

得益于行业内稀缺央企背景，保利地产具备强大的资源配置能力，无论在土地还是资金的获取上都表现出了明显的优势。在低融资成本和高财务安全性的前提下，高财务杠杆意味着公司具备超越同业的成长空间和盈利能力，由此，成本优势形成了保利地产长远发展的核心竞争力。

土地成本的优势。在中国房地产业内，保利地产素以“善于从战略上把握机会获得珍贵的土地资源”著称。由于保利地产的模式是“当年拿地、当年开工、次年销售”的快销模式，对规模增长有较高要求。在土地成本优势下，保利地产获得了大量具有竞争力的土地资源来满足扩张需求。保利地产获取土地储备的方法可谓多样，除参与公开的招拍挂之外，公司不仅与许多大型供应商建立了战略合作关系，还通过旧城改造、概念地产、定向勾地、合作开发和一级转二级等灵活方式低成本获取项目，利用集团购买力优势降低成本。

如图 3-14 所示，作为一家曾主要布局一、二线城市的大型地产公司，2007 年保利地产购地的平均成本是 2660 元/平方米，而万科和金地都在 3000 元/平方米以上。2008 年，公司又增加了 594 万平方米土地储备，楼面地价不到 1100 元/平方米，进一步摊低了土地成本，使 2006~2008 年的平均购地成本维持在 2000 元/平方米以下，而同期万科的购地成本是 2500 元/平方米，金地和招商更高，达

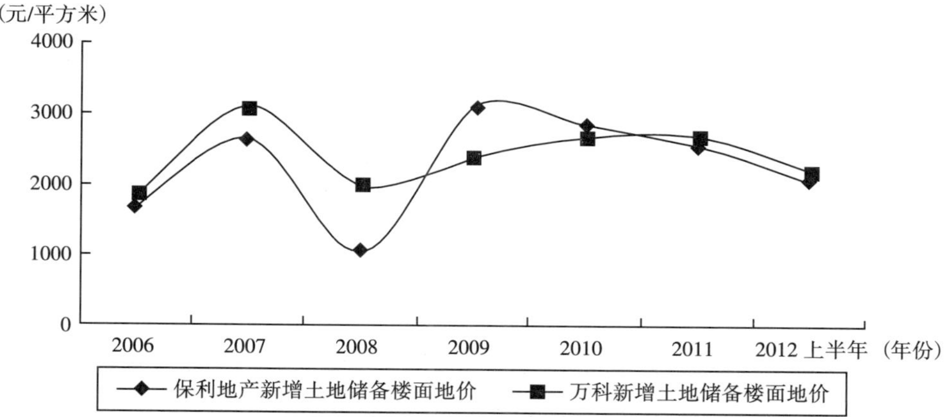

图 3-14 保利地产、万科 2006~2012 年上半年新增土地储备楼面地价比较

到 3000 元/平方米以上。近几年，保利地产通过逆势拿地摊薄土地成本，土地成本持续走低，2012 年上半年保利平均楼面地价为 2061 元/平方米，也低于同期万科的 2230 元/平方米，成本低廉，储备充足，继续保持了低成本高毛利的竞争优势。保利地产的土地成本优势与产品定位相适应，加上其鲜明的反周期拿地策略，大大提高了保利地产的周转速度。

尽管这两年在调控影响下，保利地产的拿地规模有所收缩，但企业的土地储备依然保持了“等量储备、不拘一格”的作风。保利地产的土地储备素质与城市发展脉络相适应，将重点项目布局于政府市政建设投入集中的城市未来核心区域，坚持按自己的节奏稳妥、安全地进行安排，成功在土地市场实现抄底，获取了大量具备较高增值潜力的优质土地，从而为未来的盈利创造出很大空间，成为市场调整中的赢家。

融资上的成本优势。在业内，保利地产是“集团敢担保、银行敢放贷”的央企代表，保利地产银行借款的平均利率比万科低一个百分点以上，无疑成为保利地产发展的重要保障。其央企背景使保利地产既没有发行大量成本较高的地产信托，也没有对外发行高息债券，而主要以较低成本的银行信贷来进行扩张。

近几年，一系列房产调控政策不仅加大了土地成本、融资成本，而且加大了促销成本以及管理成本，使得房地产行业利润率下降。如何加强成本管理成为房地产行业生存的关键。保利地产认为未来价格竞争将成为市场最重要的因素，低成本的公司将成为未来的胜者。除资源获取的低成本优势之外，保利地产越来越注重强化管理层面的成本控制，内外兼修，被业内普遍认为是其创造高利润率的基本保障。与同样在成本控制方面表现出色的中海地产相比，保利地产的成本管理体系有很大不同。中海主要是组建自身全价值链团队以减少利润分割，保利地产则重在实行严格的目标成本管理，包括制定目标成本、明确责任成本、跟踪动态成本和评估成本业绩四部分，同时并分别从事前预测、事中控制、事后反馈以及责任与激励机制四个方面合理减少企业成本费用，进而提高企业的经营绩效。

3. 品牌与社会责任，誓做排头兵

品牌管理是保利地产一直重视且不断深化发展的一项长期战略，这在最初开发项目时“做精品，树品牌”的自觉意识中就有所体现。

保利地产的理想是引领中国的和谐人居。从 1999 年开始倡导“和谐、自然、舒适”的理念，2002 年明确提出“和谐生活，自然舒适”的品牌主张，到 2010 年提出“和者筑善”的品牌升位计划，保利地产对“和谐”的追求逐渐清晰、全面，从关注产品和业主生活层面向更深广的企业社会责任、企业使命、企业文化和价值观的层面延展，包括“自然和美、亲情和院、和你成长、和基金、和乐中国”五大平台，让理念落在实处，成为务实的理想主义者。

为了配合产品的“自然和美”，同时顺应低碳经济时代的行业发展，保利地产积极抢占行业革新和发展的制高点，力求成为中国房地产低碳建筑的领跑者。从 2009 年开始，保利地产对一些项目进行重点跟踪，对节能措施的运用情况建立评价体系，还积极与新加坡 DP 设计公司等知名设计机构合作，将位于广州科学城的保利地产总部基地项目打造成国家最高等级的绿色节能建筑，研究在控制成本的前提下推行低碳节能社区的做法。从 2010 年起，保利地产的绿色行动从单一项目的积累跨越到全集团性的绿色技术体系建设。2011 年，公司进一步建立健全了保利地产绿色战略研究，确定了企业未来五年的绿色发展计划，并制定了《节能减排建筑设计指引（试行版）》，搭建了由公司总部、区域子公司、外部绿色节能技术顾问三部分构成的保利地产绿色建筑支持系统，以共同推进公司绿色技术的应用和绿色战略的实施。

大力投身旧城改造和保障房建设，是保利地产践行社会责任的主要方面。保利地产始于 2009 年在广州琶洲村开创的旧城改造模式被业内广泛称好。作为首批参与保障房建设的企业之一，保利地产以高度的社会责任感，积极投身保障房开发建设。截至 2011 年末，保利地产建设的保障房涵盖经济适用房、两限房、回迁房、动迁房等多种类型，建成及在建拟建面积累计超过 245 万平方米。在参与城中村改造、旧城连片建设及重大项目投资、推动城市建设、提升城市形象、改善人居环境等方面作出了重要的贡献。

2010 年成立的“和基金”作为承载公益理想与关爱的平台，于 2011 年正式投入运营。目前，已经展开了从关注青少年艺术成长的“和乐中国活动”、关心大学生素质提升的“成长基地”，到关爱老年群体的“善居养老计划”等渗透生命成长各个阶段的发展计划。

在保利地产的品牌历程中，如果说务实是保利的立足之本，那么创新就是保利的发展之源。伴随着中国房地产行业深刻的变革和行业的蓬勃发展，保利地产以回报社会、传承文化、推动行业进步为己任，不断创新思路，引领中国的和谐人居。成立 20 年以来，保利地产积极履行国家和谐发展、社会大和至乐的责任，体现出其作为央企所固有的“家国责任”情怀。

20 年对于一个企业来说，才刚刚开始。中国的房地产市场复杂多变，保利地产成功地把握住了每一次跃迁的机遇，在正确战略的引导下灵活控制节奏，获得了规模与实力的增长。从创立至今，富有远见的视野让保利地产少走了很多弯路，雄厚的背景保障了企业能够高枕无忧地突进，“务实、创新、规范、卓越”的严谨作风让保利在产品、资源整合、品牌管理等方面建立了宝贵的优势。

成功的企业与常胜的军队是相似的，军人不打没有把握的仗。保利地产花了 10 年的时间来耐心等待经验的累积，又花了 10 年的时间竭力经营财富的增长。在这过程中，保利地产一直履行引领和谐人居的使命。2012 年是最新启动的 10 年发展规划的第一年，保利地产已突破千亿元规模，在这新的起点上，保利地产将继续坚守承诺，成为基业常青的优秀房地产公司。

（五）保利地产大事记（见表 3–2）

表 3–2　保利地产大事记

事　件	时间	说　　明
公司成立	1992	保利地产在广州注册成立
股份改革	2002	剥离非房地产开发经营资产和业务，更名为“保利地产股份有限公司”，完成股份制改革
10 年规划	2002	发布 10 年发展规划，被认为是保利地产进军全国的冲锋号
发行 A 股	2006.4	公司正式更名为保利房地产（集团）股份有限公司
	2006.7	成功登录上海证券交易所，开启了保利地产利用资本市场力量推动公司跨越式发展之路
商海领航	2006	保利地产首个超甲级写字楼——广州保利国际广场建成使用，并获得美国《商业周刊》建筑设计大奖
公开增发	2007	增发人民币普通股（A 股），发行数量 1.26 亿股，发行价格 55.48 元，最终募集资金总量约 70 亿元
公司债	2008.7	保利地产的 43 亿元公司债正式路演发行
入选成份股	2009	被纳入恒生 A 股行业龙头指数，成为该指数的成份股
定向增发	2009	发行 3.3 亿股，发行价格 24.12 元，募集资金总量约 78.15 亿元
第二个 10 年规划	2012	2 月 24 日，公布了下一个 10 年发展战略，即向着多业态方向发展
股权激励计划	2012	5 月 4 日，完成授予 5567 万份股票期权的激励计划，行权价格为 9.97 元

三、恒大地产：占得布局先机　规模战略制胜

恒大，中国领先的现代化大型房地产综合开发企业。多年来，企业坚持“民生地产”理念，发挥精品地产标准化运营的高性价比优势，奉行“现金为王”的稳健财务政策，借力高超的资本运作能力，成为规模最大的精品地产领军企业。

（一）企业名片：标准化运营的“民生地产”开发商

恒大集团（股票代码：3333.HK，以下简称“恒大”）成立于1997年，总部位于广州。企业发展迅速，截至2011年年底，恒大净资产为348.58亿元，总资产为1790.23亿元，成为中国销售面积最多的龙头房地产企业。

1. 经营业绩不断突破，高效运营模式持续发力

恒大自2006年布局全国开始，六年期间，经营业绩实现了跨越式的增长。如图3-15所示，2006年，恒大营业收入为19.83亿元，净利润为3.25亿元；到2011年，企业营业收入达619.18亿元，净利润为117.85亿元，分别增长了30倍和35倍，盈利规模及能力持续提升。2010年，为恒大实现突破的关键一年，这一年恒大在业绩与盈利规模方面实现跨越式的发展，不仅创下集团历史最高增长纪录，亦成为2010年增长最快的中国房企。2011年，恒大的合约销售额突破800亿元；合约销售面积位列全国第一，达到1219.9万平方米。

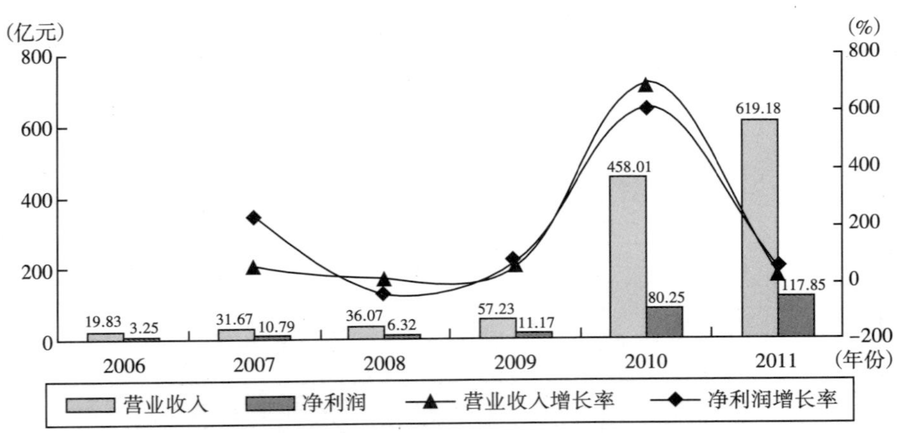

图3-15　恒大2006~2011年营业收入、净利润及其变化

恒大坚持“民生地产”的理念，开发高性价比的精品住宅产品，最早完成了全国二、三线城市的战略布局。高速的周转率及规模的快速扩张，使恒大在短短几年时间成为全国销售面积最多的房地产企业。对于恒大来说，保持稳健的增长，将是下一阶段关注的首要问题。

自 2009 年在港上市以来，恒大每股基本盈利持续攀升，如图 3-16 所示。上市仅一年，恒大在 2010 年年底每股基本盈利实现 0.51 元，较 2009 年年底增长了 583.8%，企业盈利能力持续提高，2011 年底实现了每股基本盈利 0.76 元的高点。在准备上市期间，恒大通过加速资产周转、运用财务杠杆和再融资等手段多方面吸纳资本，2006 年 6 月~2007 年 9 月，恒大在国际资本市场上共融资接近 10 亿美元，大规模的融资极速提高了恒大的扩张步伐，有效保障了盈利增长的可持续性。

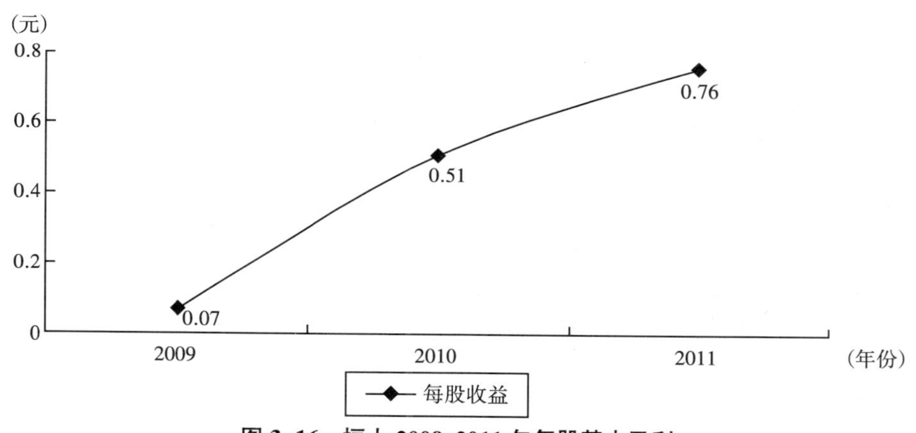

图 3-16 恒大 2009~2011 年每股基本盈利

2. 储备大量优质土地，领先完成全国战略布局

土地是开发商生产过程中最重要的生产原料，也是衡量房地产公司未来发展潜力的重要指标。得益于前瞻性的市场布局，恒大获得了大量成本相对较低的土地，未来的投资回报率相当可期。2011 年，恒大牢牢抓住发展机遇，于上半年基本完成全国战略布局，并成功开创了以原有中心城市辐射周边发达三线城市的新局面。成本低廉的土地储备、广阔的城市布局，令恒大的战略纵深更加扩大，规模优势更加明显。同时，持续发展能力和抗风险能力也得以提升。

以 2011 年全年的销售速度来看，现有土地储备可以保障公司未来 10 年的开发及销售需求。从未来发展看，企业将立足现有规模，坚持消耗与补充动态均衡的原则，着力优化项目布局，深耕二、三线城市，巩固领先优势，实现一、二、三线城市梯度布局和深度开发。未来，恒大仍将聚焦高增长的二、三线城市及城市内升值潜力大的区域，利用多元化渠道精选少量位置优越、规模适中、价格相宜的优质地块，以进一步提高产品溢价率及集团整体盈利。

3. 资本市场稳定增长，显现长期发展潜力

2009 年 11 月 5 日，恒大正式在香港联交所主板挂牌上市，不仅是当年国内赴港 IPO 规模最大、集资额最多的企业，还成为当年国内市值最大的民营房地产企业。

上市近 3 年来，恒大的股价走势与恒生指数涨跌趋势基本吻合，如图 3–17 所示，其间，企业销售金额、销售面积、主营收入、净利润、开工面积、竣工面积都有大幅度的增长，并在 2011 年成为全国销售面积最多的房企。在国内政策从紧、市场消极的环境下，行业发展体现出不稳定性，但是，恒大以其及时的策略调整和强有力的经营能力取得了快速的增长，赢得了市场的信任。在战略规划中，恒大将以“现金为王”作为发展主调，步入稳定增长期，凭借多年快速发展的积累，持续显现出较大的发展潜力。

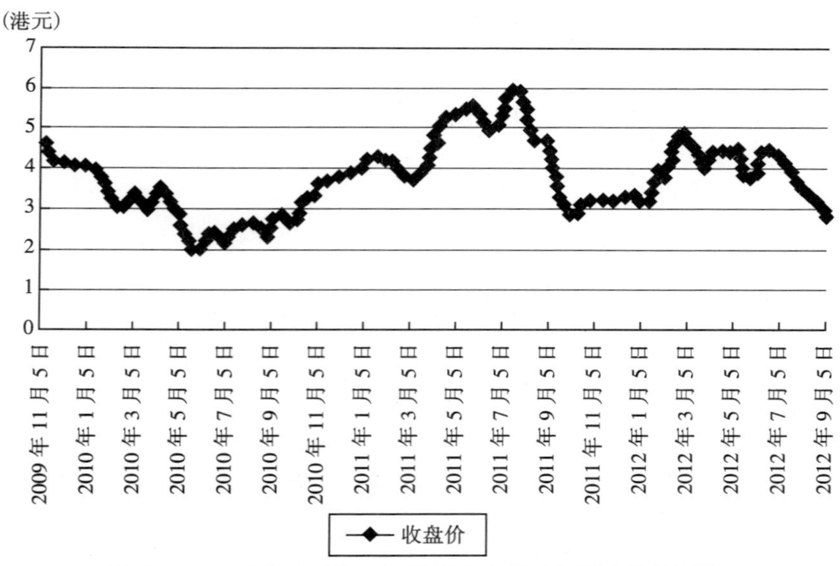

图 3–17　2009 年 11 月 5 日~2012 年 9 月 5 日恒大股价变化

（二）善用财务杠杆，快速优化资产结构

资本运作对房地产企业有着重要意义，有效的资本运作能够优化资源配置，提高周转及运营的效益，以确保企业资本不断增值。凭借快速的资产周转能力和多元化的融资渠道，恒大地产近几年一直保持着良好的资金运作状态。2009 年

在香港上市以来，恒大的融资能力得到迅速增强，灵活运用多渠道融资方式吸纳充裕资金，企业资产结构在销售规模快速成长中也得到不断优化，资产成功突破千亿元。

1. 增资扩股，筹谋上市

2006 年 11 月，恒大成功引入美林、德意志银行、淡马锡三大国际战略投资者，由三家机构投资者以总额 4 亿美元认购 8 亿股可转换优先股。此次成功融资成为当时国内民营企业最大的境外私募，利用这笔资金，恒大偿还了工商银行的一项过渡性贷款，并继续扩大土地储备。同时，通过这次合作，恒大还得到了美林继续推进恒大 IPO 进程的支持。

2. 成就在港上市内地房企融资规模之最

根据恒大公开的招股书，截至 2007 年 9 月 30 日，恒大负债总额为 141 亿元，资产负债率达到 95%。2008 年 1 月，通过原三家战略投资者美林、德意志、淡马锡等持有的可转债优先股转为普通股，恒大资本金增加约 10 亿美元，负债率降至 65%，为恒大在 3 月的 IPO 计划做足了准备。

2008 年 3 月，受次贷危机影响，恒大不得不暂时搁置 IPO 计划。搁置上市后，恒大选择了继续增资扩股，私募融资。仅 3 个月，恒大就完成了 IPO 搁置后的首轮私募，金额高达 6 亿美元。同时，恒大还积极开展项目合作融资，以降低开发成本。

2009 年 11 月 5 日，恒大在香港联交所主板挂牌上市，发行价每股 3.5 港元。恒大此次招股总数约 16.149 亿股，其中 10.05 亿股为新股，其余为旧股。90%为国际配售，10%为公开发售，此外还有 15%的超额配售权。截至 11 月 28 日公开认购结束，恒大公开发售部分获得超额 46 倍的认购，冻结资金近 300 亿元，国际配售超购达 11 倍。为了保证此次上市成功，恒大最后定价每股 3~4 港元，相应市盈率 5~6 倍，最高融资额为 64.6 亿港元。恒大最终实现了 56.5 亿港元的 IPO 融资，成为内地在港上市房地产企业最大规模的融资。

3. 整合国际融资通道，全面提速业务扩张

恒大在上市短短两个月后再度启动融资计划。2010 年 1 月，恒大在全球发行 7.5 亿美元 2015 年到期一次性还款的担保优先票据，融资额度达到 51.2 亿元，堪比 56 亿港元的 IPO 规模，创下了内地在港上市房企的发债规模新纪录。美银美林、高盛及中银国际是其经办人兼联席账簿管理人。

IPO 最终市场集资约 56.5 亿港元，减去其中的旧股，集资净额约 32 亿港元。相比恒大在全国的体量以及 2009 年超过 300 亿元的销售额而言，此次 IPO 融资金额相对较少。恒大表示，此次融资的目的，主要用于偿还结构性担保贷款中未偿还的本金。根据恒大地产的招股材料显示，公司于2007年借入一笔约4.3亿美元的结构性担保贷款，其中大约1.7亿美元已由首次公开发售所得的款项偿还。剩余款项约2.5亿美元，将用此次担保优先票据所得款项偿还。

发行优先票据是公司上市后常用的融资方式，新融资通常被用于偿还旧债，以为公司运营提供充裕的资金流。继2010年1月成功发行7.5亿美元优先票据后，4月，恒大再次分别向香港地产公司华人置业（00127.HK）的全资子公司Harbour Trade Limited及华人置业主席刘銮雄，发行3.5亿美元及2.5亿美元的额外优先票据，该票据2015年到期，年利率13%。恒大本次发行额外票据所得款项净额约为5.85亿美元，计划用作为现有及新增物业项目提供资金。新鸿基投资服务有限公司是此次交易的安排人及交收代理人。

有了充足的现金流作为保障，恒大在2010年逆市中实现了跨越式的发展。2010年，恒大集团的净利润增长616.1%至80.2亿元，房地产营业收入为453.4亿元，获得了8倍的增长。每股基本盈利增长了近5倍，由2009年的0.074元增长为0.506元。

上市一年来强劲的业绩表现，使恒大得到了花旗、高盛、美银美林等国际投行的一致看好。凭借巨大的增长潜力及标准化运营的独特模式，恒大还得到了权威投资机构的认可。2010年11月，大摩宣布将恒大地产纳入摩根士丹利资本国际指数（MSCI）中国指数，此前纳入MSCI指数的仅有中国银行、金融、通信及石油等行业的标杆企业。

继入选大摩指数之后，2011年，花旗、德意志银行认定恒大为内房股首选之一，渣打银行、高盛、星辰银行分别给予恒大买入评级。进入2012年，恒大又被多家国内银行列为总行级直管客户和核心客户，使之享有与大型央企同等的待遇，成为国内第一家也是唯一一家获得银行最高等级评估的混合所有制民营企业。

（三）超前发展战略，提速运营效率

在政策从紧、市场消极的环境中，国内多数房企以收缩战略调整发展步伐，而作为民企的恒大则保持逆市扩张的态势，并在短短几年时间内达到了目前的规模。除了强大的资本运作能力外，恒大的竞争优势还有以下几点：

1. 前瞻性战略布阵，抢占二、三线城市发展先机

当房地产开发企业把目光集中在一线城市，以占据核心城市进而布局全国、

分享一线城市迅速扩容带来的巨额红利之际，恒大则审时度势，以超前的战略目光瞄准了更远的市场。

早在2004年，恒大便已全面进军拥有巨大发展潜力的二、三线城市，是国内最早拓展二、三线城市的房企。截至2011年底，恒大集团已在广州、上海、天津、重庆、沈阳、武汉、成都、南京、西安、长沙、太原、昆明、合肥、贵阳、南宁、南昌、济南、郑州、兰州、长春、银川、海口、石家庄、呼和浩特等全国103个主要城市拥有大型房地产项目187个。广阔的全国布局、丰富的产品类型和多层次的产品结构使得恒大具有超强的抗风险能力。作为全国土地储备最多的企业，这种战略选择无疑为恒大的后续发展提供了强大的支撑。

随着紧缩性政策不断出台，一线城市成为政策调控的重点，开发成本极大提高，且市场需求减弱，房地产开发企业在一线城市的发展受限，二、三、四线城市成为各房企的发展突破口，而恒大早已做好了二、三线城市的布阵，在这一轮宏观调控中占据了先机。2011年，政府各调控政策陆续出台，尽管房地产市场环境不容乐观，恒大却获得了意外丰收，依靠政策风向较低的二、三线城市布局，恒大全年实现销售收入804亿元，同比增长59.4%，销售面积达1220万平方米，一跃成为国内销售面积最大的房企。逆市飘红，并超额完成年度销售目标，主要是由于2011年上半年二、三、四线房地产市场的持续繁荣，对恒大的业绩贡献巨大。2011年，恒大在二线城市在售项目全年销售金额为487.8亿元，三线城市在售项目全年销售金额为282.4亿元，二、三、四线城市销售额总和占全年销售额的96.8%，而一线城市仅为恒大带来了33.73亿元的销售额，占比不到5%。

从项目分布来看，2011年，恒大新开盘65个项目，分布于沈阳、成都、重庆、济南、天津、石家庄、长沙、中山、包头等56个二、三线城市，在售项目累计达到121个，分布于73个城市。根据战略规划，2012年恒大着力优化项目布局、深耕二、三、四线城市、巩固领先优势，实现一、二、三、四线城市梯度布局和深度开发。

2. 坚持标准化运营，高品质铸就民生地产品牌

许家印："恒大的利润主要来自于超前的民生地产发展战略，来自于超强的成本控制能力，来自于战略合作伙伴的让利。"

恒大所开发的产品定位主要是针对首次置业的刚需，产品结构合理：中端至中高端产品占70%，旅游地产占20%，高端产品占10%，与市场所需求的物业类型比例吻合，满足了不同地区、不同层次的市场需求。

恒大通过“规模经营、整体运作、滚动开发”的策略实现了成本领先优势，并已超前进入中国城市人口 500 万以上的省会城市及周边地区，获得了大规模优质土地储备，降低了源头的土地成本。同时，恒大通过标准化运营与集约化管理，集中采购、统一配送，实现规模效益，再次降低了运营成本。恒大的项目一般都坐落于所在城市升值潜力大、住房需求上升的地区，单幅地块建筑面积一般在 50 万~200 万平方米。此类项目规模较大，可满足配套齐全、环境优美的规划设计条件；开发周期一般为 3~5 年，可先建造大型园林及环境配套，以实现销售价格与速度双提升，最大限度地获取规模开发的经济效益。此外，恒大还与 300 多家上下游企业建立了中国房地产界最具规模的战略合作联盟，有效抵御了成本上升压力。

尽管成本优势领先，恒大却不享有很大的利润空间。恒大坚持民生地产理念，严格控制利润率，以快进快出的方式“以量取胜”，受到了较高的市场认可。快速开发和低利润营利模式，保证了恒大的资金链运作。奉行快速开发快速回笼资金的高效循环模式，恒大坚持从拿地到销售的时间控制在 6~8 个月、实现投资周期最快的目标。在调控不断从紧的条件下，恒大以“现金为王”的财务政策，率先将项目联动降价，逆市中主动的促销策略使得恒大能够快速抢占市场份额，保证公司现金流的阶段性安全，并为持续的滚动开发提供了充足的现金流保证。

恒大已经构建了完善的产品线和标准化运营流程，标准化复制的模式适应了恒大“打造精品”的品牌战略持续稳健快速发展的需要，保证了恒大超强的执行力和迅速扩张的规模。恒大已经形成了“恒大绿洲、恒大华府、恒大名都、恒大金碧天下、恒大城”等精品系列，并将其逐一铺展至全国各地。统一采购配送和稳定合作模式，将使恒大的“精品工程”更趋规模化和专业化，恒大的品牌优势和“精品化”的成功经验在全国的复制，将使恒大以更高性价比的精品地产满足民生需求。

3. 产业平台羽翼渐丰，引领房企发展新方向

相对于地产龙头万科的“减法”战略，恒大已经开始多元化发展。企业将拓展地产领域的业务方向，在深耕住宅地产的同时，逐步进入商业地产、旅游地产等新兴的地产业务领域。同时，恒大大步跨入新领域，在体育、文化等行业中已有一定成就。

在房地产方面，恒大已实现了均衡的地区分布、多元的产品结构，进一步增强了抵御市场风险的能力。为不断扩充产品线，恒大既开发了一些中高端产品，也逐步涉足旅游地产和商业地产领域。随着恒大规模和业绩的突飞猛进，恒大将目光投向中国各大中心城市综合体的打造，致力于打造高档次、全功能、齐配套的城市名片。截至2011年年底，继广州、重庆两地酒店开业后，恒大在上海、天津、成都、武汉、南京等地都将陆续推出恒大酒店，通过各地酒店联动运营，打造酒店的高端品牌。此外，恒大将重点发展旅游地产，规划其业绩在集团总业绩中的占比达到20%，同时也将在文化地产、商业地产等多领域加强发展，以求通过多元化发展来提升集团盈利。

从2004年初涉足体育行业起，在短短八年时间里，恒大从最初的赞助龙舟赛、世乒赛等二线项目和二线赛事，逐步转移到运营排球俱乐部和足球俱乐部等影响力巨大的项目中，恒大在体育界的影响力不断提升。自2010年起，恒大高调布局体育及文化产业。恒大足球已经成为恒大品牌重要组成之一，2012年，广州恒大品牌在足坛商标价值排行榜上位列全球第35名，亚洲第一，品牌价值预估达到6500万美元（约合4.1亿元）。体育产业已经成为恒大实践产业多元化的重要业务之一，对足球与排球等大项目的投资，也成为公司体育营销的一部分，极大地提升了恒大的品牌形象。

文化产业也是恒大跨领域多产业的重要组成部分。恒大旗下已成立了恒大文化产业集团，涵盖电影、经纪、唱片、动漫、院线五大领域，是内地首家覆盖影视全产业链的文化产业集团。在全方位优化整合影视、娱乐产业资源的基础上，恒大正式进军文化产业领域，将打造内地地产跨界影视行业新旗舰。与万达集团依托地产资源优势、主要投身电影产业链下游的终端院线建设不同，恒大在跨界之初便率先跻身影视制作的上游。至今，恒大的文化产业已初显成绩：2011年上半年，恒大投资的电视剧已在国内主要卫视播放，同时恒大还将在全国投建电影院线，计划在旗下主要的200个楼盘布局自己的院线，预计银幕数量将达到1200块。此外，恒大已经逐步开展了经纪及代理业务，全面进军文化产业。

以房地产业务为核心，恒大在2011年销售面积上赶超了万科，雄踞全国房地产企业第一位。目前，恒大已全面进入多元化发展之路，体育与文化已经成为恒大集团的特有资源，如能做好地产、体育、文化的产业互动结合，恒大集团将打造出难以复制的有利产业模式。

（四）“精品标准”实现产品品质的飞跃

许家印：“实现品牌的飞跃，关键是实现产品品质的飞跃，重点是实施精品战略，而精品战略的实施就必须严格执行精品标准”。

作为目前中国房地产行业的领军企业，恒大从民生需求出发，继续坚持打造高品质、高性价比的项目。在多年来强化管理标准的同时，恒大不断自我完善，形成了运营优势、规模优势、产品品牌优势、产品结构优势、成本优势、开发优势、团队管理优势七大企业核心优势，坚持标准化运营，最大限度地降低全国拓展带来的经营风险，确保成本的有效控制、打造高品质的精品产品。

多年来，恒大不断践行精品战略，坚持开发高品质住宅。2004 年，恒大举行“打造金碧精品，塑造国际品牌”全员誓师大会，推倒重建金碧世纪花园耗资上千万元的中心园林，全面进入“精品时代”；随后出台的“精品标准”超过 6000 条款，涉及房地产开发、配套建设的全部内容；2005 年 12 月 1 日，在“泛珠博览会”现场，恒大全体员工再次隆重举行声势浩大的“打造精品，光大诚信，弘扬文化”誓师大会，向新的品质高峰攀登。

作为中国绿色住宅的积极践行者，恒大始终坚持全精装交付，减低二次装修的环境污染；依靠标准化运营优势，恒大还与上下游产业链战略伙伴共同发力，在建材采购和应用上一致遵守绿色安居、低碳环保标准，在设计、施工、竣工验收到运营管理一体化的过程中，贯彻建筑节能的各种技术和设计，打造绿色精品。

恒大的精品标准化产业链日益成熟，精品战略联盟继续扩大，有效抵御了成本上升压力。2011 年，恒大精品战略联盟的国内外知名品牌达到 300 余家，涵盖项目规划设计、主体施工、园林建设、建筑装修材料等房地开发全部流程。由于战略联盟的大规模采购，采购规模的不断增长，以及业已建立的长期伙伴关系，恒大 121 家材料供应商的供货价格相对 2010 年下调或维持不变，占材料供应商总量的 89.0%。

恒大实施精品战略，严格执行全过程精品标准。在内部推行“质量锤”监控体系，严控产品质量；对外大规模整合各类优势资源，坚持只与相关行业最优秀的龙头企业合作。恒大产品，代表了中国房地产的精品标杆；恒大的产品品牌，已成为中国房地产业的领先品牌。

能够在众多房地产企业中脱颖而出，恒大靠的不仅仅是机遇，更重要的是敢于以超前的目光布阵全国，勇于创新、勇于突破，联盟上下游产业链战略伙伴，打造了房地产开发运营的标准化模式，及早实现全国布局的规模发展，迅速拉开与竞争对手的差距。凭借娴熟的资本运作能力，恒大有效利用财务杠杆挑起了千亿元资产，为企业扩张周期的高峰做足准备。创业至今的 10 多年发展历程中，恒大始终坚持民生地产的发展初衷，严格控制产品成本，开发高性价比住宅产品，这个初衷使得恒大少走弯路歧途，一路快速奔跑。为适应时代发展的潮流，恒大地产大举进军体育、文化等跨领域行业，为房地产企业的发展摸索出新的道路。从长期来看，恒大的产业平台羽翼渐丰，多元的产业组合将进一步显现出其独特的竞争力。

如今，恒大的千亿路径逐渐明朗，在变幻的房地产风云中舒展创新羽翼展翅腾飞！

（五）恒大地产大事记（见表 3-3）

表 3-3 恒大地产大事记

事件	时间	说　　明
成立	1997 年 2 月	恒大集团在广州市注册成立
项目奠基	1997 年 6 月	开发的第一个楼盘——金碧花园奠基
实力彰显	1999 年 12 月	跻身广州市房地产综合实力 10 强（第 7 名），迈入广州主流开发商行列
推出精品战略	2004 年	确立并推进“精品战略”实施，坚持至今
布阵全国战略起步	2004 年	提出“二次创业”的号召，着力实施立足广州、布局全国、全方位拓展产业发展空间的经营战略
	2006 年	全面启动全国拓展步伐，在北京、上海、重庆、武汉、成都、昆明成立房地产开发公司
资产重组	2006 年 8 月	将所持有的绿景地产所有股份全部转让给广州市天誉房地产开发有限公司，此次交易为恒大获得 7000 余万元的现金
首次机构融资	2006 年 12 月~2007 年 1 月	陆续通过发债方式，向知名银行募集 5 亿美元 美林、德意志银行及新加坡淡马锡三家国际投资者斥 4 亿美元购买公司 8%的股份
担保贷款	2007 年 8 月	通过上市保荐人瑞信担保，筹得 4.3 亿美元境外贷款及 2000 万美元境内贷款
布阵全国	2007 年 3 月	隆重开启全国 16 城恢宏大幕，项目成功布局广州、上海、天津、成都、重庆、武汉、沈阳、南京、昆明、郑州、长沙、南昌、西安、太原、贵阳等全国主要城市
首次 IPO	2008 年 3 月	在香港公开招股，计划全球发行 29.6 亿股股份，相当于公司扩大后股本的 20.78%。其中 2.85 亿股为新股，每股招股价介于 3.50~5.60 港元，集资额在 104 亿~166 亿港元
搁置 IPO 计划	2008 年 3 月	恒大地产公告称：“有鉴于国际资本市场现时波动不定及市况不明朗，本公司决定不会根据原有时间表进行全球发售”
再获注资	2008 年 6 月	恒大扩股融资出售股权约占公司 16%的股份。其中郑裕彤投资入股 1.5 亿美元占公司股份 3.9%；科威特投资局投资 1.46 亿美元占公司股份 3.8%；德意志银行、美林银行等 5 家机构投资入股 2.1 亿美元
成功在港上市	2009 年 11 月	在香港联交所主板挂牌上市，发行价每股 3.5 港元。此次招股总数约 16.149 亿股，其中 10.05 亿股为新股，其余为旧股；90%为国际配售，10%为公开发售，此外还有 15%的超额配售权
发行优先票据	2010 年 1 月	在全球发行 7.5 亿美元的 2015 年到期一次性还款的担保优先票据，融资额度达到 51.2 亿港元，创下了内地在港上市房企的发债规模新纪录。美银美林、高盛及中银国际是其经办人兼联席账簿管理人
	2010 年 4 月	再次分别发行 3.5 亿美元及 2.5 亿美元额外优先票据，2015 年到期，年利率 13%，以为现有及新增物业项目提供资金。新鸿基投资服务有限公司是此次交易的安排人及交收代理人

续表

事件	时间	说　　明
得到权威投资机构认可	2010 年 11 月	被纳入摩根士丹利资本国际指数（MSCI）中国指数
	2011 年	花旗、德意志银行认定恒大为内房股首选之一，渣打银行、高盛、星辰银行分别给予恒大买入评级
成为销售面积最多房企	2011 年	以 1219.9 万平方米的销售面积成为国内销售面积最多的房企
获银行最高等级评估	2012 年	被多家国内银行列为总行级直管客户和核心客户，使之享有与大型央企同等的待遇，成为国内第一家也是唯一一家获得银行最高等级评估的混合所有制民营企业

四、佳兆业集团：双轨战略下的高质快速成长

佳兆业以“佳居乐业”为企业理念，以“专业、创新、价值、责任”为企业核心价值观，积极参与中国广泛的城市发展与城市运营。佳兆业依靠多元化的产品线以及“快速开发、快速销售、快速周转”和“城市更新”的双轨战略，深耕全国五大发展区域，并保持快速发展，成就地产界的标杆地位。2011年，集团全年销售额突破150亿元，土地储备超过2300万平方米，已形成具有核心竞争力的业务体系与地产品牌。

（一）企业名片：高效运营、快速发展的中国城市运营商

佳兆业集团控股有限公司（股票代码：1638.HK，以下简称“佳兆业集团”）源自香港，于1999年成立，是一家实力雄厚的大型综合性房地产公司，地产业务涉及大型住宅物业和综合商用物业的规划开发营运，总部位于深圳。2009年12月，佳兆业集团在香港联交所成功上市。2011年，佳兆业集团销售额达152.9亿元，市值达69.66亿元。

1. 地产调控下的楼市黑马，营业规模呈现逆势高增长

从图3-18可见，2007~2011年，佳兆业集团的销售业绩增长突飞猛进，销售额从26.6亿元增长至153.0亿元，年复合增长率高达54.9%。特别是在房地产调控持续深入的2010年和2011年，佳兆业集团销售额同比分别增长67.9%和51.6%，大大超出同期房地产百强企业销售额增长率平均水平的45.6%和17.5%，

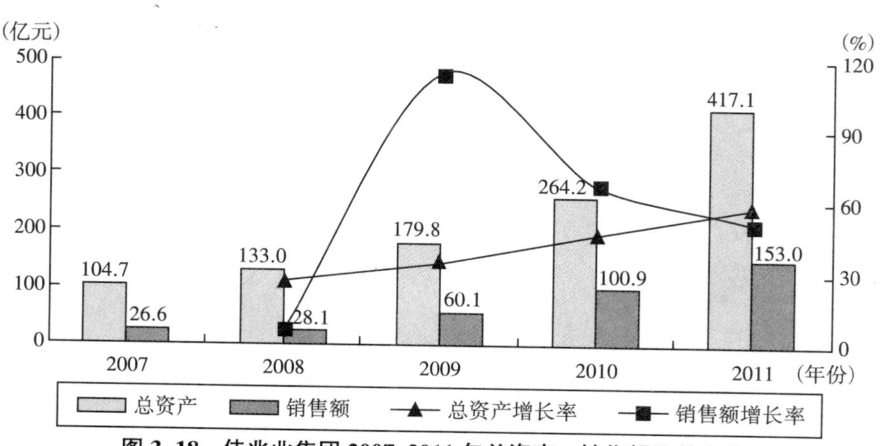

图3-18 佳兆业集团2007~2011年总资产、销售额及其变化

在逆势环境下表现得尤为突出。

2007~2011 年，佳兆业集团资产规模也一直保持较快的增长势头。2008~2011 年，集团总资产增长率分别为 27.2%、35.2%、46.9%和 57.8%，增长率逐年提升，企业规模快速扩张。2011 年，企业总资产达 417.1 亿元；同期，企业净资产达到 119.5 亿元，增长率为 19.6%。可见，佳兆业集团总资产和净资产均保持较好的增长态势，资产规模和质量实现同步增长。

2. 规模与效益齐飞，高质量地实现集团跨越式发展

佳兆业集团通过明确而前瞻性的战略指导思想，确保了企业近年快速发展的方向。公司坚持以快速周转模式开发刚需产品而带来的业绩增长已获得市场证明。2009 年，佳兆业集团营业收入为 46.72 亿元，净利润为 5.48 亿元；2011 年，企业营业收入达 108.35 亿元，净利润为 19.01 亿元。短短两年时间，佳兆业集团的营业收入和净利润约为 2009 年的 2.30 倍和 3.47 倍，盈利能力进一步提高。2001 年，佳兆业集团总资产收益率为 5.58%，高于百强企业 2011 年总资产收益率均值 5.1%；净资产收益率为 17.33%，略低于百强企业 2011 年净资产收益率均值 19.5%，盈利质量有待进一步提升。

佳兆业集团非常注重企业的财务稳健性。2011 年，佳兆业集团资产负债率为 71.3%，低于百强企业资产负债率均值 71.8%，资产负债率处于正常范围；佳兆业集团流动比率为 2.03，速动比率为 0.66，高于同期万科的 1.41 和 0.37，表明企业流动性良好；2011 年，佳兆业集团存货周转率为 0.44，与同期百强企业存货周转率均值持平，表明企业在高速扩张过程中，仍然保持着良好的财务稳健性。

如图 3-19 所示，自 2009 年底上市以来，佳兆业集团每股收益波动上行，由 2009 年底的 0.14 元攀升至 2010 年 0.74 元的高点，随后迅速回落至 2011 年年中

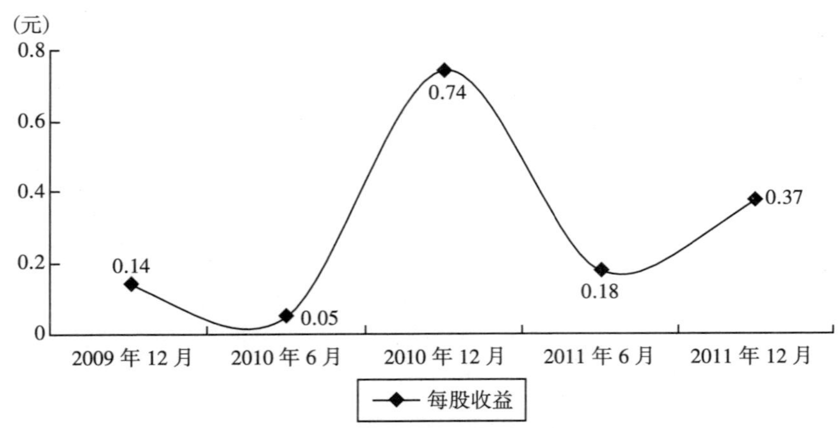

图 3-19　佳兆业集团上市以来每股收益

的0.176元。企业通过加快资产周转、提高财务杠杆、再融资等手段不断提升每股收益，截至2011年底，佳兆业集团每股收益上升至0.37元。

作为在港上市公司，佳兆业集团充分利用境内外融资平台开展多元化融资业务。为支持集团业务的可持续发展，佳兆业集团于2012年5月成功获得1.2亿美元的可换定期贷款，又于同年9月成功发行2.5亿美元的5年期优先票据。两次大规模的融资使得佳兆业的资金状况足够支撑公司的开发计划，有效保障了盈利增长的可持续性。

3. 资本市场上行空间可期，长期投资价值凸显

2009年12月9日，佳兆业集团控股有限公司在香港联合交易所主板正式挂牌上市，此次IPO共发行10亿股，其中10%为香港发售，90%为国际配售，每股发行价为3.45港元。上市后，佳兆业集团总股本为50亿股。佳兆业集团不断扩大运营规模，凭借低成本的土地储备和在新兴市场执行力的不断改善，未来发展乐观可期。

2012年，佳兆业集团荣获由国务院发展研究中心企业研究所、清华大学房地产研究所和中国指数研究院三家研究机构共同颁发的“2012中国大陆在港上市房地产公司财富创造能力TOP10”第5名，以及“2012中国大陆在港上市房地产公司投资价值TOP10”第5名，财富创造能力和投资价值再次被权威机构认可，长期投资价值凸显。

（二）资本运作多元化发展，为企业长期业务增长提供有力支持

作为在港上市公司，佳兆业集团充分利用境内外融资平台开展多元化融资业务。佳兆业集团的融资手段多样，包括公开股票发行、银行贷款、债券、商业票据、协议融资等。公司于2009年上市后，在资本市场上动作较为频繁。

1. IPO

2009年12月9日，佳兆业集团成功于香港联交所主板上市，集资总额34.5亿港元，成功进入国际融资平台，为日后业务发展奠定了稳固基础。

2. 信贷融资

佳兆业集团与多家银行具有良好的关系。集团于2010年11月及2011年3月，分别获授3年期及5年期的无抵押银行贷款3900万美元及6000万美元。2012年5月，佳兆业集团与PA International Opportunity VILimited签订1.2亿美元可换定期贷款信贷协议。

3. 债券

2010年12月1日，佳兆业集团成功在新加坡证券交易所发行五年期可换股债券15亿元（约合22500万美元），该可转债于2015年到期，以美元结算，年息率为8%。2011年1月19日，佳兆业集团与认购人Sincere Field Limited、俊涛有限公司、Sun Power Investments Ltd.三家公司（均为华人置业间接全资拥有的附属公司）以及新鸿基投资服务有限公司（成交代理）订立认购协议，认购人同意认购及支付佳兆业集团将发行的优先有抵押担保债券。该债券为合成式债券，本金总额为20亿元，以美元结算，总代价为3.03亿美元，债券按年利率8.5%计算。

4. 商业票据

2011年5月23日，佳兆业集团发布公告称，公司在2010年4月发行3.5亿美元2015年到期利率为13.5%优先票据的基础上，进一步发行本金总额3亿美元的额外2015年到期利率为13.5%优先票据，并于公告日与认购人签订认购协议。2011年6月15日，佳兆业集团发布公告表示，已经完成发行3亿美元2015年到期、利率为13.5%的优先债券。

5. 协议融资

佳兆业集团于2009年12月与生命人寿保险股份有限公司订立策略联盟框架协议，于五年内共同拓展商业地产领域的投资机会，双方将以租赁、买卖、信托、抵押融资等方式开展合作。这次策略联盟为佳兆业集团上市后首宗重要合作协议，联盟将有助公司拓阔融资管道，加强佳兆业集团收购高质素项目的实力，双方亦可在商业地产投资与金融领域上产生协同效应，有利公司长远稳健发展。

2010年3月17日，佳兆业集团与深圳市建工集团有限公司（深圳建工）签订策略联盟框架协议。根据此合作协议，佳兆业集团将在未来三年，与深圳建工在中国区域内各地项目的开发建设工程中寻求战略合作。此次与深圳建工的合作是佳兆业集团继与江苏华建、中建四局合作之后的又一承建商合作，此次战略协议的签署将进一步为佳兆业集团未来产品战略的标准化、规模化提供稳健的技术保障。

此外，佳兆业集团还于2010年3月与海航置业控股（集团）有限公司订立策略联盟框架协议，将共同对国内优质物业发展项目进行可行性论证，合作领域包括但不限于商业地产、写字楼、旅游地产等投资性地产项目、高尚住宅、商务公寓等住宅地产项目，并将积极研究与拓展在金融与营运领域的全面合作机会。

国际资本市场的债务发行及境外信贷融资不但令佳兆业集团的资金渠道更趋

多元化，亦使佳兆业集团的债务到期组合得以大幅改善，为集团长期业务增长提供强力支持。当前，佳兆业集团的资金状况足够支撑公司未来的开发计划，佳兆业集团亦对融资持开放态度，将视融资的成本而定，在融资成本合理的基础上，不排除会有融资的动作。

（三）四大优势保障企业高速增长，实现可持续发展

2011 年，佳兆业集团选择了适应市场变化的高周转战略，在激烈的市场竞争中脱颖而出，集团全年销售额突破了 152.9 亿元，同比增长超过 50%，在逆势环境下表现极为突出。

公司在战略、管理和运营方面拥有三大核心优势和一大特色优势，为佳兆业集团逆势突围保驾护航。

1. 战略优势，确保企业近年快速发展的方向性

佳兆业集团一直以来不搏政策，顺应大势，坚持做刚需生意，以提供自住型需求产品为主。佳兆业集团坚信：不论经济形势好坏，中国普通住宅市场都是巨大的市场，值得长期耕耘。公司坚持以快速周转模式开发刚需产品而带来的业绩增长已获得市场证明。

佳兆业集团通过明确而前瞻性的战略指导思想，确保企业近年快速发展的方向性。目前，佳兆业集团坚持“双轨战略”，即通过“快速开发、快速销售、快速周转”的高周转策略，快速抢占刚需市场，以及通过“城市更新”，获取优质土地，保证公司取得合理的利润回报。

佳兆业集团认为：未来的一流企业，不仅仅是规模的竞争，而且是在有一定规模的基础上，保持规模与效益的均衡增长。作为一家成长性企业，佳兆业集团以此作为企业未来发展的阶段性目标，并将通过高质量的增长来实现公司的跨越式发展。

2. 管理优势，实现高周转运作，形成强劲开发能力

为了支撑集团快速开发、快速周转策略，佳兆业集团多年来形成了一支高效运转的团队，能够在快速开发中将管理环节高速运转，提高效率的同时能够合理地维持较低的管理费用。

同时，集团使用“扁平化、集权化、动态管理化”的管理模式，进行透明化管理，强调执行力。比如设有清晰的管理层级，并且有完整的考核机制作为保障，进行透明化管理，强调执行力等。在这种企业文化下，佳兆业集团实现了高周转运作，确保 7 个月就能够让一个项目开盘，在被称为有史以来调控力度最大

的行业环境下，得到了发展空间，不少地区公司在当地迅速成为成长性良好、架构合理的企业。

3. 运营优势，实现标准化运营，确保产品在异地市场的高效快速复制

集团通过紧密型的集团化管理，对全国各地区公司实施标准化运营。保证了从土地储备、规划设计、采购招标、工程管理、项目营销及物业服务等方面的高效复制，最大限度地降低全国拓展带来的经营风险，确保公司产品的高标准。

正是基于以上核心竞争力，公司在市场环境低迷时也能够脱颖而出，获得快速发展，自2009年上市至2011年，佳兆业集团销售规模复合增长率达76%。

4. 特色优势，企业已成为城市更新领域的领导者

城市更新是佳兆业集团独有的竞争优势和发展战略，既能帮助公司获取优质土地，又能保证公司取得合理的利润回报。企业通过改造城市郊区、片区、城中村而进入城市中心区，并前瞻性地参与中国城市运营。佳兆业集团采用低成本策略，通过杠杆收购或者参与城市更新项目等方式，用较少的资金实现较大项目的成功运作，获得成本较低的土地资源，并得到了较高的利润回报。

十几年来，佳兆业集团以专业的旧改技能与丰富经验，积极参与旧城改造和不良资产收处置，成功开发了一批旧城改造项目。旧城改造的发展模式已成为佳兆业集团独特的竞争优势和发展战略之一，不仅为集团在大深圳地区充实了土地储备，同时也是集团的利润增长点。2011年，佳兆业集团成立了全国规模最大的、以城市更新为核心业务的置业发展公司。目前，佳兆业集团有近70个项目遍及深圳、广州、珠海、东莞等经济发达城市。

被业内称为城市更新专家的佳兆业集团，多年来走在城市更新的最前端，以社会责任感赢得了各方信任；同时，佳兆业集团以经验和实力改变了当地的城市面貌，提升了综合土地价值，带动了片区的发展。

（四）积极增加土地储备，实现地区多元化及全国性扩展

佳兆业集团一直致力于拓展土地储备，通过旧改项目以及政府公开招标、拍卖或挂牌出售等方式购入大量土地，目前已完成珠三角、长三角、环渤海、中部和成渝中国五大主要经济区域的布局，土地储备达到2370万平方米，业务覆盖深圳、广州、东莞、惠州、珠海、顺德、长沙、株洲、武汉、成都、南充、上海、太仓、江阴、杭州、常州、潍坊、沈阳、盘锦、营口、鞍山、本溪、葫芦岛等30多个重要城市，项目开发超过60个。其中，在深圳、广州、珠海、东莞四个城市的土地储备总面积近千万平方米。

佳兆业集团采取的是灵活的拿地策略，巩固已进入的三、四线城市，同时抓住一、二线城市的机会，进行土地储备的补充。随着城市更新项目价值的不断释放，佳兆业集团资产物业组合将更趋均衡、合理。

2011 年，佳兆业集团在市区旧改项目方面取得重大进展。2011 年 3 月，佳兆业集团竞得深圳盐田区三个旧村搬迁重建项目，总建筑面积约 110 万平方米。6 月，深圳佳兆业城市广场及大鹏项目的发展规划获深圳市政府审批通过，建筑面积分别约为 130 万平方米及 14.1 万平方米。该项目规模庞大，能够巩固佳兆业集团在市区旧改业务以及珠三角地区的领导地位。

此外，2011 年，佳兆业集团透过政府公开招标、拍卖或挂牌出售共购入 32 幅土地，并通过收购股权购入另外 3 幅土地。收购的 35 幅土地的总代价约为 59.5 亿元，平均每平方米建筑面积土地成本约为 1209 元。截至 2011 年底，集团总土地储备约为 2370 万平方米，足够满足未来五年的发展所需。这些土地收购将有助集团的发展组合更趋地区多元化，以巩固全国版图。

（五）多元化与专业化相结合，走佳兆业特色产品之路

佳兆业集团多年来致力于城市运营，业务领域涉及地产开发、商业运营、酒店管理和物业服务四大板块，产品覆盖普通住宅、别墅、高档写字楼、酒店式公寓、综合商业及大型城市综合体等多种物业形态。

在产品理念上，佳兆业集团一直以来都非常关注购房者的需求，用心打造产品，提高产品品质及附加值，将竞争压力转化成专注做好产品品质的动力。

在产品定位上，佳兆业集团主要定位于首次置业及首次改善型客户，主打 80~120 平方米的中小户型，这是佳兆业最为畅销的户型。

在业务板块上，佳兆业集团坚持以住宅地产业务开发为主，坚持开发刚需住宅产品。商业地产是佳兆业集团业务的组成部分之一，目前集团旗下的商业板块以“佳兆业广场”为主要产品线，运营集团旗下开发或持有的商业物业。商业地产的开发使公司的物业组合更加多元，也增加了企业的抗风险能力。

佳兆业集团根据不同的客户群需求，细分出“4＋1”系列的丰富产品线，包括位于城市发展区的低密度住宅产品“水岸系列”；临近城市中心区的中密度住宅产品“丽晶港系列”；位于城市核心区域，以写字楼、酒店、公寓、商业为主要产品类型的城市综合体“中心系列”；位于城市中心的服务式公寓产品“金翠园系列”；拥有自然资源和旅游产业的旅游产品项目。

（六）坚守“佳居乐业”理念，构建幸福人居生活

佳兆业集团的企业理念是“佳居乐业”。“佳居乐业”是佳兆业集团基于构建幸福人居生活的理想而提出的企业文化理念，它反映的是佳兆业集团不断创新、推动城市运营与城市发展的远大愿景，同时凝聚了佳兆业集团的社会价值追求和对自我的高度要求。这一理念囊括了人们所追求的幸福人居、和谐生活的总和，安全、绿色、健康、宜居、人性化、和谐，自然等是这一愿景内涵的注脚。

13 年来，佳兆业集团一直坚持以专业的城市运营商为立足点，以“佳居乐业”理念，开发和打造融合居住、商业、休闲等为一体的最适宜民众居住的社区，为业主的生活缔造最完美的演绎空间，营造和谐的人居环境，全面提升民众幸福指数和居民的生活水平。

作为一家公众公司，在专业领域方面，佳兆业集团通过对品质的卓越追求和对管理的精益求精，为消费者提供高性价比的住房产品；而在社会责任方面，佳兆业集团认为，除了为员工搭建就业平台和为国家贡献应有的税收之外，积极参与慈善事业是一个房地产企业应该承担的责任，也是企业逐步走向成熟的表现。

自成立以来，佳兆业集团始终热衷于慈善公益事业。截至目前，已经捐助金额超过 3 亿元，在教育、环保、医疗、文体、自然灾害、扶贫济困领域，资助超过 50 个公益慈善项目，即便在行业困难的情况下，佳兆业集团也始终积极参与社会公益事业。

2011 年 5 月，经深圳市民政局批准，深圳市佳兆业公益基金会注册成立，注册基金 500 万元。近年来，佳兆业集团先后冠名设立了“佳兆业白衣天使关爱基金”、“佳兆业玉树助学基金”和“佳兆业环卫工关爱基金”专项基金。随着“三金一会”平台的搭建，佳兆业集团的公益慈善追求已形成常态化、制度化、标准化的运作机制。通过组织一系列关爱活动，切实帮助身边的普通人，持续向社会传递温暖和正能量，以促进社会平等和谐。

2011 年，房地产调控政策持续深入与细化，受货币紧缩及限购政策影响，中国房地产开发企业的经营与发展面临严峻考验。在房地产市场波动中，佳兆业集团取得了骄人的业绩，表现出较强的财富创造能力和较高的投资价值。

佳兆业集团的成功绝非偶然：第一，企业通过资本运作多元化，多角度拓宽融资渠道，为企业长期业务增长提供有力支持；第二，通过战略优势、管理优势、运营优势三大核心优势及城市更新这一特色优势，确保企业实现高速增长和可持续发展；第三，积极增加土地储备，合理布局区域城市，实现全国战略性扩

张；第四，坚持多元化和专业化相结合，走出一条独具企业特色的产品之路；第五，坚守“佳居乐业”理念，构建幸福人居生活。

进入 2012 年，中央政府坚持房地产调控不动摇，调控目标由“抑制房价上升”向“促进房价合理回归”转变，房地产市场走势将延续 2011 年的调整格局。房地产市场不确定性依然存在，机遇与挑战并存。

未来，相信佳兆业集团会结合企业自身发展战略目标，顺应大势，灵活应对。充分发挥企业的多元化经营优势，促进跨地域开发与成长，进一步扩宽融资渠道、加快资金回笼、强化运营管理效率，以可持续的高效运营和快速增长的态势昂然走向全国，跻身全国顶级房地产开发企业阵营，为实现佳兆业集团的百年人居梦想奠定基础。

（七）佳兆业集团大事记（见表 3-4）

表 3-4 佳兆业集团大事记

事 件	时间	说 明
成立	1999 年	佳兆业地产（深圳）有限公司成立
推出首个住宅项目	2000 年	深圳桂芳园项目第一期公开发售
进军东莞房地产市场	2004 年	可园第 1 期公开发售； 东莞佳兆业房地产公司成立，开始东莞市地产项目的开发
推出首个酒店式公寓项目	2005 年	深圳佳兆业中心项目改造开工，并于年内推向市场，建设成为高端酒店式公寓； 由于其特殊的历史背景和改造建设的标杆效应，佳兆业中心备受市场瞩目和业界关注
进军四川房地产市场	2006 年	成都佳兆业房地产公司成立，开始成都市地产物业的开发
启动全国区域发展战略	2007 年	珠海、惠州以及湖南分公司成立； 佳兆业集团控股有限公司成立成功引进国际知名战略投资者
集团业务拓展至长江三角洲地区	2008 年	业务拓展至长江三角洲地区的上海和江阴
赴港上市	2009 年	在香港联交所主板成功上市
年销售额突破 100 亿元	2010 年	年销售额突破了 100 亿元； 物业管理公司获得国家一级物业管理资质； 公司业务拓展至顺德、南充、太仓、常州、鞍山、营口、葫芦岛等地
年销售额突破 150 亿元	2011 年	年销售额突破 150 亿元； 连续七次蝉联“中国华南房地产公司品牌价值 TOP10”； 连续三年获得由国务院发展研究中心企业研究所、清华大学房地产研究所及中国指数研究院评选的“中国房地产百强企业”称号

五、新城地产：标准化与高周转模式下的住宅开发典范

新城地产是一家专注于长三角地区优质住宅开发的地产企业，自20世纪90年代创立至今，经过近20年的努力经营，已发展成为中国地产20强企业和长三角区域领先的住宅地产开发商。在发展过程中，新城地产推行标准化管控，打造了四个幸福系列的住宅标准化产品，并实现了标准化管控下的高周转。未来，新城地产将努力跨入中国最优秀企业行列，在国内地产行业中占据领先位置，成为中国最优秀的房地产品牌之一。

（一）企业名片：长三角地区房地产行业领导者

江苏新城地产股份有限公司（股票代码：900950.SH，以下简称“新城地产”）创立于1993年，是以房地产开发与经营为主营业务的中国上市公司。历经19年的创业成长与稳步扩张，新城地产业务版图目前涵盖常州、上海、南京、苏州、昆山、无锡等长三角核心区域，已发展成为长三角地区房地产行业领导者。截至2011年底，新城地产总资产超过290亿元，净资产40.8亿元。

1. 经营业绩跨越式增长，行业地位持续提升

2002~2011年，新城地产的经营业绩突飞猛进，销售额从3.57亿元增长至92.22亿元，年复合增长率高达43.52%。

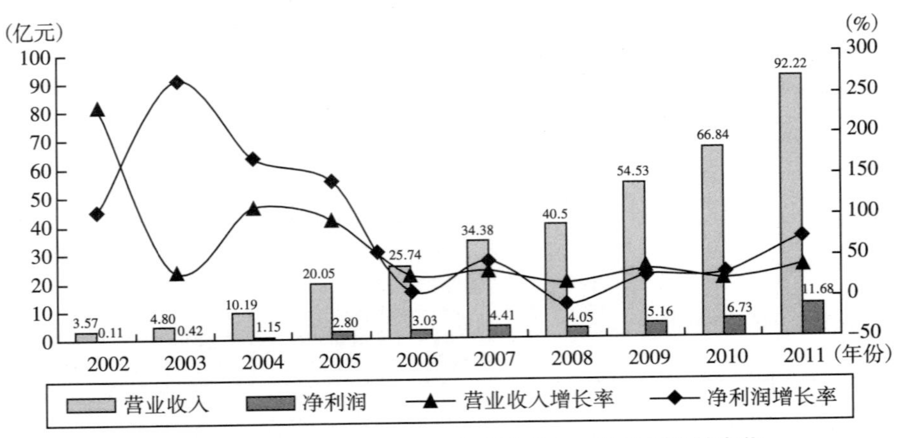

图3-20 新城地产2002~2011年营业收入、净利润及其变化

利润的增长是公司股价长期上涨的根本动力。从图 3-20 可见，2002 年，新城地产营业收入为 3.57 亿元，净利润为 0.11 亿元；2011 年，营业收入达 92.22 亿元，净利润为 11.68 亿元，分别增长了近 25 倍和 105 倍，盈利规模持续提升。

新城地产充分受益于房地产业的黄金 10 年，紧跟行业发展节奏，成长迅速。历经十余载，目前新城地产业务版图已经拓展至南京、上海、苏州、无锡、昆山等各大城市，在保持快速周转和稳健增长的同时，也兼顾增长质量，对股东和社会尽到应有的责任。

如图 3-21 所示，2002~2006 年，新城地产每股收益快速增长，从 2002 年的 0.03 元增长到 2006 年的 1.01 元，达到了近 10 年来每股收益的最高点。2007 年，受市场波动影响，新城地产每股收益短暂回落，但整体仍保持稳健增长，企业通过加快资产周转、提高财务杠杆、净利润的滚存和再融资等手段不断提升每股收益。2011 年，新城地产每股收益达到 0.71 元。

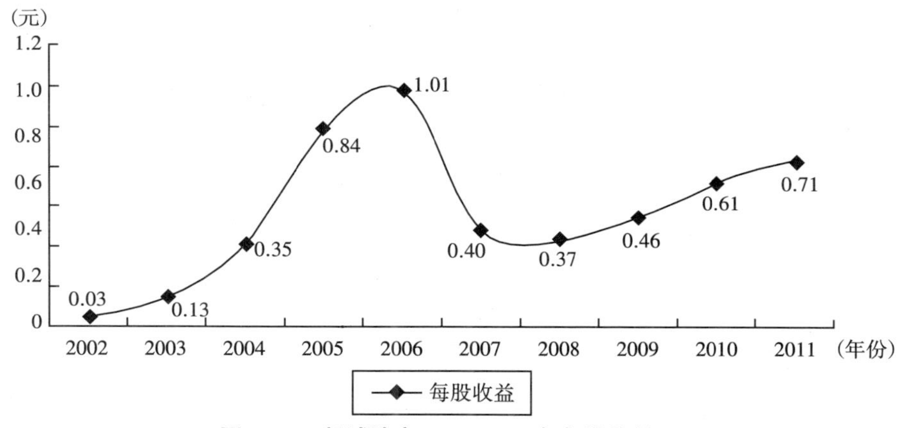

图 3-21 新城地产 2002~2011 年每股收益

2. 资本市场表现稳定，赢得股东信任

2001 年是新城地产发展中的重要转折点，在这一年，公司受让了上市公司江苏五菱柴油机股份有限公司的股权，在资产重组及一系列股权变动后，最终成为该公司控股股东，持有 58.86%的股权。由此，新城 B 股正式成为新城地产的房地产业务上市公司。

10 年来，新城 B 股的股价走势与上证综指收盘点位涨跌趋势基本吻合。2006 年以前，新城地产处于蓄势待发期，股价走势比较平稳。2006~2007 年，新城地产得到了快速发展，两年企业主营收入、净利润的年复合增长率都超过 25%，股价也开始大幅攀升，从 2006 年 1 月 25 日的 0.432 元攀升到 2007 年 12

月28日的2.201元，其中2007年6月29日达到了4.2元，是近10年来股价的最高点，如图3-22所示。

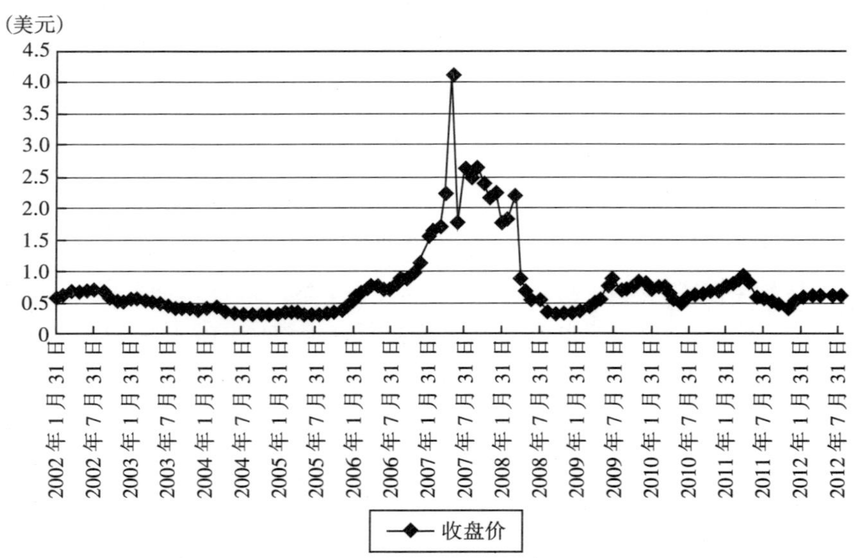

图3-22　2002年1月31日~2012年7月31日新城B股股价变化

多年来，新城地产致力于规范、透明、简单、负责的企业文化和稳健、专注的发展模式，加上其清晰的业务架构、良好的风险控制能力和一批优秀的职业经理人团队，成为受客户、投资者、员工、合作伙伴欢迎与尊重的企业。

（二）拓展多渠道融资方式，力破资金“瓶颈”

由于房地产是资金密集型行业，因此资本运作水平一直是影响房地产企业成功与否的重要因素。2001年，新城地产借壳江苏五菱上市，目的就是希望通过资本市场把公司做强做大。当时B股还可以在A股市场融资，然而，当新城地产完成借壳之后，B股可以在A股市场融资的政策已经被废除。B股上市企业在资本市场上失去了再融资功能，这对新城地产影响很大。当时，公司既无资金优势又无规模优势，而且监管层对上市公司的监管相对更严格，运营成本也会更高，因此与行业内非上市公司相比，新城地产甚至处于相对弱势。在随后的6年里，新城地产也未能从资本市场获得任何融资。

就在这种艰难的情况下，新城地产凭借其在治理结构、品牌和管理上多年积累下来的良好口碑，赢得了商业银行及金融机构的信赖，并与他们保持着良好的合作伙伴关系。与此同时，新城地产还积极拓展和探索灵活的多渠道融资方式和

土地储备方式，为推进企业腾飞积蓄力量。

1. 与银行保持战略合作关系，充实公司发展资金

借壳上市后，新城地产虽然一直未能实现资本市场的再融资，公司经营却需要大量的资金投入，公司业务一直依靠自有资金、留存利润来滚动经营，资金的供给与需求一直是新城地产发展中难以解决的矛盾。为解决公司资金供求矛盾，新城地产一直比较重视信贷融资，与银行保持着良好战略合作关系。加之，在近10年内公司业绩一直保持稳定增长，公司资质与信誉良好，品牌影响力也越来越大，新城地产得到的银行授信额度也大幅提高（见表3-5），有力地保障了公司的业务发展。

表3-5 新城地产近年来银行贷款情况

时间	借款人	合作银行	贷款金额（万元）	备　注
2005年2月	上海新城宝缘	中国银行上海宝山支行	10000	—
2005年3月	新城地产	中国工商银行常州分行	4700	—
2005年9月	苏州新城万嘉	中国农业银行昆山支行	13000	—
2006年3月	南京新城创置	农行南京城东支行	10000	—
2006年8月	新城地产	农行武进支行	25000	—
2007年1月	常州新城东郡	中国工商银行常州分行	10000	用于“公园壹号”一期项目开发
	常州新城房产	江苏武进农村商业银行股份有限公司	5000	用于“新城长岛”一期项目开发
2007年3月	常州新城东郡	中国农业银行武进支行	12000	用于“公园壹号”一期项目开发
2009年1月	无锡新城万嘉	中国农业银行无锡太湖支行	7000	用于“盛世新城”项目建设
	上海新城创置	中国农业银行青浦支行	6200	用于“新城盛景”项目建设
	苏州新城万博	中国建设银行苏州干将支行	20000	用于“新城金郡”项目建设
	苏州新城万嘉	中国农业银行昆山玉山支行	9800	用于“翡翠湾”项目建设
	昆山新城创置	中国银行昆山支行	15000	用于“新城域”项目建设
	苏州新城万博	中国银行苏州吴中支行	10000	用于“新城金郡”项目建设
2009年4月	常州新城房产	中国建设银行常州延陵路支行	5500	用于“新城熙园”项目建设
	常州新城房产	中国农业银行常州武进支行	12000	用于“新城公馆”项目建设
	常州新城房产	中国银行常州分行	15000	用于“新城首府”项目建设
2009年5月	新城地产	中国农业银行常州武进支行	6000	用于“新城南都”项目建设
	常州新龙创置	中国农业银行常州武进支行	9000	用于“新城清水湾”项目建设
2009年6月	常州新城房产	中国银行常州分行	5000	用于“新城首府”项目建设
2009年7月	常州新城房产	中国建设银行常州延陵路支行	9000	用于“新城长岛”项目建设
	新城地产	中国农业银行常州武进支行	4000	用于“新城南都”项目建设
	上海新城创置	中国银行青浦支行	9368	用于“新城盛景”项目建设
	苏州新城万博	中国银行苏州吴中支行	10000	用于“新城金郡”项目建设

续表

时间	借款人	合作银行	贷款金额（万元）	备　注
2009年8月	常州新城房产	中国建设银行常州延陵路支行	1000	用于“新城长岛”项目建设
	常州新城房产	招商银行常州分行	13000	用于“新城首府”项目建设
	上海新城创置	中国银行青浦支行	10474	用于“新城盛景”项目建设
2009年9月	常州新城房产	招商银行常州分行	5000	用于“新城首府”项目建设
2009年10月	常州新城房产	中国建设银行常州延陵路支行	3000	用于“新城熙园”项目建设
	常州新城房产	中国农业银行常州武进支行	10000	用于“新城长岛”项目建设
2009年11月	常州新城东昇	中国建设银行常州延陵路支行	3000	用于“新城公园壹号”项目建设
	苏州新城万嘉	中国农业银行昆山玉山支行	10000	用于“翡翠湾”项目建设
	上海新城创佳	中国农业银行马陆支行	6200	用于“新城金郡”项目建设
2009年12月	无锡新城万嘉	中国工商银行无锡北塘支行	35000	用于“盛世新城”项目建设
	常州新城东昇	中国建设银行常州延陵路支行	3000	用于“新城公园壹号”项目建设
	上海新城万嘉	中国银行青浦支行	10000	用于“新城悠活城”项目建设

2. 借力信托资金，创新融资渠道

新城地产积极创新融资渠道，除传统的银行贷款融资渠道外，还借力信托资金。如表3–6所示，信托融资渠道在新城地产的资金链条中扮演了相当重要的角色，特别是在2010年，公司频繁以发行信托的方式融资，先后发行了6笔信托计划，共融资20多亿元，在很大程度上缓解了公司发展和经营过程中的资金矛盾。

表3–6　新城地产信托融资情况

时间	信托名称	合作双方		募集资金（万元）	备　注
2005年	上海嘉定清水颐园房地产贷款资金信托计划	上海清水颐园	中泰信托投资有限责任公司	9000	用于清水颐园二期房产项目的开发建设
	金色新城（西城区）房地产项目信托资金计划	常州新城房产	江苏省国际信托投资有限公司	20000	—
2007年	南京新城创置房地产有限公司股权投资集合资金信托计划	南京新城创置	江苏省国际信托投资有限公司	20000	当实际募集资金达到1.5亿元以上时，信托计划成立，江苏省国投以实际募集资金对南京新城进行增资
2010年	上海东郡房地产开发有限公司股权收益权单一资金信托	上海东郡	中诚信托	40000	—
	上海嘉定新城金郡项目集合资金信托计划	江苏新城	爱建信托	27000	募集资金用于子公司上海新城创佳置业有限公司的上海嘉定新城金郡项目建设
	新城万佳股权投资集合资金信托计划	常州新城房产	中泰信托有限责任公司	44000	信托资金用于受让常州新城持有的常州新城万佳房地产开发有限公司股权

续表

时间	信托名称	合作双方		募集资金（万元）	备　注
2010 年	上海新城创宏投资集合信托计划	上海新城万嘉	中诚信托有限责任公司	70000	用于上海嘉定新城创宏房地产有限公司所属安亭项目建设
	无锡新城创置房地产有限公司股权投资项目集合资金信托计划	无锡新城万嘉	渤海信托有限责任公司	30000	信托公司募集完成后向新城创置增资
	江苏信托—新城房地产投资基金计划	江苏新城	江苏国际信托有限责任公司	50000	本次发行的 5 亿元信托资金将提供给江苏新城名下的常州新龙创置和常州新城房产两家子公司运营使用
2011 年	中泰·上海东郡股权收益权集合资金信托计划	江苏新城	中泰信托	45000	用于项目建设
	外贸信托·富荣 24 号募集资金信托计划	无锡新城创置	中国对外经济贸易信托有限公司	22000	用于无锡尚东雅园项目的建设

3. 战略性并购与股权转让，加速实现业务扩张

除了通过银行贷款、信托方式进行融资外，新城地产还通过股权转让与并购等方式完善公司业务结构，低成本获取优质土地储备，迅速实现战略布局的拓展。特别是在近两年市场波动较大时期，实行并购尤其有助于新城地产缩短开发周期，提高资金周转率。表 3-7 是新城地产近年来战略性并购与股权转让情况。

表 3-7　新城地产战略性并购与股权转让情况

时间	并购方	并购对象	并购金额（万元）	备　注
2004 年	新城地产、常州新城房产	常州新龙创置 100%股权	2680	常州新城房产持有 90%股权，新城地产持有 10%股权
2005 年	新城地产、常州新城房产	上海叶城房地产有限公司资产	21000	收购上海叶城房地产有限公司资产，成立上海清水颐园房地产有限公司，新城地产占 10%的股权，常州新城房产占 90%的股权
	常州新城房产、常州新龙创置	常州鼎佳房地产开发有限公司	—	常州新城房产占 84%的股权、常州新龙创置占 16%的股权
2006 年	常州新城房产	常州华丰建设开发有限公司某地块的国有土地使用权	17153.5	常州新城房产受让常州华丰建设开发有限公司位于“常州市前后北岸”1-6# 地块中的 2#、3# 地块的国有土地使用权
2007 年	新城地产	多个地块使用权	—	获取武进区湖塘镇南田购物公园地块、常州通江大道西侧福隆汽修厂地块和常州新北区高新分区地块、新北区藻江河以西龙城大道以北地块
	新城地产、常州新城房产	常州万方银河湾房地产开发有限公司 100%股权	3000	常州新城房产以 2925 万元受让 97.5%的股权，新城地产以 75 万元受让 2.5%的股权

续表

时间	并购方	并购对象	并购金额（万元）	备　注
2010 年	常州新城房产、常州新城金郡	常州恒福置业有限公司 100%股权	2000	常州新城房产以 1000 万元原价受让常州市天宁恒阳投资发展有限公司持有的常州恒福置业 50%股权，常州新城金郡以 1000 万元原价受让常州市天宁恒祥投资发展有限公司持有的常州恒福置业 50%股权
2011 年	上海新城万嘉房地产有限公司	上海万之城房地产开发有限公司 50%股权	500	与上海万科房地产有限公司签署股权转让协议，受让上海万之城房地产开发有限公司 50%股权，双方按股权比例合资经营上海万之城房地产开发有限公司，共享权益，共担风险
	苏州新城创佳置业有限公司、新城控股集团有限公司	昆山新城创域房地产有限公司 51%股权	100	与月星集团有限公司签署股权转让协议，苏州新城创佳置业有限公司受让昆山新城创域房地产有限公司 1%的股权，新城控股集团有限公司受让另外 50%股权
2012 年	上海新城万嘉房地产有限公司	上海富铭房地产开发有限公司 100%股权及转让方对标的公司 29816.55 万元债权	31115.68	受让上海嘉定新城发展有限公司持有的上海富铭房地产开发有限公司 100%股权及对上海富铭房产的 29816.55 万元债权

（三）基于区域深耕的成功之道

对于中国房地产企业来说，在市场跑步向前的“牛市”中实现快速扩张并非难事，但保持 10 年以上的持续成长，则仿佛马拉松长跑，需要长远的筹划、坚强的意志、平和的心态和理性的节奏。新城地产究竟凭借什么得以在众多房企中脱颖而出，由一个最初 5 人团队成为中国地产 20 强企业和长三角区域领先的住宅地产开发商？

1. 布局长三角，深入专业化

王振华：“新城主要还是聚焦长三角，我们的策略是，一旦进入一个城市，就要在那个城市生根，践行同一个城市多项目运营的策略。”

基于对行业市场及自身定位的理性思考，在企业战略的决策上，新城始终坚持深耕于全国经济、金融、贸易、文化核心区——长三角，并立志在 19 年的耕耘基础上继续探求更为广阔的发展空间。

为应对市场变化，2010 年，新城地产制定了新的五年规划，提出“以上海为中心、以深耕长三角为基础、适当时机拓展泛长三角”的策略。对于泛长三角，新城地产董事长王振华如此解释：“‘十二五’规划期间，要求长三角沿海地区策略上进行转型，把东部的传统工业、劳动密集型产业转移到中部。”由此，如安徽、江西、湖北、湖南等在同一纬度的，住宅习惯、住宅结构设计等相似的地区成为新城进行拓展的目标。但同时，王振华也坦言："新城主要还是聚焦长三角，我们的策略是，一旦进入一个城市，就要在那个城市生根，践行同一个城市多项目运营的策略。"

在实现战略的过程中，专业化始终是新城地产坚持的方向。公司致力于专业化的技术和产品、高效的团队、精细化的管理，努力提升客户、股东、员工和公司的价值。19 年来，新城地产以迅速稳健的成长轨迹在长三角区域建立了牢固的发展根基，为所进驻的每一座城市镌刻了蕴涵人文、环境优美的高性价比物业符号，并在企业治理结构、管理团队、人力资源、产品开发、物业服务、企业文化、品牌价值等方面取得了专业化提升。

而今，随着新城战略重心的转移，"布局长三角、深入专业化"已在其区域性发展、专业化模式、增长方式和产品线规划等方面被赋予了更能代表新城未来价值取向的内涵。这一意义深远的战略部署，也必将引领新城坚定而执著地迈向更远更广阔的未来。

2. 审时度势，适时调整经营策略

王振华："企业与时俱进，每个阶段都有不同的经营理念和发展战略，自市场变化以来，新城一直积极适应政策，并逐步寻找出适合自己的发展道路。"

从一个 5 个人的团队到叱咤地产界的房企 20 强，新城只用了十几年，这一切依赖于新城地产对于自我未来的把握和不断的超越。

2004 年，已经在常州成为"领头羊"的新城地产，制定了一个五年规划，将新城定位成以常州为中心、两小时车程为半径的区域化公司。然而，常州作为三线城市在政策、信息、人才、资金层面都限制了新城地产的发展，于是 2009 年新城地产将总部搬迁到上海。2010 年，新城地产以二次创业的雄心，以七星联动的声势登陆上海，自此上海成为新城地产的第二故乡。2011 年是调控年，如何应对市场，是每一位房地产领军人物都必须面对的问题。在这种情况下，新城地产围绕首次置业和首次改善型置业推盘，取得了不错的销售成绩，2011 年上半年就已经完成 60 多亿元；而对于上海市场，新城地产也根据市场的发展和政策的变化进行优化，择机推盘，更执著于"将楼盘做得更精致一点，让客户看得更满意一点"。

3. 标准化管控，实现高周转

> 王振华："新城最大的优势就在于标准化管控下的快周转。"

高周转的一大好处就是资金回流速度快、使用效率高，从而可以实现企业规模的快速扩张。2009~2011年，新城地产保持着较高的增长速度，同时以高周转率的战略模式，在三年内突飞猛进。

新城地产标准化管控下的快周转在项目建设中得到很好的体现：严格把控项目重要时间节点，从开工到开盘时间控制在8~12个月，而项目从开工到竣工一般也不超过2年，即使是精装修项目也同样如此。

值得一提的是，2010年，新城地产在产品标准化研发方面完成研发及标准化成果34项。研发成果及时运用到了项目上，达到同一系列产品品质统一；公司对精装修标准化研究的关注也日益加强，已形成从设计到精装修的全过程标准化研究体系。2010年，公司还完成了标准化产品线升级及展示，建立了客户价值管理流程，全面实施物业服务标准化。

目前，新城地产所建的大部分住宅、商业类产品，都已实行标准化。实行标准化的优势在新城地产四大幸福系列产品中得到明显体现。据新城地产内部统计，标准化之后成本降低15%，变更率降低了45%，效率提高了65%。

在调控日益频繁的市场环境中，高周转企业更容易通过价格的快速调整、拿地策略的快速改变来适应市场变化的快节奏，捕捉市场机会。目前，新城地产的一切战略均以高周转为目标，不断优化产品线、标准化，这不仅为快速供应奠定了良好基础，也为企业"做大做强"打下基础。

（四）以客户为中心，致力成为幸福的"创造者"

> 新城地产："懂得并超越客户期望，为客户创造价值，让（客户的）幸福变得简单，是我们永远追求的目标。"

新城地产信奉"诚实做人，踏实做事"，始终以客户为中心，一直努力让自己成为幸福的"创造者"，让幸福变得简单。

新城地产的住宅产品以幸福为名，分为四个产品线：幸福启航系列适合两口之家，其中90平方米以下的房源占到80%；幸福乐居系列适合三口之家，90~120平方米的房源比例占到80%；幸福圆梦系列，适合三代同堂，80%的户型为150~200平方米；而幸福尊享系列则属于新城地产的高端产品。这样既多元化，又有弹性，而且非常契合客户需求的产品设计，使新城地产的项目常有不俗的表现。

对于这样的“幸福之作”，新城地产采用标准化的运作来完成。从 2006 年起，新城地产已经开始对标准化运作进行研究和运作，2007 年对局部的标准化进行落地，到 2009 年新城地产对产品所有的部件甚至包括楼梯的步数都进行标准化，落地率超过了 90%，还形成了四大产品系列的四本产品白皮书。

随着产品模式的不断创新和行业竞争的日益加剧，客户对服务的重视程度，已远远超过产品本身，服务正逐渐成为下一轮住宅产业发展的重点。鉴于此，新城地产正着力从单纯的产品模式向服务模式转变，从一个科技企业向一个人本企业转变，并提出“以客户为中心”的服务理念，将客户价值作为新城地产的行为指南，时刻保持对客户需求的敏锐观察与迅速反应，回归客户导向的基本命题。

从产品的关注到客户的尊重，从内部管理的规范到客户关系的维护，从新客户的吸引到客户全生命周期的呵护，新城地产正在用实际行动诠释着对客户理念的理解，始终致力于成为幸福的“创造者”。

（五）新城地产大事记（见表 3-8）

表 3-8　新城地产大事记

事　件	时间	说　　明
成立	1993 年	江苏新城房产股份有限公司创立，涉足房地产开发与经营业务
首个市区项目启动	1998 年	公司业务由近郊拓展至常州市区，首个常州区域住宅项目——万博花苑启动并获成功
借壳上市	2001 年	通过资产重组，成为江苏省首家以房地产开发与经营为主营业务的上市公司
跨地域开发	2002 年	正式打开异地市场，进入上海、南京区域进行项目开发，战略目标实现由城市运营向区域发展的跨越
销售破十亿	2004 年	迎来发展史上的新飞跃，年度在建项目达 12 个，在建面积首度突破百万平方米（135 万平方米），销售收入首次突破 10 亿元
首次跻身中国房地产企业百强	2005 年	首次位列江苏省房地产业综合实力 50 强企业第一名。首次跻身中国房地产企业百强第 70 位
确立新的发展目标	2007 年	提出“要将新城建设成为中国最具成长性、最具竞争性的优秀房地产企业”的发展目标
推进住宅产业化建设	2008 年	成立标准化研究基地，着力推进住宅产业化建设
总部迁址	2009 年	公司总部迁址上海，标志着新城战略发展中心的正式转移
销售破百亿	2010 年	历经 17 年的开拓创新，公司销售额突破了 100 亿元，开启了蓬勃发展的新篇章
获批“国家产业化示范”基地	2011 年	经国家住房和城乡建设部专家组论证、研究，公司建筑研究中心被认定为国家住宅产业化基地

第二节　品质经营　铸就价值

以“品质经营、铸就价值”为特点的房地产上市公司持续专注于高端精品项目的铸造。对产品品质的执著，成为这一类房地产上市公司共同的追求；随之带来的不仅是行业品牌地位的树立，还获得了较大的盈利空间，在资本市场的投资价值持续彰显。中海地产、绿城已成为业内精品楼盘的代名词；世茂房地产以“滨江模式”在业内打响名号，成为高端住宅品牌典范；而融创中国在产品和服务方面坚持走高端精品战略，近年以“黑马”态势在房地产行业迅速占据一席之地。

一、中国海外发展：借道海外资本，缔造行业标杆

提到房地产企业，中海地产在公众眼中的知名度算不上最高的，这是因为中海地产在企业 33 年的发展过程中始终保持低调。或许，“低调的王者”是对中海地产最好的概括。现实中，与万科同为行业领军企业的中海地产，通过独立研发的五代精品引领了中国住宅产业的发展与进步。

（一）审慎稳健经营，缔造行业领导地位

中国海外发展有限公司（股票代码：0688.HK，以下简称“中海地产”）1979 年成立于香港，并于 1992 年在香港联交所上市，首开中资企业以香港本地业务资产直接上市之先河。2007 年，中海地产入选香港恒生指数成份股，2010~2011 年，连续两年获选“恒生可持续发展企业指数”，并于 2010 年荣登英国《金融时报》“全球 500 强”。2011 年底，公司总资产达 1760 亿港港元，净资产达 706 亿港元。

1. 国内最赚钱的房地产企业

中海地产不是国内规模最大的房地产企业，却是国内最赚钱的房地产企业。如图 3-23 所示，2011 年，中海地产实现营业收入 485.83 亿港元，净利润 151.19 亿港元，是同期中国内地在港上市房企净利润均值的 5 倍左右。2003~2011 年，公司的净利润规模扩大了 18.6 倍，复合增长率高达 45.06%。2012 年上半年，中海地产在调控下销售业绩却持续实现突破，累计实现房地产销售额 651.5 亿港

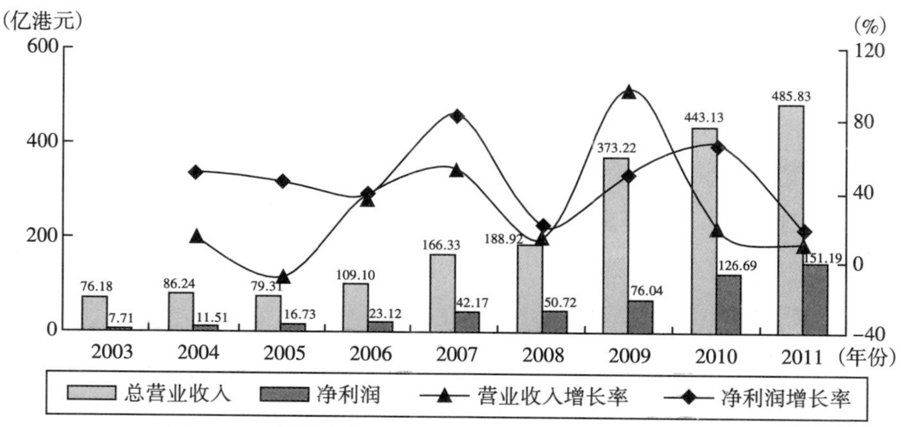

图 3-23　中海地产 2003~2011 年营业收入与净利润情况

元，同比增长 24.70%，为未来的快速增长奠定了良好基础。

上市公司的净利润率水平是公司产品市场竞争力的重要体现。以高盈利能力著称的中海地产自 2005 年以来，净利润率水平一直保持在 20%以上。2008 年，国内房地产市场受世界金融危机影响严重，行业整体回落，对企业 2009 年的结转有所影响，造成当年净利润率出现下降，其余年份均保持了增长态势。

较高的盈利水平主要来自以下两个方面：①公司拥有良好的产品质量与绝对的品牌优势，使购房者愿意支付更高的溢价；②公司成本控制能力较强，成本较低。中海地产连续九年被评为中国房地产行业领导公司品牌，是我国房地产行业价值创造的典范，拥有绝对的品牌优势。以建筑起家的中海地产，凭借专业与创新精神，独立研发了五代住宅精品，产品品质持续保持行业领先。30 多年的房地产开发经验，使企业的成本控制体系不断完善，成本控制能力行业领先。在品牌、产品、成本控制等多方面优势的共同发力下，中海地产 2011 年的净利润率提升至 31.12%，高出同期大陆在港上市房地产公司净利润率均值 6.84 个百分点。

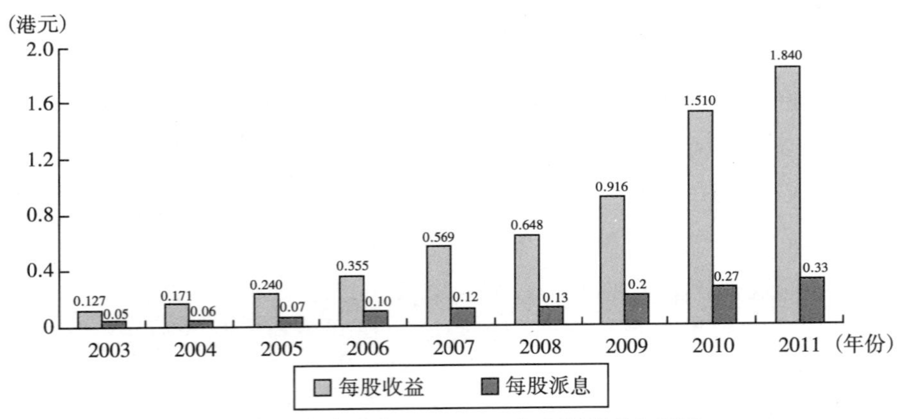

图 3-24　中海地产 2003~2011 年每股收益与派息

每股收益作为评价企业盈利能力、预测企业未来发展潜力、做出相关经济决策的重要财务指标之一，同时也是投资者最为关注的一个指标。从图 3-24 可见，在过去的 10 年，中海地产每股收益持续快速攀升，2011 年底每股收益高达 1.840 港元，是同期中国大陆在港上市房企每股收益的 2.59 倍，为股东创造了良好的收益。相对于国内的房地产企业而言，中海地产可算是现金牛股，2003 年至今，每年都能保证在年中与年末派发两次股息。2011 年，企业每股派息 0.33 港元，同比增加 22%。良好的派息机制与不断提升的派息额度大大提升了企业在股市的影响力。

2. 稳健经营彰显投资价值

中海地产源自香港，同时也是国内唯一一家在“九七金融风暴”中受到重创后崛起的开发企业，有着国内众多企业无法比拟的经验，在发展过程中始终坚持高潮时不过度扩张，低潮时不过于保守。中海地产在高速发展的过程中，始终坚持审慎、稳健的财务策略，与惯用资金杠杆的国内开发企业形成鲜明对比。

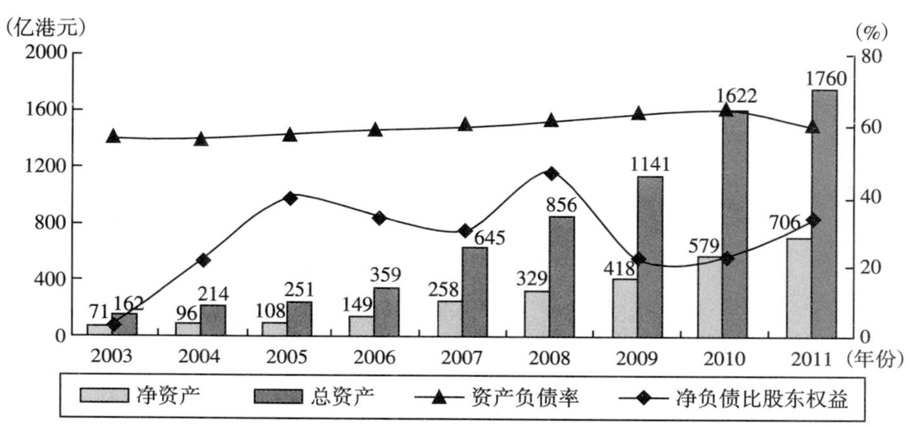

图 3-25　中海地产资产负债结构变化

从图 3-25 可见，2011 年底，中海地产的总资产攀升至 1760 亿港元，资产负债率为 59.89%，较同期中国大陆在港上市房地产公司资产负债率均值 67.43%低 7.54 个百分点，净负债率为 33.3%，财务稳健性良好。在过去的 10 年里，中海地产的资产负债率一致保持在较低水平，除 2008 年以外的其余年份，企业净负债与股东权益比率均维持在 40%以下。稳健的财务策略有效降低了股东的投资风险，从另一个角度来说，中海地产在使用资金杠杆提升股东盈利水平方面还有着较大的空间。

在过去的 10 年，中海地产的股票保持了非常好的增长性。如图 3-26 所示，2005 年之前，企业的股价走势基本与恒生指数收盘点位涨跌趋势一致；2006 年以来，中海地产股价涨幅要远高于恒生指数；2008 年，在次贷危机的影响下，中海地产的股价出现了波动；随着 2009 年国内房地产市场的回暖，中海地产股价迅速回升并达到历史高点；在 2010 年开始的房地产深度调控影响下，中海地产近两年股价波动较大，但持续上升的盈利能力与审慎、稳健的财务结构让中海地产的股价维持着波动上升的态势；2012 年以来，在中海地产良好销售业绩带动下，企业股票价格上涨势头进一步明显，截至 2012 年 12 月 11 日，中海地产收盘价为 23.20 港元，较 2011 年年底的 12.98 港元上涨了 78.8%，资本市场对企

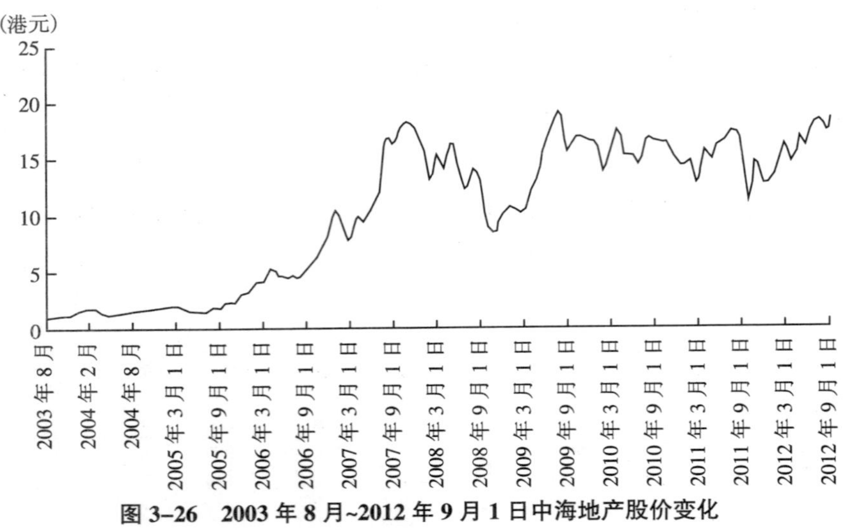

图3-26　2003年8月~2012年9月1日中海地产股价变化

业的认可度在市场波动时期持续提升。

中海地产自上市以来，始终秉承“慎微笃行，精筑致远”的经营理念，坚持务实和诚信的作风，稳中求进；不断提升产品质量与服务水平，最大限度地满足客户不断升级的居住需求；将低碳、环保的理念融入到产品的研究与开发之中，积极践行企业的社会责任，使“中海地产”的品牌形象快速提升；同时，公司还拥有一流的管理团队与超强的成本控制能力，保证了企业的稳健运营，长期投资价值显著。

（二）多元融资平台，助力规模扩张

房地产行业作为典型的资金密集型行业，融资能力对企业生存发展起着关键性的作用，直接决定着企业能否持续健康成长。2004年之前，土地是制约房地产发展的重要“瓶颈”，随着招拍挂制度的实施，资金取代土地成为房地产企业发展最为重要的因素。作为一家在香港上市的恒指成份股，并获得穆迪和标普同时给予较高评级的中资房企，中海地产在香港发债、银团贷款方面都具有一般中资房企所不具备的融资优势。同时，央企背景的母公司在中海地产发展过程中也为企业的融资提供了较大支持。中海地产的融资情况，如图3-27所示。

中海地产充分利用国际、香港和内地的多元融资平台，不断创新融资方式，获得了大量的低息资金。同时，合理的借贷水平有效地降低了企业的整体借贷成本，2004年以来，中海地产的年平均借贷成本始终保持在6%以下，远远低于国内房地产开发企业的平均借贷成本，如图3-28所示。

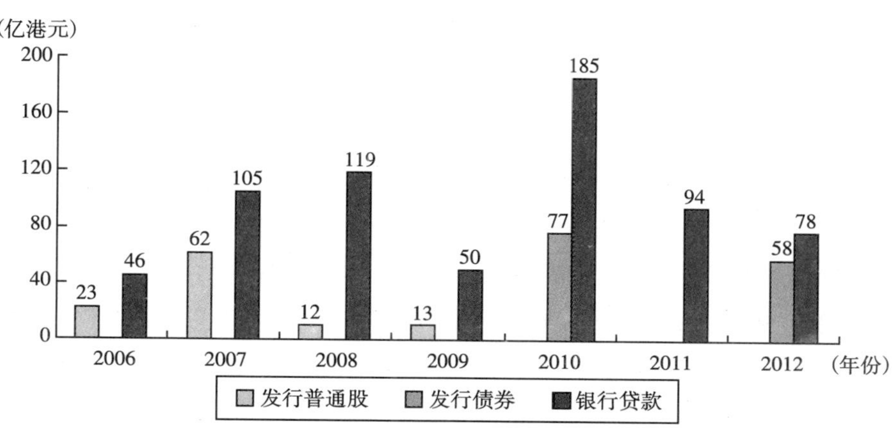

图 3-27　2006~2012 年中海地产融资情况

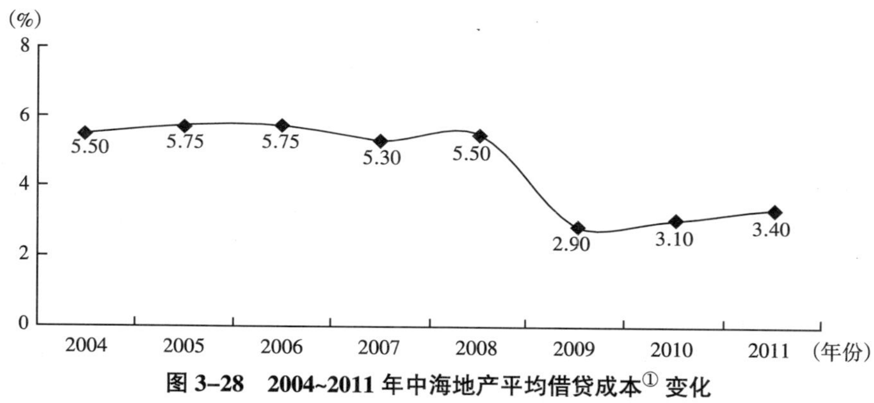

图 3-28　2004~2011 年中海地产平均借贷成本[①] 变化

一直以来，中海地产都十分重视借贷结构管理，由于房地产项目一般开发周期较长，且受宏观调控影响严重，企业一直坚持以长期借贷为主，且未来长期贷款的比例将逐步提升至 50%以上。另外，由于人民币未来面临着升值的压力，企业将借贷重点放在了海外银行贷款与发债，对国内银行的人民币贷款进行适度控制。如 2012 年 11 月 15 日中海地产宣布将发行 10 亿美元的担保票据，其中 7 亿美元的票据，10 年期票息 3.95%；3 亿美元票据，20 年期票息 5.35%，融资成本很低。这笔低息债在资本市场非常受欢迎，早在中海地产宣布发行的一周前，市场就传出消息称该票据获得超购 12 倍。

1. 从容运用证券市场，抓住行业发展先机

1992 年，中海地产整合香港和内地的房地产业务，在香港联交所挂牌上市，公开发行 8.2 亿股，获得了 99 倍认购，冻结资金 758 亿港元，创下当时的最高

① 平均借贷成本=年度利息支出/平均借贷额。

纪录。中海地产的首次发行共募集到港元8.446亿元，公司资产规模迅速扩大，当年企业流动资产净值由1.18亿港元增加至9.46亿港元，为公司的快速发展提供了较好的基础。

随着国土资源部2004年颁布第71号令，土地市场“招拍挂”全面展开，传统的“协议出让”经营性土地供应方式退出了历史舞台，土地成本快速提升，资金成为制约房地产开发企业发展的关键因素。而在此政策出台之前，中海地产已于2004年1月，以1.8港元每股发行配股集资，一天内闪电集资15亿港元，为企业抓住市场先机提供了充裕的资金。2004年，中海地产在北京、深圳、广州等8个主要城市新增了12个项目，新增规划建筑面积555万平方米，为企业之后深耕核心城市奠定了非常好的基础。

2008年，在美国次贷危机的影响下，中国房地产市场进入下行通道，中央为应对经济下滑趋势于当年11月推出4万亿元的经济刺激计划，房地产成为最大的受益者。12月中旬，中海地产便宣布其配股计划，按每25股配发1股的比例向现有股东发行约3.14亿股新股，供股价格为每股8港元，较当时的股价折让33.6%。2009年初，中海地产25亿港元供股计划所发售的股份全部获得股东认购。2009年的顺利配股融资，使中海地产再一次抢占了我国房地产市场发展的有利时机。同时，企业的净负债与股东权益比率通过此次融资从2008年的46.80%下降至2009年的22.40%。2009年，中海地产在上海、成都、重庆等10个大中城市共新增了11块土地，总规划建筑面积为1210万平方米，完成了企业在中国五大区域核心城市的均衡布局。

2. 海外融资平台，降低资金成本

香港上市的中海地产在发展过程中，充分利用其香港与国际融资平台优势，获取多笔大额、低成本的境外贷款用以发展其内地的房地产开发业务，如表3-9所示。

表3-9 中海地产近年来部分海外融资情况

时间	融资方式	融资金额	利率（%）	期限（年）
2005年7月	担保票据	3亿美元	5.75	7
2006年9月	无担保贷款	26亿港元	—	5
2007年8月	无担保贷款	35亿港元	—	5
2010年2月	银团贷款	80亿港元	—	5
2010年11月	担保票据	10亿美元	5.50	10
2011年5月	银团贷款	62亿港元	—	5
2012年2月	债券	7.5亿美元	4.92	5
2012年4月	银团贷款	76亿港元	—	3

（1）利用国际融资平台，发行美元债券。

2005年5月，中海地产获得穆迪和标准普尔分别给予的Baa3/稳定和BBB-/稳定投资级评级，开创了中国内地首家房地产公司同时获得两个投资级评级的先河，并于7月成功发行了7年期3亿美元应付担保票据，利率为5.75%。

2010年以来，为遏制房价过快上涨，中央出台了一系列的房地产调控政策，在货币政策持续收紧的态势下，国内资本市场增发、配股等融资渠道全面紧闭，房企融资十分艰难。自调控以来，中海地产2011年11月与2012年2月分别在国际资本市场发行了10年期10亿美元、5年期7.55亿美元的公司债券，大大优化了企业的债务结构，改善了整体的财政状况。2012年2月发行的美元债券利率仅为4.92%，低于同期国内5年期人民币存款利率。标准普尔和穆迪两大国际评级机构继续维持对公司的投资评级，反映了国际资本市场对企业在国内房地产市场的领导地位和财务稳健的持续认同。

（2）财务结构稳健，备受香港银团青睐。

2003~2011年，中海地产获得的新增银行贷款总额为658.45亿港元，其中有一半来自于香港金融市场。2006~2007年，中海地产在香港共获得了61亿港元5年期无担保贷款，企业资金与债务结构得以全面改善，为企业完善市场布局与增加土地储备提供了基础。在市场调控时期，国内信贷资源全面收紧，房地产企业获取银行融资日渐困难，中海地产香港上市的融资优势在此刻进一步凸显。2010~2012年上半年，中海地产先后3次获得香港银团的大额贷款，总额高达218亿港元，且全部为3年以上的长期借款，有效地改善了企业资金状况与负债结构。截至2012年6月底，中海地产持有现金266.4亿港元，未提用贷款额度100.8亿港元，充裕的现金流为企业在市场波动时期巩固市场地位，持续扩大市场规模提供了主动权。

3. 股东资金支持，减轻负债压力

在中海地产近10年快速发展的过程中，股东的资金支持发挥着重要的作用。经过2004年与2005年的快速扩张，企业净负债与股东权益比率上升至39.2%。为减缓不断攀升的净负债压力，有效控制借贷成本，中海地产通过向股东派送红利认股证，有效改善了企业负债压力。2006年7月，中海地产向股东派送红利认股证，当年底即已获得股东资金21亿元，其中18亿港元来自控股股东中国海外集团有限公司，截至2007年7月到期，此次红利认股证差不多全数行使，共筹集到36亿港元股东资金。2007年8月，公司再次向股东派送红利认股证，截至当年底，筹集了45.4亿港元的股东资金，其中38.5亿港元来自母公司。通过两次派股融资，企业净负债与股东权益比率在2007年底降低至30.2%。

2009年，在4万亿元的推动下，国内房地产市场进入快速发展时期，为支持企业在国内房地产市场的快速发展，其母公司中国建筑股份有限公司为中海地产提供了97亿港元的短期财务支持。在强大财务支持下，中海地产在当年也新增了大量土地储备（当年企业在国内10个城市与香港新增土地12宗，总规划建筑面积达1210万平方米，楼面地价为2600元/平方米左右）。重点城市、核心地段的优质土地储备成为企业销售冲击千亿元的关键因素。

（三）品质、品牌与服务夯实百年根基

中海地产拥有着绝对领先的盈利能力和超强的融资优势，那么是什么因素造就了企业的王者地位呢？是产品品质？是公司品牌？是人力资源？是战略定位？客服体系？……上述每一个因素都有可能支撑企业短期的成功，但是如果一个企业要获得长达30多年的成功，则需要同时具备以上多个因素。

1. 产品能力奠定竞争优势

30年来，中海地产在香港打造了一个城市的风格；10年来，中海地产在北京、上海、深圳、广州、武汉、长沙、成都、重庆等国内32个城市的核心地段打造了一系列地标性建筑，被城市精英所追逐，入住中海地产开发的项目成为身份与地位的象征。

对于房地产企业来说，产品品质无疑是最为重要的核心竞争力，而中海地产在这一环节则有着得天独厚的优势。中海地产的建筑质量控制体系源于母公司——中国建筑，中国建筑在建筑与开发方面的国际经验使中海地产产品呈现出卓尔不群的品质。

由于传承于中国建筑，中海地产人才结构亦与国内其他房地产开发企业有着较大的区别，企业许多项目工程负责人员都是从母公司调任。管理人员丰富的房地产开发、管理与建筑经验造就了企业对工程品质的追求与过程把控。对项目工程质量控制人员，中海地产都会派其前往香港培训、学习一年以上，人才互动交流机制使中海地产能充分、及时分享国际经验。因此，中海地产的专业人才一直是国内众多竞争对手的重点招揽对象。

同时，中海地产还有着完善的规划、设计体系，帮助企业实现产品创新与研发。中海地产旗下的华艺设计顾问公司是经住建部批准设立的具有“甲级”工程设计资质的建筑设计企业，是中国的品牌设计企业。这种设计力量，使得中海地

产在借助外部设计力量的同时，亦能做到有效的管控，并能形成企业专属的、梯度的产品体系，而这正是当前国内众多房地产企业所缺乏的。

中海地产以建筑起家，企业30多年来一直秉承“精品筑家”的理念，力求为业主奉献更高品质、更高附加值的人居产品。坚持以丰富的专业知识和经验，创造如艺术品一样具有原创性和独特性的精品，每个楼盘都体现了规划设计理念、环境设计、施工材料的创新，精品化、差异化和创新保证了中海地产项目的恒久价值与时代精神，为中海地产在赢得市场的同时，也收获了业界的尊重与消费者的首肯。为满足市场不断提升的居住需求，中海地产先后为市场研发了五代精品。

20世纪80年代末90年代初，中国房地产市场还处于萌芽状态。中海地产首次引进海外高层住宅设计及建造经验，在高容积率、高密度以及高层条件下扩大共享空间，摆脱了城市住宅封闭单一的平面形式，丰富了住宅的使用功能，并向国内房地产市场引进“标准装修”、“示范单位”、“物业管理”等概念。

1998年，随着住房制度改革的全面推行，国内全面进入商品房时代，中海地产适时推出了第二代精品，率先引入环境设计概念，注重户外空间的营造，增加了户外活动空间与生活趣味；其后推出的三代与四代精品则分别将概念策划、户型创新与生态环保、人文归宿融入其中，以增添产品的文化品位，开始关注业主不断升级的精神需求。

中海地产在研发第五代精品住宅过程中，运用绿色建设技术，打造高端居住集约化模式，制定清晰的产品标准和创造文化性居住体验，再一次引领了住宅开发的新理念。第五代精品的推出，主要是为了应对过度资源消耗与土地集约利用矛盾的挑战，全球化与中国传统居住文化教育的冲突与挑战，居住的物质空间追求与精神诉求的矛盾的挑战。北京“中海九号公馆”与“中海紫御公馆”、上海“中海紫御豪庭”以及长春“中海紫御华府”等近两年新推出的高端楼盘均为五代精品的代表作。

2. 品牌经营铺就长青之路

据说“每15个香港人就有1个住在中海建的楼里”，中海地产建设的房子早已成为香港的城市代言者；还有一群中海地产的忠实“粉丝”，中海地产去哪，他们就跟到哪，中海地产的品牌忠诚度始终在业内占据领先地位。

（1）品牌是时间与空间的积淀。

“不积跬步，无以至千里；不积小流，无以成江海。”品牌的建立同样也需要经过漫长的时间积淀。中海地产卓越的产品品质为品牌经营奠定了良好的基础，要建立长青品牌所需要的只是时间的积淀。

中海地产于1979年在香港成立，20世纪80年代与和记黄埔、新鸿基、恒基兆业、新世界这四大著名地产商的合作使其从建筑商向开发商成功转型，为此后的品牌经营积累了丰富的经验。多年的房地产开发让企业深刻认识到品牌经营的重要性，早在10多年前中海地产就将品牌经营上升至战略发展层面。在多年的发展过程中，企业始终坚持"精耕细作，品牌经营"的方针，努力提升"中海地产"品牌的精品形象。秉持精品意识，精工建造，精耕细作，精益求精，力争把每一个项目建设成精品和典范。品牌现已成为中海地产最基本、最有效的市场竞争优势之一。2012中国房地产品牌价值研究中，中海地产再次获得了社会各界的认可，连续第九年蝉联"中国房地产行业领导公司品牌"，品牌价值高达247.48亿元。

"选择主流城市、锁定主流地段、关注主流人群、建筑主流产品、传播主流价值"是中海地产33年来始终坚持的开发理念。五个"主流"将中海地产的品牌定位、目标市场与高端紧密结合在一起。在"选择主流城市"的扩张策略指导下，中海地产业务主要分布于中国经济快速发展的长三角、珠三角、环渤海地区和国家经济发展的重点城市，2012中国房地产开发投资吸引力排名前15的城市，中海地产均早已布局。主流城市在市场规模与居民购买能力方面都有着绝对的优势，能有效驱动公司整体业绩的快速增长，提升品牌影响力。

截至2011年底，中海地产在国内25个大中城市共拥有土地储备3400万平方米，其中80%以上位于城市核心区域。核心区域房地产供给的有限性大大提升了房地产保值增值的能力；同时核心区域完善的配套设施与方便的出行条件也成为高端人士的最佳选择。中海地产在品牌经营过程中，始终将目标客户群锁定为城市高端人士，打造与之相匹配的高端楼盘，树立良好的品牌形象。

2010年，中海地产为进一步扩大在全国的品牌影响力，并购了中海宏洋，其专注国内三、四线城市的开发模式将成为中海地产业务的重要补充，是中海地产品牌在全国空间拓展历程中的重要举措。截至2011年底，中海宏洋已进入桂林、吉林、合肥、呼和浩特、兰州、南宁、银川等多个二、三线城市，土地储备面积增至645万平方米，在未来将成为中海地产在三、四线城市的重要运营平台。

（2）多元化发展的品牌经营。

中海地产经过多年打造、发展，已经形成了涵盖规划设计、施工承建、物业管理等房地产全价值链的复合品牌，并在各自的领域内都树立起良好的品牌形象，全方位的品牌延伸使中海获得了极大的市场认同。地产与设计、建筑、物业管理相互支撑，形成了长远支持中海地产房地产业务发展的雄厚的内部资源基础，进一步巩固和提高了品牌的竞争力，成为“中海地产”区别于其他品牌并形成强势竞争优势的最大特点之一。

中海地产旗下的华艺设计顾问有限公司长期为中海地产服务，在公司五代精品的研发过程中功不可没；中海物业的管理水平始终保持与中国香港及国际同行业同步，高品质、专项化的物业服务有效提高了客户满意度与忠诚度，推荐购买率与重复购买率得到有效提升；中海地产历来非常重视人才的吸纳，目前已经形成了较为成熟的“海之子”和“海纳”两大人力资源子品牌，将有效地保障中海地产品牌的系统实施与实践传播的长效性、持续性；中海地产将低碳、绿色建筑的环保和节能理念贯穿到企业发展的战略以及地产项目的规划和建设当中，通过构建“海无涯·爱无疆”公益品牌，践行系列公益活动体现企业社会责任，树立了良好的社会形象。

3. 客户服务护航持续发展

客户服务连接着企业和客户两大终端，在企业品牌建立和维护过程中起着重要作用。中海地产以客户关系为企业发展重心，以客户需求为指引，在产品开发和后期服务的各个阶段都坚持贯彻客户满意的原则，通过建立完善的客户服务管理体系和领先的产品开发体系为客户提供精品住宅，全面促进了顾客价值的有效提升，是企业健康成长的重要保障。

中海地产以客户的切实需求为先导，以客户满意为目的，积极完善客户服务，得到了客户的广泛认可，中海地产为客户提供的多项周到专业的服务都为业界树立了优秀标准。

中海地产在收楼前一个月先让业主分期、分批提前验楼，每一户预验楼的业主都有一名专职物业管理人员陪同，管理人员记录业主要求，并根据要求让尚未退场的施工队及时跟进维修。在收楼前，中海先垫资替每户新收楼的业主开设一个银行缴费账户，业主只需续存足够的钱，以后包括电费、物业管理费、有线电视费等费用都统一在该账户上自动划扣；在交楼时，中海还安排银行工作人员在小区现场设置摊位，即时解决业主疑难。为了让业主更全面、详尽地了解社区的各方面情况，中海地产为业主编撰了包括开发理念、规划设计、工程质量、物业服务、物业使用以及日常家居生活须知等各方面的综合家居生活手册，发送给每一位业主。为使客户维系向纵深发展，中海地产创立了《中海地产·客户通讯》，打造中海地产与客户加强沟通、传递资讯的互动平台。提倡服务工作持续跟进，要求任何一个员工接到客户投诉电话后，都要把电话内容记下来并转告相关部门，负责处理好这个问题并对客户反馈。目前其别墅项目已经做到这一点，每20户或30户设有一个管家类的服务，电话24小时开放，业主有任何问题都可以找管家，做到点对点的服务。

中海地产把建立密切的客户关系确立为企业品牌建设的重要工作之一，具体举措涉及公司组织架构、销售服务体制、物业管理等许多方面，并在总部和各区域公司都成立了专门的客户服务部，在最短的时间内为客户解决问题。其中，客户关系管理系统（CRM）在帮助中海地产整合客户资源方面发挥了显著功效。

中海非常重视客户与潜在客户资料的收集整理与分析，积极引进CRM系统对客户资源和客户服务过程进行系统性的数字化管理，以深入了解现有业主、潜在客户、合作伙伴以及联盟商家的多方面信息与反馈，将之有效传达至营销、规划设计、发展管理部门，以持续改进产品、提高服务质量，为客户提供多样化的住宅精品。2010年初，中海地产完成了客户关系管理系统的建设并在年内全面在子公司推广应用。

中海地产还对客户满意度进行了深度调研，并通过培训“客户心理学”等多种方式以更专业的视角获取客户实际情况、深入了解客户心理，全面提升公司面对客户的响应速度、服务水平与能力。

除了满足业主的居住感受需求外，提升业主精神层面的归属感也是强化顾客对企业品牌情结的重要手段。2004年，中海地产创建了客户联谊组织“中海会”，为会员搭建了一个相互交流、沟通资讯的平台。“中海会”招募对象为中海地产开发项目的业主、准业主及关心中海发展的社会各界人士，目前已在全国十几个城市设立了分支机构，会员人数已逾20万人，全年总会及各分会组织各类活动500余次，为加强业主邻里间的沟通、满足其对居住社区的精神归属感发挥了重要作用。

中海地产现已将客户服务与客户关系管理工作提升至战略层面，在集团中国总部新设客户关系部，致力于全面提升中海客户服务能力、打造更强的客户关系。此外，中海地产还着力于增强内部监督与质量管控系统，确保产品与品牌发展思路更加符合市场趋势与客户期望。

（四）坚守精品路线，引领高端市场

中海地产的成功，源自于企业对房地产品质的执著；源自对审慎财务策略的

坚守；源自在规模扩张的同时对盈利质量的追求。30 多年的执著与坚守为中海地产的未来发展奠定了良好基础。而稳健的财务结构与充裕的现金流，也为企业在房地产调控持续升级的背景下创造了发展的新契机。未来，中海地产始终坚守的精品路线将为企业带来更加广阔的发展空间，市场份额亦将进一步加大。

在过去 10 年，我国城市化率快速提升至 51%，成为房地产市场发展的重要因素。分区域来看，珠三角地区与长三角地区城市化率普遍超过 50%，未来提升空间相对较小，且土地城市化明显要快于人口城市化的速度，未来房地产市场的需求将依托外来人口的涌入；而中西部与环渤海以北地区城市化率多在 50%以下，正处于快速城市化阶段，房地产市场将面临较大的发展机遇。

我国城市化进程的稳步推进将为中海地产的发展带来新的市场空间。近年来，中海地产进一步加大中西部和环渤海以北地区重点城市的投入，中西部地区正逐渐成长为企业业绩贡献的重点区域，企业的全国市场布局在未来将更趋均衡。从城市结构来看，一、二线城市仍将是企业未来发展的重点，但重心会有所下沉，二线城市的贡献比例会加大，但未来几年大规模进军三、四线城市的可能性不大。

随着城镇居民可支配收入持续高速增长，未来改善性购房需求将快速扩大，专注于高端市场发展的中海地产将迎来新的发展契机。2010 年限购以来，高端住宅市场虽然受到了一定的影响，但北京、上海、武汉等一、二线重点城市的热销高端住宅项目成交金额占商品住宅整体市场的比重仍维持在 15%左右，且热销高端住宅项目主要是精装修公寓类产品，这与中海地产的产品定位不谋而合。2010 年以来，中海地产在各地的紫御系列、公馆系列、寰宇天下系列、国际社区系列等中高端项目均实现了热销。中海地产始终坚持的精品路线，在抢占改善性购房需求市场上的优势未来将进一步凸显，帮助企业再一次实现突破。

（五）中海地产发展大事记（见表 3–10）

表 3–10 中海地产发展大事记

事 件	时间	说 明
成立	1979 年 6 月	中国海外建筑工程有限公司（中海地产的前身）在香港注册成立
首次投资国内房地产	1981 年	首次投资国内房地产市场，开发投资深圳海丰苑项目
拓展房地产市场	1988 年	大力拓展中国内地和中国澳门市场
成立物业公司	1991 年 3 月	中海物业管理（深圳）有限公司正式成立
上市	1992 年 8 月	整合香港与国内房地产业务，以中国海外发展有限公司的名义在香港联交所挂牌上市

续表

事　件	时间	说　　明
成立子公司	1993年8月	中海发展（广州）有限公司注册成立
收购承建业务	1993年9月	向控股公司中国海外集团收购承建业务，实现了集团业务整体上市的目标
配股	1996年7月	透过“先旧后新”方式，成功配股集资港元7.61亿元
成为恒指中型成股之一	1996年10月	成为“恒生中型股指数成份股中五十中型成份股之一”
成立子公司	1998年6月	中海发展（北京）有限公司正式成立
成立子公司	2000年6月	中海兴业（成都）发展有限公司正式开业，标志着公司地产业务拓展至西南地区
成立子公司	2001年5月	上海新海汇房地产有限公司成立
获得银团贷款	2002年7月	18亿港元银团贷款签约
国内全面拓展	2003年	先后成立长春、西安、南京公司
配股	2004年1月	成功通过先旧后新方式闪电配股集资15亿港元，受到资本市场认可和青睐
获得银团贷款	2004年7月	成功获得24.3亿港元银团贷款
同时获得穆迪与标普投资评级	2005年5月	穆迪和标准普尔分别给予Baa3和BBB-投资级评级
收购股权	2005年12月	收购中海地产股份有限公司11%股权，实现全资控股
银行授信	2006年3月	与中国建设银行总行签署19亿元人民币授信额度战略合作协定
银行战略合作	2006年8月	与中国银行签订了人民币50亿元战略合作协议
标普成份股	2007年2月	入选标准普尔全球40大上市房地产公司指数成份股
晋升恒指成份股	2007年12月	晋升香港恒生指数成份股
配股融资	2009年2月	按每25股配发1股的比例向现有股东发行约3.14亿股新股，价格为每股8港元，融资25亿港元
收购蚬壳电器	2010年2月	收购蚬壳电器，获得其控股公司光大地产土地储备，借助光大地产进军三、四线城市
恒生可持续发展企业指数	2010年	入选首次设立的“恒生可持续发展企业指数”，唯一入选的内地房企
银团贷款	2011年5月	宣布与11家著名银行组成的银团签订一项62亿港元五年期的银团贷款
银团贷款	2012年4月	与12家著名银行组成的银团签订一项76亿港元三年期的俱乐部贷款
百强企业	2004~2012年	连续九年入选“中国房地产百强企业”
行业领导品牌	2004~2012年	连续九年蝉联“中国房地产行业领导公司品牌”

二、绿城中国：城市高端精品物业营造专家

绿城中国，中国最大的民营房地产集团之一，专注于开发优质系列城市住宅产品的“精品营造专家”。自上市以来，企业始终坚信“讲道义，走正道”，坚持走精品之路，以其优异的资本运作能力、高超的精品营造能力、强烈的社会责任感，经受了市场和行业起伏带来的种种考验，已然成为房地产行业公认的地产“贵族”。

（一）企业名片：高速发展的品质地产运营商

绿城房地产集团有限公司（以下简称“绿城”）成立于1995年，总部位于杭州，为国内知名的房地产企业之一，具有国家一级开发资质。2006年7月，“绿城中国控股有限公司”在香港上市（股票代码：3900.HK），绿城为其全资子公司。截至2012年6月底，绿城净资产为211.78亿元，总资产为1266.15亿元，市值158.63亿港元（约合人民币129.32亿元）。

1. 10年来高速成长，经营业绩增速超50倍

10年来，绿城的经营业绩突飞猛进，收益水平不断提高，成为行业内最具影响力的房地产企业之一。

利润的增长是公司股价长期上涨的根本动力。如图3-29所示，2003年，绿城营业收入为12.24亿元，净利润为0.77亿元；到2011年，企业营业收入达219.64亿元，净利润为41.18亿元，分别增长了近17倍和53倍，盈利规模大幅提升。

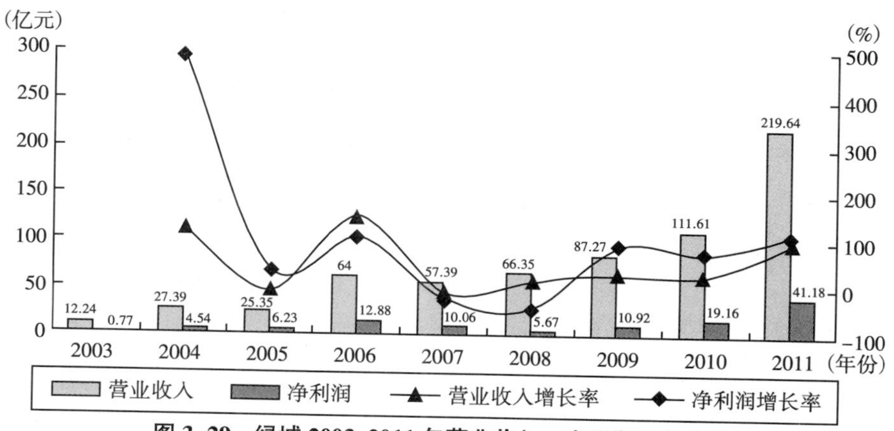

图3-29　绿城2003~2011年营业收入、净利润及其变化

2004年，绿城盈利规模增长水平达到顶峰，稳坐杭州地产界“一哥”之位；2005年调控，绿城涉险过关；2006年，绿城在香港上市，挟资本之势一路攻城略地，成为土地市场上的“豪客”，盈利规模也随之大幅回升；2008年，再度“命悬一线”；2009年，政府的救市政策让它惊天大逆转，盈利规模大幅攀升，一跃成为规模仅次于万科的行业第二名；2010~2011年，绿城盈利增速向常态回归并趋于稳定。

除了2007~2008年，受宏观调控政策影响，房产市场面临深度调整，绿城盈利规模出现大幅下滑外，10年中绿城充分受益于房地产业的“黄金10年”，并且凭借较强的精品塑造能力、业务扩张能力和市场竞争力进行快速扩张，获得了高速可持续发展，对股东和社会尽到了其应有的责任。

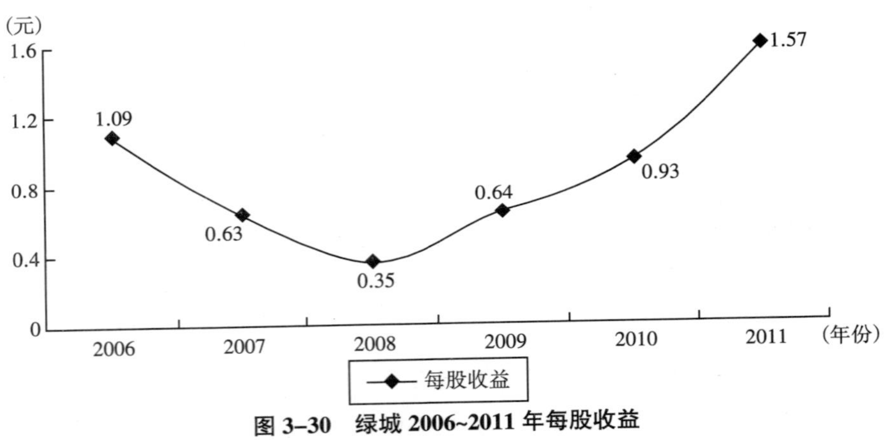

图3-30　绿城2006~2011年每股收益

从图3-30可见，2008年以来，绿城每股收益持续攀升，截至2011年底每股收益达1.57元的高点。10年中，除了2008年市场波动导致绿城每股收益短暂回落之外，企业通过加快资产周转、提高财务杠杆、加速净利润的滚存和再融资等手段不断提升每股收益。2009~2010年，绿城频繁使用信托融资，先后与中海信托、平安信托、中泰信托等合作，融入资金超过100亿元，大规模的融资使得绿城又进入新一轮的扩张周期，有效保障了盈利增长的可持续性。

2. 资本市场波动明显，高品质提升企业长期投资价值

2006年7月13日，绿城中国在香港交易所挂牌，成为浙江省第一家在香港主板成功上市的房地产企业，共募集资金26.63亿港元。绿城选择宏观调控政策连番出台的2006年上市，不得不说是一次冒险之举。但是，事实证明，绿城中国这次上市非常成功，首日挂牌，绿城中国报收于8.75元，较招股价8.22元高

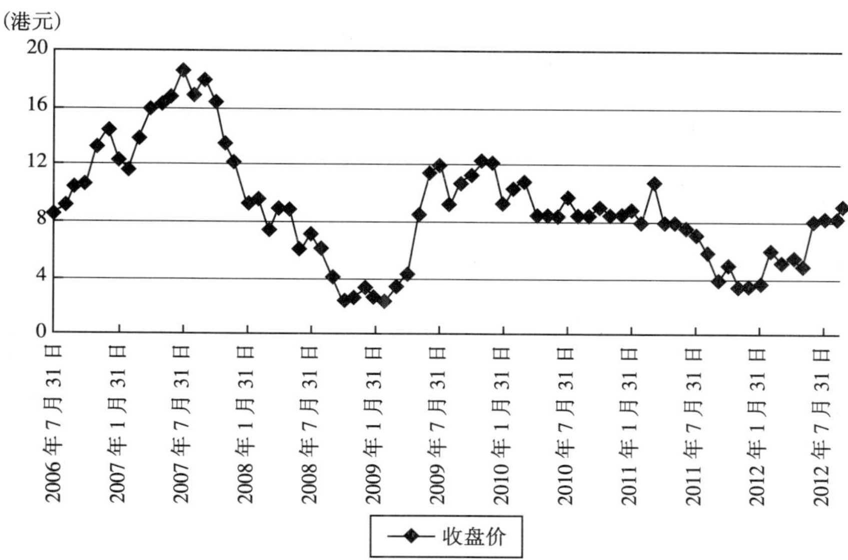

图 3–31　2006 年 7 月 31 日~2012 年 7 月 31 日绿城股价变化

6.44%，成交 6577.8 万股，涉及金额 5.73 亿元。

如图 3–31 所示，2009 年之前，绿城股价受宏观调控影响波动幅度较大，之后股价走势逐渐趋于平稳。2006 年，绿城的销售金额、主营收入、净利润同比增长都超过 100%，股价自上市之后就一直大幅攀升，达到了 18.12 港元的高峰。2008 年，金融危机来袭，绿城股价也随之跌入谷底。2009 年，绿城积压的存货快速去化，销售业绩十分突出，年销售额突破 500 亿元，位列国内房企第二位。此外，绿城 2009 年在全国频频拿地，土地储备迅速增加，在投资者眼中，企业未来盈利空间较大，于是股价开始飞速上扬。2011 年，房地产行业再次经历调控，绿城股价也随之下滑，直至 2012 年 6 月 8 日绿城中国与九龙仓达成战略合作。

绿城联姻九龙仓，资本市场给出了非常正面的反应。2012 年 6 月 11 日，绿城中国复牌首日，即暴涨 32.52%，居当日港股涨幅榜首。此后，绿城中国一路震荡上行，在 7 月 11 日高至 9.66 港元，较双方宣布合作前一天的股价 5.35 港元，暴涨近八成。同期，香港恒生指数由 18678.29 点，上涨至 20047.63 点，上涨 7%。也就是说，绿城中国近一个月的涨幅，是同期恒指涨幅的整整 10 倍。

（二）多元化资本运作，一次次由“危”转“机”的背后

绿城中国年报：“我们坚信，只要‘熬’过危机，必将会迎来生机勃勃的增长。”

可以说，绿城是一家在历次调控中屡次受伤又屡次复活的地产“活标本”，而其每一次的转危为安，与其资本运作有着千丝万缕的关系。随着企业规模不断壮大，单一融资渠道显然无法支撑公司的成长，而凭借在品牌和产品上多年积累下来的良好口碑，绿城在公众和资本市场上均深受认可，因此绿城能够积极探索灵活的多渠道融资方式，并以积极的金融创新著称于业界。

1. 资本市场动作频频，多途径吸收发展资金

从2002年开始，绿城集团开始进行异地扩张，先后进入上海、北京、合肥等城市，开始全国布局。对外扩张带来的资金“瓶颈”，使得绿城集团开始了资本市场的融资。

2003年9月，绿城集团首次发行房地产信托——“绿城·杭州中山广场资金信托计划”，该信托计划主要针对集团员工内部融资，这是绿城集团融资渠道趋向多元化的标志，自此信托融资成为企业重要的融资方式之一。之后，2003年12月、2005年7月绿城集团陆续进行了两次内部信托融资。由于企业内部融资额度较小，对于激进扩张的绿城而言，仅仅是杯水车薪，因此2004年开始，绿城集团开始了海外融资之旅。

2004年11月3日，绿城集团聘任摩根大通证券（亚太）有限公司作为在香港红筹上市的独家财务顾问、独家保荐人和独家主承销商，展开了复杂的海外上市操作。2006年，中国房地产市场第一轮高歌猛进的高潮时期到来，绿城上市的时机日渐成熟。7月，绿城如期完成在香港公开发行股票的一切工作，美国华平投资、老虎基金、新加坡淡马锡、渣打银行亚洲基金等国际投资机构都成为绿城的股东，渣打更以战略性股东身份入股3.9亿元，其在香港公开招股部分获10倍超额认购。

2006年7月13日，绿城中国在香港联交所挂牌，成为浙江省第一家在香港主板成功上市的房地产企业，共募集资金26.63亿港元，主要用于城市居民住宅的开发，房地产核心业务进一步凸显，取得了良好的投资收益。自此，绿城打开了通往国际资本市场的大门。2006年，凭借此次所募集的26亿多港元，绿城取得了爆发式的成长，净利润增长幅度超过一倍。

上市后的绿城如虎添翼，加快了融资的步伐，证券市场的融资功能在绿城得到了充分运用。在上市前后的15个月里，绿城共募集资金125亿港元，使用了7种融资手段，包括私募基金入股、可转换债券融资、IPO、高息票据借贷、配股增发、人民币可转债、银团贷款。2006年1月1日，公司总股本H股1000股；2006年6月21日，公司将保留盈利账中的9999.99万港元的进账款额拨作资本，向股东配发及发行近10亿股；2006年6月22日，公司以每股发售价8.22港元配发及发行2.99亿股；2006年7月20日，公司以每股8.22港元发行及配发，全球发售项下的超额配股权4870万股，截至2006年末，绿城H股总股份13.47亿股，总股本1.39亿元；2006年11月，绿城中国通过新加坡证券交易所发行代码为027459447、027459510的优先票据，7年到期，约4亿美元，年息为9%。

2007年1月18日、2007年2月2日及2007年4月12日，本金总额分别为2200万美元、1000万美元及500万美元的非强制性可换股债券按换股价每股8.55港元转换为公司股份；2007年5月15日，绿城发行5年期可转换债券约23.47亿元；同月，绿城中国又通过瑞银及摩根大通增发配股，以每股16.35港元配售1.415亿股，集资23.1亿港元，使得公司财务结构得到较大改善，配股时股价正接近绿城股价最高时期；2007年8月14日、2007年8月29日及2007年11月5日，本金总额分别为980万美元、190万美元及430万美元的非强制性可换股债券按换股价每股8.31港元转换为公司股份，2007年5月8日，Profitwise认购公司新股1.42亿股，每股作价16.35港元，截至2007年末绿城H股总股份15.37亿股。几次大规模的融资，进一步增强了公司发展房地产核心业务的资金实力，奠定了绿城在杭州市场上的领先地位，公司实力进一步增强。

2009年5月4日，4亿美元的高息债压境，让绿城险些陷入破产清算危局。绿城最终用发行信托计划获取资金，渡过境外债务之劫。绿城联手工商银行和中海信托共同发起成立了总规模达20亿元的“中海·绿城一号房地产投资基金信托计划”，以“股权+回购”的融资模式进行操作，通过此番运作，绿城暂时化解了企业流动性不足的问题。2009年5月7日，绿城按每股6.1港元向Tandellen配发及发行1亿股收购其持有的Skymoon的全部股权，2009年行使购股权448.85万股，截至2009年12月31日，绿城H股总股份16.42亿股，总股本1.67亿元。2009年6月23日，绿城向其附属公司、联营公司及共同控制实体的若干雇员授出4737万股购股权，折合内部融资4.58亿元。2009年下半年开始，绿城集团开始频繁使用信托融资，陆续与平安信托、中泰信托等合作，通过信托融资不断放大杠杆这一险招，绿城中国充分“撬动”了外部财务资源，并由此实现了全国化布局。

2010年之后，绿城集团也进行了一系列的发行、配股、增发等行为。2010年1月，公司按每股13.09港元向Jamuta配发及发行1301万股收购其对创兴的股权；2010年1月8日，公司发行及配发74万股予公司的首席财务官；2010年

4月16日，持有本金总额170万元的2007年可换股债券的若干持有人选择以转换价每股21.99港元转换为公司的7.854万股股份；2010年行使购股权305.15万股；2010年赎回股本累计2107.65万股，支付1.55亿元，截至2010年12月31日，绿城H股总股份为16.38万股。

2011年，行使购股权236.925万股，截至2011年12月31日，绿城H股总股份为16.4亿股。2012年6月15日，向九龙仓的全资附属公司配发及发行3.28万股；2012年1~6月行权67.55万股，截至2012年6月30日，绿城H股总股份为19.69亿股。

绿城坚持股东回报原则，2006年以来每年分红。截至2012年6月30日，绿城向上市公司股东共募集资金约73亿元，派现约30亿元。

2. 股权“魔术”，借战略投资者之力攻克难关

宋卫平从前常说，自己从上学时起就没有得过第二，现在他说，我不会让自己失败。他给自己开的药方，就是把频繁使用的高杠杆降下来，“大不了卖几个项目”，回笼资金。

早在2009年4月10日，绿城集团就曾经采取过股权出让的方式融资，将位于上海新江湾的D1地块的100%权益以12.3亿元的价格出让给九龙仓，同时以13.8亿元的价格收购九龙仓位于杭州的蓝色钱江地块项目40%的权益。

2011年，调控利剑直指高端房产品，信托融资渠道收紧。在此背景下，绿城的高杠杆模式带来巨大的后遗症，亟待资金输入来缓解压力。

2011年末，绿城开始出售项目股权。2011年12月29日，将所持有的绿城合升100%的股权及股东贷款，作价10.4亿元出售予SOHO中国有限公司之全资附属公司。绿城合升持有并开发上海海之门项目8%股权。2011年，绿城还向非关联人士出售了其持有的杭州绿城墅园置业、杭州锦玉、上海锦玉、上海静宇的全部或部分股权。2012年1月5日，绿城将所持有的无锡湖滨51%的股权，作价0.51亿元出售予融创中国控股有限公司之全资附属公司（无锡湖滨主要持有并开发无锡蠡湖项目）。2012年4月16日，绿城及马鞍山华龙置业分别将所持有的上海绿城广场70%和30%的股权及股东贷款，作价21.38亿元出售予SOHO中国之附属公司（上海绿城广场开发上海天山路项目）。2012年1~6月，绿城还向浙江省浙信房地产有限公司出售了持有的台州绿城房地产有限公司和台州绿城能源房地产有限公司的部分股权。上述8个项目的股权转让及相关股东贷款的收回，合计增加现金流入约63.58亿元。

2011年下半年，限购限贷政策使绿城再次面临资金短缺的困境，为避免被恶意收购的风险，加上绿城需要资本的强力支持，绿城瞄准了香港老牌资本劲旅九龙仓集团。6月8日，九龙仓（00004.HK）与绿城中国（03900.HK）签订了战略合作协议。根据合作协议，绿城与九龙仓的投资交易分为两个步骤完成：第一步为绿城对九龙仓进行约3.27亿股的股份配售，金额约17亿港元；第二步为绿城向九龙仓进行约1.62亿股的股份配售，涉及金额约8.43亿港元，同时向其发行永久次级可换股证券，进一步融资25.5亿港元。通过两次股份配售，九龙仓向绿城输血51亿港元，获得了绿城24.6%的股权，成为绿城的第二大股东，并获绿城董事会两席非执行董事席位和一席财务投资委员会席位。结盟九龙仓，犹如一剂强心针。九龙仓集团以雄厚的资金实力、良好的海外融资背景、强大的成本管控能力，将为绿城注入其稳健的财务方针，协助绿城在资本市场上创造价值，为其持续增长提供了更广阔的空间。

2012年6月22日，绿城与融创中国控股有限公司宣布双方就共同搭建高端地产平台公司达成合作协议。根据合作协议，绿城、融创中国共同组建高端地产合作平台——上海融创绿城房地产开发有限公司，双方各持股50%，绿城将旗下9个地产项目的相应股权注入到融创绿城中，而融创中国将向绿城支付33.72亿元作为本次合作的对价，如果项目在运营和发展上还存在资金需求，后期双方将按各50%的比例投入资金。收拳，或许是为了更好地出拳。宋卫平表示：“对于这9个项目，2012年公司原需要注入资金20亿~25亿元，重组后将由合资公司承担，绿城不仅不需要投入资金，还可以收回至少20亿元。”由此可见，这是一次各取所需的“双赢”合作。通过合作，绿城现金流问题得到了极大缓解。

2009~2010年，绿城花了300多亿元拿地，经过2011年年底和2012年上半年的项目腾挪，绿城已处置了17个项目，由合作伙伴来“抚养”，但绿城依然还有100余个项目在手。通过项目腾挪和股权转让，绿城集团的现金流状况和流动性得到了极大改善，降低了绿城的负债水平，也让绿城在这新一轮的危机中，再次化险为夷！

（三）适时转型求变，笃行精品战略

对于中国房地产企业来说，在市场跑步向前的“牛市”中实现快速扩张并非难事，但保持10年以上的持续成长，则仿佛马拉松长跑，需要长远的筹划、坚强的意志、平和的心态和理性的节奏。绿城究竟凭借什么得以在众多房企中脱颖而出、持续领跑？除了强大的资本运作能力外，绿城的竞争优势还有以下几点：

1. 适时转型求变，助力绿城可持续发展

上市后的 7 年中，绿城经受住了无数考验，并步步走强。这与其适时的战略转型密不可分。从公司成立到目前为止，绿城经历了几次重要的战略转型。

（1）2009 年，开启代建模式新纪元。

2008 年，金融危机给绿城带来了一次大的危机。然而，正是由于那次危机，绿城意欲求稳的变革心理，在 2009 年伊始初见端倪。绿城把 2009 年定位为“经营管理年”，提出以“稳健积极、高效优绩”为主基调，调整扩张步伐，以“实现强大持久的销售能力、厚实稳健的融资理财能力、稳定持续的精品营造能力”为经营管理目标。一向大手笔拿地的绿城，频频把“稳健”两个字挂在了嘴边，透露出当时强烈的转型之谋。

也就在那一年，绿城开始推进战略变革和长线布局；那一年，绿城摸索中的“商业代建”模式，有了基本的雏形。

2009 年 7 月，房地产在 4 万亿元的刺激下全线飘红，宋卫平已经在考虑绿城的转型问题。2010 年 5 月，曹舟南受命筹备代建业务，绿城内部的业务流程与管理架构已经准备妥当。2010 年 9 月，绿城宣布成立绿城房产建设管理有限公司（以下简称“绿城建设”），完成了“以品牌管理输出突破资金土地‘瓶颈’”的战略转型，这标志着绿城从一个精品物业营造商正式向房地产投资商、运营商和服务商的角色转型，在整个行业也是一次创新的实践。值得注意的是，它的全称中没有出现“地”字，这是宋卫平对绿城建设本质的理解：将地与房分开，专注做房产品开发。这也意味着绿城建设将放弃过去房地产企业最大的一块诱惑——土地溢价。代建让绿城轻装上阵，其业务重心也完全回归到了专业开发和服务上。

2010 年，中央调控非常精准地打击了开发商的资金面，这也意味着开发商以后将主要凭借自有资金才能获取土地资源。而代建是一种不受财务制约的发展模式，是行业大势所趋，包括万科、中海、保利等大型房企，当时也都在探索代建模式。但采取成立独立公司运行的大动作，仅绿城一家。绿城以代建模式突破土地和资金的“瓶颈”，无疑是一种必然选择。开展项目代建业务是绿城应对市场形势、审时度势而进行的战略调整，是应对自有资金“瓶颈”和行业风险的一次创新与破局，是一次顺应趋势的战略应变。代建业务可以充分发挥绿城专业管理能力和资源整合能力的商业价值。通过与外部优势资源的结合，绿城可以在不增加负债的前提下获取服务收益，创造新的市场空间和利润增长点。

自成立以来，绿城建设得到行业内极大认同，代建业务呈快速增长态势，截

至 2012 年 8 月 31 日，绿城建设已签约代建项目 70 个（含 3 个意向合同），总占地面积 1000 余万平方米，总建筑面积逾 1500 万平方米，预计可售金额约 1300 亿元。

（2）2012 年，稳健经营战略转型。

2011 年，致力于开发精品高端物业的绿城集团，旗下产品因为主要面向改善型需求，所以遭受“限购限贷”的双重桎梏，销售曾经一度举步维艰。因此，绿城将 2012 年的战略定为“图生存、促转型”。在财务面上，绿城将不再通过高负债率追求规模扩张，尽快将负债率降至合理水平；在开发规模上，放缓节奏，控制规模；在产品设计及销售上，在保证高品质的前提下，绿城将更侧重于依靠品牌和管理输出实现稳健发展；在产品上，将进一步开发多元化的房产类型，满足不同阶层的客户需求；在销售上，整合社会一切资源，发动全社会经纪人共同销售绿城的房产品。事实证明，绿城稳守的“销售第一、现金为王”战术可谓见效，据 2012 年 8 月 26 日公布的上半年公告显示，公司上半年收入 126 亿元，较 2011 年同期增长了 12.3%；净利润 22.6 亿元，较 2011 年同期增加 27.3%，股东应占利润 18.1 亿元，较 2011 年同期增长 103%；净资产负债率得到较大改善，从 2011 年底的 148.7%降至 93.5%。

尽管如此，绿城转型的脚步并未停止。2012 年 9 月，绿城集团执行总经理傅林江在 2012 中国房地产品牌价值研究成果发布会上透露，“未来一段时期，绿城的发展战略，将由扩张型向稳健型转变，由高负债率发展模式，向以风险控制为主的稳健经营模式转变”。主要体现在五大战略上：本体战略上，建立学习型组织，开创在职教育新模式；投资战略上，将由投资、开发、销售为一体的自主经营模式向包括自主经营、商业代建、政府代建、保障房建设等多元化模式转变；营销上，由传统的自有团队销售模式持续向全民经纪人的销售模式转型；产品上，将由纯高端产品向更适合市场的多元化产品转变，有重点地向养老地产拓展；品牌上，明晰品牌管理思路，完善品牌管理体系和制度。相信在以上五大战略指引下，绿城有望在调控“考试”中斩获高分。

2. 潜心研磨缔造精品，“绿城”成高品质象征

宋卫平：“拥有一套可以满足各种居住理想的房子，是人们买房的最终目的。所以，即使在市场行情很严峻的时候，绿城也不能降低楼盘的品质。”

绿城的产品有口皆碑，是中国内地第一线品牌的“品质地产”代表。

18 年来，绿城一直极致地追求精致完美，绝不允许产品品质降低到二流位置。正是这种对产品质量的偏执、对品质近乎极限的追求，让绿城一骑绝尘，成为行业中在产品上最难以超越的公司！

多年来，绿城始终坚定不移地走品质之路，已形成六大产品系列——多层公寓、高层公寓、别墅、大型社区、城市综合体和商用物业（见图3-32）。各产品线经过不断研发与升级换代，目前已发展出丰富完整的产品系列，涵盖了各个价格区间，从别墅、公寓、城市综合体再到其他城市公建项目，从5000~6000元每平方米的蓝庭、桂花、百合系公寓产品，到千万元级的玫瑰园、御园、桃花源、鹿城广场等别墅和大宅，从小众精品到大众精品几乎全面涵盖，可以满足不同层次的改善型消费者的需求。

除致力于产品的广度之外，绿城更强调产品的深度，注重产品的持续创新。当早期的“春江花月”、“深蓝广场”、“上海绿城”等经典作品还在为人们津津乐道时，绿城早已投入新的思考和研究。2009年，“第二代高层公寓”以崭新姿态出现。与此同时，绿城的别墅、多层等各大产品系也都在不断地创新改良。截至目前，别墅已完成三代的演变和升华，并向第四代探索；多层公寓已完成第二代研发；高层公寓已全面升级；五星级酒店、城市综合体、大型社区等高精尖产品开发营造全面展开。18年来，绿城开发的项目，都已成为或即将成为所在城市的标志性建筑。

分析绿城的产品线，我们就会发现，无论在北京、上海，还是杭州，绿城总有一个代言城市历史文化、缔造城市人居高度的顶级产品，在北京是御园，在上海是玫瑰园，在杭州是桃花源。这种与城市文化相结合打造极品住宅的开发模式，是其他开发商所不具备的。可以说，绿城把房地产项目的开发提升到了城市内涵的认知层面，而将房地产产品视为承载人类精神、传承人类文明的载体，并达到创造城市美丽的目的，这就是绿城品牌的精髓所在。

绿城的作品之所以能够深入人心，一方面源于其持续强劲的产品研发能力。绿城有着自己的产品中心，下辖四家专业公司：绿城建筑规划设计管理公司、绿城装饰公司、绿城景观咨询公司、绿城住宅科技公司。这四家公司共同负责绿城集团所属项目的产品研发与设计。绿城产品中心秉持“设计创造价值”的理念，在实践过程中不断完善管理，具备了强大的产品研发能力。同时，在产品设计过程中，绿城更是整合了国际国内顶尖的设计专业公司，与上百家优秀设计供方展开了高密度的合作。另一方面源于其强大的专业资源整合与品质把控能力。从2007年开始，绿城就将品质路线全面升级为精品战略，致力于将项目打造成所在城市同类产品的品质标杆。绿城的“精品战略”体系涵盖了工程营造、客户服务、

	多层公寓系列	高层公寓系列	别墅系列	大型社区系列	城市综合体系列	商用物业系列
■ 区位选择	城市新居住中心或城市向效外过渡地带	城市新居住中心或城市向郊外过渡地带	拥有良好自然或人文资源的城市郊区	城市新居住中心的核心区	城市核心区域或未来核心区	城市核心区域或次核心区
■ 产品组合	以多层公寓为主，辅以部分别墅和电梯公寓	小高层 + 高层景观公寓	中式别墅、坡地别墅、法式园景别墅、园景别墅、组院别墅	多层 + 高层 + 别墅 + 学校等商业和共建物业	住宅 + 酒店 + 商场 + 写字楼	酒店 + 度假用房 + 写字楼
■ 特点与优势	低密度、低容积率、高绿化率 建筑整体典雅大气，细部层次十分丰富，环境营造追崇意境，散发出绿城产品蕴涵的独特人文气质	以整体化、精细化和国际化为原则进行项目营造，重视园区内部的规划布局和空间形态的变化，注重城市和谐的天际轮廓线和城市文脉的营造。建筑形态以新古典主义为神韵，园区景观营造清新自然	拥有良好的自然或人文资源，打造与自然的完美统一；合理的规划形态、适宜的空间尺度，将建筑和景观在空间、尺度、风格、形式、材质、色彩等方面统一协调	微缩化的城市，多元化的物业形态，相对均匀、和谐的混搭建筑风格，形成视觉上的多元性，在人流上同样保持相当的开放性	城市地位优越，建筑规模庞大，多业态合理搭配而产业聚合效应，带动城市的整体发展，成为城市新的名片	经典庄重的设计风格和现代全功能的商务概念，打造所在城市及区域最高档和最具升值潜力的物业之一
■ 目标市场	中产阶层、高级白领	都市精英、高级白领	财富人群、社会高端人士	中产阶层、高级白领	商务精英、私企高管、中产阶层	商务精英、私企高管、国内外华侨
■ 典型项目	桂花城系列、百合公寓系列	春江花月、绿园系列	玫瑰园系列、桃花源系列	翡翠城、理想之城、百合新城	温州鹿城广场、台州玉兰广场	杭州西子湖四季酒店、温州君悦酒店、宁波研发园

图 3–32 绿城六大产品系列

营销推广等全过程。“精品战略”的本质是打造精品的过程，即“过程精品”。绿城的每一个产品，从成本投入、营造工艺、配套设施、住宅科技等多方面，都严格执行绿城 10 多年沉淀的操作流程和监控体系，在任何一个节点都要严格保持纯正的“品质血统”。

18 年来，对房产精品的潜心雕琢，“绿城出品”在一定程度上成为高品质房产品的代名词。绿城品牌在大众心目中已成为品质代言：“要买就买绿城的房子”、“住绿城的房子是人生的愿望和理想”、“买绿城房子放心”！此类口碑成为绿城执著耕耘的最大动力。无论在房地产市场还是资本市场，绿城的品牌价值都得到了最大限度的彰显。

3. 独创“绿城园区生活服务体系”，居民满意度高居全国第一

宋卫平：“绿城将努力成为针对人们居住生活提供园区服务的发展商，绿城从事城市生活园区服务这项事业，就像绿城从事教育和体育事业一样，可以不赚钱，甚至要贴钱，即使以后赚到钱，也要全部回到这个系统里去。”

绿城认为，客户在社区里享受到精神层面的系统服务，才是房地产项目更大的价值所在。由此，绿城独创了园区生活服务体系，根本上颠覆了原来房产开发的概念，从传统的对“物”的维护和管理转移到对“人”的需求的关怀上。该体系包含健康医疗服务、文化教育服务及居家生活服务三大系统。如针对儿童的“海豚计划”、“四点半学校”，针对老年人的“颐乐学堂”等都全面提升了业主的居住品质。

在绿城的园区里，保安、保洁工作做得细心周到，有条不紊；基础配套设施合理、完善；小孩、成人以及老年人都能找到自己活动的场所、设施，并且在园区服务机构的服务下自得其乐；园区里还有为业主做定期体检并提供常规医疗服务的机构。在这样的园区中生活，居住者的生理及心理健康需求获得了满足，自然产生了对园区的喜欢与热爱之情，如此良性循环，使得整个园区的价值持续攀升，并为绿城带来了一大批忠诚客户。

“绿城园区生活服务体系”的创建和推行，超越了目前房地产开发产业链的概念，标志着作为“服务行业”的房地产业的发展，已经逐渐触及其行业本质，而且会对行业未来发展产生积极深远的影响。正因如此，自创建以来，绿城园区生活服务体系就备受多方关注与肯定。2007 年，“绿城园区生活服务体系”作为唯一的企业案例荣获“中国城市管理进步奖”。2008 年，获国家住房与城乡建设部课题立项，并组织专家学者赴绿城集团进行专题研讨。目前，该体系已基本实现在建项目全覆盖，其研究课题也在2010年顺利通过国家住建部验收。

18年来，绿城对业主和客户的用心服务，自然得到了回报，已形成拥有绿城产品，享受绿城服务，关注绿城，认同绿城价值观，紧随绿城发展，具有独特的绿城情结的老客户群体——“绿迷”。在绿城项目销售中，老客户加推荐客户超过客户总数的50%。绿城会优质客户已超过10万名。同时，不懈追求服务品质，也使绿城得以在中国指数研究院“2012年中国城市居民居住满意度调查”中荣获“居民居住满意度”优秀企业排名第一；在物业服务、工程质量、规划设计、销售服务、企业形象、业主忠诚度6个分项评比中，绿城集团得分均最高，首次囊括全部6个分项排名第一。其中，居民居住整体满意度和物业服务、工程质量、销售服务、业主忠诚度5项蝉联榜首。

（四）讲道义，走正道，以商业运营的社会公益企业

宋卫平：“我们的价值不在于赚多少钱，做多大规模，而在于得到某种程度的认同、赞许，甚或是些许感动。”

绿城认为，追求企业的进步和发展，其实现的本质是个人价值和社会道义。而唯有以社会道义为纽带的企业和民族，才会有长足的发展，这是做企业的正道。作为一家具有强烈的社会和历史责任感的公司，绿城将自身定位于“以商业模式运营的社会公益企业”，以“做中国最具完整价值的房地产企业”为追求。

作为一家定位于“以商业模式运营的社会公益企业”，绿城一切以“人文”为行动准则。所以哪怕是基本无利润的安置房建设，绿城也积极投身其中。绿城承接的保障房或安置房类政府代建项目，其主要动机不是利润，而是创造更多城市的美丽、为更多人造更多的好房子，这是绿城的企业使命，也是绿城肩负的社会责任。绿城董事长宋卫平表示：“保障房建设既造福于百姓，又有助于提升整个城市的居住品质，是绿城的一次历史性机遇，是绿城为社会尽责任和义务的机会，我们要当作功德来做。”

自2005年10月首次介入杭州江干区“城中村”改造暨保障房代建以来，目前绿城已签约包括杭州江干区彭埠云河家园、青岛李沧区理想之城安置房等38个代建项目，总规模已逾800万平方米。2011年12月，绿城甚至专门成立了从事保障房建设业务的“杭州绿城乐居建设管理有限公司”。

与通常概念中的安置房不同，一个个绿城代建项目的背后，一贯不变的就是绿城人对于高品质的追求，极具绿城风格的“营造加法”在代建项目中都得到了

坚定的执行。从规划设计到质量管理再到各建设节点，甚至钢筋、混凝土、粉刷，每一个环节都有严格的管控要求，并且由集团公司参与评审，主要环节由宋卫平董事长亲自审定。宋卫平说，“在保障房和农民安置房领域，我们想做得越多越好，尽量把农民、低收入阶层的房屋质量与居住环境做得好一些，在成本受到严格限制的前提下，我们的产品会越来越多”。正因这种代建项目上的“用心”，在杭州乃至全国，由绿城代建的保障房项目都受到一致认可。

在绿城人的眼里，为城市代建安置房，也许并不只是营造品质的问题，它更涉及文明观念、价值观和心灵以及对理想居住空间的追求，使绿城的细节更具独特性。这些都是绿城为提升城市价值所做努力的重要组成部分。

除代建事业之外，绿城全面涉足其他社会公益事业，完成了从开发商向企业公民的蜕变，并致力于向“中国最具完整价值的房地产企业”的目标努力。绿城始终认为，从公司的价值取向来看，绿城是一家社会公益企业，凭借强大的开发产业，绿城所得财富应更多地用于社会公益、文化事业建设等一些有利于人类进步文明的事情，如教育、足球、老年颐养、医疗卫生等。截至 2010 年底，绿城共投入社会公益文化事业约 18 亿元。

从 1995 年成立至今，绿城集团已投身社会公益的各个方面：1995 年开始，捐助杭州老年大学，每年 10 万元，截至 2009 年持续总捐赠额 160 万元；从 2002 年起，捐资设立“浙江省大学生助学计划·浙江大学绿城专项助学基金”，截至 2011 年，资助大学生 2130 多名，共捐赠 764 万多元；1998 年开始，陆续向“春风行动”捐赠善款，截至 2010 年持续捐款 370 多万元；2010 年 10 月 11 日，向第八届残疾人运动会捐款 100 万元；2011 年 7 月，发起了“情系海南，暖意‘蕉’集”行动，出资购买 50 吨海南香蕉运回浙江……通过一系列的“善举”，绿城充分获得了社会、政府、股东、客户以及合作伙伴的认同与支持！

绿城是一个构建于“人文理想”之上的企业，它的众多“特立独行”均源于其“人文性”，而非“商业性”。在风险和机遇并存的房地产行业，绿城始终坚守理想主义的正道，坚持精品路线。依靠多年来绿城企业实践所形成和信奉的理念和文化的支撑，依靠全体员工的共同艰苦努力，在历次调控危机中平稳过关，建造出一系列连同行都称赞不已的产品，绿城品牌得到了更深入和更广泛的认知认同，“中国最具完整价值的房地产企业”的愿景逐步成为现实！

（五）绿城中国大事记（见表 3-11）

表 3-11 绿城中国大事记

事件	时间	说明
成立	1995 年 1 月	浙江绿城房地产有限责任公司正式注册成立
引进国际战略投资者	2006 年 1 月	通过配售可转换债券和股本成功引进由摩根大通和 STARK 投资基金组成的国际战略投资者，共募集资金 15000 万美元，绿城中国控股有限公司发行的可转换债券同时在新加坡证券交易所成功挂牌上市
香港联交所挂牌上市	2006 年 7 月	在中国香港联交所挂牌上市，成为浙江省第一家在中国香港主板成功上市的房地产企业
发行 4 亿美元债券	2006 年 11 月	成功发行 7 年期 4 亿美元固定利息债券，债券在新加坡证券交易所挂牌上市
启动“精品战略”	2007 年 4 月	启动“精品战略”，对分布在 21 个城市的 43 个项目下达精品工程目标
绿城园区生活服务体系创建	2007 年 4 月	“绿城园区生活服务体系新闻发布会暨蓝庭生活园区服务手册发布仪式”在杭州蓝庭会所举行
与平安信托战略合作	2009 年 9 月	与平安信托签署投资战略合作框架协议
《园区生活服务体系研究》通过验收	2010 年 5 月	首创国家住房和城乡建设部软科学研究项目《园区生活服务体系研究》，该课题正式通过验收
绿城房产建设管理有限公司成立	2010 年 9 月	负责整合绿城现有品牌资源及管理资源的专业房地产品牌服务管理公司——绿城房产建设管理有限公司成立
成立投资基金	2011 年 4 月	平安财富—绿城房地产投资基金签约
绿城联合经纪公司成立	2012 年 3 月	杭州绿城房地产经纪有限公司、杭州绿建合联房地产经纪有限公司正式揭牌
与九龙仓签署战略性投资合作协议	2012 年 6 月	与九龙仓集团有限公司签署战略性投资合作协议，涉及资金共约 51 亿港元。投资交易完成后，九龙仓将持有绿城扩大后股本的 24.6%，成为绿城的第二大股东
与融创中国达成合作协议	2012 年 6 月	与融创中国控股有限公司就共同搭建高端地产平台公司达成合作协议，绿城将旗下上海、苏州、无锡、常州及天津区域的 9 个优质地产项目的相应股权注入合作公司

三、世茂房地产：高品质综合地产运营商

世茂房地产以滨江模式在业内打响名号，树立中国首屈一指的高端住宅品牌典范。此后，世茂房地产推行全产业链模式，全面发展生态住宅、商业地产、世茂旅游三大主营业务，并通过多元化资本运作，助推全产业链模式的全面推进，成为中国高端住宅开发领军企业。

（一）企业名片：高端住宅开发领军企业

世茂房地产控股有限公司（股票代码：0813.HK，以下简称“世茂房地产”）是内地中高端房地产项目的大型发展商，专注于在优越地段发展大型优质房地产项目，业务组合广泛，包括住宅物业、商业物业及酒店等。

世茂房地产于 2006 年 7 月 5 日在香港联合交易所主板上市。截至 2011 年底，世茂房地产总资产为 1172.43 亿元，净资产为 350.18 亿元。而根据 2012 年 6 月 30 日世茂房地产股票收盘价（11.84 港元）计算，世茂房地产的总股本为 34.73 亿股，市值达 411 亿港元。

1. 经营业绩：规模逐步扩大，业绩稳定增长

2003~2011 年，世茂房地产的营业额由 13.58 亿元增长至 260.31 亿元，年复合增长率高达 44.65%；净利润由 2.66 亿元增长至 57.23 亿元，年复合增长率为 46.75%。

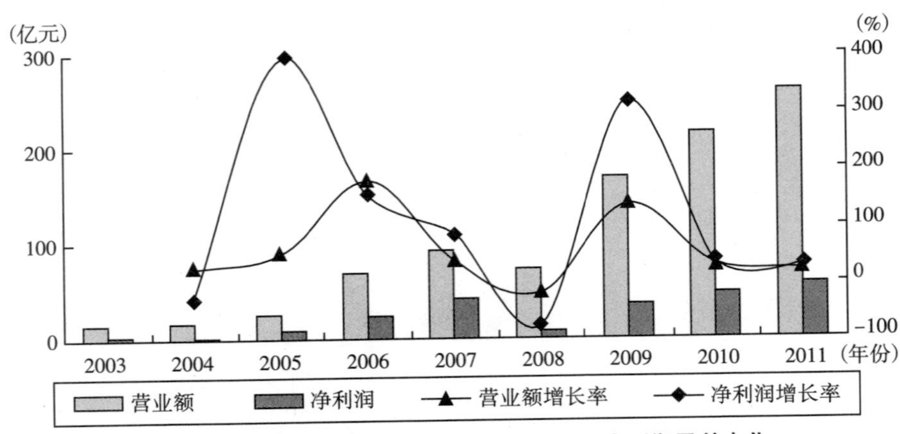

图 3–33　世茂房地产 2003~2011 年营业额、净利润及其变化

近几年，世茂房地产的经营业绩持续增长。从图 3-33 可见，除 2008 年受金融危机影响营业额出现小幅下降外，2003 年以来，世茂房地产的营业额均保持增长趋势，其中 2006 年和 2009 年的增幅最大，分别达 177%和 137%。净利润方面，近几年世茂房地产的净利润增幅明显，其中 2005~2007 年净利润分别增长 393%、151%和 80%，带动股价快速上涨；2008 年受金融危机影响，房地产市场陷入低迷，世茂房地产也不可避免地受到影响，净利润出现下滑；2009~2011 年，世茂房地产的净利润又重新回归增长的态势。

随着净利润的增长，世茂房地产每股收益也呈现逐步攀升的趋势。自 2006 年上市以来，世茂房地产每股收益已经从 0.855 元上升至 2011 年的 1.622 元。5 年来，除了 2008 年市场波动导致每股收益短暂回落之外，世茂房地产每股收益均呈现增长趋势，如图 3-34 所示。

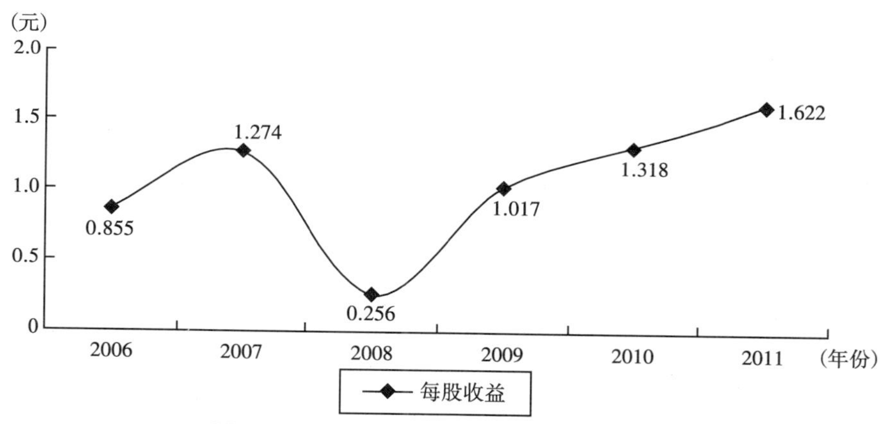

图 3-34 世茂房地产 2006~2011 年每股收益

2.资本市场：凸显投资价值，提供稳健回报

业绩增长是公司股票长期上涨的最重要动力。多年来，世茂房地产坚守清晰的战略定位，一步一个脚印地夯实基础，在提升城市区域价值、推动中国城市化建设和促进中国产业升级的同时，自身也实现稳健高效的发展，从而为股东和合作伙伴创造持续稳定的收益，投资价值凸显。

如图 3-35 所示，2006 年 7 月 5 日首次公开发行后，世茂房地产的股价一路上扬，2007 年 11 月 1 日其股价创历史高点，达到 29.05 港元，较上市首日收盘价增长 340.15%，同期恒生指数增长 93.60%，恒生地产分类指数增长 89.78%，增幅均不及世茂房地产。2012 年 8 月 31 日，世茂房地产收盘价为 11.7 港元，较上市首日收盘价增长 77.27%，同期恒生指数收盘 19482.57 点，较 2006 年 7 月 5

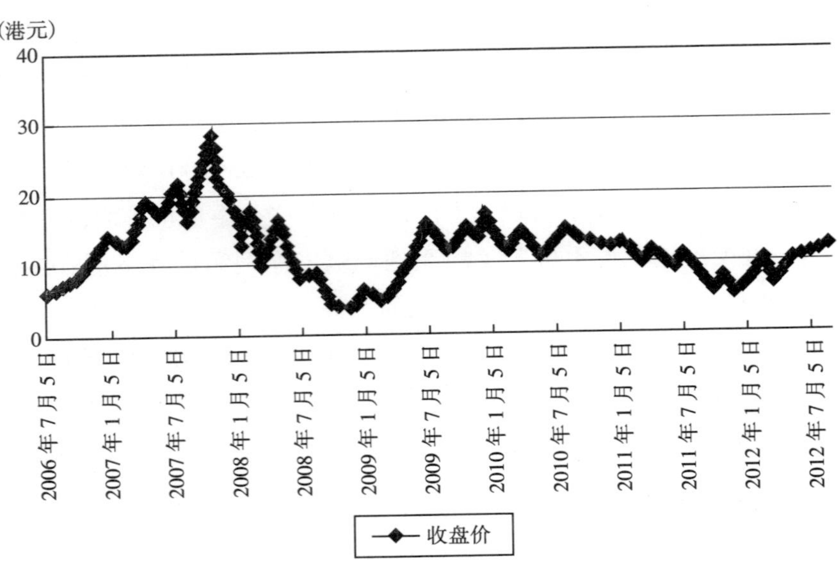

图3–35 2006年7月5日~2012年7月5日世茂房地产股价变化

日的收盘价增长19.77%，恒生地产分类指数收盘26253.57点，较2006年7月5日的收盘价增长34.63%，增幅低于世茂房地产。可见，世茂房地产在资本市场的表现跑赢大市。

股价的涨跌与行业的发展趋势及企业的经营能力密切相关。首次公开发行后，基于优秀的业绩和良好的成长预期，世茂房地产的股价进入快速上升通道。受外部环境特别是2008年的金融危机的影响，世茂房地产的股价从2007年底开始下行，2008年11月25日创历史最低。2009年，中国房地产市场形势向好，成交回升，带动世茂房地产股价快速拉升，并于2009年12月7日达到17.56港元的高位。

世茂房地产以其持续稳定的增长和成熟的经营能力赢得了股东的信任，自2009年以来，世茂房地产股价的波动幅度减小，股价保持在较为稳定的区间。特别是从2011年底以来，世茂房地产的股价进入了稳定增长区间。

（二）多元化资本运作，助推全产业链模式

要在房地产这样一个资金密集型的行业中获得长久、稳定的发展，资金无疑是最为重要的资源之一，特别是对于世茂房地产这样推行全产业链模式、发展大型及高质综合房地产项目的企业。世茂房地产深谙资本运作之道，多元化的资本运作成为助推世茂房地产腾飞的有效利器。

1. 红筹上市，有效缓解资金压力

由于主力开发高档物业，成本较高，同时需要大量的资金来获得土地使用权以及增加土地储备，上市融资无疑是世茂房地产缓解资金压力最有效的渠道。世茂房地产自 2005 年酝酿赴港上市，但由于宏观调控政策不断出台、美联储加息、房地产股走势低迷等一系列原因，该项举措一直拖延至 2006 年。为了实现红筹上市，世茂房地产开展了一系列的资本运作。

（1）收购项目公司，打包优质资产。

2002 年 12 月，世茂房地产收购上海滨江项目公司 72%的股份；2004 年 11 月 17 日，世茂房地产再次收购上海滨江项目公司 3%的股权；2005 年 12 月 30 日，世茂房地产再次收购上海滨江项目公司剩余 25%的股权，从而 100%持有上海滨江项目公司。

2002~2004 年，世茂房地产通过其本身及附属公司收购了国际广场项目公司、上海佘山项目公司、北外滩项目公司等 13 家项目公司，完成了对 15 个物业项目的完全或间接控股。

（2）首次公开招股前的重组。

2004 年 10 月 29 日，世茂房地产控股有限公司在开曼群岛成立，法定股本 38 万港元，每股面值 0.1 港元，共 380 万股。

2004 年 11 月 8 日，世茂房地产向原始认购人 Codan Trust Company（Cayman）Limited 配售 1 股股份。

2006 年 1 月 26 日，世茂房地产从 Gemfair 手中收购在维京群岛注册的 Shimao Property Holdings（BVI）Limited［SPHL（BVI）］的全部已发行股份，并用向 Gemfair 发行 17.9 亿股股份支付，从此 SPHL（BVI）为世茂房地产全资拥有。世茂房地产就 Peak Castle 和 SPHL 分别欠付 Gemfair 4.8 亿港元及 4 亿港元订立债务更替协议，以向 Gemfair 额外发行 1.2 亿股及 9661.8 万股清偿该等债项，代价为每股股份 4.14 港元。

为了提升公司的经营业绩，改善公司的治理水平，以保证 IPO 的顺利进行，世茂房地产引入了战略投资机构。

2006 年 1 月 27 日，世茂房地产以 9.2 亿港元的代价向 GSS III Nimble 认购公司已发行股本 10%，共 2.2 亿股股份。同时，双方签订补充认购协议约定，在全球发售前该等权益不被摊薄，即若世茂房地产继续增发，则 GSS III Nimble 有权按每股股份的入市价补足认购股份，以维持该权益比例（之后引入的专业投资者也均有该等约定）。

2006年2月14日，建银国际认购2247.2万股股份，代价为9303.4万港元。

2006年2月25日，渣打直接投资认购9372.0万股股份，代价约为3.9亿港元。

2006年3月3日，Drawbridge Global认购2380.5万股股份，代价为9855.2万港元。

根据补充认购协议，世茂房地产分别于2006年2月22日向GSS III Nimble额外发行249.7万股股份，代价为1033.7万港元或相等于每股股份入市价；于2006年2月24日向GSS III Nimble及建银国际分别额外发行1053.0万股及105.3万股股份，代价分别为4359.6万港元及436.0万港元，或相等于每股股份入市价。

2006年3月3日，GSS III Nimble、建银国际级渣打直接投资又分别认购280万股、28万股及111.5万股股份，代价分别为1159.2万港元、115.9万港元及461.8万港元，或相等于每股股份入市价。

最终，在全球发售前，GSS III Nimble、渣打直接投资、建银国际、Drawbridge Global分别持有世茂房地产10%、3.98%、1%、1%的股份。

（3）赴港IPO，成功实现上市。

2006年7月5日，世茂房地产携世茂集团最优质的资产成功在香港上市，发行股票占总股本的20%。

2. 曲线回归，打造“A+H”双平台

世茂房地产赴港上市后，完成股改的A股市场自2006年下半年开始进入牛市，A股市场的平均市盈率一路走高。对于红筹上市的世茂房地产而言，直接回归A股可望而不可即。

2007年6月7日，世茂房地产和世茂股份同时发布重大资产重组公告，称世茂房地产的全资附属公司Peak Gain International Limited和北京世茂投资发展有限公司将分别向世茂股份注入位于上海、江苏、浙江等总约400万平方米建筑面积的商业物业，以及建筑面积为7.2万平方米的商业物业——北京华平国际大厦，代价是世茂股份向Peak Gain International Limited和北京世茂投资发展有限公司分别发行不超过5.58亿及0.72亿新股；拥有世茂股份37%股权的大股东世茂企业也以7.5亿元现金认购世茂股份不超过0.7亿股新股，上述发行的新股为每股10.68元；同时，世茂房地产以不超过7.5亿元的现金增资世茂企业，增资后世茂房地产将拥有世茂企业约51%的股权，世茂企业则用此笔款项认购世茂股份的0.7亿新股。

重组后，世茂房地产拥有 7 亿股世茂股份的权益，占世茂股份扩大股本后的 64%，成为世茂股份的直接控股股东，从而实现曲线回归 A 股。

3. 多元化融资，开辟资本运作新局面

上市后，世茂房地产全面整合内外资源，积极拓展多元化融资渠道，开辟资本运作新局面。

早在 2006 年初上市前，世茂房地产就引进全球知名的投资及金融机构摩根士丹利、渣打银行、建银国际及 Drawbridge Global，并与之建立战略性合作伙伴关系。此后，世茂房地产与这些投资机构保持良好的合作关系。除多次成为发售及销售票据的联席牵头经办人及联席账簿管理人外，2007 年 4 月，摩根士丹利还以直接投资方式，出资 10 亿元，入股位于武汉的世茂锦江项目，收购其 29.99%的股份。

上市后，世茂房地产充分利用资本平台，通过配售、发行债券等方式，获得助推企业快速成长的资金。2006 年 11 月，上市 4 个多月的世茂房地产发行了规模达 6 亿美元的高级票据。2010 年 7 月以及 2011 年 3 月，世茂房地产又分别发行了 5 亿美元和 3.5 亿美元的优先票据。这三笔票据合计为世茂房地产募得 14.5 亿美元资金。

2007 年 5 月，世茂房地产以先旧后新方式按每股 17.88 元配售 2.1846 亿股，另大股东许荣茂以相同价格再售 8738 万旧股，总共涉及的资金为 54.7 亿元。配售旧股后，许荣茂持股比重由 64.06%降至扩大股本后的 58.09%。

此外，银行贷款也是世茂房地产十分倚重的融资渠道。2007 年 8 月，世茂房地产与 20 家银行签订一笔 3.28 亿美元 3 年期（可延长至 7 年）的银团贷款，年利率为伦敦同业拆息另加 1.11%，约 6.2%。2009 年 3 月 20 日，中国农业银行与世茂集团签署了 150 亿元银行贷款授信协议。2010 年 5 月 14 日，世茂房地产与一个由 14 家国际及本地金融机构联合筹组，包括汇丰银行及渣打银行在内的银团签署 4.6 亿美元等值有效担保贷款。2011 年 6 月，世茂获得中国银行总行授信额度 224 亿元。可见，银行贷款为世茂提供了强大的资金支持。

（三）前瞻性战略成就世茂一枝独秀

任何行业的发展都不可能是直线式的上升，而是波动式的前进，房地产行业亦是如此。世茂房地产凭借敏锐的嗅觉和前瞻性的战略思路，推行多元化的发展战略，专注产品的研发和品质打造，在众多房地产企业中脱颖而出，实现稳定增长。

1. 多元化战略，保障企业稳定发展

企业的高速发展需要不断地创新，单一的运作模式在承载高风险的同时，也可能成为企业发展和扩张的“瓶颈”。世茂房地产推行全产业链模式，全面发展生态住宅、商业地产、世茂旅游三大主营业务，利用高端住宅开发产生的现金流，为投资回报周期长、资本密集型的酒店和商业物业提供支持，待酒店和商业物业发展成熟和壮大后，为企业提供稳定、可观的现金流，回哺住宅业务。在经济基本面向好时，这种模式可以为公司快速创造价值，即使在金融危机之下，这种模式也可以发挥平滑盈利的效果，有效降低市场波动带来的风险。

从开发模式上看，世茂房地产的多元化业务是相互结合的。世茂在一线城市的新增项目，大多以经营性物业为主；而在二、三线城市的项目往往是开发总量在100万平方米左右的大型综合体，涵盖住宅、酒店以及商业地产等多种物业类型。由于城市综合体的开发能够为当地城市的经济发展、人口就业以及税收带来较大的促进作用，因而深受当地政府的欢迎。因此，这种开发模式大大提升了世茂房地产与政府的谈判能力，有助于以低廉的价格获取土地。与此同时，由于大型综合体项目往往集各种物业于一体，能够高效地将开发的地段发展成为新兴的城市中心，有助于世茂房地产降低成本，提升产品价格，获取利润。

调控以来，一线城市高端产品受调控影响较大，世茂房地产在二、三线的多元化产品取得不俗的成绩，助推世茂稳定发展。世茂房地产通过世茂股份拥有900万平方米的商业地产土地储备。2011年，世茂股份在建项目达14个，完成6个世茂广场、5家世茂百货、10家影院以及11家乐乐城的开业运营。2011年，世茂在物业投资租赁方面的营业收入达4.41亿元，较2010年度增长36%。而在影院投资方面，已经开业的10家世茂影院，共有84块荧幕，拥有超过1.06万个座位，2011年，世茂影院为近140万位观众提供观影服务，实现营业收入和票房收入较2010年分别大幅增长358%及359%。商业物业带来的稳定回报，一定程度上平衡了调控下世茂房地产在高端住宅上的收入波动，保障企业的稳健发展。

2. 产品为王，助力世茂房地产永续成长

“企业长久的生命力，来源于把产品及整个集团的实业做精做强。包括进一步提升产品的质量，努力抓好项目销售，提升产品的利润率，还要重视每一个项目的成本，不断地推出领先市场的创新产品，保持项目的生命力。”

作为世茂房地产享誉全国的产品，上海世茂滨江曾于2001~2004连续四年取得上海市房地产销售冠军。自此，“豪宅教父”的冠冕世茂房地产一戴即逾10

年。面对这一荣誉，世茂房地产并未停止探索与改革的脚步。2010年底，世茂增设了产品研发设计中心，专注前瞻性未来产品研发，设计并打造未来三年至五年内具有一流竞争力的核心产品。从研发、设计到技术运用，世茂房地产处处用心，节节把关，从而保证了旗下产品的始终如一的高品质。

（1）新产品研发。从上海世茂滨江花园的赫赫声名开始，世茂房地产逐步确立了在高层、超高层住宅领域的独到优势，但世茂房地产显然不满足于此，创新产品在加快推出。例如，近年来世茂房地产开始针对80后、90后的置业需求进行深入研究，为其定制富有活力个性的新产品，在多个项目启用“高层联排”，以100~110平方米户内小跃层同时满足居住、公共空间需求。此外，为提升产品力及客户满意度，部分项目提高使用面积，以增加附加值，如通过赠送面积，将公寓类产品使用面积由原来的70%提高至80%~100%，以及摆脱传统思维，引入空中别墅等市场稀缺的全新产品。

（2）创新产品设计。为提升产品价值，使产品结构更趋合理，2011年世茂房地产对超过30个项目重新进行设计优化，在同等甚至高容积率的项目中打造更多的低密度产品，如南京世茂外滩新城超高层与低密度的产品组合。此外，为使产品贴近刚需，世茂房地产将原项目设计的公寓大户型调整为中小户型，并利用商业地产不限购的特点，提高商业产品比例，如在武汉世茂嘉年华于2012年上市的产品中，增加30%的SOHO办公等小户型商业产品。

（3）新技术的运用。尊重自然、探索绿色生态建筑一直以来都是世茂房地产努力的方向，上海佘山新体验的深坑酒店，创新修复自然的“伤口”，全方位融入节能、环保理念；而在天津“世茂湿地公元”，世茂还探索出世界瞩目的首个低碳人居豪宅样板。此外，世茂还将“云”技术等高科技运用在房地产项目开发中，利用云端技术，建立一个集休闲、娱乐、教育、保健、生活辅助功能为一体的综合网络，并在未来利用云智慧科技打造智能安全社区。

世茂房地产在稳固其高端物业“豪宅教父”的优势地位的同时，又满足改善型需求这一主流，多管齐下。丰富的产品形态、与主流需求高度匹配的产品结构、大幅度的品质提升，成为世茂房地产永续成长的强大臂膀。

（四）“世茂旅居模式”引领旅游地产升级

世茂房地产认为，旅游方式已从观光旅游发展到休闲度假，并将继续发生从“旅”到“居”的转移，旅游地产开发必将随之变化，实现从休闲度假地产到“旅居地产”的形态升级。

2012年以来，连番重大变革、业绩突进的世茂房地产并未放慢脚步，再次宣布重大战略性举措。8月底，一直为业界关注的上海佘山项目——“世茂·纳米魔幻城”首次全面展现，世茂房地产也向业界展示了其全面的旅游地产新战略。9月，世茂房地产宣布与北大青鸟集团达成战略合作，将在大连“世茂御龙海湾”建立北大附属实验学校，为旅游地产注入教育元素。

在世茂房地产的“旅居地产”模式下，大型旅游地产项目不仅要满足客户的短期旅游度假需求，更需要在宜居方面下工夫，使其具有作为长期居所必需的购物、休闲、就业、教育、健康等多重功能。

自2005年开始实施相关多元化战略以来，世茂房地产已经形成了住宅、商业、酒店业、主题产业、产业园区等多个相关业务板块，几大板块业务彼此独立发展，又整合运营。在城市综合体方面，世茂房地产具备领先的运营能力，即擅长在城市的中心区域建设以高端住宅与核心区大型商业体匹配而成的城市综合体。世茂房地产将多年来在住宅、商业、酒店业、主题体验乐园等相关多元化领域积累的丰厚资源，与丰富的城市综合运营能力迅速整合，将其优势拓展到旅游地产领域，将常规的旅游地产单一的“自然景观+度假住宅”模式，改变为具备永久性居所价值的“自然资源+城市景观+生活住宅+核心配套+目的地式主题体验”的“旅居地产”模式，从而让世茂模式下的旅游地产具备差异化的独特价值。

目前，虽然旅游地产概念火热，但旅游地产市场始终呈现不温不火的状态。究其原因，关键在于客群对其具有鸡肋感，旅游地产产品并非必需型产品，对消费者而言可有可无，无法产生强烈的需求感，从而导致旅游地产项目出名易，获利难。而当旅游地产被注入诸如购物、休闲、就业、教育、健康等多种要素时，其投资价值陡然增加。大连世茂御龙海湾就是最好的例证，世茂房地产并没有将该项目简单地定位为度假产品，而是将其从一个短期性需求的非必要产品，创新拓展为持久性、目的地性质的居所。世茂旅游创新性地引入作为第一居所才拥有的交通、医疗、教育及大型商业核心配套，创造出有别于拥挤都市的“自然美景+城市生活”的“旅居生活”模式；引入分时度假资产管理结构，解决客户使用时间短带来的资产闲置问题，让不动产动起来，变资产闲置期为资产增值期。这一创新思维，使大连世茂御龙海湾项目的价值得到了充分的挖掘和展现，2012年前8个月该项目实现10亿元的销售额就是对世茂旅居模式这一创新思路的最好注解。

未来的旅游度假产业，在拉动当地经济发展、促进就业的同时，也需要实现人居幸福、城市发展的多方共赢。在世茂旅居地产模式中，酒店、MALL、儿童乐园等全功能型休闲、商业等设施成为必备模块甚至是主角。因此，该模式下有望围绕旅游度假形成特色产业集群，旅游、酒店、商业、会展、办公等将成为城市生存发展的基础产业，能够提供大量就业，提升政府财政收入，带动居民财富水平提高和城市发展繁荣，最终使旅游休闲度假胜地成为可持续、健康发展的新城，引领旅游地产升级。

回顾世茂房地产的发展历程，世茂的成功并不是一蹴而就、一帆风顺的。多年来，世茂房地产一直保持着低调、务实的行事作风，坚守清晰的战略定位，踏踏实实夯实基础。面对复杂多变的市场环境，世茂房地产积极关注并主动作出预判性的调整：在市场的低潮期，世茂房地产灵活调整策略，迎合市场需求；面对市场的新机遇，世茂努力创新，加快发展。与此同时，世茂房地产持续修炼内功，优化管理。几年来，世茂房地产完成了重要的质变过程。

在风云变幻的中国地产界，世茂房地产继续朝着更高的目标迈进，多元化布局下，地产航母的前行必将更加稳健。

（五）世茂房地产大事记（见表 3-12）

表 3-12 世茂房地产大事记

事 件	时间	说 明
战略转移	2000 年	战略性地将投资重点转向上海
实施多元化产品战略	2001 年 12 月	从精品住宅扩展到高端商业地产，在上海南京路步行街投资建设浦西第一高楼——上海世茂国际广场
创新营销模式	2002 年 9 月	首推大陆楼盘全球同步营销战略，在美国洛杉矶旧金山等地举行大型房屋推介会
	2002 年 10 月	开创两岸地产交流先河，在台湾台北、高雄和台中举行大陆楼盘大型推介会
推进全国化战略	2004 年	进入东北市场，先后在哈尔滨、绥芬河、牡丹江等地投资开发大型房地产项目
	2004 年 7 月	长三角战略正式拉开序幕，成功竞得南京下关宝善地块项目，此后又大举进军昆山、常熟、绍兴、芜湖、嘉兴、常州、杭州、苏州、无锡等城市
	2005 年 2 月	开辟中西部地区战略新战场，以重金摘得武汉鹦鹉洲地块，开发武汉世茂锦绣长江项目
	2006 年 8 月	环渤海地产发展战略正式实施，进入烟台房地产市场，随后沈阳、徐州、大连、青岛等城市相继加入世茂版图
与金融机构建立战略合作	2006 年	引进全球知名的投资及金融机构：摩根士丹利、渣打银行、建银国际及 Drawbridge Global，并与之建立战略性合作伙伴关系
发行 H 股	2006 年 7 月	正式于香港交易所主板 IPO 上市，股份编号为 813.HK

续表

事 件	时间	说　　明
进入A股市场	2007年6月	将主要的商业物业资产注入上海世茂股份有限公司（600512.SH），并成为其主要控股股东
	2008年7月	与世茂股份重组计划获中国证监会批准，正式进入A股市场
建立商业地产全产品链	2009年5月	世茂股份通过定向发行股票的方式从世茂房地产购入多个优质商业地产项目，一跃成为国内最大的商业地产企业，被业内誉为“中国内地的商业地产航母”
	2010年1~3月	世茂股份连锁发展品牌签约仪式隆重举行、世茂国际影城正式成立、世茂百货在全国各地相继开业、世茂Cosmo作为一种全新的“一站式消费模式”融入世茂自有品牌。一系列布局成就世茂商业地产的“全产品链”
	2011年6月	世茂影院与杜比携手，引入超级试听杜比7.1，随后又与全球领先的影院3D技术许可供应商RealD公司签约，为横跨中国的100个世茂影厅安装RealD3D技术
形成高端住宅三大主力产品线	2010年4月	集合会展、主题公园、健康产业的大连世茂嘉年华项目奠基仪式举行，标志“世茂旅游”产业多业务形态运营模式的开创，同时，世茂嘉年华与城市综合体、生态住宅系列形成世茂高端住宅方面的三大主力产品线
发布首份企业社会责任报告书	2010年12月	发布首份企业社会责任报告书，并视之为集团可持续发展的战略地图
成立工程管理中心	2011年1月	成立工程管理中心，以“全球眼”概念，实时关注项目质量，全程严格监控世茂项目品质
成立产品研发设计中心	2011年3月	成立产品研发设计中心，不仅在源头上让产品更贴近客户需求与地区发展需求，更以标准化打造快速周转产品，让产品以独有的灵动个性与高端品质打动客户
世茂物业加盟“国际金钥匙联盟”	2011年3月	正式加盟“国际金钥匙联盟”，并开始在苏州、南京等世茂项目开始试点发展，并宣布以五星级酒店式服务标准步入国际化物业发展轨道
健全世茂旅游产品线	2007年11月	旗下五星级酒店——上海外滩世茂大酒店隆重开业典礼，世茂在上海投资建设的五星级及以上酒店总客房数超过1700间，继续雄踞上海国际顶级酒店市场份额前列
	2010年10月	与希尔顿全球签订战略合作管理协议，在天津、南京、武汉、厦门、沈阳、青岛、烟台、无锡8大城市联合进行酒店项目开发建设
	2011年8月	旗下“御榕庄”、“茂御酒店”、“世御酒店”、“世御精品酒店”四大自主品牌酒店以及“茂御居”品牌服务公寓正式创立，这标志着世茂旅游在品牌价值体系建设和产品线全覆盖上更进一步
	2011年10月	亚洲最大、中国唯一的海上展示中心：四栖旅游度假岛——大连世茂御龙海湾揭开神秘面纱
全周期服务体系的全面成型	2012年3月	与携程途家网签订战略合作协议，为集团旗下旅游度假物业、酒店式公寓的业主推出“7×24小时业主增值服务”，全周期服务体系全面成型，“以客户服务为核心，主动为客户增值”的全生活周期、终身服务体系进入全面实施阶段

四、融创中国：至臻品质　跨越发展

融创中国，以“至臻，致远”为品牌方向，持之以恒地为客户专注打造高端精品物业，在环渤海、成渝和苏南城市群拥有众多处于不同发展阶段的项目，产品涵盖高端住宅、别墅、商业、写字楼等多种物业类型，是房地产行业中高品质物业开发和建设的领跑者。

（一）企业名片：房地产行业高端物业领跑者

融创中国控股有限公司（股票代码：1918.HK，以下简称“融创中国”）2003年诞生于天津，2010年10月在香港联交所成功上市。多年来，融创中国持之以恒地为客户专注打造高端精品物业，逐渐成为对高端品质不懈追求的房地产行业领跑者。截至2011年底，融创中国净资产为74.06亿元，总资产336.13亿元，市值99.00亿元。

1. 营业收入跨越式增长，利润增长趋于稳定

2007~2011年，融创中国的经营业绩增势迅猛，销售额从65.95亿元增长至192.09亿元，年复合增长率达30.64%。

2007年，融创中国营业收入为30.11亿元，净利润为2.13亿元；2011年，营业收入达106.04亿元，净利润为23.83亿元，分别增长逾2倍和10倍，盈利规模不断提升，如图3-36所示。

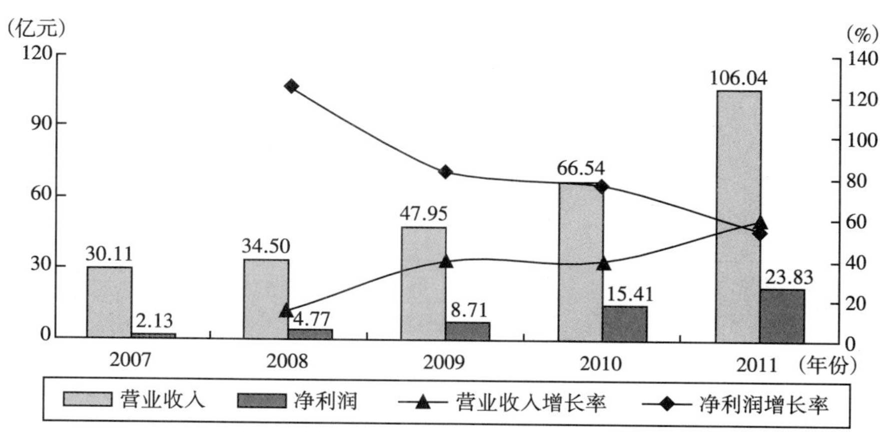

图3-36　融创中国2007~2011年营业收入、净利润及其变化

2008~2009年，为应对金融危机，企业在拿地方面采取审慎战略，新增土地储备较少，盈利增速略有减缓，但仍保持在 50%以上。从营业收入来看，基于企业所开发物业均面对高端人群，随着中国房地产市场不断发展，人们对房屋质量及居住环境的要求不断提高，高端物业的市场需求量不断增加，企业销售额大幅提升，营业收入实现跨越式增长，2011 年企业营业收入增长率达 59.37%。

2. 精耕细作、成长稳健，投资潜力凸显

融创中国拥有一支经验丰富、具有高度凝聚力和执行能力的管理团队，团队成熟、稳定，平均从业经验与平均合作时间均超过 10 年，同时公司已建立成熟的管理体系。2007~2009 年，公司成功引进 CDH、New Horizon、Bain Capital 与 DB 等国际知名投资者。它们积极参与公司重要商业决策和发展决策，利用其国际水平的财务和管理经验，支持公司提升企业管制和内部控制水平，同时也为企业后期进入国际资本市场做好充足准备。

2010 年 7 月，融创中国成功踏足国际资本市场，并表现出良好的市场适应能力及掌控能力（见图 3-37）。自上市以来，融创中国坚持区域深耕、开发高端精品项目，在调控的市场中准确抓住了企业业绩和形象提升的机遇，促使企业快速、稳健成长，在行业内的影响力大幅提升。2011 年，实现销售额 192.00 亿元，成功跻身百亿地产企业集团，并实现了在其所进入城市销售业绩的全面领跑。在 2012 年的前 8 个月，融创中国继续保持强劲的销售增长势头，1~8 月合约销售额达 162.40 亿元，同比增长 70.91%。企业在行业中的影响力和地位得到进一步巩固和提升，投资潜力凸显。

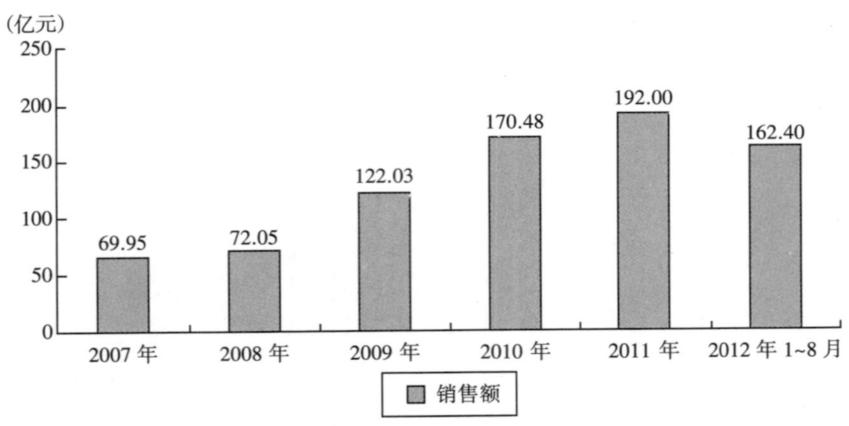

图 3-37 2007~2012 年 1~8 月融创中国销售额走势

（二）灵活运作资本市场，稳健发展成就高端精品领跑者

在房地产这种资金密集型行业中，资本运作水平是影响房地产企业成功与否

的重要因素。融创中国的成长也与其灵活的资本运作有着密切关系，企业以持续稳健的发展步伐、优异的经营业绩及长期向好的发展前景获得了行业和资本市场的普遍认可。在企业规模不断扩大的过程中，融资渠道多元化已成为企业快速成长的必要条件，融创中国凭借其多年的经营经验，积极探索多渠道融资方式，为企业的迅猛发展蓄积力量。

1. 利用外资成功铺设上市之路

融创中国的上市筹备工作始于 2007 年。2007 年初，企业更名为“融创中国控股有限公司”，并对其组织架构进行内部重组。2007 年底，融创中国以股权融资的形式，与雷曼兄弟、鼎晖资本、新天域资本达成协议，拟出让 35%的股权，完成 2 亿美元的私募融资。与外资基金达成股权私募协议并获得资金后，融创中国迅速扩大新增土地储备，积极推动企业顺利上市，但终因 2008 年的金融危机，融创中国暂停向香港联交所提交上市申请。

2009 年，受资本市场金融危机影响，贝恩资本和德意志银行收购雷曼股份，与鼎晖资本、新天域资本成为融创中国四大强力股东。同时，融创中国成为贝恩资本在全球投资的唯一一家房地产公司。

2010 年 9 月 21 日，融创中国在推介会上一举赢得 80 家机构投资者的认购，这主要得益于企业相对谨慎的定价和香港资本市场对中国房地产未来的看好。9 月 24 日，融创中国发布招股书，其国际配售获得中投和西京投资的青睐，分别投入 2500 万美元和 2000 万美元。另外，Farmac 投资公司、中银集团投资有限公司和华西国际（香港）贸易投资有限公司分别投入 2500 万美元、2000 万美元和 2000 万美元。2010 年 10 月 7 日，融创中国以发售价每股 3.48 港元集资 26.1 亿港元，成功登陆香港联交所主板市场。

2. 信托融资支持未来成长

2010 年 10 月 7 日，融创中国股票正式在香港联交所上市，成为天津首个在香港上市的房企。通过上市，融创中国成功踏上了国际资本市场的舞台，为企业的未来发展迈出了关键的一步。

自上市以来，融创中国坚持区域深耕、开发高端精品项目，在调控的市场中抓住了企业业绩和形象提升的机遇，实现了企业的快速稳健增长，在行业内的影响力大幅提升。

在 2012 年的前 8 个月，融创中国持续保持着强劲的销售增长势头，共实现合约销售额 162.40 亿元，同比增长 70.91%。行业影响力和地位得到进一步巩固和提升。

评级机构亦表达了对融创中国优异表现的认可，标准普尔、惠誉分别发布报告确认了融创BB-信用评级，其中，惠誉对公司评级展望由负面提升为稳定。标准普尔报告称："过去三年，融创中国出色的销售执行力和土地储备进一步支持了公司的评级。"

另外，"融创中国充裕的现金流"和"有空间对工程款和新土地获取款预算进行削减"也是支撑评级的因素。惠誉报告表示："新项目的增加使得公司2012年销售超过2011年的可能性增加"、"精确的市场定位是公司维持较高的盈利能力的主要原因"。

融创中国还充分利用金融市场的各种融资方式积极获取资金，以购置土地、运作项目。2010年4月，中国房地产市场迎来了新一波的严厉调控，融创中国一上市就遇上收紧的资本市场。为了有足够的资金配合公司快速增长的需要，融创中国尝试利用海外资本平台实现融资。2011年3月，融创中国计划发行一笔高息债券，这是融创中国自2010年10月7日在香港上市后的首次融资。然而因技术性问题，该笔融资被搁置。融创中国曾表示，若国际债券市场恢复稳定，债券发行会重新启动。

在首次海外发债意外中止后，信托融资成为融创中国资金补仓的主要方式。

2011年6月20日，融创中国全资附属公司重庆尚峰联合融创置地、重庆基业等其他附属公司与新华信托签订合作协议，同意就新华信托设立信托计划进行合作，以向公众集资合计5.5亿元至6亿元注资重庆尚峰，用作麓山项目的发展资金。同期，融创置地及其附属公司融创基业与大业信托及东方资产就由大业信托设立信托计划筹集资金订立合作协议，以分阶段为融创基业的昌平项目提供资金。根据合作协议，大业信托将向融创基业的注册资本注资6亿元。

2012年1月，融创中国的全资附属公司融创盈润以10000万元认购额外次级信托单位。该信托基金由大业信托有限公司设立，以开发融创名翔项目。2012年3月21日，融创置地与大业信托订立股权合作协议，据此将其附属公司融创名翔49.56%股权转让予大业信托，以获取资金59470万元。

虽然利息较高，但相较于海外发债，信托融资也有其优势。相关研究分析曾指出，海外发债在现金转入内地账户方面审批时，在一定程度上也会影响项目的进度。此外，融创在信托权益的回购期限方面较为灵活，可根据其实际现金需求做调整。

3. 战略性并购加速业务扩展

融创中国深谙股权收购之道。2010年3月10日，融创中国曾在无锡以挂牌收购的方式，取得无锡项目 100%的股权。融创中国表示，这有助于支持公司未来业务持续稳定增长。

2011 年 1 月 1 日，融创中国通过融创置地向重庆渝能产业（集团）有限公司收购重庆融创亚太实业有限公司的额外 40%的股权。收购完成后，融创中国拥有该地产公司 85%的股权及物业公司 40%的股权。

2011 年 9 月 27 日，融创置地向北京首钢房地产开发有限公司收购北京融创恒基地产有限公司余下的 50%股权。这笔 14.5 亿元的收购不仅使融创恒基成为融创中国的全资附属公司，而且将融创中国在北京西山壹号院项目上的收益由原来的 35%上升为 100%。

2012 年 1 月 5 日，融创中国以 5100 万元将湖滨置业 51%股权纳入囊中，实现了与绿城联手持有湖滨置业。此举有效地增加了融创中国在无锡地产行业的市场份额。融创中国一直坚持重点城市深耕细作的原则，通过股权收购，在现有城市或区域添加新项目，一方面可以节约管理成本，另一方面能更了解该地楼市、客户需求，继而更有效地经营当地项目。

然而，该等股权收购并非代表融创中国的合作开发模式发生改变，融创中国与其他大型企业合作拿地并开发的模式亦在延续。

2011 年 9 月 7 日，融创中国通过融创置地与保利（天津）房地产开发有限公司订立协议，成立新物业项目公司——天津保利融创投资有限公司，融创中国拥有其 49%的股权。

2012 年 1 月 18 日，融创恒基及融创奥城与第三方投资者联合成立了北京方兴融创房地产开发有限公司，用于开发北京来广营项目，其中融创中国投入 4900 万元，拥有 49%的股本权益。

2012 年 6 月 22 日，融创中国与绿城中国在上海绿城玫瑰园度假酒店召开联合新闻发布会，宣布双方就共同搭建高端地产平台公司达成合作协议。

继 2012 年初成功合作无锡蠡湖香樟园项目后，融创中国与绿城再度携手合作。通过此次合作，融创中国将持续强化并深耕北京、天津、苏南及重庆等精心筛选的经济活力区，进一步巩固在苏南区域的领先地位，战略性进入上海，进一步完善长三角区域的战略布局，此次合作成为融创中国一次重要的战略选择。

2011~2012 年，融创中国通过信托融资、股权融资、战略合作等方式获取了充裕的现金流，使企业从容把握了土地获取的机会。2011 年，融创中国成功获取并开始操作天津、北京、重庆三个所在城市的 5 个全新项目，新增土地储备约 211.90 万平方米；同时，企业在新项目获取时引进包括保利中国、方兴地产（中国）有限公司、绿城中国等优质合作伙伴，逆势完成销售目标，2011年实现销售额192亿元，为企业未来持续稳健发展奠定了基础。

（三）基于战略清晰的成功之道

中国房地产市场先后经历了安居时代、投资时代、投机时代，目前正朝着健康平稳的阶段发展。在经历了市场的沉浮、行业的蜕变后，融创中国仍然能够凭借自身坚强的意志、平和的心态、明确的目标和理性的节奏持续成长并不断壮大。除了较强的资本运作能力外，融创中国对市场需求的精准判断、自身品牌价值的不断提升、对高端精品的不懈追求，在形成企业强有力的竞争优势中也发挥了重要作用。

1. 关注市场需求，建立完备品牌管理体系

从2003年成立至今，融创中国在天津、北京、重庆、无锡、苏州、上海等多个城市迅速发展，并一直坚持高端精品物业的开发战略，以“至臻，致远”为品牌方向。

2003年开始，依托于天津房地产市场发展初期的优势，融创中国的房地产业务迅速展开，这一时期融创中国发展策略主要是集中于产品的建造，依靠高品质楼盘创造良好口碑，但尚未建立明确的融创中国品牌体系。传播方式上，融创中国在这一阶段对于品牌的宣传也多集中于对单个项目以及区域内的项目品牌的宣传，各个区域项目之间的资源共享尚不充分，品牌资产在相当长一段时期内仍处于积累阶段。

2007年开始，融创中国从此前的较单纯的项目宣传及口碑积累阶段跨入了系统化、制度化品牌建设阶段。通过“融创”这个统一品牌，融创中国迅速将布局于全国各地的地产项目进行有效整合，各项目品牌的LOGO均由“融创+项目名称”和特定的构图整合而成，让每个项目都烙下融创的标记，如融创奥城、融创海逸长洲、融创西山壹号院等，实现了品牌资源的综合利用与品牌效益的全面实现。“融创”品牌超越了具体项目的层面，涵盖了融创中国在全国所有开发的房地产项目，品牌形象日趋鲜明且更具凝聚力。

LOGO的标准化和使用制度化提升了企业营销传播的可操作性，并与日常的营销活动有效对接，使企业的营销传播活动有了标准和方向。融创中国的品牌标识，体现了企业品牌战略管理者的品牌联想期望及品牌所代表的方向。

2010年，融创中国形成了较为完备的品牌管理体系，从品牌战略规划、VI系统管理，到营销、传播，都建立了相应的规章制度，形成了完整的品牌管理组织架构体系。由营销中心成立品牌管理小组，统一负责品牌行政公关、品牌营销事务，为融创中国集中提供品牌管理和相关支持服务，包括策划、协调、统筹、执行监督、评估等方面的各项工作，以保证在传播过程中品牌资产整合效率和内外部品牌传播的统一性。

2010 年 10 月 7 日，融创中国成功登陆香港联交所主板市场，标志着融创中国开始了依托资本市场进行品牌强势扩张的过程。在成功将融创中国品牌形象由可信赖者的角色转变为消费者知己角色的同时，融创中国完成了构建符合现代营销、传播理念的品牌管理系统，为企业保持行业领先地位奠定了稳固的基础。实现了“2011 中国华北房地产公司品牌价值 TOP10”榜首、“2012 中国房地产公司品牌价值 TOP10（混合所有）”第八名两次飞跃。

2. 深耕区域，执著精品

基于前期发展经历，上市后的融创中国并未在扩大规模方面表现出极大的热情，而是以深耕现有城市、定位高端精品为战略，专注产品细节品质，为财富阶层提供超预期的生活体验。

2003 年，融创中国诞生于天津；2004 年进入重庆；2007 年一举进驻北京、无锡、苏州三个城市；2012 年通过与绿城中国的“联盟”合作，轻松跻身上海房地产市场。9 年 6 个城市，对于融创中国这种快速发展的企业来说，是相当缓慢的拓展速度，但是在城市项目建设上，融创中国却是少数能够做到精耕细作、精益求精的企业。基于对市场发展的精准判断，对消费者需求的敏锐洞悉，以及对高品质的不懈追求，公司采用先进的设计理念和严格的管理监控体系，致力于不断提升产品定位、产品规划设计、建设和服务能力，提升项目综合品质，打造精品项目。

融创中国产品的高端具体体现在：①发掘资源，如市中心、城市发展潜力板块的环境资源或文化历史资源；②有品位，符合高端客户的审美观、价值观；③高品质，房屋建设用料及做工均达到一流水准。经过多年操作积累，融创中国在所进入城市产生了强大的市场影响力和品牌竞争力，所开发的项目曾荣获詹天佑大奖、全球住区最佳规划范例、中国国际花园社区金奖等众多殊荣。

融创熙园位于无锡太湖新城蠡湖大道与高浪路交会处，是融创中国上市后在无锡打造的首个高端项目。作为超百万平方米居住区，融创熙园引入国际先进规划理念，实现人、自然、建筑三者的完美共生，使人在不同环境空间里产生不同的心理感受和需求，以尽情享受典雅、和睦的社区文化。作为国际一线园林景观设计公司——贝尔高林设计的最佳产品之一，融创熙园在规划、细节上都做得十分到位，造价达 4000 多万元。整体采用皇家园林的中轴对称做法，无论是密集的坡地景观还是高耸的连廊，甚至欧式的亭台，都以宫廷感为核心，打造出了尊贵的感觉。

专注精品已成为融创中国最大的市场竞争优势。高端精品物业在市场上扬时期溢价能力强，在市场调整时抗风险能力强，能有效支持销售量，保持良好的现金流动性。2011年，融创中国在售项目仅14个，却实现了销售额192亿元的销售佳绩。其中，西山壹号院项目荣获北京2011年下半年销售金额第一名，并以半年业绩跻身年度三甲；融创奥城位列天津市年度单盘销售额排名第一；奥林匹克花园项目摘得重庆2011年度住宅单盘销售额第一；融创81栋项目的销售金额和销售套数双双位列2011年度苏州别墅销售排行榜第一名；融创中国位列无锡2011年度房地产企业销售额第三位。

融创西山壹号院盘踞北京西山龙首之位、昆玉水脉之源。项目南接北京药用植物园，西观百望山国家森林公园，园区内部保留10万平方米精装原山私园，奠定京城独此一处的自然佳境。经由世界顶级豪宅团队巅峰联袂，历经三年雕琢，项目从建筑规划、私园盛景到样板间、会所，均由世界级知名大师亲自设计。项目所选用的材料更是历经全国以至于跨洋的严格甄选。以外立面石材为例，选用欧洲宫廷御用之德国莱姆石，十分尊贵大气。以稀世地段雕琢稀世大宅，西山壹号院诠释了顶级人群对上乘居境的上层需求，借助钓鱼台国宾馆的规划理念，采用庄重尊贵的西郊大院规制，满足中国翘楚对理想居住境界的憧憬，成为跻身世界之巅的中国代表大宅，可谓“融创中国”高端精品战略的全国标杆力作。融创西山壹号院于2011年荣获“世界级豪宅中国代表作”、“金凤凰豪宅典范大奖”至高褒奖。

3. 高端物业管理服务

融创中国认为，豪宅不等于一堆高档建筑材料和高档装饰材料的简单堆砌，硬件上的出类拔萃只是支持项目成为“豪宅”的先决条件，但仅有硬件是不够的，物业后期对于整个社区的管理也是必不可少的。

隶属于融创中国的融创物业管理有限公司，具有物业行业国家一级资质，是中国物业协会常务理事单位。管理项目辐射天津、北京、重庆、无锡、苏州，管理业态涵盖高端住宅、写字楼、商业等综合物业项目。公司成立以来，根据融创中国高端精品战略，提供专业化的高端物业管理和服务，以满足业主需求。

融创物业始终专注于为见识多、有判断力的财富阶层提供高端物业管理服务。以“每时每刻，用心用情”为理念，以规范、完善的物业管理体系和专业、高效的执行能力为基础，提供细致贴心的管家制服务，及时高效的工程维护维修服务，高标准、零干扰的秩序和环境维护服务，努力营造安全、私密、大气、尊贵、整洁、舒畅的生活氛围，使服务对象尽享超值服务，使管理的物业保值和增值，进而提升公司的品牌知名度和客户满意度，增强公司的公众认可度和社会美誉度，达到公司和客户“双赢”的社会效益，为客户营造“安心、舒心、放心”的舒适工作环境和温馨的生活环境。

融创物业在融创王府壹号项目上，借鉴国内外高端住宅创新技术与物业服务模式，每栋府邸均设专属管家，采用 24 小时大堂管家值守服务模式。这种模式的创新，将带领天津物业服务登上新的台阶。

4. 高度的社会责任感

融创中国以打造高端城市住宅为己任，潜心研究高端客户群的心理和需求，获得了良好的市场反应。

2011 年 10 月，恰逢公司上市 1 周年之际，因洞悉广大业主对子女的殷殷期望，为满足少年儿童对欧洲古典艺术和音乐饕餮盛宴的无限向往，感谢全国业主多年的厚爱和支持，融创中国拉开了全国业主儿童“艺术点燃梦想——感受卢浮宫，聆听维也纳”少儿艺术大赛的帷幕，融创中国全国四大区域的业主儿童，均有机会获得直飞巴黎和维也纳。

2011 年 11 月 6 日，融创中国“艺术点燃梦想——感受卢浮宫，聆听维也纳”天津赛区决赛在天津音乐厅举办，此次决赛的参赛儿童均为融创天津各个项目的少年儿童，包括王府壹号、奥城、星美御、君澜、海逸以及中央学府 6 个住宅项目。大赛最后共有 9 名儿童获得奖项，包括一、二、三等奖各 3 名，获得一等奖的三位小朋友，同融创中国其他城市的业主小朋友及家长一起，登上直飞巴黎和维也纳的飞机，开启童年时期的艺术殿堂之旅。

闻道有先后，术业有专攻。融创中国一直坚持以“至臻，致远”为品牌方向，发展高端精品战略，立志成为对高端品质不懈追求的房地产行业领跑者。

多年来，融创中国持续不断地提升产品品质和服务水平，用心为客户提供大气舒放、贵气质感、富有品质的高端生活体验，不懈追求具有恒久价值的优质产品和用心周到的服务，树立了中国高端精品物业缔造者的企业形象，所开发项目均为当地高端项目代表。集团创立至今，已多次获得“中国房地产公司品牌价值TOP10”、“中华建筑金石奖”、“卓越品牌企业类——大陆地区高端地产卓越企业”及“中国房地产都市综合体专业领先品牌”等多项行业殊荣。

现在，融创中国已成功布局北京、天津、上海、重庆、无锡、苏州、宜兴等多个城市。秉持打造高端精品的理念，公司将不断提升自身核心竞争能力，继续拓展其房地产业的品牌影响力，追求企业与客户的共同发展，并为客户提供更舒适、更高品质的产品和服务。

（四）融创中国大事记（见表3-13）

表3-13 融创中国大事记

事 件	年份	说 明
成立	2003	以天津为基地开始操作高端物业项目，包括融创奥城、融创海逸长洲及融创上谷商业中心项目
跨地域开发	2004	进驻重庆，开始操作融创奥林匹克花园项目
深耕精品	2006	获取天津融创星美御项目
国际平台融资	2007	引入国际战略投资者雷曼、鼎晖及新天域，成为融创股东 进驻北京，开始操作融创禧福汇项目 进驻无锡，开始操作融创天鹅湖花园、融创理想城市项目 进驻苏州，开始操作融创81栋项目 开始操作重庆融创亚太商谷项目
深耕北京市场	2008	获取并开始操作北京融创西山壹号院项目
融资	2009	贝恩与德意志银行收购雷曼股份，成为融创股东
上市	2010	10月7日，成功登陆香港联交所主板市场，踏足国际资本市场 进驻无锡宜兴，获取并开始操作融创氿园项目 获取并开始操作天津融创王府壹号项目 获取并开始操作北京融创长滩壹号项目
战略合作	2011	获取并开始操作天津融创君澜项目、融创中央学府、融创棉二地块项目 获取并开始操作重庆融创麓山项目 与保利房地产成立天津保利融创投资有限公司，占股49%
战略性并购	2012	收购绿城集团全资子公司湖滨置业51%股权 进驻上海房地产市场

第三节 多元探索 特色领先

“多元探索 特色领先”模式下的房地产上市公司走差异化发展之路，探索多种经营模式，向商业地产、产业园区运营以及地产金融等方向开拓，专业特色鲜明，引领行业加速转型升级之路。其中，金地集团与越秀地产将地产与金融紧密结合，在发展房地产基金等方面勇于创新，获得了良好效果；金融街控股、宝龙地产较早确立了差异化发展战略，在商务地产、商业地产综合体方面独树一帜；北辰实业则建立了独特的三位一体“复合地产”业务模式，大大增强了企业综合竞争优势；东湖高新作为中国第一批科技产业园运营商，成为产业地产运营的优秀代表。

一、金地集团："一体两翼"的战略蝶变

金地集团坚守"科学筑家"的使命，在企业经营中体现"专业之道，唯精唯一"的特质，已成为地产行业内极富特色与竞争力的全国化品牌公司。2010年，金地集团确立"以住宅业务为核心，以商业地产和金融业务为两翼，做中国最有价值的国际化企业集团"的一体两翼发展战略，在这一宏伟蓝图指引下，金地集团将不断开拓新的里程。

（一）企业使命："科学筑家"

金地（集团）股份有限公司（股票代码：600383.SH，以下简称"金地集团"）坚守"科学筑家"的使命，在企业经营中体现专业和科学的特质，为客户提供高品质的产品，已经成为中国地产行业内极富特色与竞争力的全国化品牌公司。

金地集团初创于1988年。1996年完成集团股份制改造。2001年4月，公司股票在上海证券交易所挂牌上市，成为1994年以来首批上市的房地产企业之一。金地集团秉承"用心做事，诚信为人"、"以人为本，创新为魂"的核心价值观，逐步形成了以房地产开发业务为核心竞争优势，物业服务同步发展的综合产业结构模式。

1. 经营业绩跨越式增长，行业地位进一步巩固

2011年，金地集团迎来了"上市10周年"。回望10年，金地集团深度参与了地产行业的这一"黄金时代"，并始终保持着对机遇的精准把握和持续创新成长。

利润的增长是公司股价长期上涨的根本动力。如图3-38所示，2002年，金地集团营业收入为9.70亿元，净利润为1.48亿元；2011年，企业营业收入达239.19亿元，净利润为30.17亿元，分别增长了近24倍和19倍多，盈利规模持续提升。

2011年初，金地集团明确提出了"一体两翼"的发展战略。围绕住宅产业，制定了金地产品战略规划，加大了产品系列化、标准化的实施，"引领人本生活"的品牌理念和"人文风格、人性功能、人情社区"的品牌内涵深入人心、广为流传。

金地集团每股收益除了2007年达到1.31元的高点之外，10年来，增速向常

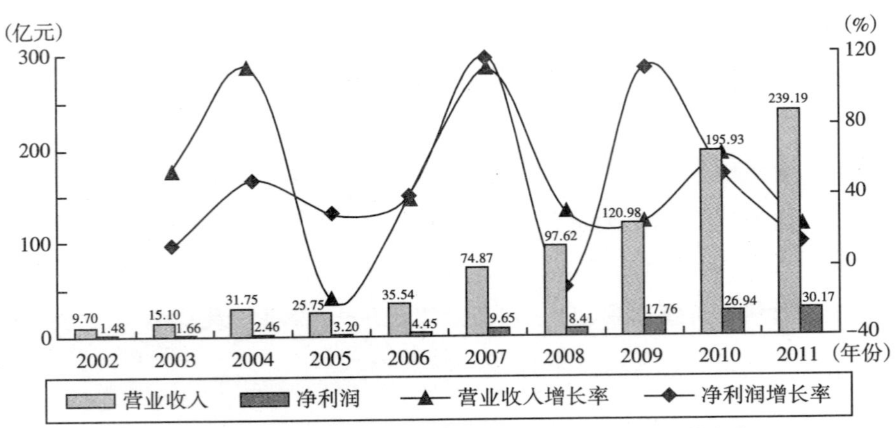

图 3-38　金地集团 2002~2011 年营业收入、净利润及其变化

态回归并趋于稳定（见图 3-39）。企业通过加快资产周转和再融资等手段不断提升自身价值。此外，金地集团分别于 2007 年与 2009 年进行了两次定向增发，有效保障了公司业务拓展的资金需求和可持续性。

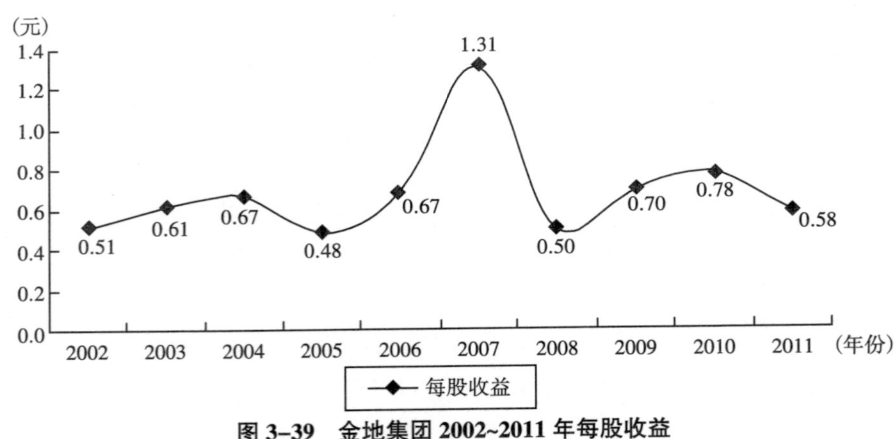

图 3-39　金地集团 2002~2011 年每股收益

2. 定向增发 4 亿股 A 股，由稳健防御转向积极进攻

近年来，金地集团根据行业周期波动积极进行战略调整，在 2007 年 9 月以后延缓拿地，开始实施稳健的防御策略。与此同时，公司及时调整了定价策略，加大了推盘力度，压低存货规模，以期获得宝贵的现金流。公司在 2008 年春节后制定了每个月、每个季度的销售目标，并且把销售回款作为衡量相关管理人员绩效的一票否决指标。根据有关资料，在 2008 年所进入城市总体销售额同比下降约 40%的背景下，金地集团取得了 114 亿元的销售额，增长了 17%；而 2009 年初楼市突如其来的回暖，更是加速了金地集团的旧盘消化速度。

2009年，为了抓住行业回暖的有利时机，金地集团定向增发了不超过4亿股（锁定期12个月），募资不超过41亿元投向上海格林世界四期、西安南湖、西安曲江池、天津格林世界三期、沈阳长青、武汉金银湖6个项目。此次增发显著改善了公司的资本结构，降低了负债率和财务风险，并使公司的资产负债率迅速降至50%，特别是资本结构的优化有利于公司新增土地储备，以确保持续开发经营所需的土地储备规模。近年以来，金地集团已经悄然改变了稳健防守的策略，在同行中率先加快了拿地步伐。

（二）房地产业金融时代的到来

凌克：“未来，金地的房地产基金业务将实现突破性的发展。”

在住宅地产受到调控的同时，金地集团也在积极发展商业地产和房地产金融业务，坚持“一体两翼”的战略格局，实现多元化的业务形态，分散风险的同时也寻找更多的利润增长点。另外，金地集团将深入挖掘住宅地产、房地产金融、商业地产之间的联动价值，形成互为促进的良性循环。随着中国的城市化进程不断而且快速的推进，市场空间仍然巨大，因此房地产市场长期向上发展的趋势并没有改变，并且政策调控的主要目的并非为了打压房地产市场发展，而是要使市场发展回归理性健康的轨道。对于金地集团而言，一方面，金地集团将通过产品线工作的推进实现产品的系列化、标准化、一致化，实现规模化创新，同时顺应政策及人口发展趋势，投入保障房和养老地产的开发；另一方面，金地集团也将借助行业周期性机会实现整合，进行规模和产业链条的扩展，并大力开展基于项目层面的股权融资和股权合作，以应对融资环境偏紧的情况。

1. 金融版图——商业地产的金融化

（1）涉足金融投资领域。

2004年，金地集团开始探索地产与金融结合发展的相关模式，与国际、国内著名投资银行、私募基金合作开发多元化的融资平台，曾经与摩根士丹利合作，共同处置银行不良资产。

2008年初，金地集团宣布与瑞银在境内外展开各种金融合作，合作主要有两个方向：一是共同发起设立房地产投资合伙企业；二是由双方或各自关联公司按照将投资中国城市普通住宅开发项目建设，各自50%出资比例共同设立投资管理公司。该基金计划募集金额为2亿~3亿美元，将主要投资中国城市普通住宅开发项目建设。当时，瑞银环球房地产集团总裁曾表示，这是瑞银环球房地产集团首次在中国开展房地产投资管理业务，从双方2007年3月第一次见面以来，在不到一年的时间里，双方就能够签署合作协议，这种高效率在瑞银内部也是非常少见的。

本来一帆风顺的计划，没想到在2008年的市场环境下突然生变。由于2008年融资环境不好，该基金虽已路演，但最终没有实施。

2010年4月，在时隔一年有余之后，金地集团与瑞银终于正式启动双方合作基金的第一期募集，募集资金约1.2亿美元。资料显示，该基金是美元基金，基金的五家投资者分别来自欧洲、中东、亚洲，基金的用途将主要为国内住宅项目的开发，重点集中在一线或二线城市，管理团队则由金地集团与瑞银共同组成。

2011年12月，瑞银与金地集团共同发起的房地产基金第二期募集已完成，由荷兰PGGM公司投入7500万美元，使该房地产基金的规模达到近2亿美元。据悉，荷兰PGGM公司目前管理了220万员工和退休工人约1000亿欧元的养老金资产。

（2）做大金融地产规模。

金地集团董事长凌克2012年表示，房地产金融是金地集团不断增强的业务板块。金地集团今后既会做住宅的股权基金，也会做住宅的加权基金，还会做商业的开发基金和持有基金。此外，也会投入一级土地开发的基金。当金融规模做大以后，对公司的回报将做出非常大的贡献，尤其对资金方面的帮助会很大。

对于金地集团与瑞银的合作，瑞银全球房地产集团大中华区董事总经理陈李健也表示，与金地集团合作发起美元房地产基金，是瑞银进军中国房地产投资的第一步，募集的顺利完成有力地证明了与金地集团合作的成功以及投资者对投资项目的信心。国内城市化进程正不断推进，十分看好未来中国房地产行业的发展前景。

关于国内房地产金融领域的发展，诺贝尔经济学奖得主皮萨里德斯表示，中国的房地产企业目前规模都很大，但走向世界的还没有，金融领域的创新或许能成为中国房地产与世界接轨的契机。他认为，中国房地产金融创新可适当吸收国外的成功经验，只有专业化的分工才能促进地产金融实现更快的发展。

2. 人才战略——远赴海外招聘

在国内，金地集团的校园招聘之路开始于1996年，当初的优秀毕业生很多都成为今日金地集团和分公司的要员。对于房地产基金投资业务，国内人才稀缺，即使有，成本也会很高，于是，金地集团把目光投向了海外。

自 2008 年 4 月 9 日起，金地集团马不停蹄地在美国斯坦福大学、哥伦比亚大学、哈佛大学、麻省理工大学、芝加哥大学、西北大学 6 所知名高校商学院进行专场招聘，寻找可以支撑金地集团未来金融战略的高端人才。符合心意的高端金融人才，一定要会从事房地产金融分析、投资分析、房地产基金管理。而这一切需求都源于为金地集团建立的新战略做人才储备。房地产金融将成为金地集团新的战略方向，新的利润增长点。远赴重洋，网罗人才，也是这一新的利润增长点的奠基工程之一。

远赴海外招聘之后，金地集团人力资源部收到了很多来自美国高校的人才简历。很多在校的 MBA，他们一般最少都有 6 年的从业经验，最多的甚至已工作 12 年。另外，他们的亚洲背景，对金地集团开展国内房地产投资业务有很多便利条件。金地集团还与这些美国高校的房地产研究中心取得联系，下一步将争取与这些高校房地产研究中心合作，对房地产投资和基金管理模式、房地产证券化和 REITs 研究、房地产企业的并购、中国地产行业与国际金融市场结合的可行模式等课题进行广泛合作研究。

3. 金融资产——新的利润增长点

凌克："金地将深入挖掘住宅地产、房地产金融、商业地产三者的联动价值，通过不同业务间灵活有效的搭配组合来提升公司的盈利水平和综合竞争能力，拓宽未来金地的成长之路。"

2011 年，金地集团旗下的稳盛投资基金进一步完善了组织架构、工作流程，与金融机构、开发商、行业组织建立了广泛合作关系，实现了从房地产基金业务部到独立基金公司的转变。截至 2011 年末，稳盛投资旗下管理着 1 只美元房地产基金和 4 只人民币房地产基金，管理规模总计约合 20 多亿元。随着信托和贷款面临集中偿付，新增融资受限，债务重组及并购的机会显现，将会给房地产私募基金带来机会。在房地产金融方面，金地集团将逐步开展团队建设和渠道建设，为金融业务向纵深发展打下良好基础。金地集团希望未来这部分业务不仅仅是融资渠道之一，还将能够成为公司新的利润增长点。

集团总裁黄俊灿 2012 年初曾表示，预计稳盛投资基金 2012 年管理规模将达到 50 亿元，公司财务盈利。2012 年 7 月 19 日，金地集团宣布，旗下海外公司金地国际控股有限公司发行 12 亿元 3 年期无抵押优先级债券，创 A 股地产公司海外发债成功案例。作为第一个在没有母公司担保情况下仅由海外子公司成功发债的内地房地产企业，金地集团此次发债获得 4.7 倍的超额认购。传统开发模式下，融资高度依赖银行贷款，土地是产业链中心和原始支点。在一系列调控政策影响下，市场游戏规则发生改变，房地产融资难度和成本与日俱增。未来，房地产金融将成为产业链的一个核心。

如果说过去中国房地产企业更多地通过生产销售房屋来赚取平均利益，同时依靠土地资产的升值赚取超额收益，那么未来中国房地产企业只能通过产品竞争力赚取平均收益，依靠企业的规模增长、效率提升来赚取超额收益。未来，房地产企业的竞争将进入下半场环节，企业的发展将主要来自于自身综合开发能力的提高，以及行业分化与整合带来的效率的提高。未来地产行业将向专业化和复合型两个方面分化、整合。行业分工会越来越细，对企业能力的竞争要求也会越来越高。规模房企将获得更多整合机会和资源，复合型的地产公司将在周期性环境中获得更持久和坚实的发展前景。

目前，金地集团的房地产基金资金投向仍将以住宅项目为主，也会涉及商业综合体项目，除开发类项目外，也会涉足物业持有类项目。作为金地集团发力的另一抓手，商业地产在 2012 年上半年也实现稳步发展，其中金地中心完成写字楼招租，出租率达 100%；金地广场 9 月完成改造并正式亮相；深圳岗厦、西安、绍兴等商业项目的前期设计研发和施工按计划节点稳步推进。

2012 年，随着金融和商业地产的崛起，一体两翼逐步成型的金地集团，作为全国为数不多的复合型地产开发商，在金融和商业地产的一举一动更值得关注。2012 年半年报显示，报告期内，稳盛投资完成人民币夹层基金投资金额 5 亿元，累计投资额度 17.1 亿元。此外，金地集团商业地产公司还协同区域公司、稳盛公司进行项目拓展，完成了多个项目的考察和可行性研究，为商业地产公司的发展奠定坚实基础。过去 10 年，金地集团在市场的黄金发展期内实现了规模的迅速增长，现在金地集团已经进入了全国 20 个城市，拥有一批耳熟能详的明星项目，而公司规模更是较 10 年前增长了 100 倍左右。但是金地集团并没有一味地追求规模的无限制扩张，在发展过程中着力雕琢公司战略管理体系和风控体系，打磨产品创新战略。

（三）以人为本开启新的黄金 10 年

中信证券曾在关于金地集团的研究报告中指出，金地集团区别于其他全国性开发企业最明显的优势，就是其卓越的产品创造力。

金地集团对“一体两翼”战略中的各业务单元均进行了科学的规划，清晰展望了处于核心地位的住宅业务的未来发展路径，未来5~10年仍然看好住宅产业的市场空间，并推出了“引领人本生活”的住宅产业品牌，以最大限度地实现居住价值。同时，在地产金融和商业地产领域持续发力，扎实迈出未来5~10年的战略转型关键步伐。

1. 以人为本的住宅龙头

在调控背景下，金地集团提出要更加注重产品能力的创新，以卓越的产品赢得市场的认可，只有疲软的市场，没有疲软的产品。

2011年7月，金地集团正式发布以“引领人本生活”为核心价值的产品品牌以及住宅四大产品系列。未来几年公司产品将围绕“人本”的总体特质，将各个系列产品的外在形象、户型与功能配置、精装修、公共空间、舒适型技术等产品要素围绕“人本”打造到行业标杆水平。

在推出产品品牌的同时，金地集团还推出了“褐石、天境、名仕、世家”四大产品系列，根据客户的典型性需求和价值取向，将客户群分为若干群体，每一个产品系列都是针对某一类客户的独特需求量身打造的，以此来满足客户的个性化需求，提升居住体验，实现产品的人本理念。

金地集团所主张的人本精神，不仅仅是一种态度和方法，更是金地集团成长的基本哲学，即以人为万物尺度，认同人的价值和尊严，以人性和人的利益为主题，以此把人纳入自然和人文历史中去，并以这个观点来解释和发展住宅产品。有专业观点认为，在房地产消费需求端不断升级之际，房地产企业产品能力的竞争将更加激烈，仅仅通过简单商品复制将不足以赢得市场，金地集团选择重点关注住宅中的人本精神，将更符合目前消费结构的升级趋势，对进一步提升公司的产品能力将有较大促进作用。

2. 人本生活的产品精髓

金地集团“引领人本生活”产品品牌中蕴涵三大产品主张，分别是人文风格、人性功能、人情社区。

人文风格是对城市地域文化与客户审美取向的双重尊重，传承经典元素，融合当代潮流，以人文建筑风格，展现客户特有的居住格调；人性功能是从创新户型到精致装修，从功能细节到智能技术，将每一分的投入都用于客户享受型居住体验的营造，真正实现舒适自在、彰显价值的品质生活；人情社区则承载了金地集团人本生活空间所营造的交流氛围与圈层文化，通过打造参与性强的公共邻里空间，提供针对性社区配套和服务，以及丰富的社区活动，增进交流，让人们真诚沟通、相知相近。

集团总裁黄俊灿表示，金地集团将在产品中渗透人本精神，打造最有价值的房子。在他看来，最有价值的房子应该是能符合城市的人脉风情，保障社区良好沟通和谐共处，提供居家舒适享受，包括整个社区的气质上，都让客户觉得这就是他想要的东西，从精神到身体感觉到愉悦。

在深圳天悦湾项目上，随着“故纸温暖：民国最美图书私人典藏展”、“国风——老课本的语境和话境”等文化活动的陆续举办，人文气息与项目内涵相得益彰。上海天御采用私家电梯保证居住者的生活舒适度，并邀请专家成立课题组解决地下室潮湿问题，创造了防湿恒温的舒适型地下室，细节之处体现了人性关怀。北京金地格林小镇，业主组织的“戏剧沙龙”成为小镇特色，业主组成的老年合唱团曾登过中央电视台，人情社区打破了陌生人之间的壁垒，真诚、和谐蔓延在每个角落。

3. 上市10年规模百倍

2001年，金地集团作为解禁后第一批试点的三家地产企业之一，最先被批准上市。上市对于公司而言是一个划时代的里程碑，不仅使企业借助资本市场实现高速成长，也是其金融加地产的独特模式得以实现必须铺陈的一步。根据金地集团2011年年报显示，公司截至报告期末的总资产相比10年前增长百倍有余。

过去10年是房地产市场发展的黄金10年，金地集团紧抓机会实现了规模的快速增长。未来的房地产发展将会从快速增长型向价值型转换，增长速度不一定会那么快，但价值体系会更丰富，而不仅仅是比拼价格的高低。金地集团也将更加强调有智慧的增长，更注重提供服务，而不仅仅是建房子、卖房子。

至于转型为复合型房地产企业的目标，这是房地产市场发展趋势使然。根据“一体两翼”的战略规划，金地集团已经成立稳盛投资和商业地产公司，未来将发展为支撑金地集团腾飞的重要两翼。未来房地产开发速度会减慢，但商业地产的发展速度会加快，10年前人均居住面积很小，现在来看人均商业面积也很小，所以将来会有更多经营性物业出现，商场、办公楼、酒店都将会逐步增加。

（四）做中国最有价值的国际化地产企业

金地集团秉持诚信、人本、科学、思想的经营理念，通过不断拓展与地产行业相关的业务领域，在产品与服务中坚持开创性思考和对品质的不懈追求，致力于为客户提供最高品质的产品和服务，为政府和公众贡献丰富的社会财富，为股东和合作伙伴创造稳定持续的收益，为员工开辟广阔的发展空间。

经过10年探索和实践，金地集团现已发展成为一个以房地产开发为主营业务的上市公司，同时也是中国建设系统企业信誉 AAA 单位、房地产开发企业国家一级资质单位。集团拥有多家控股子公司，形成了以房地产为主营业务，物业服务、地产中介同步发展的综合产业结构。在企业信誉和业绩的基础上，金地集团连续荣获中国房地产 TOP10 研究组授予的“沪深上市房地产公司综合实力 TOP10”。

面对未来的发展，金地集团将展开国际化的发展目标，实现资本国际化、人才国际化、管理国际化，成为一家国际性的房地产企业。早在金地集团与摩根士丹利合作开始，就已经开始了国际化资本布局，这种国际化资产的整合，开创了中国地产界的引资先河，使国外有实力的知名企业能够与国内有实力的品牌企业互通有无，在经营中共同进步。

在成长的道路上，金地集团从来没有停止过对发展模式的思考。敏锐的战略眼光使金地集团在房地产金融领域展开积极的探索。今天的金地集团，已经为新一轮的快速发展做好了充分的准备。在快速滚动开发、多元化及时融资的战略路线下，未来金地集团将跻身全国最优秀的地产企业，成为中国地产蓝筹股和地产界智慧型企业，实现其“做中国最有价值的国际化地产企业”愿景。

（五）金地集团大事记（见表 3–14）

表 3–14　金地集团大事记

事　件	年份	说　　明
成立	1988	1 月 20 日，公司注册营业，名称为“深圳市上步区工业村建设服务公司”
更名	1992	1 月，公司更名为“深圳市福田区金地实业开发公司”
涉足房地产	1993	1 月，公司取得房地产经营权
		3 月，金地物业公司成立
		5 月，公司经申请进行“现代化企业制度改革试点”
完成股份制改造	1996	2 月，公司第一批员工持股认购工作完成。公司完成股份制改造后，定名为“金地（集团）股份有限公司”
金地置业成立	1999	11 月 17 日，深圳市金地置业顾问有限公司正式成立
核心业务确立	2000	1 月，金地工业区商业转型的龙头项目——101 栋招商完成
		12 月，金地集团北京分公司正式成立
		12 月 28 日，金地集团作为解禁后第一批试点的三家地产企业之一，最先被批准上市
发行 A 股	2001	1 月，金地集团在上交所发行普通 A 股，成为 1993 年以来首批房地产上市公众公司之一
		4 月 12 日，金地集团股票正式在上交所挂牌上市
跨地域开发	2003	6 月，东莞市金地房地产投资有限公司注册成立
		10 月，金地集团武汉房地产开发有限公司和武汉市金地宏业房地产开发有限公司正式挂牌成立

续表

事 件	年份	说 明
增发A股	2004	6月，董事会发布第四次临时会议决议公告，宣布与摩根士丹利房地产基金IV、上海盛融投资有限公司共同出资，在中国境内或经中国政府主管部门批准后在中国境外设立项目公司
		12月3日，金地集团以“科学筑家”全新理念闪亮登场中国住交会
		12月24日，金地集团A股增发取得成功。12月30日，公司增发新股的证券登记工作完成。经上海证券交易所批准，本次增发的新股于2005年1月6日起上市流通
新标识系统启用	2005	2月4日起，金地集团新标识系统在集团内部全面启用
		4月8日，金地（集团）天津房地产开发有限公司正式注册成立
上市公司TOP10	2008	连续六次入选中国地产上市公司TOP10
中国驰名商标	2009	4月25日，国家工商行政管理总局正式公布金地商标为中国驰名商标
房地产基金第一期首次募集	2010	金地集团与瑞银（环球资产管理）合作发起的房地产基金第一期首次募集正式完成，这是中国大陆第一个由开发商成功发起和募集的外资房地产投资基金。此次募集的是美元基金，五家投资者来自荷兰、比利时、瑞士和中东、亚洲

二、金融街控股：建筑城市精神 提升区域价值

金融街控股股份有限公司，是一家以商务地产为主业的大型国有控股公司。多年来，通过持续深入开发建设北京市金融中心区——北京金融街，并依托北京金融街的资源和品牌优势，金融街控股形成了独特的“金融街模式”——地产开发与产业打造并重，以地产为平台，以产业为核心，通过房地产开发和产业打造，促进经济发展，提升区域价值。金融街控股业已成为中国商务地产开发领先企业。

（一）拓展商务地产，建筑城市精神

金融街控股股份有限公司（股票代码：000402.SZ，以下简称“金融街控股”）是一家以商务地产为主业的大型国有控股公司，2000 年在深交所上市，总部位于北京。截至 2012 年 6 月 30 日，公司总资产达到 650 亿元，净资产约 190 亿元，市值达到 182 亿元，累计开发面积超过千万平方米，其中商务地产比例超过 70%。

1. 经营模式匠心独具，规模业绩迅猛增长

金融街控股作为一家以城市运营和区域开发为独特竞争优势、以商务地产为主业的上市房地产企业，在房地产黄金 10 年期间取得了令人瞩目的经营业绩，其发展势头突飞猛进，营业收入与净利润协调稳步增长：2002 年，营业收入为 9.24 亿元，净利润为 1.74 亿元；2011 年，营业收入为 96.37 亿元，净利润为 20.57 亿元，分别增长了约 9.4 倍和 10.8 倍。如图 3-40 所示。

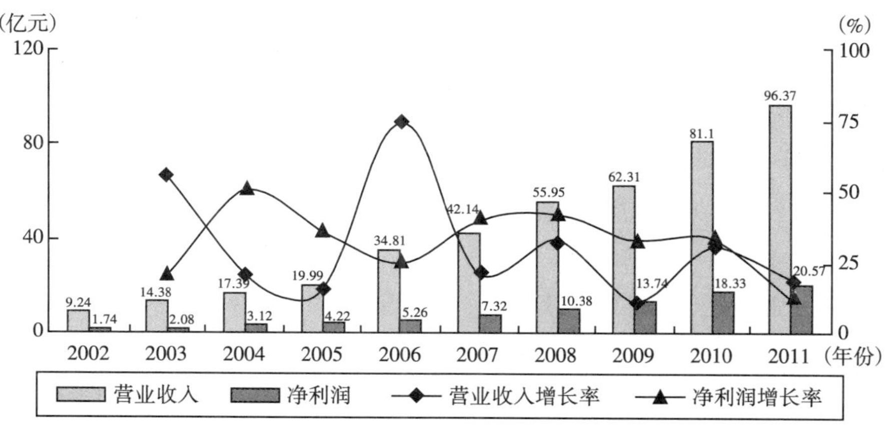

图 3-40 金融街控股 2002~2011 年营业收入、净利润及其增长率

受益于中国房地产业黄金10年，同时依托于城市区域运营的商务地产模式，金融街控股在10年中准确地把握了行业发展节奏，获得了高质量的成长。金融街控股的商业模式涵盖商业地产的开发、持有与住宅项目的销售，其运营模式成熟、可持续性强，能有效抵御调控风险，主业实现多年高速增长。在中国经济保持快速、稳定增长，市场对商务地产需求旺盛的情况下，公司发展前景广阔。同时，通过对区域进行开发，提升区域价值，实现了客户、企业和政府的三赢局面，实现更加稳定和均衡的增长。

作为国内上市的商业地产龙头之一，金融街控股在股市上的表现同样值得肯定。如图3-41所示，近10年来，金融街控股的每股收益走势平稳，保持稳健；公司盈利能力处于较高水准，股东回报率高。这主要得益于金融街控股所采取的商务地产运营和住宅项目销售的搭配模式，公司相对于纯住宅开发商收入来源更加广泛，确定性更强，对调控所带来的波动具有更高的防御性，使得金融街控股在股市的表现稳定，能够为股东持续创造价值。

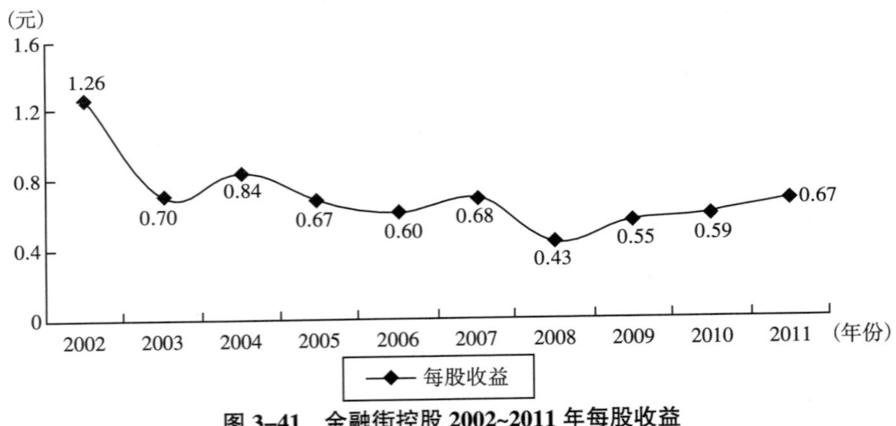

图3-41 金融街控股2002~2011年每股收益

2. 稳健经营、健康发展，助力资本市场表现

自2000年实施资产置换上市以来，金融街控股坚持稳健经营、健康发展，逐渐形成了符合公司发展的战略和经营模式，在商务地产开发领域取得了良好的业绩，实现了可持续发展。

在业务布局方面，公司一直致力于北京金融街区域的总体开发和经营管理，同时依托北京金融街的资源和品牌优势，加大对全国其他重点城市的投入，逐步形成了立足北京、面向全国其他重点城市的业务发展格局。截至目前，公司在北京、天津、重庆、惠州和南昌5个城市拥有40余个房地产开发与自持物业经营项目。业务组成方面，公司继续坚持商务地产为主导的战略，充分发挥商务地产开发领域的核心能力和品牌优势，通过开发商务、住宅项目及持有优质物业确保公司的可持续发展。在自持物业经营业态上，公司目前拥有酒店、商场、餐饮出租及写字楼出租等多种经营形态，经营规模稳步扩张。

10 年间，除去 2007 年由于国内房地产市场过热所造成的股价飞涨，金融街控股的股价走势一直比较平稳，如图 3-42 所示。在公司经营规模稳步扩张，盈利能力不断提高，增长速度持续稳定的情况下，金融街控股的股票赢得了投资者及股东们的信任，同时在业内也收获了极高评价。

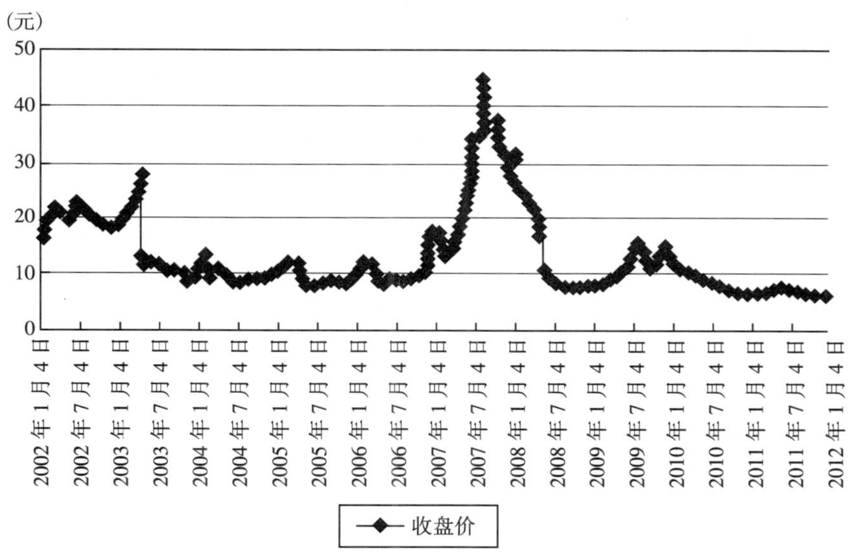

图 3-42　2002 年 1 月 4 日~2012 年 1 月 4 日金融街控股股价走势

金融街控股的快速发展与股东的支持密不可分。在公司经营规模和盈利能力不断提高的情况下，为回馈股东对公司发展的支持，公司自 2000 年资产置换上市后每个会计年度均通过现金分红及资本公积转增股本方式进行利润分配。近 10 年来，公司每年的现金分红数量均占当年净利润的较大比例，给予股东丰厚回报。

（二）资本市场运作稳扎稳打，成功打造商务地产龙头

金融街控股能够成为房地产上市公司中的佼佼者，能够发展成为商务地产龙头企业，归功于其在资本市场上多种模式、多渠道的多次关键运作。

1. 公司稳步发展第一步："借壳上市"完成资本扩张

1992年6月，北京西城区政府正式组建金融街建设指挥部，北京金融街建设开发公司注册成立，北京金融街建设正式启动。7月，北京市计委批复在西二环东侧建设金融一条街。

随着金融街一期的开发、建设与运营逐步深入，1998年金融街建设开发公司改制为金融街建设开发有限责任公司，成为有权在金融街地区进行一级土地开发的唯一企业，在经营管理上已成为独立的企业法人。

1999年，北京金融街建设开发有限责任公司为了公司的进一步发展，决定"借壳上市"：1999年12月27日，北京金融街集团与华西集团签订了股权转让协议，华西集团将其持有的重庆华亚现代纸业股份有限公司的4869.15万股（占全部股权比例的61.88%）国有法人股转让给金融街集团。2000年1月15日，财政部批准了该股权转让行为。2000年4月6日，中国证监会批准豁免金融街集团要约收购义务。2000年5月15日，股东大会审议批准了《资产置换协议》，金融街集团全面收购重庆华亚，完成了资产整体置换与主营业务变更。公司成功在深交所上市。整体资产置换完成后，全面退出包装行业，主要从事房地产开发业务。2000年5月24日，金融街集团在深圳证交所办理了股权过户手续。2000年8月8日，公司名称由"重庆华亚现代纸业股份有限公司"变更为"金融街控股股份有限公司"，公司股票简称由"重庆华亚"变更为"金融街"。

金融街控股这次"借壳上市"，可谓意义非凡，为自身的发展开辟了更广阔的前景：首先，金融街控股"借壳上市"之时，正处于中国房地产行业市场化的发展期，发展形势极为光明，特别是其在北京的房地产市场及全国的商业地产市场独具区域优势，通过上市可以促进公司规模的快速增长。其次，通过上市可以丰富公司的融资渠道，股市融资和银行贷款等模式开辟了公司筹集资金的新途径，为金融街二期的开发奠定了基础。至此，金融街地区的建设资金开始由单一的投资商投资向多方位融资转化，金融街控股已成为政府控股、多种所有制持股，在西城区政府的指导下独立进行金融街地区房地产开发的企业。

2. 公司稳步发展第二步：四轮增发融资成功助力企业高速发展

成功的房地产企业往往是在权衡各方面利益关系后，选择有利于自身成长的最佳模式。"借壳上市"后，在机遇更多、选择更多、前景更为广阔的资本市场，金融街控股充分发挥长袖善舞的特点，在保证控制权的前提下，充分运用不同的融资模式，分享利益、共担风险，齐心协力将公司做大做强。在过去的10年间，金融街控股的4轮增发便是成功融资的例证。

在这十余年的开发建设中，如果只是单纯依赖持有物业的租金来进行再投资，资金缺口巨大，难以支持未来新的项目开发及土地储备。这就需要金融街控股在资本市场通过不同的渠道进行融资，增发不失为一个合理的选择。

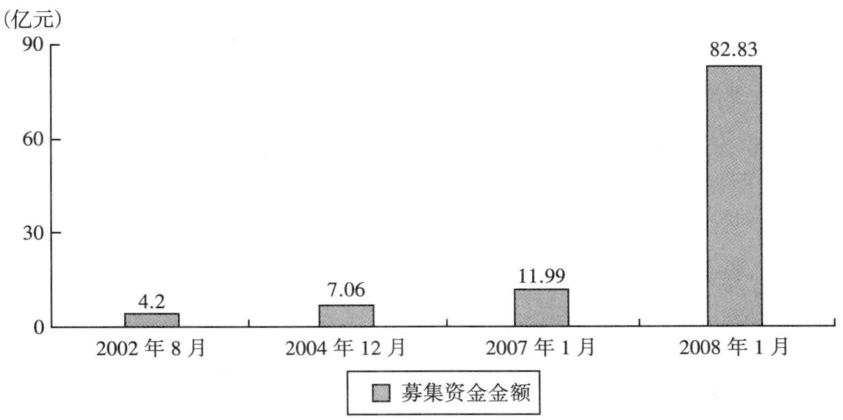

图 3-43　2002 年 8 月~2008 年 1 月金融街控股所进行的四轮 A 股增发及其金额

从图 3-43 可见，金融街控股于 2002 年 8 月、2004 年 12 月、2007 年 1 月及 2008 年 1 月成功进行了 4 轮新股增发，募集资金净额分别为 4.2 亿元、7.06 亿元、11.99 亿元、82.83 亿元，全部投资于金融街区域的建设。募集资金进一步充实了公司资金规模，对公司经营业绩和整体规模的扩大起到了积极影响，同时，有力地保障了金融街的开发建设速度，取得了良好的经济效益，如表 3-15 所示。

表 3-15　金融街控股 4 轮增发所带来的后续影响

增发时间	后续影响
2002.8	2002 年 12 月，金融街重庆置业有限公司成立，公司开始实施“立足北京，面向全国”的战略布局
2004.12	2005 年 9 月，金融街惠州置业有限公司成立，全面启动 24 平方公里金海湾国际滨海旅游区的建设 2005 年 12 月，进军天津，启动 336.9 米天津地标性建筑——天津环球金融中心的建设
2007.1	2007 年 9 月，金融街购物中心盛装开放，标志着公司在北京金融街区域内自持物业的全面开业
2008.1	2008 年 10 月，为拓展业务领域，收购北京奕兴置业有限公司和北京奕环天和置业有限公司，专业经营北京地区的住宅项目

可以看到，每完成一轮增发融资后，金融街控股都会在业务层面实现新的突破，如异地扩张、丰富业态内容、拓展业务领域等，有效推动公司业务的高速发展与扩张。尤其是 2008 年 1 月的第四轮融资，意义更是重大，不但为自己的发展赢得了宝贵的资金支持，更是成功对冲了几个月后全球金融危机给企业带来的经营风险。事实也证明，增发有效降低了公司的资产负债率，改善了公司的财务

状况，资金所投项目，如北京、天津、惠州等城市的项目带来可观的收益。四轮增发后，金融街控股的关键性经营指标，如营业收入、净利润、每股收益等均实现节节攀升，企业实现了跨越式发展。

3. 公司稳步发展第三步：有的放矢收购住宅开发企业，实现业务多元化

自诞生之日起，金融街控股就明确了以商业地产开发为主导的发展战略。近年来，在商业地产领域的不断深耕细作，公司的物业租赁和经营业务收入呈现稳定的态势。随着北京片区开发目标的逐渐完成，金融街控股发现在市场运作中业务类型单一化不利于公司在房地产市场的发展。因此，公司决定进入一个全新的转型阶段：走出北京金融街，开发与持有并重，实现业务多元化。为实现这一目标，金融街控股有的放矢，通过一系列收购等方式完善、优化公司业态结构，低成本获取优质土地储备，迅速实现多元化，完善自己的战略布局，拓展住宅地产新领域。金融街控股2002年以来进行的重大收购如表3-16所示。

表3-16　2002~2011年金融街控股重大收购一览表

交易时间	被收购方	交易标的
2008.3	南昌世贸公寓开发公司	收购85%股权
2008.8~12	北京德胜投资有限责任公司	分两次收购100%股权
2009.10	北京奕兴置业有限公司，北京奕环天和置业有限公司	收购100%股权
2010.12	北京天叶信恒房地产开发有限公司	收购100%股权

10年间，金融街控股的重要收购项目大部分是布局北京的中小型住宅房地产开发商，通过有针对性的收购，不仅化零为整，同时也完成了丰富住宅项目资源及土地储备的目的。

2008年8~12月，金融街控股分两次收购了北京德胜投资有限责任公司的100%股权，金融街控股股份有限公司成为其全资控股的母公司。北京德胜投资公司的开发项目主要位于德胜门附近，是德外危改项目的运营商。德外区域隶属于中关村德胜科技园，为西城区重点打造建设的功能街区。通过全资收购，金融街控股获得了其旗下全部地产项目，增加了在北京中心地区的优质项目储备，符合金融街控股业务发展战略。

金融街控股在二线城市的扩张，走的是一条异地收购、政企合作的捷径。2008年3月，金融街控股与南昌市红谷滩新区管委会签署协议，受让该管委会控股的南昌世贸公寓开发公司85%股权。受让完成后，公司通过世贸公寓公司获得南昌市红谷滩B-5、B-6中部分地块的土地使用权，上述地块规划用地约6.5公顷，用地性质为商业金融、办公用地，地上总建筑面积约25万~30万平方

米。金融街控股正式入驻该市，投资建设其 CBD 金融大街项目。通过异地收购，金融街控股一举进军新城市，并将北京金融街模式成功复制。

2009 年 10 月，金融街控股收购北京奕兴置业有限公司和北京奕环天和置业有限公司的 100%股权，用于专业经营北京地区的住宅项目。2010 年 12 月，公司以总价款 4.83 亿元从北京富力城房地产开发有限公司处收购了北京天叶信恒房地产开发有限公司 100%股权，天叶信恒拥有北京菜西危改项目土地一级开发权。这两宗收购案，体现了金融街控股开拓住宅销售市场，实现业务多元化的努力。一系列的收购案，帮助金融街控股逐渐形成以“商业地产项目为主，住宅地产为辅”的可持续的房地产开发模式。商住结合、同时开发的模式，在地产调控环境下，展现出了不同于单纯住宅开发的优势，商业地产的优良表现有效地对冲了住宅市场的不稳定；反过来，住宅开发不但促进公司业务多元化，其销售也有利于公司营业收入的提高。该模式为公司稳定的发展提供了有效的路径，主业实现高增长。

（三）核心竞争优势铸就成功之道，复制成功经验实现异地扩张

在中国房地产发展黄金 10 年间，在某一年或几年内实现快速成长、扩张，并非难事；但是在这 10 年内保持每一年都更上一层楼，实现持续性健康成长，这样的企业为数不多，而作为商业地产运营商则更是少之又少。大浪淘沙，众多曾经辉煌的房企抵不过市场的残酷竞争，已经掉队，甚至消失。金融街控股能够屹立潮头，靠的是以下成功之道。

1. 完善的治理结构，创造持续、稳健发展环境

要实现持续、快速、稳健的发展，就要求上市公司有完善的治理结构和内部控制制度，在发展的过程中有效地防范风险。自 2000 年资产整体置换上市以来，金融街控股严格按照《公司法》、《证券法》和中国证监会有关规章、规范的要求，完善公司法人治理结构，健全现代企业制度，规范公司运作，保证公司的稳健经营和股东、债权人的权益。

2006 年 9 月，根据《深圳证券交易所上市公司内部控制指引》要求，金融街控股启动了内部控制体系建设与完善工作；2007 年，根据监管部门统一部署，公司开展了“公司治理专项活动”。通过上述活动，金融街控股完善了以股东大会为最高权力机构、董事会为决策机构、董事会专业委员会为决策支持机构、经理层为执行机构、监事会为监督机构，各司其职、各尽其责，相互协调、相互制衡的法人治理结构，完善了《公司章程》、《股东大会议事规则》、《董事会议事规

则》、《监事会议事规则》及各专业委员会工作细则等基本管理制度，完善的治理机构和制度体系确保股东及债权人充分享有法律、法规和规章所规定的各项合法权益。

同时，金融街控股根据公司章程、股东大会议事规则、董事会议事规则和监事会议事规则等制度要求，建立了较为完善的内部控制制度，包括财务管理、重大投资决策、关联交易决策、信息披露管理制度等，对内部约束机制和责任追究机制也出台了明确规定。

健全完善的公司治理保证金融街控股决策事项完整、决策程序完善，公司各重大事项的决策及执行符合监管机关和《公司章程》的规定。自2000年资产置换上市以来，金融街控股严格履行股东大会、董事会及监事会会议召开程序、审议事项，且决策程序符合规定，从而保证决策符合金融街控股发展的要求，保护公司和全体投资者的合法权益。

金融街控股一向致力于公开、公平、公正地披露信息，努力提高信息披露质量，保护投资者合法权益，根据《公司法》、《深圳证券交易所上市公司公平信息披露指引》、《关于加强社会公众股股东权益保护的若干规定》及监管部门关于信息披露方面的规定，制定和修订了公司《重大信息内部报告制度》、《信息披露制度》、《金融街控股股份有限公司投资者交流会工作制度》、《投资者关系管理制度》、《内幕信息知情人登记制度》、《投资者问询回答模板》等制度，从制度上规范公司信息披露流程及各主体应承担的责任，并加强对内幕信息的管理工作，确保投资者可以公平、及时、完整地获取公司信息。

2. 以客户为中心，提供优质产品和服务

客户的认可是金融街控股持续、健康发展的基础。在公司发展过程中，金融街控股时刻把客户的需求放在第一位，着力打造、提供一流品质的产品和服务。在经营过程中，金融街控股高度重视建筑产品质量和生产安全，确保安全施工和运营，提升交付产品的品质和服务。同时，高度重视客户的个性化需求和延伸需求，推动长期合作伙伴关系的建立，推动共同发展。

（1）加强质量管理体系建设，确保交付产品质量。

近年来，金融街控股一直进行质量管理体系认证工作，顺利通过了认证中心的认证审核及监督审核，取得了质量管理体系认证证书。质量管理体系认证的过程及通过提升了公司内部管理的标准化水平。此外，公司制定的《工程质量监督管理制度》（试行）、《质量手册》等8个程序文件，也有效保证了公司质量体系的有效运行。同时，公司严格按照建设部颁布的《建设工程监理范围和规模标准规定》对开发的项目实行工程监理制，委托具有相应资质等级的监理单位负责工程监理，在质量、进度等方面进行控制，公司相关人员现场办公，对监理的工作进行监督，定期参加监理会、审阅监理报告，对重要的技术、生产问题及时报公司研究解决。

除严控建筑产品质量外，为保证向客户交付的产品符合证照、环境等要求，公司实行交付产品内部审验程序，由公司工程、市场等部门联合办理，对拟交付产品列示需要满足的条件，并在确保所有条件达标后报公司审核，确保交付给客户的产品质量、建筑标准等要求符合国家规定。质量管理体系的建设和实施使得公司建设的项目先后获得“长城杯”优质工程及鲁班奖等荣誉称号，客户对产品的满意度不断提升。

（2）加强安全管理建设，确保安全施工和运营。

1）建立安全制度体系。在公司生产和经营过程中，公司制定并完善了《公司安全生产管理办法》、《建筑施工安全生产考核与奖惩办法》、《安全生产与文明施工考核与奖惩办法》、《资产运营安全管理办法》、《资产运营安全考核与奖惩办法》、《资产运营安全管理流程及工作指引》等安全制度和办法，针对不同的物业类型分别制定了安全管理办法和奖惩办法，明确了安全管理工作指引和工作流程，通过建立和使用安全管理信息平台，使公司的安全管理规范化、标准化、智能化。

2）完善安全管理体系。在生产和经营过程中，公司规定了安全管理的组织部门，通过实行“安全网格化管理体系”明确各级安全责任，将工作职责落实到各个管理环节，规定了安全检查考核的依据、评定办法以及相关的奖惩细则。在此基础上，同相关合作单位签订安全协议书，并同公司内部相关管理人员签订安全责任书，提高全员安全责任意识。

截至目前，公司建设项目和自持项目从未发生重大安全责任事故，促进了项目建设和运营的顺利实施，保护了客户的权益，而且多次获得相关部门的奖励。

（3）注重客户延伸需求，推动合作伙伴关系的建立。

在项目建设和经营过程中，金融街控股不仅关注产品质量和安全运营，还要注重客户的延伸需求。一方面，在项目建设过程中充分利用建筑物的自然采光和自然通风，强调阳光、空气和水等生命的基本要素，达到人与环境的和谐统一。公司开发的金融街中心项目、天津环球金融中心项目、融景城项目等均采用了绿色节能建筑技术，不仅符合绿色发展的时代要求，更充分关注到了客户使用的人性化需求。另一方面，通过与有关单位合作主办、承办各类经济、文体活动，为客户提供延伸服务，与客户建立了良好的关系。在北京，公司通过下辖的综合服务中心积极推动北京金融街商会的工作：①认真落实北京市及西城区的金融产业优惠政策；②积极做好区域软环境建设，通过金融街商会成功参与组织了首都金融文化节暨金融博览会、京港金融合作论坛、中国银行业100强排行榜发布会、系列金融街论坛等大型活动，促进了区域内金融机构内部交流和外部交流，提升区域凝聚度。公司在天津、重庆、惠州等地也组织和参与了类似活动，加强区域客户的交流和沟通，满足其延伸性的需求。在此过程中，公司也与大型金融机构等客户建立了长期合作伙伴关系，在满足客户发展需求的过程中促进了公司的发展。

3. 异地扩张，借鉴北京金融街成功经验

自成立之日起，金融街控股一直秉持“建筑城市精神、提升区域价值”的公司使命对城市核心区域进行综合开发，提升城市品质，最大限度地挖掘区域的经济价值。在深耕细作北京金融街的同时，公司决定面向全国、异地扩张。金融街控股借鉴北京金融街的发展经验，同时结合当地房地产特点，成功异地复制，目前在北京、重庆、天津、惠州等地投资并开发房地产项目，扩张成效显著。

（1）金融街在天津。

在天津，公司通过集办公、住宅、商业、休闲、购物等业态为一体的大型城市综合体项目——天津环球金融中心的建设和开发，为海河区域整体环境和未来产业集聚贡献了力量，有效地提高了该地区区域价值和国际竞争力。

天津环球金融中心的建设与发展，展现了天津良好的现代化城市形象。2010年1月，天津环球金融中心的核心项目，高达336.9米的超高层写字楼（津塔）顺利实现结构封顶。项目的建设和开发将为天津带来一座代表世界级建筑水平的地标性建筑，展现了天津城市的良好形象及城市精神。天津环球金融中心已成为和平区的一张靓丽名片。

除此之外，金融街天津公司为区域经济发展做出了卓越贡献。公司在招商引资工作上取得了阶段性成果，中信银行天津分行、中船产业基金、宾利汽车、奔驰等国内外知名企业纷纷落户天津环球金融中心，成为区域经济发展新的增长点。目前，天津公司已累计上缴税金6.78亿元，为和平区的发展做出了积极贡献。2010年，金融街天津公司被天津市和平区委、区政府授予“和平区2010年度功勋企业”荣誉称号。

（2）金融街在重庆。

在重庆，金融街控股通过金融街·重庆金融中心项目的建设，为长江上游地区经济中心的建设贡献了力量。公司秉承自身使命，根据国务院建立“长江上游地区经济中心”的规划及重庆江北区战略要求，率先提出助推重庆打造长江上游金融中心的设想，与江北区政府、江北区中央商务区开发投资有限公司正式开展推进长江上游金融中心建设战略合作，并积极推进项目的建设开发。

根据重庆市委、市政府打造长江上游金融中心的战略部署，金融街控股于2009年4月开工建设重庆金融中心项目。金融街·重庆金融中心作为江北嘴金融核心区首个建成的高档金融商务写字楼项目，于2010年12月交付使用。金融街·重庆金融中心的竣工交付，不仅标志两江新区江北嘴金融核心区正式起航，也是重庆建设长江上游金融中心的重要进展。国家开发银行、中国人保寿险、平安保险、华夏银行等大型金融机构相继整体入驻重庆金融中心，切实推进了江北嘴成为长江上游金融中心的进展，为金融区域的建设打下了良好的基础，也为金融资源的集聚贡献了力量。借助成功开发运营北京金融街的经验，金融街控股在重庆形成一个以金融街·重庆金融中心为核心的具有影响力的高端金融产业功能区，成为促进重庆经济发展的增长点。

（3）金融街在惠州。

金融街控股在惠州的发展也充分结合了当地经济和社会发展的特点。通过5年的开发建设，金融街控股在惠州的旅游度假地产不断朝着特色国际滨海旅游度假胜地的方向发展，推动惠州跻身中国旅游度假的知名地区。

2010年，公司建成了天后宫民俗风情街，创新地将滨海旅游的国际度假休闲与传统文化陶冶有机结合，使金海湾特色滨海旅游脱颖而出。2010年，金海湾项目所在区域获得“金海湾国际滨海旅游度假区国家4A景区”称号，使该地区的旅游知名度上升到一个新的台阶。

金融街控股努力推动当地经济，与当地居民共同发展。其旅游地产项目在惠州的发展，刺激了当地就业，拉动了当地居民收入增长。项目的开发、商业及旅游等产业发展吸引了大量农（渔）民就业。金海湾项目中的天后宫民俗风情商业街项目，对当地村民实施招商特殊优惠政策，利于当地村民就业及自主创业，实现共赢。

总结金融街控股异地扩张的成功经验，可以看出天津、重庆等地的金融街项目皆以北京金融街的成功为参考依据，即地产开发与产业打造并重，以地产作为平台，产业发展铸就核心；通过房地产开发和产业打造，完善城市功能，促进经济发展，提升区域价值。金融街控股在进入新城市方面有如下特点：

1）选址目的性明确，区域优势明显。金融街控股进入各城市之前，该城市均缺乏金融管理中心或者财富管理中心；金融街控股的入驻，满足了所在城市对商务地产的渴求，开发优势可谓得天独厚。

2）开发概念特点突出。金融街控股的发展目标是建成当地的金融管理中心，明确的概念在市场竞争中具有鲜明的特色，可以有效吸引明确的客户群体。

3）区域产品极具特色。像天津第一高度——津塔、重庆的国际甲级写字楼群——重庆金融中心等产品均已成为当地的地标级建筑。

4）开发模式与众不同。公司作为区域总体开发商和土地独家开发商，具备根据市场需求决定市场供给的条件，最大限度地避免了外部波动对区域发展的冲击。

（四）创新发展：推进管理标准化，实施绿色地产战略

1. 促进管理标准化，提高管理效益

创新是企业持续发展、保持核心竞争力的基石。金融街控股高度重视创新工作，在管理创新、产品创新等方面积极开拓。自2006年起，公司启动创新评选活动，在集团的日常工作中进行管理创新、产品创新，促进了公司管理效率的提高、产品的优化和资源的节省。

截至2011年，公司共评选出创新项目约244项，其中多项创新项目获得了北京市及西城区相关部门的奖励，如“电子采购平台”曾获“北京市群众性经济技术创新工程优秀成果”奖，“房地产一体化信息管理平台的构建与实施”、“购物中心标准作业（SOP）体系”获得北京市第二十三届创新成果评选一等奖等。

随着公司及外地开发项目增加及利润中心向子公司转移，公司规范、专业的总部管理体系和模式逐渐建立。为此，公司全力推进管理标准化、信息化，同时不断完善内部控制及风险防范体系的建设，用于提高管理效率，提升管理效益。通过一体化信息管理系统的建设，公司将项目进度、质量管理、安全管理、市场营销、设计管理、招标采购管理贯穿在一个平台上，从而提高了公司的管理控制水平，加快了信息流转的速度，提高了工作效率，节约了管理资源，提升了管理效益。

2. 重视低碳经济，着力发展绿色商务地产

绿色建筑，尤其是绿色商务地产，在未来10~20年甚至更长的时间，将是房地产行业发展的趋势之一。在绿色商务地产方面准备的充分程度，直接关系到金融街控股未来的发展机遇。因此，2009年8月，金融街控股董事会批准了公司《建筑可持续发展（绿色商务地产）发展规划及产品研究中心组织规划》方案，

划拨专门经费，设置专职研究机构，对绿色商务地产进行研究并加以运用。

2009年，金融街控股正式制定并实施绿色地产发展规划，确定了"实现具有'良好的环境友好性、资源有效性、文化和谐性、经济适宜性'的绿色地产开发"理念，并以开发建设"绿色建筑"作为实现绿色地产理念的有效载体。2010年，金融街控股完成了《建筑可持续发展（绿色商务地产）规划》及《绿色商务地产产品三年实施规划》，根据所制定的绿色地产发展规划，金融街控股将以建立顺畅的绿色建筑标准化工作流程为目标，在公司绿色地产的研发机构、工作体系、合作体系、指标体系、决策体系的建立和完善方面开展工作，在确保公司开发项目100%符合现行相关节能规范要求外，推动公司开发的项目获得绿色建筑认证。

2009年至今，金融街控股将"绿色建筑"设计原则与项目特点有机结合，在多个项目上应用了众多绿色建筑技术，在建筑低碳、节能等方面做出努力。

金融街控股开发的天津环球金融中心项目，包括津门项目（酒店和公寓）和津塔项目（写字楼），其中津塔项目建筑高度超过300米，规划建筑面积34万平方米，是公司开发的第一个超高层写字楼项目，是多种绿色建筑技术的集成体。项目开发建设中采用的新技术可有效地降低项目建设和使用中的能耗，其采用的大温差供冷冻水技术可节省空调水泵运行能耗30%~40%；采用的大温差变风量空调技术可节省空调风机运行能耗20%~30%，还可以提升区域的空气品质；采用的高效静电除尘技术具备自动清洗功能，控制臭氧含量低于国标，比色法过滤效率大于95%（0.5微米），空气过滤效率可达到F7级标准，优于普通机组袋式中效F6标准。此外，该项目还采用了二次泵变流量技术、空调内外分区技术、过渡季全新风运行技术、冬季冷却塔免费供冷技术、采用双轿厢电梯、电梯电能回馈等新技术，皆可以在项目使用过程中节省能源，也可以为使用项目的客户提供良好的空气和舒适的办公条件。

金融街控股在复兴门项目的设计中已经规划采用双层呼吸式幕墙技术、空调外融冰蓄冷技术、大温差变风量空调技术、过渡季全新风运行技术、冬季冷却塔免费供冷技术、智能灯光控制技术、区域个性化照明技术等九种绿色节能技术，预计项目建成后的建筑能耗降低幅度达26.6%。

金融街控股开发的融华世家住宅及商业项目，同样采用多项绿色建筑技术。项目注重与环境的和谐共生，避免在开发和建设过程中对周边环境造成影响，整个场地绿化植被选用北京当地物种，采用可渗透地面以减少雨水径流，增大雨水渗透。在节能降耗方面，保温体系采用外墙外保温，各细部位置作相应的保温处理，采用低温地板辐射系统，在提高室内舒适度的同时达到节能效果，采用太阳能热水系统为楼内 100%住户提供生活用热水。在节约水资源方面，采用高效节水器具，并利用中水进行冲厕、道路冲洗和景观灌溉，非传统水源利用率可以达到 32.26%。在室内环境品质方面，项目设计与建造考虑日照和采光效果，以达到自然通风效果，同时通过软件进行效果验证，并根据结果对建筑方案进行优化，使室内达到最佳的舒适环境。自然通风的有效性在满足室内住户热舒适控制的同时，达到降低能耗的效果。北京融华世家住宅及商业项目的 1 号、5 号、7 号楼均在 2010 年取得“二星级绿色建筑设计标识证书”。

在房地产行业复杂多变的形势下，金融街控股一如既往地坚持发展战略、发挥自身优势，顺势而为、适时应变。无论外部市场如何变化，金融街控股持续为股东创造价值，继续实现更加稳定和均衡的增长。作为“中国蓝筹地产企业”和“商务地产龙头企业”，金融街控股始终坚持经济效益和社会效益并重，在实现企业快速发展的同时，遵循社会公认的商业伦理和准则，与客户共同成长、为股东带来良好的回报、支持社会公益，实现了企业与利益相关者的协同发展，为社会的发展做出了积极贡献。

（五）金融街控股大事记（见表 3–17）

表 3–17 金融街控股大事记

事件	时间	说明
成立	1992 年 6 月	北京金融街建设正式启动，北京金融街建设开发公司注册成立
动工	1994 年 8 月	北京金融街第一个项目金阳大厦破土动工。通泰大厦、投资广场、平安大厦、建行大厦相继在年内动工
上市	2000 年	收购重庆华亚，完成资产整体置换与主营业务变更，成功在深交所上市，正式启用金融街控股股份有限公司名称，股票简称为“金融街”，股票代码“000402.SZ”
跨区域开发	2002 年	12 月，金融街重庆置业有限公司成立，公司开始实施“立足北京，面向全国”的战略布局。公司房产开发收入首次超过土地开发收入
产业链完善	2003 年	“一行三会”全部落户北京金融街。北京金融街综合服务中心及北京金融街商会相继正式成立
区域扩展	2004 年	“泛金融街”概念首次提出，成为金融街未来“西拓”和“南扩”的雏形
异地发展	2005 年	9 月，金融街惠州置业有限公司成立，先后启动 24 平方公里金海湾国际滨海旅游区的建设。12 月，启动 336.9 米天津地标性建筑——天津环球金融中心的建设
新业务拓展	2006 年	3 月，金融街（北京）置业有限公司成立，负责公司在北京的其他房地产开发项目
北京金融中心地位确定	2008 年	5 月，北京市发改委公布《中共北京市委北京市人民政府关于促进首都金融业发展的意见》，明确提出以金融街为北京金融业主中心区，以 CBD 为副中心区
加强住宅业务经营	2009 年	10 月，收购北京奕兴置业有限公司和北京奕环天和置业有限公司，专业经营北京地区的住宅项目
异地业务持续发展	2010 年	国家开发银行、中国人保寿险、平安保险、华夏银行相继整体入驻重庆金融中心，标志着以产业整合带动区域发展的“金融街模式”在国内其他重点城市取得成功
	2011 年	3 月，天津环球金融中心津塔写字楼竣工，全面招商启动，中信银行天津分行成为津塔写字楼首批大客户之一

三、宝龙地产：相随城市成长　铸就行业经典

秉承“宝龙与城市共成长”的品牌理念，宝龙地产致力于成为中国快速城市化进程的重要参与者和推动者。依托清晰的发展战略、准确的定位、先进的商业模式和较高的品牌认可度，宝龙地产正逐步向着中国最具规模和影响力的商业地产运营商稳步前进，不断为城市的发展与繁荣贡献着自己的价值。

（一）中国领先的城市综合体运营商

宝龙地产控股有限公司（股票代码：1238.HK，以下简称“宝龙地产”）是中国领先的商业地产上市企业，专注于开发及经营高质量、大规模、多业态的综合性商业地产项目。企业所开发的“宝龙城市广场”集大型购物中心、超市、百货公司、零售店、电影院、美食广场、优质住宅物业及其他休闲设施于一体，是所在城市的最大型综合商业地产项目之一。目前公司的 26 座城市综合体分布于天津、上海、重庆、福建、江苏、山东、河南、安徽、浙江等省（市）内 22 个增长迅速的城市，总开发面积超过 1200 万平方米。截至 2011 年年底，公司的总资产达 340.04 亿元，净资产为 144.05 亿元。宝龙地产已多次被评为中国房地产百强企业、中国商业地产领先品牌和中国房地产上市公司十强，不断打造行业经典项目。

1. 业绩增长步入理性，持续盈利前景可期

2011 年，宝龙地产实现营业收入 52.54 亿元，同比增长 18.53%，其中物业销售、酒店及物业投资等各类业务均实现显著增长，为全年良好业绩奠定了基础，同年公司的净利润为 35.50 亿元，同比增长 11.46%，如图 3-44 所示。

随着中国快速城市化的进程，宝龙地产的业绩一直保持了较快增长，2006~2011 年，企业营业收入的复合增长率达到 67.14%。特别是 2009 年赴港上市后，依托资本市场的支持，宝龙地产的发展迈入了新的阶段，当年企业的收入与利润增幅均突破了 100%，净利润增长率甚至达到了 224.44%，增长势头强劲。在房地产行业面临调整之际，宝龙地产的管理层认识到，稳定发展将成为未来房地产企业的趋势，因此适度调整了企业的发展节奏，更多地专注于模式打造和品质提升，以获得更具持续性的增长，而企业近两年走出的稳健增长之路正是对这一战略调整的最好诠释。

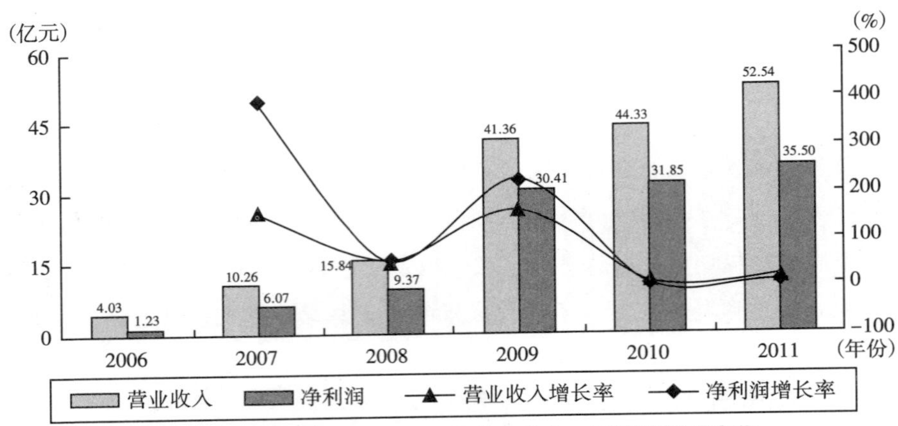

图 3-44 宝龙地产 2006~2011 年营业收入、净利润及其变化

作为较早进入中国商业地产领域的企业，宝龙地产已经逐步形成了自己独特的盈利模式。如图 3-45 所示，宝龙地产收益水平不断提高，2011 年每股收益为 0.85 元，同比增长 16.82%。宝龙地产通过分阶段开发物业来平衡短期与长远的收益，即在早期通过销售住宅物业及部分商业物业产生良好收益的同时，战略性地长期持有优质商业物业，以获取更具持续性的增长基础。基于此种模式，宝龙地产近几年的每股收益水平一直保持得较为稳定，为海内外各类投资者提供了较好的价值回报。伴随着业绩步入理性增长轨道，宝龙地产的盈利前景仍然十分可期。

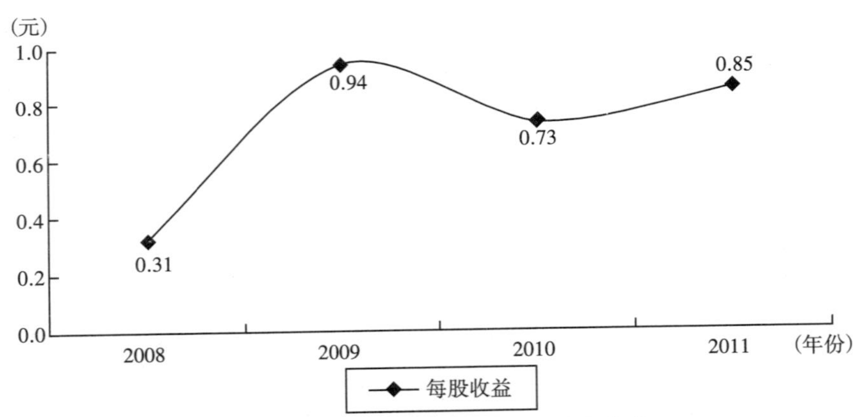

图 3-45 宝龙地产 2008~2011 年每股收益

2. 商业地产运营价值彰显，资本市场广受关注

良好的业绩表现不仅为股东、员工、客户带来了实实在在的价值，更使宝龙地产在资本市场获得了极大关注。宝龙地产于 2009 年在港交所成功上市，对中国商业地产业的发展而言，具有里程碑式的意义，它标志着海内外资本市场已逐

步认可中国商业地产市场的价值，对中国商业地产企业的经营实力也充满信心。上市当日，宝龙地产高开12%，并一度高升至3.15港元，高出招股价14.5%，也足见市场对于企业发展前景的期待。

宝龙地产上市以来，尽管国内外的资本市场都出现了深度调整，但企业的市场表现相对而言较为稳健，国内商业地产领先企业的风范尽显。其实，无论是专注于城市综合体的独特商业模式，还是广泛布局二、三线城市获取市场机遇及低成本优势，无一不彰显出宝龙地产发展商业地产的气魄与智慧，投资价值深获市场认可。也正是基于此，宝龙地产已成为国际资本市场了解中国商业地产的一面镜子，正不断地获得关注与支持。

（二）依托上市平台打造多元融资体系，规模化扩张获保障

相对于住宅开发而言，商业地产项目一般开发周期较长、资金占用数额大、资金回笼缓慢，开发商自有的资金规模远不够企业发展的需要，所以资本运作水平的高低对商业地产商的发展有着重要的意义。宝龙地产向来注重资本运作平台的打造，与国内外金融、投资机构建立了广泛而稳定的合作关系，开拓了涵盖银行贷款、债券及信托等多元化的融资渠道，特别是2009年上市以来的每一次资本运作，都为企业的规模化扩张提供了坚实的基础。

1. 赴港上市意义深远，开启全国化拓展新格局

2009年10月14日，宝龙地产在香港联合交易所主板上市，成功迈向国际资本市场，成为厦门首家发行H股的地产企业，也是第一家真正意义上的大陆在港上市的商业地产公司。宝龙地产以招股价2.75港元，实际发行了10.87亿股，共募集资金净额21.58亿元。2010年3月，宝龙地产被纳入为恒生综合指数成份股，按行业被分为地产建筑业类，按规模被分为恒生香港中型股指数，在海外资本市场中日渐扮演起重要的角色。

在经历了2008年金融危机及市场深度调整后，宝龙地产的成功上市也为行业带来了更多的信心。对宝龙地产自身来说，已通过资本市场这个平台步入商业地产业务发展的快车道。上市后，无论是对企业快速全国化布局的资金问题，还是有效改善财务结构、规范治理模式，企业都获得了充足的支持，业绩蒸蒸日上。

依托资本市场提供的资金支持，宝龙地产加速了全国化市场布局与业务整合。在上市不久的2009年12月，宝龙地产以2.28亿元取得了即墨项目，新增土地储备规划建筑面积达57万平方米；2010年，企业的扩张战略进一步加快，在上海、天津、杭州、合川、长春、安溪及厦门等地新增了7个项目，当年新增

土地储备规划建筑面积超过200万平方米。与此同时，企业将业务扩展至酒店领域，业务组合更趋丰富。

成功上市也极大地改善了宝龙地产的财务结构，企业运营更趋稳健。上市之前，宝龙地产的资产负债率一直处于75%以上，而2009年企业用IPO所筹集的资金赎回了抵押债券与票据，清偿了新乡项目、烟台项目、宿迁项目、李沧项目及盐城项目尚未支付的土地出让金，有效地改善了负债水平，上市当年其资产负债率即降至43.34%，且此后几年资产负债率一直维持在60%以下，为企业的稳健发展铺平了道路。

2. 多通道获取海外资本支持，有效护航稳健经营

上市为宝龙地产打开了通往国际资本市场的大门，随后企业在多个融资渠道均实现突破。2010年以来，中国房地产市场进入了“史上最严厉的调控时期”，在限购、限贷、限价等政策的影响下，住宅地产市场陷入被动，商业地产则因其政策规避效应获得较大关注，进入快速发展期。为满足企业快速扩张对资金的需求，宝龙地产于2010年9月成功发行2亿美元5年期高级无抵押债券，当年企业还获得银行新增贷款19.11亿元。基于宝龙地产立足于二、三线城市、多元化发展的模式受政策调控影响小，资本市场认可度较高，这次发债也获得了穆迪给予的“B1”评级。在成功发债几天后，宝龙地产便以2.02亿元成功摘得上海广富林2-8号地块，在总部迁至上海后成功开启了当地市场。

2011年房地产调控持续深入，国内信贷资源全面紧缩，房地产企业融资难度进一步加大，而宝龙地产则继续发挥海外资本平台优势，于2011年3月成功发行7.5亿元人民币以美元结算的优先债券，并于同年9月向中国人寿信托有限公司发行了一笔3年期10亿港元的优先票据，此外企业还获得了一笔4700万美元的银团贷款，有效改善了现金流状况。调整期获得的大规模海外资金，为企业逆势实现业务扩张奠定了基础。2011年，宝龙地产旗下6家新商场与2家酒店成功实现开业运营，当年企业还在4个城市新增了6块土地储备，保障了未来的可持续增长。

在多元融资通道的支持下，宝龙地产在优化借贷结构、平衡财务风险等方面有了更大的空间。2011年，宝龙地产通过海外发债、银行贷款等融资方式，新增了67.57亿元的中长期借款，企业借款总额达到116.72亿元。随着负债规模的扩大，宝龙地产也愈发重视借贷结构的合理性，短期借款比例不断降低，中长期借款的比例则逐步扩大。对于开发周期较长的商业项目而言，这样的借贷结构更有利于控制资金的流动风险，有利于宝龙地产众多项目的长期可持续发展。

从近几年海内外金融市场的表现来看，宝龙地产选择在港上市无疑是一个十分关键的战略举措。因调控影响，国内资本市场已暂停了房地产企业的 IPO 审核，配股、增发等再融资渠道也基本停滞，而宝龙地产等在港上市公司则仍有较为通畅的国际融资通道，可不时通过发债、海外银团贷款等方式获得资金支持。而充分利用资本平台进行长短期债务结构的调整，也是宝龙地产在资本运作中的另一亮点，必将对企业的稳定发展产生较为长远的影响。

（三）精准战略与独特模式共同铸就商业地产领先品牌

随着中国房地产业转型升级步伐的加快，众多房企纷纷加快了在商业地产、产业地产等业务的拓展；而宝龙地产作为早期进入中国商业地产领域的企业，已经积累了丰富的商业运作经验，并在全国各地打造了多个经典项目，无疑已经成为商业地产成功经营的标杆。宝龙地产快速成长的背后，企业卓越的战略决断力、独特的经营模式以及持续的标准化建设发挥了重要作用，这也进一步铸就了宝龙地产良好的品牌形象，推动企业实力不断提升。

1. 锚定商业地产，科学布局中国最具成长性的潜力城市

> 许健康：“对中国经济和商业零售行业发展的信心，促使我们坚定地走商业地产这条路，并且还要继续扩张。”

秉持致力于成为中国快速城市化进程的重要参与者和推动者的企业使命，宝龙地产做出的每一次战略部署都紧随国内社会经济的发展脉搏。无论是早期以较大的魄力布局商业地产，还是捕捉城市化机遇坚持聚焦二、三线城市发展，皆显现出企业卓越的战略视野与执行力。

2003 年开始，宝龙地产在多个城市打造集购物、旅游、娱乐、餐饮、休闲、游乐、文化、酒店式公寓等功能为一体的城市商业广场品牌——宝龙城市广场，战略性布局商业地产。彼时，住宅开发经营的高利润正成为行业的关注焦点，引导着一批批地产企业争相扩大开发业务规模。但宝龙地产找到了一条更具可持续性的发展道路，毅然涉入商业地产，推动城市再造，在保障企业效益的同时更好地推动了地方经济与社会发展。

可以说，宝龙地产的这一战略决策，是企业决策层深刻洞悉中国社会经济发展脉络与趋势、汇聚多年商业经营智慧与魄力而做出的，事实也一再证明这一战略极具前瞻性。伴随着中国经济发展及居民生活水平的提高，商业零售业正持续步入发展高峰，单在 2012 年中秋国庆长假期间，全国重点监测零售和餐饮企业

销售额达8006亿元，比2011年国庆期间增长约15%，增幅继续保持了较快水平，商业地产市场仍面临着较好的发展机遇。但反观国内大多数二、三线城市，商业配套建设仍不健全，商业运营管理与服务水平也难以满足现代消费的需求，整体商业功能的发挥还有很大的提升空间，这也正是宝龙地产坚定涉入商业地产领域并持续打造核心竞争力的信心源泉。

时至今日，宝龙地产对于商业地产的坚持逐渐获得源源不断的回报，截至2012年10月，企业已在营业的持有商场达12个，分布于国内多个城市，上半年租金及管理费收入达2.41亿元，同比大幅增长70%。商业经营规模的扩大有力地促进了企业的业绩增长，特别是在调控与转型的大背景下，宝龙地产商业持有业务的稳定增长为开发业务发展提供了重要的支持。而宝龙地产在近10年商业地产经营中累积的经验与资源优势才刚刚显现，伴随着商业市场规模的持续放大，企业的成长前景仍十分值得期待。

对宝龙地产成长的另一期许还来自于企业一直秉持的深耕二、三线城市的布局战略。宝龙地产目前所进入的22个城市，大多为经济增长迅速、城市化潜力大的二、三线城市。目前，中国的二、三线城市正处于快速城市化的关键时期，品质好、运营水平高的城市综合体项目在其中能获得更大的发展机会。一方面，二、三线城市的规模与人口持续扩大，消费规模不断攀升，消费升级的需求也日益迫切，宝龙城市广场依托其在项目定位、设计、业态规划及经营管理等方面的先进理念，打造出所在城市的商业地标和经济名片，持续提升地方商业消费水平，满足消费者和地方政府的多重需求，品牌影响力日益彰显；另一方面，相对于土地市场竞争激烈、商业消费市场日渐饱和的一线城市，二线城市的拿地及运营成本较低，也更适宜宝龙地产实现快速拓展，获取更多的市场份额。多年来，宝龙地产正是伴随着中国二、三线城市化的进程实现了自身的快速发展，相信未来更长一段时间，二、三线城市仍是企业成长的重要推力。

宝龙地产董事会主席许健康曾说："我们会阶段性地选择合适的市场进入，为了整合资源、提高效率，我们发展的战略方向之一就是选择优势区域，进行区域化拓展和管理。"这进一步显现出了企业对于城市选择战略的慎重。在实际操作中，宝龙地产依托自身发展情况及战略定位，紧密结合中国各类重点区域的发展规划，科学、有效地进行了市场布局。目前企业已在上海、天津、青岛、郑州、洛阳、无锡、杭州、福州、泉州、厦门、新乡、盐城、宿迁、重庆、烟台、李沧、即墨、蚌埠、泰安、镇江等城市发展宝龙城市广场项目，已基本实现了对环渤海、长三角、珠三角（包含海西）和中西部地区的覆盖，并辐射到几大区域的核心城市，全国化发展格局逐渐形成。其中，已开业或即将开业经营的宝龙城市广场主要分布于青岛、郑州、洛阳、无锡、杭州、福州等城市，整体经营状况良好，特别是 2011 年新开业的 6 个项目出租率皆超过 90%，客流量增加了 23%，进一步夯实了企业业绩增长的基础。

不难看出，无论是前瞻性涉入商业地产领域，还是战略性布局二、三线城市深耕发展，在宝龙地产发展的每一个重要节点上，企业科学、合理的战略决策都发挥了重要的作用，这也正是其能充分受益于中国城市化进程、顺应行业发展大势进而实现业绩飞跃的关键所在。

2. 标准化模式日趋成熟，高效运营优势尽显

从一开始，宝龙地产对于商业地产模式的理解就到了一个较高的层次，许健康曾表示："宝龙地产的购物中心一寸都不卖。"

拥有独特的商业模式和标准进而引领行业发展，是大多数企业走向成功的必经之路，房地产业亦是如此。基于房地产市场的快速发展，大多数中国地产企业的盈利模式都较为简单，依托土地升值与房价增长快速实现住宅开发与销售，而像宝龙地产这样专注于商业地产持有经营的企业少之又少。宝龙地产始终从更长远的眼光看待自身的发展，做完整化的业态开发，营造最完善的购物环境，坚持持有核心的商业物业。在实际操作中，对综合体项目中的住宅、酒店式公寓、SOHO 办公以及商业街等都进行快速销售，以平衡现金流；而对综合体中的购物中心等核心商业则坚持持有经营，实现更长远、可持续的收益。其背后显现的是宝龙地产经营地产业务的独特理念：企业发展房地产的目的是为了持有，不会以简单的"开发就是卖"的角度来经营，销售的部分是为了更好地支撑持有的部分，以实现永续发展。也正是这一区别于普通地产企业的发展理念，激励着宝龙地产打造出成功的商业地产经营模式与标准，成为行业发展的标杆。

具有现代意义的商业地产经营在中国的起步较晚，可供参考与借鉴的理念与经验少之又少。宝龙地产在成为中国领先的城市综合体运营商目标激励下，一直专注于商业地产运营的探索与尝试，并形成了自己专业化、精细化的发展模式，将商业项目的开发与持有提升到了一个新的境界。宝龙地产打造的商业项目，不仅追求建筑功能的完美，更强调业态组合的合理与完善，由此形成了宝龙城市广场的"1+N"商业模式。其中，"1"即指标准化的购物中心，涵盖大型超市、百货、影院、KTV、电玩等；"N"则指商业街、酒店式公寓、联排别墅、高尚公寓、星级酒店等。这样就形成了一个集购物、旅游、娱乐、餐饮、休闲、游乐、文化、酒店式公寓等功能为一体的城市综合体，多种商业、休闲功能紧密连接，最大化满足目标消费群体的全方位需求。这种商业模式下运营的宝龙城市广场大多为所在城市最大的综合商业地产项目之一，会聚了充足的人流与物流，真正促进了城市功能的提升，强化了对区域经济的辐射和带动。

成熟的商业模式为宝龙地产商业地产经营的成功奠定了基础，但要快速实现全国化的布局，还需宝龙地产开拓一种能大规模复制的产品与管理体系。为此，宝龙地产利用自己多年积累的商业地产开发经验，持续完善标准化体系的建设。宝龙地产的标准化模式即选址标准化、建筑设计标准化、业态组合标准化、运营管理标准化。宝龙地产开发商业地产项目，不只关注其短期的市场表现，更着眼于项目的长期发展空间和后期经营能力，为此企业对项目选址与设计确定了严格的标准，同时在业态规划、商家组合等方面也都形成了标准化配置：从超市、百货等零售业态到影院、KTV等休闲形态，应有尽有，商家更是包括了TESCO、家乐福、沃尔玛、肯德基、麦当劳、新世界、苏宁等国内外知名品牌，形成了多元、稳定的标准组合。而在上市后，宝龙地产对管理标准化的建设有了更严格的要求，为此企业将员工工资的较大比例用于激励考核，以加速管理提升进程。

正是基于产品研发、技术指标、制度流程等多个标准化体系的建立，并以编制成工具书的形式参照执行，宝龙地产迈出了快速高效的扩张步伐：每一个宝龙城市广场从选址、设计、业态与商户组合、管理经营，都实现了有章可循，基本能在开工后20个月即实现开业运营。

与普通模式相比，这种高效的标准化模式极大地缩短了项目运营周期，也有效推动了招商进程，为快速实现现金回流、保障稳健运营奠定了重要基础。同时，标准化的管理也让宝龙地产进一步提升了成本控制水平，开发运营成本平均降低了20%以上，使其与商业地产同行相比实现了更可观的利润率。更为重要的是，标准化模式能最大化控制快速扩张过程中的风险因素，避免在规划设计、招商及运营管理等环节中过多的人为干预，保障了项目的长期成功。为保持自己的行业地位，宝龙地产未来计划每年都将新增3~5个持有的商场。

3. 全方位打造专业品牌形象，夯实企业软实力根基

致力于成为中国快速城市化进程的重要参与者和推动者，针对不同成长阶段城市生活的需要，有效汇集各方力量，追求产品和服务的至上完美，为当地消费者奉献精彩的生活，与合作伙伴分享事业的成长，这是宝龙地产的品牌承诺。

随着行业发展格局的变化，商业地产也面临着较大的竞争压力，而品牌是企业在市场调整期规避风险、高效整合资源的制胜法宝，更是企业实现基业长青的重要支柱。宝龙地产一直注重推进全方位的品牌建设，实现了品牌资产的快速沉淀。在2012年中国房地产品牌价值研究中，宝龙地产的品牌价值达32.91亿元，继续位居中国商业地产公司品牌价值TOP10的前列，影响力不断扩大，品牌已经成为企业获得消费者、社会各界以及资本市场持续关注的重要名片。品牌建设是一个需要长期坚持的系统性工程，需企业充分挖掘内外部资源、多渠道实现良好形象的塑造。作为一家在香港公开上市的知名企业，宝龙地产深深地明白这个道理。企业不仅在完善品牌理念、品牌管理、品牌传播等方面走在行业前列，更是充分利用自身的品牌平台聚集了一大批国内外知名品牌商家，通过品牌联合实现更强的品牌效应。此外，积极履行社会责任也进一步提升了企业的品牌美誉度。

宝龙地产一直相信，在中国快速、多样的城市化进程中，蕴涵着其固有的成长规律和特殊奥秘，企业将持续致力于成为其间的重要参与者和推动者，为此企业确定了“宝龙地产与城市共成长”的品牌定位。而一系列品牌理念的确立与实施会紧紧跟随市场的发展趋势，特别要契合核心消费群体的主流需求。在自有品牌的发展中，宝龙地产一方面关注目标消费群体的现实与潜在需求，另一方面也关注所在城市及其辐射区域的需求，以此对产品与服务进行动态优化，有效提升品质和经营效率，从多层级、全要素的视角实现了品牌顾客价值的培育。在品牌的市场价值层面，宝龙地产迄今已在全国22个城市打造出38个物业开发项目、26座城市综合体，市场份额持续提升，品牌辐射范围加速扩展，树立了全国商业地产龙头的企业形象。在品牌传播层面，宝龙地产一直不遗余力地加大各种资源投入，整合新媒体和传统媒体对企业和项目进行展示，品牌形象在主流受众心目中占据了一席之地。

商业地产品牌的成功树立，不仅需要拥有充足的消费客群做基础，也离不开众多优秀品牌商户资源的支持，投资运营商与各类商家之间的合作与互动将伴随着产业的成熟而日益紧密。宝龙地产十分重视商户资源的挖掘和培育，并通过一系列举措不断提升对商户的服务水平，实现企业品牌和合作商品牌的共荣发展。2010年2月，宝龙地产将总部从厦门迁到上海，引起了社会各界的广泛关注，此举也成为了企业品牌提升的重要策略。在上海这个国际大都市，优秀品牌商家聚集，使宝龙地产能充分发挥自己累积的知名度与影响力。迁入上海不久后，宝龙地产即与乐购、百盛百货、横店、喜达屋、苏宁电器等42个国内外著名品牌商家结成了战略联盟。通过品牌间的协同发展，合作方可以借助彼此的专业能力和品牌地位实现更多的客源集聚，加速营造商圈氛围，为今后稳定、持续的规模化扩张打下了良好基础。

如果说商业市场的成功奠定了宝龙地产品牌的根基，那么坚持致力于社会责任的奉献则为宝龙地产品牌的成长注入了源源不断的新鲜血液。作为董事会主席，许健康的拳拳报国之心一直激励着宝龙地产在服务社会的道路上踏出无数个坚实的脚步。多年来，宝龙地产在捐助教育、灾难救助、援建地方等方面投入了巨大的财力与物力，全方位诠释着自己对于教育与慈善的重视。更令人瞩目的是，许健康曾捐资3900万元支持“新农村建设”，与中央统战部、北京大学共同打造建设社会主义新农村典范的工程，迄今已取得了良好的社会效应；这也让宝龙地产的公益行为与国家建设战略实现了有效衔接，开创了公益事业发展的崭新模式。迄今，宝龙地产在公益及慈善领域已捐款超过2亿元。社会责任理念的持续彰显为企业品牌增加了更多的亮色，至今，宝龙地产已多次蝉联中国房地产年度社会责任感企业，并获民政部中华慈善奖，品牌形象深入人心。

今天，当越来越多的开发企业蜂拥进入商业地产的时候，先行一步的宝龙地产已经成竹在胸，正沿着自己的战略步调稳步前进。对于宝龙地产来说，下一步的发展既追求规模的突破，更强调经营品质的提升。未来一段时期内，宝龙地产将本着稳健经营、精益求精的经营方针，每年计划新增3~5个自持商场，通过不断提升产品品质和商业经营水平以巩固市场领先地位。在业务发展层面，宝龙地产仍将以长三角为中心，将环渤海、中原地区、海西作为重点拓展区域，形成社区商业综合体、区域商业综合体和城市商业综合体三条产品线的业态和品牌组合，不断推进差异化经营策略。同时，企业仍将推进产品的标准化与模块化，实现70%以上的产品方案设计可以进行复制，并于两年内推出1~2个具有全国影响力的标杆性项目，进一步提升宝龙地产的品牌高度。在资本运作层面，宝龙地产将继续加强金融创新，依托商业模式与品牌获取更多资金方的支持，并将择机推进自持物业的金融化，通过盘活已有资产以获取更多的资本空间。

不可否认的是，宝龙地产一步步的成功脱离不了中国城市化快速推进的大环境，但更重要的在于企业始终坚信并成功地捕捉了城市化进程中蕴涵的巨大机遇，不断提供更优质的产品与服务，获得当地居民的高度认可。精准的战略、领先的商业模式、标准化的运作以及独具特色的品牌，这些成功元素无一不折射出宝龙地产对于商业地产经营的极致追求。前行之路中难免会有波动与曲折，但对已沐浴在资本市场光泽之下的宝龙地产来说，追求创新、超越的决心与魄力从未改变，企业的前景值得期待。

（四）宝龙地产大事记（见表 3-18）

表 3-18 宝龙地产大事记

事 件	时 间	说 明
各地宝龙城市广场相继动工	1991~2000	厦门宝龙地产中心竣工
	2003~2006	泉州晋江宝龙地产金色家园、福州宝龙城市广场以及太仓、泰安、郑州、洛阳、蚌埠等地的宝龙城市广场相继动工
	2007	福州宝龙城市广场开幕，无锡、青岛等地宝龙城市广场动工
	2008	郑州宝龙城市广场开幕，无锡宝龙城市广场 2 期动工
港交所上市	2009	于香港联合交易所有限公司主板上市
宝龙城市广场开业	2009	青岛城阳宝龙城市广场开幕
总部搬迁	2010	总部迁至上海
各地宝龙城市广场、福朋酒店相继开业	2010	无锡、蚌埠的宝龙城市广场开幕，太仓、泰安的宝龙地产福朋酒店开幕
融资	2010	发行 2 亿美元的优先票据
各地宝龙城市广场相继开业	2011	宿迁、盐城、青岛李沧、青岛即墨、洛阳及安溪等地的宝龙城市广场相继开业
融资	2011	成功发行 7.5 亿元人民币以美元结算的优先债券，并从银团获取本金为 4700 万美元的定期贷款
	2011	向中国人寿信托有限公司发行于 2014 年 9 月到期本金额为 10 亿港元的优先票据
陆续拿地	2011	在晋江、天津、镇江及上海等城市获取新地块
宝龙城市广场开业	2012	新乡宝龙城市广场开业

四、北辰实业：三位一体的复合地产开拓者

北辰实业，中国首家在A股和H股两个市场同时上市的房地产运营商。秉承追求股东价值最大化的一贯原则和“创造物业价值，筑就百年基业”的历史使命，不断致力于打造发展物业、投资物业、商业物业三位一体的业务模式。历经了亚运会与奥运会的难得机遇及市场锤炼，北辰实业已成功走上了复合地产之路。

（一）企业名片：A+H双股上市的地产带头人

北京北辰实业股份有限公司（股票代码：601588.SH，以下简称“北辰实业”）1997年4月2日由北京北辰实业集团公司（以下简称“北辰集团”）独家发起设立，同年5月在香港联合交易所挂牌上市。2006年10月在上海证券交易所成功发行A股并上市，成为第一家同时在A股和H股上市的地产公司。至2011年年底，北辰实业拥有总资产285亿元，净资产95.8亿元，总市值达到92亿元。

1. 依托奥运经济，经营规模与盈利持续扩大

2006年，北辰实业在上海证券交易所A股上市，此后公司资产规模与盈利规模持续稳定增长。如图3-46所示，上市后的北辰实业实现跨越增长，总资产得以翻番，从2006年的146.90亿元到2011年年底的285.13亿元，年复合增长率达到14.18%。尤其在北京奥运会筹办期间，北辰实业独自承担国家会议中心

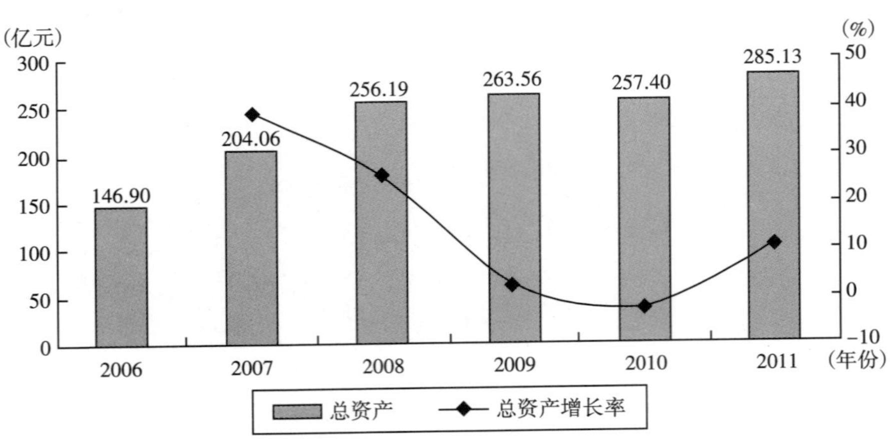

图3-46 北辰实业2006~2011年总资产变化

和奥运媒体村两个项目的建设，并获取总建筑面积达537万平方米的长沙北辰三角洲城市综合体项目的开发。公司规模显著扩大，年均增长率达到32%。

如图3-47所示，2006年，北辰实业的营业收入为28.29亿元，此后营业收入以平均每年19%的速度快速增长，于2010年达到55.64亿元。进入2011年，受房地产开发周期和可供结算项目资源减少的影响，实现营业收入39.69亿元，同比下滑28.67%。另外，2006年公司利润总额为5.56亿元，2009年达到9.63亿元，增长73.20%，2010年受房地产开发结算收入减少影响，以及包含利息在内的固定经营费用较高，利润总额为4.36亿元，较2009年下降54.70%，可谓公司上市以来最艰难的时刻。进入2011年，公司投资物业快速爬坡，获得稳定现金流的同时，展现出抵御行业风险的优势，为公司利润整体回升提供了强力支持，年内利润总额获得52.43%的增长，达到6.65亿元。

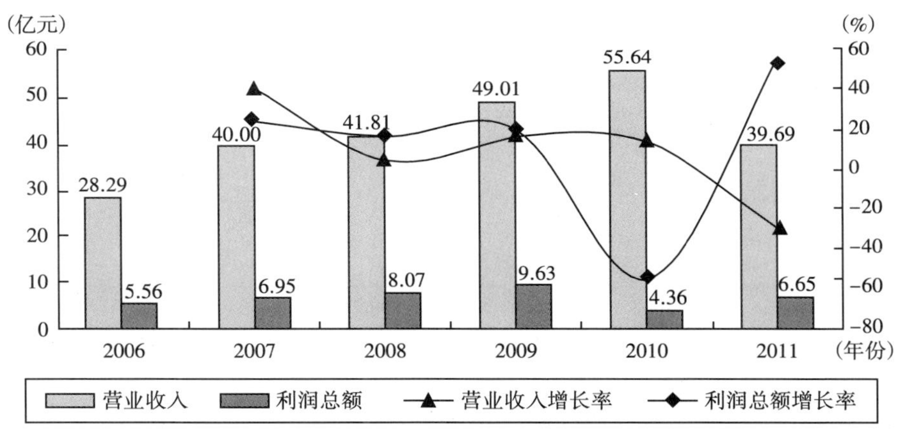

图3-47　北辰实业2006~2011年营业收入及利润总额变化情况

2006年，北辰实业成功发行票面利率为4.1%的10年期15亿元企业债券，保障了奥林匹克公园国家会议中心及配套设施工程的建设。2008年，发行并足额募集利率为8.2%的17亿元公司债券。2012年9月19日，通过与华夏银行签订全面合作意向性框架协议，北辰实业获得有效期为2年的100亿元授信额度，而且华夏银行在融资价格和业务费率上给予北辰实业一定的优惠。近年，国家对房地产市场进行严厉的宏观调控，内地上市房企的融资环境不容乐观，银行给予企业授信时，对企业的资质、信用行为等做详细考核。北辰实业能获得银行授信已颇为不易，百亿元额度和优惠政策更是少之又少。另外，北辰实业于2009年通过中国银行向央行和银监会就总部融资模式进行了报备，成为全国第四家（北京第一家）实施总部融资模式的公司。采用总部融资模式后，公司总部统一进行项目融资，统借统还，在有利于公司总体融资工作顺利进行的同时，大大提高了资金使用的计划性、安全性和效率性。

公司的融资工作不断推进，并取得较大进展，有效改善了财务结构，提高了债务的稳定程度，带动每股收益连续增长，至2009年年末，北辰实业每股收益达到0.17元。2010年，国家开始对房地产业施行宏观调控，整个行业进入震荡调整阶段，加上北辰福第两限房等部分项目毛利率相对不高等因素，公司利润水平出现较大下降，每股收益仅为0.06元，自上市以来首次降至0.1元以下，公司面临较大经营压力。进入2011年，公司投资物业新增项目提前完成经营爬坡期，持有型物业项目联动效应显现，业态互补优势明显，公司获利能力提高，每股收益为0.14元，较2010年提高133%，如图3-48所示。

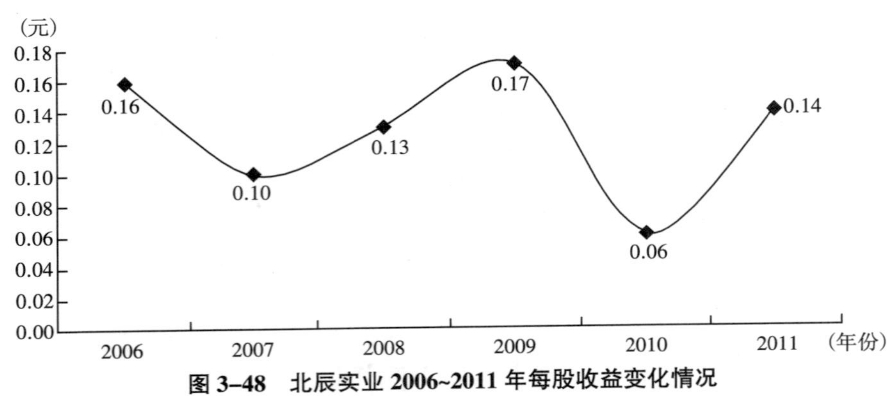

图3-48　北辰实业2006~2011年每股收益变化情况

2. 市场走势稳定，投资价值稳中有升

北辰实业是一家以物业投资和物业开发为基本业务的国有控股房地产企业，于1997年5月在香港联合交易所挂牌上市，成为中国第一家H股地产上市公司。2006年10月，公司登陆上海证券交易所A股市场，成为第一家回归A股的A+H股地产上市公司。

自A股上市以来，北辰实业股价走势与上证综指收盘点位涨跌趋势基本吻合（见图3-49）。2006年，股改基本完成，消除了制约中国证券市场发展的制度禁锢，同时恰逢中国经济高速发展，资本市场日渐繁荣，股市行情随之蓬勃而发，在A股上市的北辰实业的股价也在喜人的大环境中突飞猛进。进入2007年，中国股市在起伏中迭创新高，涨幅惊人，这一年的北辰实业亦在股市大展拳脚，股价不断刷新纪录，并于8月7日迎来16.86元的当年最高收盘价，较上市发行时的2.4元增长6.025倍，公司当日市值达到252.9亿元；另外，公司

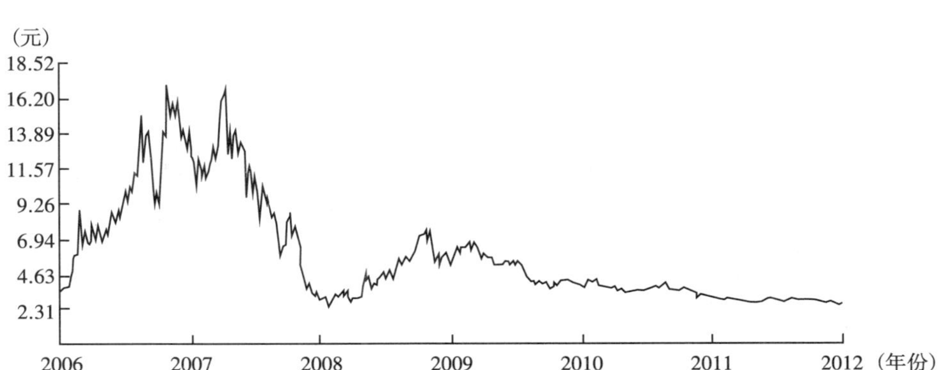

图 3-49　北辰实业 2006~2012 年 A 股收盘价变化

当年营业收入同比增长 53%，营业利润和净利润分别增长 25%和 20%，发展势头强劲。

2008 年，全球经济受到重创，中国经济也受重重一击，前一年如日中天的中国股市创下历史最大跌幅，虽然有国家出台救市政策，股市依然损失惨重。房地产行业整体波动，购房需求下降，市场观望气氛浓重。然而，面对风云变幻的经济形势和市场环境，公司积极应对，紧握奥运商机，经营业绩持续增长：发展物业利用产品性价比高的优势，项目持续热销，经营业绩大幅度提升；投资物业在圆满完成奥运接待服务任务的同时，以奥运需求为契机，加大市场营销力度，经营业绩稳定增长；商业物业通过优化购物环境和加快调整商品结构，抓住奥运商机，经营业绩保持稳定。

奥运会之后的北辰实业更显示出蓬勃生机，凭借项目资源紧挨奥运核心区域的地缘优势，发挥奥运市场效应，多年来保持业绩稳定增长，现金流充足，开辟了一条独特的经营之路。

（二）多业态综合发展，缔造独特复合地产运营模式

通过在亚运会和奥运会两次国际盛会机遇中不断历练与发展，北辰实业逐渐形成了独树一帜，集发展物业、投资物业、商业物业运营为一体的复合地产运营模式，得到了社会和投资者的认可。

1. 亚运会的机遇与挑战：摸索前进，复合地产雏形初现

1990 年，北辰集团伴随着亚运会的举办而成立。亚运会结束后，整个亚运村被全部划拨给北辰集团持有经营，用以偿还举办亚运会所欠债务。亚运村项目包括北京国际会议中心、五洲大酒店、汇园公寓、汇宾大厦、康乐宫、购物中心以及所有配套工程。北辰集团倾心经营这些项目，加上 20 世纪 90 年代初市场迅

速攀升，亚运会结束5年后，北辰集团就还清了亚运工程的全部贷款。

1997年，北辰集团重组设立了北京北辰实业股份有限公司，并在同年实现香港联交所上市，是内地第一家在香港H股上市的房地产企业。北辰实业在香港交易所上市时，以亚运村为中心的京北地区商务区的商业配套设施逐步完善、服务体系日趋成熟，这给北辰实业的商业运营造成极大的竞争压力，挤压了北辰实业在亚运商圈长久积累的市场份额。北辰实业及时发现问题所在，果断地对自有物业群展开了大刀阔斧的全面改造升级。最终，购物环境的全新亮相带来大量消费人群，会议中心、写字楼与酒店在现代化改造后也重新实现较高的出租率。

1998年3月，北辰实业上市后第一批开发项目——汇欣大厦、汇欣公寓开工。汇欣大厦是5A智能写字楼，位于亚运村会展商务区北部，总建筑面积6万余平方米。汇欣大厦应用宽带多媒体综合信息网络，以专业公司的信息技术服务和一应俱全的现代化办公设施及高档商务会所，为客户营造了理想的商务空间和办公氛围。北辰实业经过数年发展壮大，经营业绩不断翻新；公司业务涵盖发展物业、投资物业和商业物业三大部分，多元业务综合发展的复合地产模式已现雏形。

2. 奥运热潮再度来袭：有备而来，复合地产独领风骚

2001年7月13日，北京成功获得第29届夏季奥运会的举办权。在首批奥运场馆和设施建设招标中，北辰实业凭借其多年大型综合地产开发能力和丰富的会展中心运营经验，从众多国内知名企业中胜出，一举中标奥林匹克公园国家会议中心和奥运媒体村两个项目，迎来了提速发展、升级换代的机缘。奥运会的建设项目给北辰实业带来了多元的业务发展空间，在已有的近60万平方米存量投资物业的基础上，新增了53万平方米的物业。包括国家级会议中心及与之配套的五星级酒店、四星级酒店、写字楼和购物中心，这些项目不仅是北辰实业房地产开发的里程碑，还极大实现了北辰实业以会展为龙头带动其他物业经营发展的联动效应。2008年北京奥运前后，A股募资项目北辰时代大厦和奥运媒体村项目圆满完成建设、销售任务，进一步夯实了公司在亚奥商圈的地位。

2005年，北辰实业制定了企业发展战略规划（2006~2015年），以“创造物业价值，筑就百年基业”为历史使命，以“回报股东，奉献社会，珍惜员工”为宗旨，以“进取不忘稳健，稳健不忘进取”为理念，以“创建全国大型一流房地产综合运营企业”为战略目标。规划确定了围绕房地产投资产业链创造企业价值链，创建全国大型一流房地产综合运营企业的战略目标，执行落实发展物业、投资物业、商业物业“五、三、二”的资本配置原则。2006年，北辰实业在上海证券交易所发行 A 股股票，企业发展再度步入全新阶段；经过 2007 年后的迅猛发展，北辰实业打造的“三业并举、三位一体”的独特业务模式已日趋成熟，通过优势互补与行业互动，大大增强了企业综合竞争优势。

2006~2011 年，三大业务的营业收入占比随市场环境发生了较为明显的变化。如图 3-50 所示，发展物业营业收入占比由 2006 年的 60%左右逐年上升，投资物业与商业物业业务逐渐压缩；2009 年，商品房销售出现“量价齐升、供求两旺”局面，发展物业项目热销，营业收入占比达到历史最高的 75%；由于 2009 年末开始的一系列调控新政出台，发展物业受到较大冲击，收入迅速减少，收入占比大幅下降至 2011 年的 44%。而这个时期的投资物业恰逢持续向好的外部机遇，北辰实业充分发挥了亚奥核心区的地缘优势及会展、写字楼两大产品的支柱优势，收入占比超过发展物业达到 46%，占据半壁江山，为北辰实业抵御行业风险、利润显著回升提供了强有力的支持。此外，2008 年金融危机之后，房地产企业纷纷加大商业地产的投入与建设，市场竞争日趋白热化，北辰实业商业、物业的营业收入被挤压，收入保持较小的占比。从各业务营业收入占比的演变可见，北辰实业“物业开发”加“物业持有经营”的复合地产综合运营模式结构稳固，极具竞争优势。

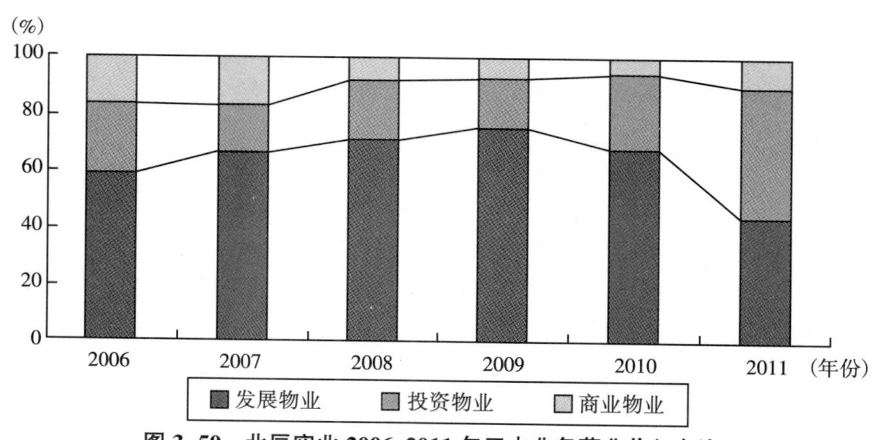

图 3-50 北辰实业 2006~2011 年三大业务营业收入占比

至今，北辰实业在亚奥核心区内持有并经营的物业面积逾 120 万平方米，主要包括总建筑面积达 60 万平方米的亚运村综合物业群、总建筑面积达 53 万平方米的国家会议中心及其配套项目综合物业群和北辰绿色家园居住区内大型商业设施。

（1）发展物业：加速发展。

在发展物业方面，北辰实业提出“发展物业加速发展”的策略，通过适度区域扩张，保持可供持续发展的土地储备；通过产品结构的均衡策略，将不同档次和类型的物业开发面积控制在合理比例范围，注重项目规模、开发周期的整体协调。如图3-51所示，2006年北辰实业上市后，发展物业飞速扩张，2007年底发展物业的总资产达到历史最高水平，超过200亿元，其营业收入与利润总额也同比大幅增长。2010年，发展物业的营业收入达到36.96亿元，是2006年底的2.3倍，即使在近两年宏观调控的影响和市场波动中，企业发展物业的资产规模仍保持增长态势。

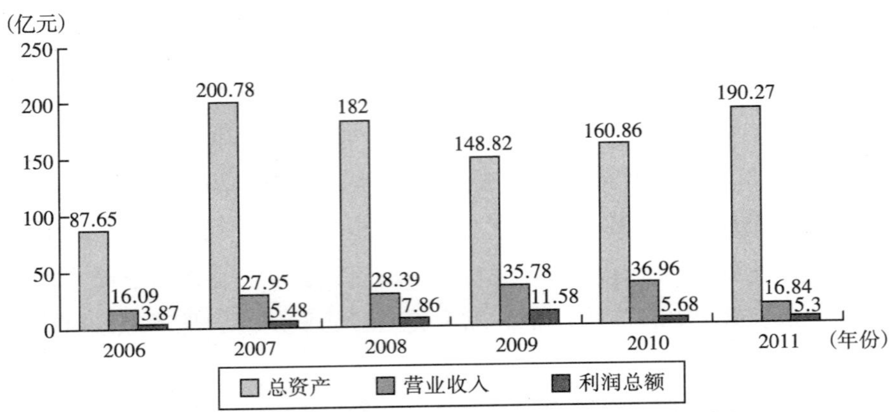

图3-51 北辰实业2006~2011年发展物业规模发展及变化

北辰实业的发展物业集中于北京和湖南长沙，项目主要包括北辰绿色家园、奥运媒体村、顺义马坡项目、香山清琴别墅、北辰长河玉墅别墅、北辰碧海方舟别墅、北辰·香麓、北辰·福第、长沙北辰三角洲。在京内项目扎实推进的同时，长沙综合体项目北辰三角洲的建设也在加速展开。

值得一提的是，为了提速发展物业，北辰实业于2007年一举竞得长沙新河三角洲项目，获得单宗土地出让总建筑面积537万平方米。这不仅是北辰在土地储备方面的突破性进展，还意味着北辰实业开始了跨区域扩张，壮大了其发展物业的规模，提高了公司在地产领域的影响力。对长沙三角洲城市综合体项目，北辰实业紧紧围绕消费者的需求，不断提升项目的商业规划、景观规划、休闲娱乐设施规划，并通过对商业设施和综合配套的不断完善，带动区域价值的不断提升。2010年10月，项目推出一期住宅，开盘当日便售罄；2011年5月，项目二期住宅开始推向市场并得到持续关注，至2011年底，该项目共签订合同金额26.5亿元，占近两年内北辰实业发展物业销售金额的50%。

(2) 投资物业：持续经营、提高收益。

在投资物业方面，北辰实业提出“持续经营、提高收益”的策略，以确保投资物业作为公司稳定收入的基础不动摇。如图 3-52 所示，自 2006 年上市以来，北辰实业大力发展投资物业，2008 年投资物业总资产达到 60 亿元以上，盈利能力也连年提升。2011 年，投资物业的营业收入和利润总额分别达到 17.6 亿元和 4.67 亿元的历史最高水平。作为经营效益快速提升的主力军，北辰时代大厦、北辰世纪中心和国家会议中心等新项目的利润不仅占投资物业板块利润总额的近九成，而且经营呈现诸多亮点：所有办公楼项目基本处于满租状态，经营业绩与利润大幅提高，成为投资物业板块最重要的利润来源。

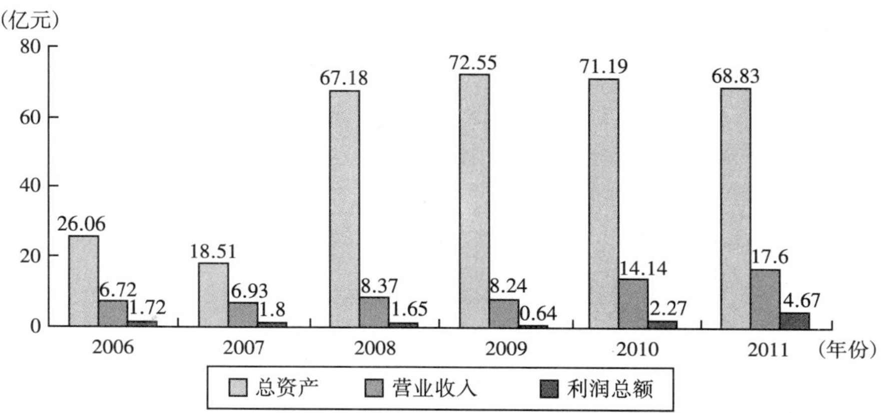

图 3-52 北辰实业 2006~2011 年投资物业规模发展及变化

至 2011 年底，北辰实业在以亚运村、奥运中心区为核心的亚奥商圈持有并经营的物业面积逾 120 万平方米，包括会展、酒店、写字楼和公寓业态，经营项目包括国家会议中心、北京国际会议中心、北辰洲际酒店、北辰五洲皇冠假日酒店、北辰五洲大酒店、国家会议中心大酒店、北辰汇宾大厦、北辰汇欣大厦、北辰时代大厦、北辰世纪中心、北辰汇园酒店公寓。企业以会展为龙头，以商务为载体，集高档住宅、大型体育场馆、完备的城市基础设施、优越的人文环境于一体，打造北京高档时尚城区版图。

(3) 商业物业：稳步扩张。

在商业物业方面，北辰实业以“稳步扩张”的策略连锁经营，实现规模效益。2006~2007 年，北京居民收入增长加快，消费不断增长与升级，零售商业保持快速增长态势，商业物业营业收入提升至 7.41 亿元，是北辰实业商业物业发展的黄金时期。2009 年，北辰实业商业物业总资产达到 6 亿元以上，存量资产销售回升、增量资产收入贡献加大，营业收入也不断进步，因市场竞争加剧、招商难度加大，公司不得不加大促销力度，导致利润压缩明显。面对日趋白热化的市场竞争和消费分流，北辰实业加快商业物业商品结构调整，全面加强招商工作，继续优化和完善品牌及品类组合，大力推进多项目的联合推广促销，进一步巩固了北辰实业商业物业在亚奥核心区的市场地位，实现最近两年利润总额平均增长 134%，如图 3-53 所示。

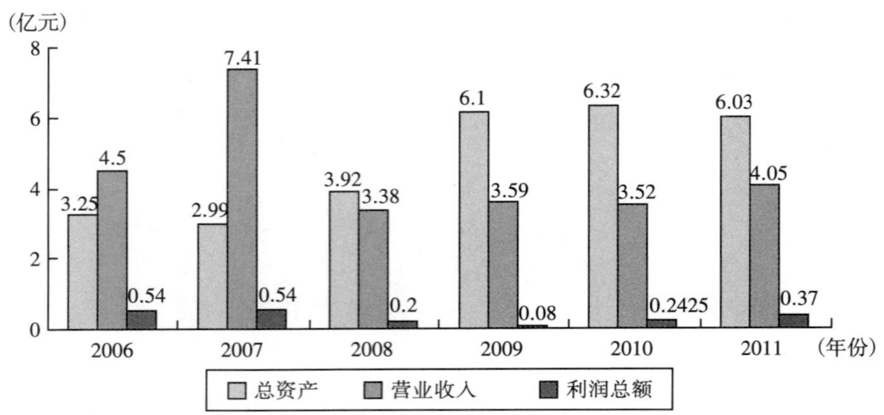

图 3-53　北辰实业 2006~2011 年商业物业规模发展及变化

北辰实业以 1990 年的亚运村配套设施北辰购物中心为基础，成立北辰商业发展分公司，并以北辰购物中心店的零售商业经营为主营业务。2005 年以后，随着商业物业规模不断扩大和专业化发展的不断深入，北辰商业发展分公司确定了以商业物业经营为主营业务的分业态专业化连锁运营模式。进行了专业化分工，组建以商业物业经营为主业的北辰商业发展分公司、以超市业态经营为主业的北京北辰超市连锁有限公司和以百货业态为主业的北辰百货分公司。

北辰商业立足北京亚奥区域，连锁发展北辰购物中心、北辰时代名门购物中心等商业项目，日渐形成以购物中心、百货、超市为主体的多业态、多地区、多店铺专业化经营模式。目前为止，北辰实业拥有北辰购物中心亚运村店、北辰时代生活广场店、北辰时代名门百货店、北辰购物中心美食城和北辰购物中心北苑店五个商业物业项目，建筑面积共计 16.3 万平方米。

（三）深谙奥运理念精髓，责任地产守护北京

1. 传承“绿色奥运”，“绿色会展”堪称行业典范

气势宏伟的国家会议中心总用地面积约 12.22 公顷，总建筑面积约为 53 万

平方米，已成为具有世界一流水平，能够满足大型会议、展览、多种公共活动和酒店客房需要的大型会展中心。

北辰实业积极响应北京奥运会提出的“绿色奥运、科技奥运、人文奥运”理念，在奥运会前推行国家会议中心的绿色设计与建筑，各个环节都严格执行国家标准和有关国际标准。中央吸尘系统总长度15.8公里，为国内规模最大的吸尘系统；厨余垃圾真空收集系统总长度约1.3公里，覆盖所有厨房、餐厅、食堂和商场，排出的废气经过多重处理；屋顶的虹吸式排水系统可收集雨水7000立方米，经过中水回收用来浇灌绿地；内街和展览厅一年达到50天采用自然通风，节电38万度。数字是明证，北辰实业对国家会议中心的严谨、科学、超前的设计和高质量的施工，为“绿色奥运”提供了有借鉴意义的建筑范本。

北辰实业在奥运之后对国家会议中心坚持“绿色运营”，并争当绿色运营的先锋。国际大会及会议协会（ICCA）在2007年泰国年会上正式提出“绿色会展”（Going Green）的动议，要求ICCA会员及相关机构拿出实际行动，为应对全球变暖、资源急剧减少而做出应有的贡献。北辰实业做出郑重承诺，在国家会议中心正式运营后做到真正绿色、环保。国家会议中心提出“绿色会展”的口号，以此严格要求自己在日常运营的每个细节上保证“绿色”第一，并将其作为一切行动的指针，在充分利用原有超前设计的优势基础上，运用创新环保手段。在日常办公、物品采购、餐饮、工程管理等方面，国家会议中心力求做到环保、节约材料和能源；跟踪世界一流会展中心的发展趋势，学习它们成功的管理经验和先进的绿色理念，力争在绿色目标上首先与国际一流会展中心同步前进；同时，作为工作重要守则，对员工做重点培训和理念渗透。

2. 尊崇“人文奥运”，国际赛事中彰显民族情怀

2008年北京奥运会在“绿色奥运、科技奥运”的基础上，提出“人文奥运”的口号，将奥林匹克精神和中国五千年的文化精髓相融合。

在北京奥运会媒体村旧址上，坐落着一座古寺和一株百年古树。檐飞角翘、古色古香的弥陀寺，始建于明朝，清康熙年间重修，当时仅存一间山门，南、北、东殿各3间；寺内直径约85厘米、距今近300年的古槐树，还用绿荫诉说着历史的前世今生。在建造媒体村前，北辰实业就决定对这座年久失修、破败不堪的古寺加以保护及修缮。北辰实业先后联系文物保护单位园林部门，花费数百万元对古寺、古树进行保护，从而体现历史文脉。

焕然一新的弥陀寺在媒体村的现代化建筑群落中，显得闹中取静。在奥运会期间，弥陀寺举办了“文化·中国的家”文化展览，展示扇面、剪纸、鬃人等具有民族风情、文化寓意和中国特色的工艺美术品，并展示独具北京特色的家居文化。通过图片、设计图、展板等方式，展示中国传统特色工艺美术品；采用特装、射灯、音响等现代化展览手段，展示精品制作过程。此外，还特邀3位中国知名工艺美术师在现场制作表演，向国际媒体展现中华民族的文化特色。让古物得以再生，北辰实业给北京、给国家留下了珍贵的民族文化遗产，给国际化建筑群增添一抹中国风。

除弥陀寺外，北辰实业还在媒体村中设计了电话造型的坐凳、照相机取景框式的休息亭、胶卷式的垃圾筒、太阳能供电供热的游泳池等，它们“自由”地分布在媒体村中，使人们感到移步换景，古老而又现代的奥运气息扑面而来。古建筑与现代社区环境融合在同一空间，充分体现了“人文奥运”的理念。

北辰实业积极履行国企社会责任，承担并圆满完成了总建筑面积约44万平方米的北京朝阳区常营乡两限房项目——北辰福第建设工作，让3891户家庭实现了居住梦想，目前已有3347户家庭入住，真正做到了“造福一方，圆梦千家”。

“诞生于亚运，腾飞于奥运”,“物业开发”加“物业持有经营”的业务模式和抗风险能力，使北辰实业成为房地产行业中的幸运儿。从亚运会和奥运会的资产继承者到集发展物业、投资物业、商业物业三大业务为一体的复合地产开拓者，从扎根首都北京的地产开发商到跨区域造城的城市建筑师，北辰实业把握机遇、克服困难，开拓新思路、挖掘新资源，一步一个脚印地走出一条独特的经营之路。

（四）北辰实业大事记（见表3-19）

表3-19 北辰实业大事记

事件	时间	说明
公司成立并上市	1997年	4月2日公司成立，5月14日在中国香港联合交易所公开发行70702万股，每股发行价2.40港元，发行后公司总股本186702万股
发行企业债券	2006年	5月29日至6月2日，发行并成功募集10年期15亿元企业债券，票面利率为4.1%，全部用于奥林匹克公园国家会议中心及配套设施工程的建设
发行A股	2006年	回归A股上市。7.5亿股A股在上交所上市交易，每股发行价格为2.4元/股，募集资金为35亿元
跨地域开发	2007年	7月24日，与北京城市开发集团有限责任公司联合竞拍，以92亿元价格拍得长沙新河三角洲地块，土地储备增加约500万平方米。公司布局长沙，开始跨地域业务发展
发行公司债券	2008年	7月18日，公司以8.2%的票面利率，发行并足额募集17亿元公司债券
反向路演	2010年	于12月在湖南长沙组织了A股上市以来的首次反向路演，在为投资者了解公司发展情况提供便利的同时，投资者关系工作得到显著提升
广受投资者认可	2011年	大公报授予公司“最受两地投资者欢迎的上市公司”
银行贷款	2012年	9月19日，与华夏银行股份有限公司签订了全面合作意向性框架协议。根据该合作协议，华夏银行将在两年有效期内为公司提供授信额度100亿元的融资服务

五、越秀地产：打造城市名片　双平台优势凸显

越秀地产伴随着广州改革开放大潮而生。近30年来，企业坚持“运营城市商圈，打造城市地标”的品牌战略意识，以打造城市每一个时代的名片为核心使命，见证并铸就了广州的城市发展史。未来，越秀地产将继续走出广州，鲲鹏展翅、征战全国。

（一）企业名片：国家级城市运营商

越秀地产股份有限公司（股票代码：00123.HK，以下简称“越秀地产”）在中国大陆的业务主体是成立于1983年的广州市城市建设开发集团总公司，总部位于广州。作为老牌的国企开发商，越秀地产成立30年来保持着稳定的发展步伐，在2009年战略转向于纯地产业务后，企业加快了征战步伐，并在近几年实现了较大的突破。2011年底，越秀地产的净资产为207.38亿元，总资产为611.96亿元，同比增长21%。

1. 经营业绩稳步增长，品质地产见证城市发展史

从图3-54可见，2006~2011年，越秀地产的经营业绩保持稳定增长的势头，营业收入从46.8亿元增长到95.69亿元；净利润从10.25亿元增长到52.56亿元，年复合增长率达38.68%。2008年，越秀地产实现了关键性的突破，正式着手进行全局性的产业结构和资本结构调整，先后剥离了造纸、交通、超市等业务，新战略明确转向地产和地产相关的业务。资本结构的优化调整，以及全国性战略布局和商用并举战略的发展，大幅提升了越秀地产可持续发展的空间。

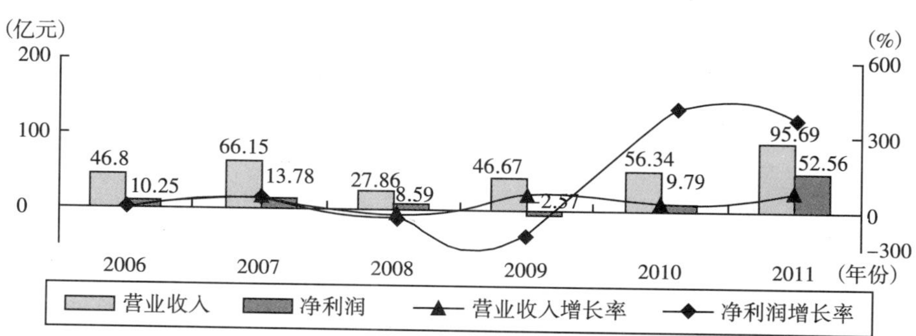

图3-54　越秀地产2006~2011年营业收入、净利润及其变化

越秀地产并不以规模见长，企业坚持以“打造城市每一个时代的名片”为核心使命，在发展的 30 年间，打造了 50 多个经典地标项目，成功运营了多个城市商圈。越秀地产坚持“品质”为先，发挥“地产开发与商业投资”并行的双平台优势，推进“地产与房托”常态化的互动，取得了开发与商业运营双轮驱动的均衡发展。

从图 3–55 可见，2010 年以前，越秀地产的每股盈利基本保持平稳的水平。2009 年，企业完成资产结构重组，以地产为核心业务指向，加速了发展的步伐，并在 2011 年实现了较大的突破。2011 年底，越秀地产的每股基本盈利达到 0.55 元的高点，较 2010 年底增长了 358.3%。为扩大土地储备以提速布局全国的步伐，2010 年 11 月至今，越秀地产充分发挥自身资源优势，利用海内外融资平台实现了多次融资，为企业提早进入扩张周期提供了充裕的资金，并有效保障了盈利增长的可持续性。

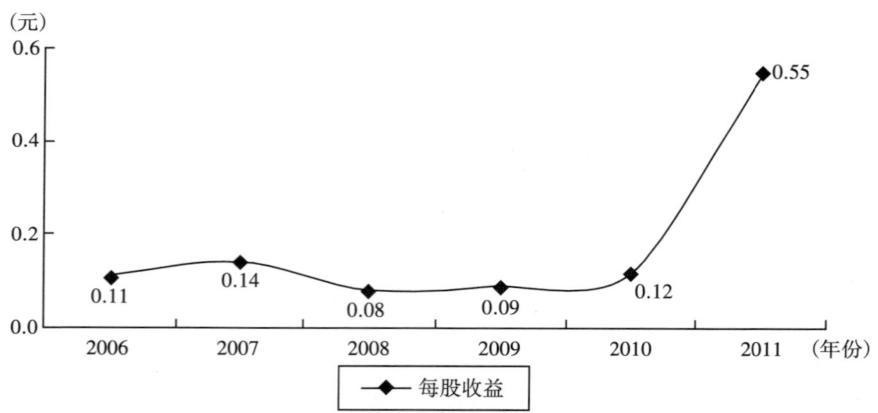

图 3–55　越秀地产 2006~2011 年每股基本盈利

2. 资本市场稳定增长，长期投资价值凸显

1992 年，越秀地产正式在香港联交所主板挂牌上市，是一家横跨港澳的专业化房地产上市企业，其母公司越秀集团是广州市人民政府驻港企业。

图 3–56 显示，近 10 年来，除了在 2008~2011 年调整优化发展期内股价走势起伏较大，越秀地产在其他时期的股价走势与恒生指数涨跌趋势基本吻合。在三年调整优化发展期间，越秀地产先后退出造纸、超市、酒店等非核心业务领域，并将公路业务独立分拆出来，构建了“越秀地产”这个单一以房地产为主业的平台，为日后的腾飞打下了坚实的基础。

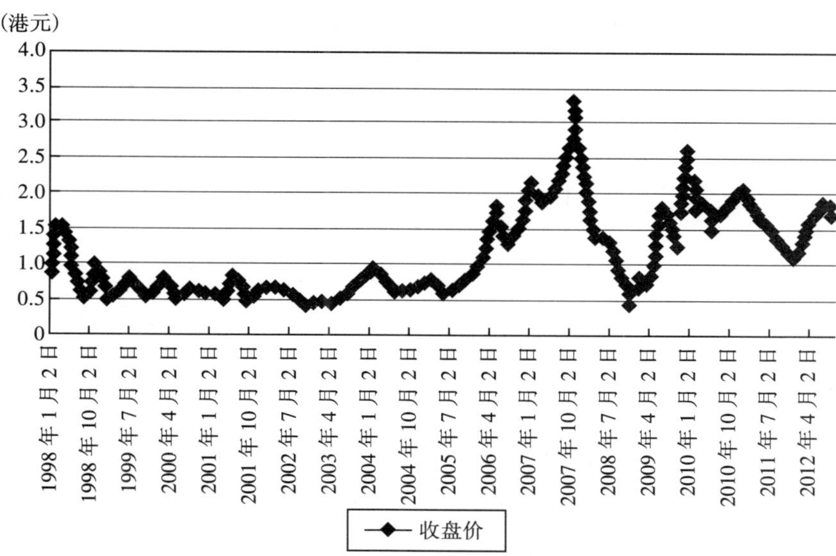

图 3-56　1998 年 1 月 2 日~2012 年 4 月 2 日越秀地产股价变化

作为老牌的实力国企，越秀地产一度保持稳健的发展步伐。调整优化之后，越秀地产蓄势待发，以其独有的“产融结合”双平台优势，加速全国扩张的步伐，凭借多年业务发展的积累，长期投资价值凸显。

（二）双融资平台显优势，缔造资本市场传奇

越秀地产一直保持着良好的资金运作势态，凭借独特的资源优势与“地产+房托”双平台互动优势，越秀地产的融资能力不断增强，企业资产结构也得到不断优化。近几年来，越秀地产凭借产业战略调整带来的快速发展，在公众和资本市场上逐步受到认可，企业的财务运作能力明显增强。

1. 越秀 REITs 成功上市，开辟融资新渠道

2005 年 12 月 21 日，越秀房地产投资信托基金（00405.HK，以下简称“越秀 REITs”）在香港联交所正式挂牌上市，将基金单位进行全球发售，包括在香港以公开发售形式提呈以供认购，向专业机构和其他投资者进行国际配售。“越秀 REITs”是越秀投资（2009 年 12 月 16 日改名为“越秀地产”）分拆其旗下内地商业物业，在香港独立上市的首只以内地物业为注入资产的房地产投资信托基金（REITs）。

以房地产投资信托基金的方式在香港上市，越秀房托基金一举成为全球首个投资中国房地产的房托基金，在国际资本市场的知名度和影响力迅速提升，被誉为中国房地产资本运作的标志性创举。越秀房地产投资信托基金的首次公开募股

引起了香港和海外投资者的浓厚兴趣，香港公开招股及国际配售分别超额认购496倍及74倍。

“越秀投资”注入“越秀REITs”的资产包括其在广州的四处物业：白马大厦、财富广场、城建大厦、维多利广场。4个项目均位处广州市区的黄金地带，涉及物业种类包括了写字楼、零售商铺、停车场等，总建筑楼面面积为16万平方米，按2005年9月30日的市值估计，四处物业的估值总额约为40.05亿港元。截至2004年底，这四个物业面积占越秀投资可供出租物业总面积的20.45%，但营业总额却占了出租物业营业总额的46.89%。以出让这四处物业为代价，“越秀投资”取得了“越秀REITs”支付给其的约33亿港元现金，并仍然持有“越秀REITs”30%的股权。

在完成REITs发行后，“越秀投资”总共获得了约20亿港元的账面确认收益，极大地改善了越秀投资的流动资金及财务状况，为新取得的珠江新城西塔的开发权提供了资金保障。2005年，越秀地产制定了5年的转型目标，计划从房地产开发向房地产经营转型，并计划在五年内投资200多亿元，开发总建筑面积达500多万平方米，重点是打造商业项目，使企业变成一个以房地产开发为基础，以商贸业为龙头，以物业经营为核心的多元化大型现代企业集团。一系列的商业地产开发需要庞大的资金支持，而拓展房地产融资渠道成为该集团向商业地产转型的关键。

借力于越秀REITs在中国香港的成功上市，越秀地产通过越秀房托基金开辟了“地产+金融”的新融资通道，为企业商业地产战略转型及规模扩张提供了有力保障，成为越秀地产未来发展战略布局的关键。

2. 多方借力整合融资渠道，加速战略性业务扩张

在信贷政策收紧的情况下，国内房地产开发企业的融资渠道被不断挤压，资金获得成本的高低成为房地产开发企业经营与扩张的重要指标。在此背景下，国有房企与地产龙头企业在融资上有较大的优势。作为在港上市的实力国有房企，越秀地产充分发挥自身的资源优势，在资本市场长袖善舞，为实现地产业务的跨越发展积蓄了充裕的资金。

2010年9月，越秀地产宣布以供股形式集资34.5亿港元，实现了越秀地产上市以来首次以供股的方式融资。公司按10配3、每股配售价1.61港元的基准进行了供股，比起前收市价1.9港元达到折让15.3%，相比理论除权价的1.83港元则有12%的折让。以公司现时已发行股数71.38亿股计算，发行的新股股数达21.41亿股，占扩大后股本的23%。此次企业配股融资的主要目的是“增强资本实力，增加土地储备”。此次融资所得资金为战略调整中的越秀地产实现快速发展与扩张打了一针“强心剂”。

2011 年，越秀地产新增银行借款约 41 亿元，为企业的快速发展提供了强大的资金保障。其中，仅在 4~6 月，企业频繁进行了四次银行借贷，共融得资金约 27 亿港元。此外，集团充分发挥了粤港两地的融资优势，境外融资比例由 27%上升到 35%，有效降低了融资成本。

2012 年，融资环境依然严峻，越秀地产通过银行贷款与发债等渠道继续为企业的扩张注入资本。3 月 26 日，越秀地产与贷款人订立一份补充融资函件，据此贷款人将提供最高达 2 亿港元的额外贷款融资；4 月 11 日，与作为中国人寿保险（海外）股份有限公司信托人的中国人寿信托有限公司、野村国际（香港）有限公司就所有条款达成一致意见，正式签署定向发债合同，发行为期 8 年、票面息率为 6.4%的中长期公司债券，定向发债融资 10 亿港元；6 月 27 日，与一家银行订立一份最高达 5 亿港元的无抵押 5 年期贷款融资协议。

除了以上融资渠道，越秀地产还有独特的“地产＋金融”的融资平台，借助于越秀房产基金的互动平台，越秀地产将旗下优质商业项目广州国际金融中心（以下简称“IFC”）成功注入越秀房产基金，有效减少了银行负债 45 亿元，并获得现金款项 40 亿元，极大地提高了流动资金的运作效率。

3. IFC 注入越秀 REITs，开创了产融结合的新模式

受益于越秀房产基金的平台优势，2012 年 7 月 23 日，越秀地产将旗下广州地标性建筑——广州国际金融中心（IFC）注入到越秀房产信托基金（REITs）当中，作价 134.4 亿元，其中包括了 88.5 亿元的交易总代价、45 亿元的开发贷款及少数股东权益价值约 9000 万元。

为顺利完成资产注入，越秀地产将对越秀房产基金提供多方面支持，其中包括：不少于 12 亿元将由境外银行借款完成；不超过 54.5 亿元的基金单位配售，其中 36%配售于越秀地产，64%配售于独立的第三方机构及专业投资者；不少于 24 亿元的递延基金发行于越秀地产，将于 2016 年 12 月 31 日发行，每年转换量不会超过 2%，预计将于 2023 年 12 月 31 日完成所有递延基金单位的转换。此外，考虑到项目内酒店及服务公寓才初步启动运营，尚需要时间进行培育，为确保期间越秀房托获得稳定的经常性租金收入，越秀地产将由交易完成日期起至 2016 年底止以现金方式向越秀房托提供收入支持，预计全部补贴款项总额将不超过 6.1 亿元。

通过本次交易，双方实现了共赢的效果。对于越秀地产来说，不仅可以减少银行负债45亿元并增加现金40亿元，资产负债率由45.5%下降至33.8%，而且越秀地产对越秀房托的控股比例将从35.58%上升到50%左右，将继续享有IFC物业长期升值所带来的收益。对于越秀房托而言，物业组合从以批发零售为主，转型为多元化组合，将改善其通过资本市场获取融资的能力。交易完成后，越秀房托旗下的物业组合价值将从66亿元左右，大幅提升两倍以上至220亿元左右，若按市值计算，越秀房托已成为亚洲最大的上市房地产投资信托基金之一。

（三）以“加减法”战略引领整体转型之道

在政策从严、市场消极的环境下，越秀地产借助调控之机加大拓展脚步，在实现全国性战略布局方面取得了重大突破和进展；积极推进“开发+运营+金融”发展战略，坚持“住商并举”，在深耕住宅市场的同时，也凭借以往丰富的运营管理经验在商业地产业务方面取得了巨大发展，为企业未来发展打下坚实的基础。在短短几年时间内，越秀地产完成了资产结构调整并实现了跨越式增长，除了强大的资本运作能力外，其竞争优势还有以下几点：

1. 巧用“减法”，三年战略调整指向纯地产核心业务

越秀地产虽是较早登陆香港资本市场的内地上市公司，但其前身越秀投资当时拥有造纸、酒店、交通、地产和超市等多类型产业，是一个多元化的综合上市公司，在核心战略上并无明确指向。由于越秀投资给市场的导向不明确，各大投行机构对其难以形成清晰的分析及判断，加上2008年金融危机的冲击，越秀投资的股价一度下跌。

为加快布局全国，越秀地产蓄谋转型。考虑到房地产行业的强劲发展潜力，越秀地产出售旗下非地产相关业务。2008年底，集团正式提出“三年调整优化发展期”的概念，积极参与市属国有资产战略性充足及与央企的合资合作，先后退出了造纸、酒店、水泥、国际经贸、电池、超市等不具竞争优势或发展前景的业务领域，并完成了超过50亿元的低效、无效、非核心资产处置。

地产业务的强劲增长坚定了越秀投资专注于地产业务发展的信心。2009年11月，从事地产及收费公路业务的越秀投资为精简业务宣布重组，将公路业务分拆出来，形成单一以房地产为主业的平台，并在这个上市平台下控股房地产信托基金。重组之后，越秀投资和越秀交通将独立发展，成为越秀集团下属平行公司，而越秀投资不再持有任何越秀交通股份。重组完成后，越秀投资更名为“越秀地产股份有限公司”，专注地产业务，正式转型为“纯地产”公司。在三年调整优化发展期间，越秀集团以重组整合为突破口，实现了上市公司从多元化到专

业化的转变，并形成了独有的商业模式，越秀地产转向“开发+运营+金融”以及“住宅地产+商业地产”并重的高端发展模式。

为配合全国扩张战略的实施，2011 年 7 月，越秀地产正式宣布将其在中国大陆的业务主体广州市城市建设开发有限公司企业名称由“越秀总”、“广州城建总”、“城建地产”以及“越秀城建地产”统一更名“越秀地产”，越秀地产将以全新标识及统一的品牌名称展开积极的全国性战略拓展，集中力量发展纯地产业务。从此，越秀地产将以鲲鹏展翅的全新标识及统一的品牌名称展开积极的全国性战略拓展。

2.“住宅与商业”双轮驱动，多元化组合铸造稳定品牌

作为广州成立时间最早的房地产开发企业，越秀地产在上市之初，就为向商业地产转型打基础，使企业变成一个以房地产开发为基础，以商贸业为龙头，以物业经营为核心的集团。其间，越秀地产不仅开发了“星汇系”等多个高品质的住宅项目系列，而且较早期涉足商业地产领域，在该领域的深耕也已成绩斐然。广州市白云区的白马市场就是越秀地产早期的代表作，该市场已经成为中国最大的服装批发市场。通过白马项目的成功运作，在 2002 年集团重组之后，商业地产已逐渐成为企业转型的一个新方向。2005 年，越秀地产在立下的五年计划中明确指出，推进从纯住宅市场开发到住宅和商业地产经营并重的战略转移，重点发展房地产高端产品、专业市场与酒店连锁业，打造天河、流花、珠江新城和南沙四大商务圈。2006 年，越秀城建地产在商业地产上的运作令品牌形象得到进一步彰显，三大商业项目“越秀城市广场”、“越秀新都会”、“维多利广场”引爆了广州甲级写字楼市场。在近 30 年发展期间，越秀地产开发过众多的商业地产项目，并且统一持有经营，收益率高，为企业带来稳定充沛的现金流，具有强大的抗风险能力。

2005 年，越秀地产取得了广州国际金融中心（IFC）的开发权，项目位于广州珠江新城核心商务区，项目总用地面积约 3 万平方米，总建筑面积为 46 万平方米，由商场、甲级写字楼、四季酒店和雅诗阁服务式公寓组成。项目规划建筑总高度 437.5 米，成为广州市的地标性建筑物。凭借多年来商业物业开发积累的丰富经验，广州 IFC 于 2005 年 12 月开始动工建设，2008 年底封顶，在 2010 年亚运会前竣工并成功投入市场运营。通过广州 IFC 项目的运作，越秀地产积累了丰富的城市综合体经营经验，同时也积蓄了一批优质客户资源，为后续多个城市综合体等标杆项目的开发打下了坚实的基础。

越秀地产对商业地产的运营较早就有了筹备，始终坚持住宅与商业地产并举的战略，早在2006年就成立了商业地产中心，负责商业地产业务的运营，而由于当时商业地产尚不成熟，运作依然是按照住宅的模式。2009年，越秀地产成立了商用物业经营部，专门负责商业地产的策划和经营。

2009年完成重组以后，越秀地产以进取的姿态，拉开了全国性战略布局，并大幅增加土地储备，重点挺进长三角、珠三角、环渤海和中部经济圈9个城市。在保持了原有高品质住宅地产建设的同时，越秀地产有计划、有步骤进行高端复合商业地产项目的开发和运营。截至2011年底，越秀地产的营业收入达到90.2亿元，其中45亿元来源于商业地产。在此背景下，2012年4月，越秀地产顺势成立商业地产事业部，作为商业运营平台，提升越秀地产的商业运营能力，也为之后与越秀房托的常态化互动打下坚实的基础。依托品质领先，越秀地产积极实施住宅与商业地产并驾齐驱的发展战略，设计卓越的产品，助力城市加快发展建设。

根据越秀地产“十二五”规划及未来战略部署，计划到2015年，将公司建设成为品牌知名度高、综合实力强的全国性大型房地产企业，建立完善的产品品牌体系，实现房地产开发和投资物业经营双轮驱动，促使商业经营与资产经营、资本经营有效对接。

3. 打造“产融结合”双平台，引领融资发展新方向

朱晨：“越秀地产布局全国的步伐不会因为房地产市场调控而减慢，外地市场份额将逐步增加。”

地产业作为一个资金密集型行业，对金融有很强的依赖性，而REITs凭借其在流动性、便利性、稳定性上的优势，具备强大的融资功能。自2005年越秀REITs赴港成功上市，越秀地产开辟了独特的“地产+金融”双平台优势，通过越秀地产与越秀房产基金这一全国唯一组合常态化的互动，打造独特的商业地产经营模式和商业地产品牌。越秀地产可以通过将自己开发建设的优质商业项目从地产注入REITs，将已经在地产平台上证券化的商业地产项目再次证券化，从而借助资本市场，大大加快商业项目的开发速度和资金的流转速度。

在近年的资本结构调整中，越秀地产通过两个平台之间的互动，已经逐步建立起足够大的融资平台、现金流平台和一套可复制的成功商业地产模式，持续地从中国香港资本市场获得低成本融资支持，最大限度地发挥融资优势、资金平衡优势和价值增值优势。

2012年7月，越秀地产成功将旗下优质商业项目广州国际金融中心（IFC）

注入越秀房托，实现了二次证券化，取得了多方共赢的效果。此次交易，越秀地产将得到5亿~7亿元的出售物业收益，减少约45亿元的银行负债，降低了负债水平，并减少利息支出；通过提前释放出广州IFC的潜在商业地产价值，大大缩短了IFC长达17年的投资回收期，并使得这一优质资产尽快走向成熟，获得品牌溢价。对于越秀房托基金，此次IFC的成功注入，大幅提升了其资产规模，预期基金的物业估值将增加3倍多至约220亿元，按物业组合价值越秀房产基金将成为亚洲十大上市房地产投资信托基金之一。同时，越秀房产基金融资能力及收购扩张能力将大大增强，发展前景更加明朗，发展潜力将得到显著的提升。

这次IFC的成功交易，标志着越秀地产实现了从房地产“开发+销售”的初级阶段向“开发+运营+金融”的高级阶段转型。实现这种新模式以后，越秀地产能够迅速回笼商业项目现金，用于其他商业地产项目的滚动发展，有效缓解商业地产项目所沉淀的巨额资金，加快开发的进度；越秀房托则扩充了REITs规模，为上市平台升值奠定了坚实基础，将有望成为全球领先的房地产信托基金。两个上市平台的联动、互动，有利于整个产业经营和资本经营的有效结合，从而形成可持续的独特的金融地产商业模式并打造核心竞争力，形成多方共赢的局面。

基于“产融结合”的双平台优势，越秀地产正以专业、谨慎投资的态度，以高端住宅开发和商业经营为主要方向，立足广州，面向全国，积极开拓珠三角、长三角、环渤海地级以上城市、中部及西南地区中心城市的市场。

（四）从“开发商”到“城市运营商”：坚持发展与城市同步

“以运营者的高度，坚持发展与城市同步，创造城市新人居价值。”

越秀地产是一个在广州改革开放的潮流中应运而生、以打造城市每一个时代的名片为核心使命的地产界品牌企业。作为广州市成立最早的房地产综合开发企业之一，越秀地产在近30年的光辉历程中，以“运营城市商圈，打造城市地标”的品牌战略意识，见证并筑就了广州的城市发展史。东进、西联、北优、南拓、中调，广州城市轴心的每一次开拓，越秀地产都以“造城者”的姿态，为这个城市走向繁华而辛勤耕耘。

深耕广州近30年，越秀地产坚持发展与城市同步。从20世纪80年代初帮助广州市政府建设天河体育中心并成功拓荒天河区，打造了占地5.2平方公里的广州天河中央商圈、南沙商圈、江南西商圈以及以广州财富天地广场、白马服装大厦为核心的流花商圈四大商圈，以及全程开发二沙岛及打造高档住宅区——

“宏城花园”，再到建成全球十大超高层建筑之一的广州国际金融中心，越秀地产的起点在世界高端，与城市同步发展，在成长中树立了良好的品牌效应与消费者口碑。

以成就美好生活为己任，越秀地产秉承“品质”、“诚信”和“卓越”的经营理念，始终坚守与城市相符的产品品质。早期开发的全国首个大规模统一开发的江南新村商住区，从化逸泉山庄、南沙滨海花园大型别墅区以及“新羊城八景”天河飘绢等一系列大型项目以及近年开发的“星汇”系列等精品项目均树立了区域新标杆。无论是宜居社区，还是高端的别墅豪宅，越秀地产的出品无一例外地成为广州住宅市场中的精品与典范。此外，通过财富中心、财富世纪广场、广州国际金融中心等大型优质商用物业的开发与运营，越秀地产正以强大的经济辐射力以及区域建设影响力，助力城市发展。越秀地产迈出的每一步都与城市发展共同脉动，凭借卓越的品牌形象和优良的产品质素，成就一个成功的城市运营商。

作为城市名片的缔造者，越秀地产将以立足广州为中心，以珠三角为核心，以长三角、环渤海为重点战略布局，着力打造企业品牌，让“越秀地产”品牌在全国开花结果。

成立近30年来，越秀地产始终站在城市运营者的高度，重视客户诉求、产品品质及前沿的发展信念，并将这些信念融入到每一个标杆项目的开发运营中，成为越秀地产积累的最重要财富。逆周期突围困难重重，越秀地产始终保持着危机感，果断、大胆实行结构重组改革，坚守企业的发展战略，从一家传统外贸企业成功转变为战略清晰的纯地产业务企业，实现了由多元业务平台到专业地产企业的华丽转身。从长期来看，越秀地产的“开发+经营+金融”的运营模式已经逐步成熟，并成为企业发展的核心竞争力。在政策多变的背景下，越秀地产多元业务互动的平台带来的投资和应变能力已得到证明，其独特的经营优势必将进一步显现。

如今，越秀地产已脱胎换骨。无论前行的道路是明朗或是阴霾，越秀地产始终保持前行的决心，鲲鹏展翅、征战全国！

（五）越秀地产大事记（见表 3-20）

表 3-20　越秀地产大事记

事　件	时间	说　　明
成立	1983 年	“广州市城市建设开发有限公司”成立，前身为广州市人民政府住宅建设办公室，是广州市成立时间最早、实力雄厚的大型综合性房地产开发企业
在港上市	1992 年	“越秀投资”于 1992 年 12 月在香港联交所上市，主要从事地产、交通与造纸业务
收购水泥厂等股权	1993 年	收购珠江水泥厂、广州水泥厂及广州造纸厂各 51%股权
第二上市	1996 年	股份在美国市场柜台交易，在新加坡第二上市
收购越秀城建地产业务	2002 年	收购广州城建集团地产及相关业务，同时剥离水泥等业务，交易金额达 50 亿港元
西塔项目动工	2005 年	珠江新城西塔项目（广州国际金融中心）于 12 月动工，该项目规划总建筑面积超过 45 万平方米，地面以上共 103 层，楼体高度达到 432 米，将成为中国内地第二超高地标
房托基金上市	2005 年	分拆旗下白马商厦等 4 项出租物业，组建越秀房地产投资信托基金，在香港联交所主板上市，成为全球首只投资于中国房地产的上市房地产投资信托基金，越秀地产持有 35.58%权益
IFC 封顶	2008 年	广州国际金融中心于 12 月封顶，建筑总高 437.5 米，成为中国第三高楼
剥离非核心业务	2008 年	剥离造纸等非核心业务，成为房地产核心主业突出的上市公司
IFC 签订管理合作协议	2009 年	广州国际金融中心与四季酒店集团、仲量联行、世邦魏理仕签署相关管理及合作协议
拆分越秀交通，更名为越秀地产	2009 年	分拆和出售越秀交通，专注地产发展和投资，同时公司名称由越秀投资更改为越秀地产股份有限公司
供股融资	2010 年	以每股发售价 1.61 港元公开发售 21.42 亿股新股份，筹集资金 34.48 亿港元
实现专业化	2010 年	将超市业务出售于华润创业，实现了非地产业务的彻底剥离
调整优化落实	2011 年	完成“三年调整优化发展”，企业实现业务专一，销售和利润规模实现了跨越式的增长
统一更名	2011 年 7 月	将其在中国大陆的业务主体广州市城市建设开发有限公司企业名称由“越秀总”、“广州城建总”、“城建地产”以及“越秀城建地产”统一更名“越秀地产”
成立商业地产事业部	2012 年 4 月	成立商业地产事业部，截至当前，越秀商业地产面积已建 42 万平方米，在建 154 万平方米（广州国际金融中心目前仍按在建计算），待建 106 万平方米
将 IFC 注入越秀房托	2012 年 5 月	向越秀房托注入广州国际金融中心，对应交易作价为 134.4 亿元，较第一季末的最新估值 153.7 亿元折让约 12.55%。越秀房产基金需向前者支付的对价包括交易总代价 88.5 亿元，以及承担开发贷款 45 亿元和支付少数股东权益约 9000 万元

六、东湖高新：中国科技产业园先行者

东湖高新，中国光谷的拓荒牛，中国第一批科技产业园运营商。1993年成立，1998年由国家科技部推荐上市。东湖高新秉承“中国光谷的拓荒牛、成长企业的服务商、蓝天沃土的守护使”企业使命，至今有20年发展历程，是中国光谷的奠基者，建成的各类工业园区品牌知名度、美誉度、客户忠诚度高，集中了生产、研发等企业数千家，年产值超过200亿元，年税收数十亿元。2012年，东湖高新连续第三年跻身“园区开发上市公司竞争力TOP10”。

武汉东湖高新股份有限公司（股票代码：600133.SH，以下简称“东湖高新”）成立20年来，发扬了专注、创新的企业精神，构建了“以人为本、敢为人先、追求卓越、成就员工、服务社会”的价值体系，先后在湖北、湖南、安徽、河南等地投资建设了多个特色产业园区，实现了从第一代到第五代科技产业园的升级换代，孕育出多家上市公司，被称为现代科技型企业孵化器。2012年，东湖高新连续第三次成为中国房地产上市公司TOP10研究“园区开发上市公司竞争力TOP10”，是中国出色的科技产业园先行者。

（一）矢志不渝的科技产业园开发先行者

1993年，为加快武汉东湖新技术开发区（以下简称“东湖高新区”）的建设，东湖高新应运而生。成立初期即代表武汉东湖新技术开发区管委会承担中国光谷首个15平方公里的土地储备、征地拆迁、八通一平、招商引资、物业管理等全过程开发任务，是中国第一批科技产业园运营商。迄今共开发、建设及运营五代科技园区面积超过200万平方米，建设市政道路及配套市政管网30公里，引进、孵化企业500余家。

1. 中国光谷“拓荒牛”

武汉是中国光通信的发源地，享有“中国光谷”的称号。2001年，武汉东湖高新区获批为国家光电子信息产业基地，即“武汉·中国光谷”。2009年12月，东湖高新区被国务院批准为继北京中关村之后的第二个国家自主创新示范区。

东湖高新是光谷最早的开发企业，无论是在一级开发还是其他领域，都作出了卓越贡献。作为中国科技产业园先行者，东湖高新为成长型企业提供集办公、

研发、生产、服务于一体的多功能发展平台，为中国光谷的腾飞打下了坚实的基础。

从无到有，从单一产业到多产业齐头并进，中国光谷闻名世界。而作为一家上市公司、中国光谷的“拓荒牛”，东湖高新的发展史，无疑就是一部“中国光谷”的崛起历史。

2011 年，光谷累计完成企业总收入 3810 亿元，同比增长 30.21%；工业企业累计完成总产值 3191 亿元，同比增长 27.18%。目前，东湖高新区已从原来的城乡接合部发展成为城市副中心，中国光谷会聚了富士康、中芯国际、EDS、烽火通信、长飞光纤、凡谷电子、NEC、楚天激光等近万家国内高新企业与世界 500 强，国际创新产业基地项目背后，凝聚着东湖高新建设光谷的经验与汗水。

2. 专注开发科技产业园

东湖高新成立 20 年，从 1998 年上市以来，公司的控股股东发生了三次重大变化，但企业在科技产业园的开发方面矢志不渝，保持了专注性和连续性，从最早的第一代产品关东科技园，第二代产品光谷数码港，第三代产品国际企业中心，第四代光谷芯中心，发展到目前正在按照第五代形态建设的生物园与软件园。作为中国科技产业园先行者，东湖高新勇于创新，在实践中不断探索，逐步实现了科技产业园开发的升级换代，也积累了丰富的开发及运作经验，为其今后的品牌复制与区域扩张打下了坚实的基础。

1993 年，东湖高新开发出第一代科技产业园——关东科技园、关南科技园和电子港，总共入驻企业超过 200 家，园区内企业年产值超过 250 亿元，核心企业包括凡谷电子、蓝星电脑等。

2000 年，东湖高新第二代科技园——光谷数码港面市，入驻企业 50 多家，年产值达到 15 亿元，核心企业包括中试电力、多普达、中原通信、微创光电等。

2004 年，其开发的第三代科技产业园——国际企业中心，占据中国光谷核心，总占地面积 260 亩，引进了以华新水泥、凯迪水务、祥云化工、新华扬生物等 300 余家海内外上市公司和行业领军企业入驻，形成年产值近百亿元，年税收数十亿元的产业集群，荣获“CIHAF 中国房地产优秀写字楼”等众多奖项。

2009 年，东湖高新第四代科技园产品的代表——光谷芯中心隆重面世，也是华中首家引入美国权威性绿色建筑 LEED 认证的项目。总规划面积近 25 万平方米，集多层生产研发、独栋办公、高层创新产业、体育休闲、街区商业、员工公寓等多种形态为一体的高新技术产业城，以“绿色环保产业，科技产业转型先锋”为规划理念，为发展型企业提供新型生态化商务平台。光谷芯中心聚合四大主导产业，形成过百亿元年产值。

2011年6月，湖北省联合发展投资集团有限公司（以下简称“联投集团”）入主东湖高新，赋予了后者更强的资源整合能力。在注入了湖北路桥等优质资产后，东湖高新的业务架构依然是两翼并举，工程总承包、施工建设及环保业务并重，环保业务将寻求做大做强。随着武汉创建国家中心城市的步伐，为了适应光谷在新形势下的发展方向，2012年初，东湖高新迈出了更大步伐，全新打造的以产业链整合为特征的第五代科技产业园，正逐步从宏伟的蓝图变为现实的建构。

2012年3月22日，东湖高新与武汉光谷生物医药产业园发展有限公司签署协议书，共同开发建设“生物医药园企业加速器三期项目”，计划开发生物医药园企业总部、研发办公、满足GMP厂房标准的医药企业专用厂房以及配套产品。2012年9月，华中地区首个世界500强医药企业——费森尤斯卡比（武汉）医药公司生产基地落户光谷生物医药园。

2012年4月，东湖高新与大连软件园股份有限公司、联投集团有限公司签订了建设“武汉软件新城”的战略合作协议。其中，大连软件园出资2亿元，为合资公司的控股股东，东湖高新、联投集团各出资1亿元。

3. 借助品牌优势积极扩张

借助品牌优势和成功开发经验，东湖高新不断通过低成本获取优质土地储备，实现了科技产业园的升级再造与异地成功复制，实现了企业战略布局版图的扩大。

2009年，东湖高新在湖北襄阳投资兴建国际创新产业基地，项目总建筑面积40万平方米，总投资逾7亿元，这是融高新技术研发、生产、办公、商务等多种功能于一体的多维科技园区综合体。项目建成后可以容纳300余家企业入驻，可创造10000多个就业机会，实现年产值30多亿元，将成为立足襄阳、辐射鄂豫陕的新经济中心和产业中心，对襄阳高新技术产业提升起到了巨大的推动作用，襄阳的又一张“城市名片”正逐步成型。

在立足湖北的同时，东湖高新携自身在科技产业园开发方面的开发经验，利用品牌与资源整合优势，不断向全国其他省市积极扩张，进行科技产业园开发的异地复制。

2009年，由东湖高新投资开发的长沙市重点工程——长沙国际企业中心正式奠基，总投资逾8亿元，建成后将容纳500多家企业入驻，创造10000个就业机会，成为湖南首个集办公、生产、研发、商务、服务等功能于一体的综合型、集约型科技产业园区。目前，已先后引进企业200多家，体现了东湖高新在科技产业园开发方面的品牌号召力。

（二）创新发展，基于战略领先的成功之道

作为中国科技产业园先行者，由东湖高新开发建设的五代科技园区集聚了数千家高科技企业，凭借成功的运营管理和良好的配套服务吸引了光电、通信、机械制造、有色金属等行业领军企业整体入驻或重点业务单元迁移，在较好地整合优势资源、形成产业集聚、凸显总部经济集聚效应的同时，成功孵化、培育了一大批优秀企业。

1. 科技型企业成长孵化器

迄今为止，东湖高新立足光谷、扎根光谷，共开发建设及运营科技园区面积超过200万平方米，先后孵化、培育了凯迪电力、凡谷电子等优秀企业，并吸引了长飞光纤、烽火科技等行业领军企业入驻，聚集企业近千家，年产值超过500亿元，年税收数十亿元。

2. 有责任感的产业运营商

随着东湖高新区成为中国第二个国家自主创新示范区，中国光谷成为闻名世界的产业发展聚集地，其区域发展号召力不言而喻。一时间，国内外众多资本蜂拥而至，各类企业纷纷进行实地考察，以寻求更大的发展空间。作为有责任感的产业运营商，东湖高新秉持诚信经营、精益求精、专业人做专业事的理念，在最大限度满足客户需求的同时，始终把产业聚集与高科技企业孵化作为企业使命，坚持创新发展思路，并始终坚持其基本原则。实践证明，这些看似严苛的自我管理与监管措施，不仅没有影响自身的发展，反而促进了入驻企业的快速发展，也加快了产业集聚和成熟，为东湖高新的科技产业园开发积累了丰富的经验和良好的口碑。这些基本原则包括：

（1）严格筛选入驻企业。

东湖高新一贯按照东湖高新区的产业发展规划引入对口企业，并对企业产业类型、规模、发展、利税及环保等情况进行严格考察，以确保入园的优质企业具备高成长性；对一些符合未来发展趋势、政府支持的高新技术型企业，东湖高新甚至可以提供一些额外优惠，以期在最短时间内实现产业链上下游企业的整合。

（2）服务成长型企业。

东湖高新将服务对象定位于成长型的中小企业。努力为创新型、发展型企业提供创新平台，满足高成长型企业在各个周期的发展需要；通过构建环保型、资源节约型科技园区，大幅降低企业运营成本，提升企业生产效率；通过专业的服

务团队，为入园企业提供定制服务，包括协助企业对接政府扶持政策；通过整合银行、券商资源，深度解读资本市场，为企业提供金融服务的支撑平台，推动实业资本与金融资本的对接。

这种不遗余力的扶持，也为东湖高新赢得了众多的回头客，在其开发的第三、四代产业园的客户中，很多都是前期与东湖高新一起成长起来的科技型企业。这些企业在发展壮大、扩充规模的时候，首选入驻东湖高新所开发的科技产业园，使东湖高新实现了经济效益与社会效益的最大化。

（三）厚积薄发，联投入主企业前景可期

2012 年 6 月，东湖高新连续第三年被中国房地产 TOP10 研究组评为“园区开发上市公司竞争力 TOP10”，这说明东湖高新的行业地位已经得到市场的认可和肯定。

1. 经营业绩稳定，行业地位持续提升

2002~2011 年，东湖高新的经营业绩增长稳定，营业收入从 3.9 亿元增长至 2010 年的 9.09 亿元。2011 年，公司虽然受到并购等因素影响，但经营收入仍达到 6.61 亿元。

东湖高新充分受益于武汉及中国光谷经济迅速发展，企业发展稳健，基本上保持了盈利的业绩表现，股价表现优于同类企业。近两年，控股股东战略布局调整，企业规模及盈利水平增长较慢，但经过一系列资产重组和调整，企业的主营业务和发展方向更加明确。企业制定了长期的发展战略，加快了投资扩张的步伐，力求在城市化进程中寻找有质量的增长，对股东和社会尽到应有的责任。

2009 年底，东湖高新每股收益调整前是 0.2243 元，调整后是 0.2584 元，抵御了金融危机的影响，表现一直较为稳定。最近两年受重组等影响，从 2012 年初开始，股价走势强于大盘，目前，通过定向增发完成资产重组，联投集团成为公司大股东，公司实力得到明显提升，企业治理结构得到优化，为长期发展奠定了基础。随着武汉城市圈及中部地区发展建设进入提速阶段，东湖高新在科技产业园领域的优势将会得到更大体现，提高了企业未来盈利增长的可能性。

2. 资本运作成功推进企业发展

在 10 多年的发展历程中，在市场风雨的洗涤中，东湖高新逐步形成了比较优势和竞争能力，通过几次重大的资本运作，成功实现了企业管理与发展战略布局的优化，并逐渐形成了企业的核心竞争力，为将来的发展奠定了坚实的基础。

1998 年，红桃 K 正式控股东湖高新，并加大了生物医药产业投资，东湖高

新形成了以科技园建设和生物工程为主营业务的产业格局，实现了东湖高新从“资源优势”向“市场优势”转化的高位嫁接。

红桃K集团是国家科学技术部评定的重点高新技术企业，红桃K商标被国家认定为中国驰名商标。红桃K集团的市场营销能力以及目标客户定位与锁定能力，为东湖高新的科技产业园建设与销售带来了帮助，使其摆脱了同类企业脱离市场实际的开发模式。在红桃K大股东的领导下，东湖高新充分进行市场调研，注重与意向企业对接，提高了产业园精准定位配套能力，大大加速了产业园的集聚能力，促进入驻企业更好更快发展，形成了良好的口碑效应。

2004年底，因企业战略调整需要，中国第一家电力环保企业——凯迪电力受让红桃K所持股份，成为东湖高新的控股股东。凯迪电力主要从事环保产业、新能源及电力工程等领域的新技术、新产品开发和应用。由此，在原有的科技产业园、生物医药领域之外，东湖高新进入了环保产业。

由于企业利润水平完全取决于成本的控制能力，凯迪电力的业务成本控制流程非常严格。凯迪电力业务外包的核算方式，为东湖高新带来了新的市场理念和相对完善的成本控制体系，全体员工对于成本控制意识加强，由此也提高了企业的综合竞争力。这种意识也充分体现在科技产业园的开发过程中，无论是规划、建设，还是招商、销售，东湖高新的成本控制水平都高于同类企业，这有力地促进了企业利润的增长，即便是在经济大环境不好的情况下，东湖高新依然能够做到稳健发展。

在看似繁杂的资本运作过程中，东湖高新始终把握一条基本原则——无论是生物医药产业还是环保产业，都是国家鼓励和支持的高新技术行业，这也符合东湖高新这样一个上市高新技术企业的发展定位。这种坚持和努力，不仅保证了企业业绩的稳定，赢得了资本市场的认同，而且为东湖高新的生物医药产业园等项目，奠定了充分的人才、管理、行业基础，保证了企业的长期价值能够在未来得到体现。

3. 资产重组成功，公司发展迎来跨越时代

东湖高新上市10多年来，主营业务发生了三次重大调整，从早期的科技园区建设和生物制药，到科技园区开发、环保脱硫和环保电力，在坚持科技产业园开发的同时，在环保和绿色能源产业方面也有充分发展。作为中国光谷的开拓者，中国科技产业园的先行者，东湖高新的价值得到了资本市场的认同。

10年来，东湖高新股价走势与深成指收盘点位涨跌趋势基本相吻合，近两年的股价表现强于大盘。东湖高新以其持续稳定的增长和强有力的经营能力赢得了股东的信任，其对股东的回报在业内获得较高评价。

从 2009 年起，为积极推进湖北省国有资产证券化，践行产融结合发展战略，在政府主导下，2011 年联投集团成为控股大股东，并注入了一些优质资产，完成了全面的重组行动。

联投集团是湖北省人民政府直属的国有大型控股公司，由湖北省国资委和武汉城市圈九市国资委作为主要出资人，由武汉钢铁集团、东风汽车公司、中国长江三峡集团公司等 7 家湖北著名央企共同发起设立，公司注册资本 32 亿元，湖北省政府正式批准设立的“湖北省联合土地储备中心”成为全省唯一的省级土地储备机构，进一步增强了联投集团在武汉城市圈内重点项目建设，片区综合开发等领域的核心竞争力，也为东湖高新带来广阔的发展前景。

2012 年 7 月，东湖高新发行股份购买资产并募集配套资金获证监会并购重组委 2012 年第 19 次工作会议有条件审核通过，成为自 2011 年 9 月 1 日《关于修改上市公司重大资产重组与配套融资相关规定的决定》实施以来，国内国资系统首例获证监会重组委有条件审核通过的定向增发并募集配套资金的重组项目。

作为其在资本市场的重要平台，联投集团将湖北路桥注入东湖高新，这预示着联投集团打造资本旗舰迈出了实质性的第一步。此次重组是东湖高新自 2000 年配股以来，时隔 12 年首次再融资。以此为契机，东湖高新实现资产注入、募集资金“一步到位”，并有望通过引入战略投资者进一步优化其股权结构。重组完成后，湖北路桥的优质资源将与东湖高新原有的园区开发业务发挥协同效应，巩固东湖高新在园区开发的优势，形成完整的产业链，增强上市公司的核心竞争实力、持续盈利能力和长远发展潜力。

战略决定目标，目标决定行动，行动决定结果。2012 年，东湖高新承担了更多科技园区项目建设：光谷生物医药加速器项目，建成后将引进生物医药企业 260 家，产值 195 亿元；武汉软件新城项目，占地 3.4 平方公里，总建筑面积达 200 万平方米，建成后将成为世界知名、国内一流的 IT 园区。

武汉创建国家中心城市的建设已经如火如荼地展开，东湖国家自主创新示范区的蓝图已经铺开，在难得的发展机遇面前，东湖高新将积极开拓，顺势而为，乘势而上，以审慎、乐观的态度应对面临的困难，克难奋进。凭借东湖高新品牌和开拓光谷的经验，东湖高新将以“城市运营商”的战略目标为指导，不断强化主题产业聚集能力、完善上下游产业链条，大幅提高运营效益，推动业务增长，为国家中心城市战略目标的达成砥砺前行！

（四）东湖高新大事记（见表 3–21）

表 3–21　东湖高新大事记

事　件	时　间	说　明
成立	1993 年	公司成立
开始涉足科技园开发	1993 年	关东科技园、关南科技园等
上市	1998 年	在上海证券交易所上市
红桃 K 成为大股东	1998 年	红桃 K 成为第一大股东
第三代产业园	2004 年	研发生产一体化的科技产业园——国际企业中心
凯迪电力控股	2004 年	红桃 K 转让股份至凯迪电力，凯迪电力成为控股股东
第四代产业园	2009 年	第四代产业园——光谷芯中心面世
联投集团入主	2010 年	联投集团成为第一大股东

第四节　关注民生　稳健增长

一些房地产上市公司在保证公司业绩的前提下对政策性住房等民生地产领域倾注了较大精力，对城市改造升级做出重要贡献，成为“关注民生、稳健增长”的典范。招商地产发展稳健，其以蛇口开发区为代表的综合社区开发模式，以及福星股份对旧城改造和城中村改造的先进经验促进了城市经济的提升；北京城建和栖霞建设关注民生地产，对当地保障房建设做出很大贡献，并尝试对保障房建设模式进行创新。

一、招商地产：百年招商　稳健经营

招商地产，国家一级房地产综合开发企业，是具备综合开发能力、物业品类丰富、社区管理完善的大型房地产开发集团。科学合理的业务布局、稳健增长的土地储备、丰富多元的产品结构、充足稳定的资金来源以及人性关怀的客户服务，使招商地产练就了卓越的可持续发展能力，取得了经济效益和社会效益的稳步增长。

（一）企业名片：百年传承，基业长存

林少斌："招商地产要比任何时候都更加注重人与企业的和谐；股东利益与劳动者利益的和谐；企业经济指标与环境保护指标的和谐；企业发展与社会责任的和谐。"

招商局地产控股股份有限公司（股票代码：000024.SZ，以下简称"招商地产"），成立于 1984 年，是中国最早的房地产公司之一，国家一级房地产综合开发企业，是具备综合开发能力、物业品类丰富、社区管理完善的大型房地产开发集团。截至 2012 年 6 月底，总资产达 877 亿元。招商地产公司总部设于深圳，公司 A 股、B 股在深圳证券交易所上市，B 股在新加坡证券交易所第二上市。

1. 经营业绩稳步提升，百年企业厚积薄发

2006~2011 年，招商地产的经营业绩突飞猛进，营业总收入从 28.09 亿元增长至 151.11 亿元，年复合增长率高达 40%。

2006 年，招商地产开启"绩效年"，开始推行项目全周期生产经营计划管理，主营业务利润大幅增长。如图 3-57 所示，2006 年，营业收入为 28.09 亿元，净利润为 6.63 亿元；2011 年，企业营业收入已达到 151.11 亿元，净利润为 33.13 亿元。仅仅用了不到 10 年的时间，就从一个地方性的房地产企业成长为大型的房地产龙头企业。除了 2008 年，国家将"防经济过热、防通货膨胀"确定为宏观调控的主要目标，实施稳健的财政政策和从紧的货币政策，使得招商地产营业收入增长率和净利润出现小幅下挫外，近些年，招商地产一直稳健经营，持续发展。2011 年，招商地产实现签约销售面积超 120 万平方米，签约销售金额超 210 亿元，超额完成了 200 亿元的销售计划。

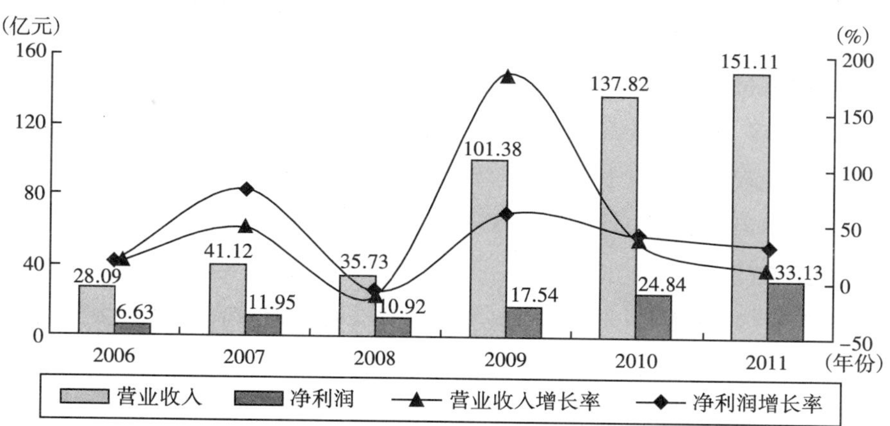

图 3-57　招商地产 2006~2011 年营业收入、净利润及其变化

截至 2011 年，招商地产多渠道加大融资力度，筹资总额净增至 90 亿元。截至 2011 年末，公司账面货币资金为 144.84 亿元，占总资产比例增长 2%；存货为 514.4 亿元，占总资产比例为 65%，与 2010 年持平；年末预收账款 168.82 亿元，占总资产的比例增长 2%，显示公司资产结构较为合理，项目储备和待结转收入较为充足。

从图 3-58 可见，从 2008 年开始，招商地产基本每股收益持续上扬，至 2011 年底，基本每股收益达到 1.51 元，显示了招商地产在国家调控期间强大的市场适应能力。从 2012 年开始，招商地产继续调整优化管理机制，在充分利用传统融资方式的同时积极推动金融创新工作，研究、利用保险资金、投资基金等新的融资渠道以满足公司规模扩张的资金需求。招商地产进一步优化了有息负债的币种及期限结构；同时，合理维持债务总量，严格控制资金成本，动态监控债务率等关键指标，有效地把控了财务风险，最大限度优化财务资源配置，提高资

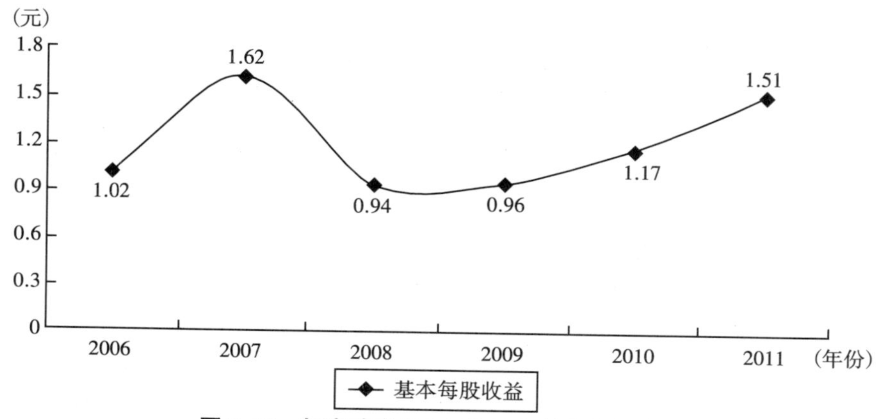

图 3-58　招商地产 2006~2011 年基本每股收益

金使用效率。

2. 资本市场表现稳健，依托集团资源可持续发展

招商地产是香港招商局集团旗下三大核心产业之一的旗舰企业，1993年6月在中国深圳证券交易所上市。发行境内公众股2000万股，内部职工股700万股，特种股5000万股，向境外公开发行B股股票5000万股，发行后公司股份总额达到21000万股。1995年7月，公司部分B股以SDR形式在新加坡证券交易所上市。经过20多年的发展，截至2011年末，招商地产总股本17.17亿股本，总资产超过790亿元，总资产位列房地产上市公司第五，每股净收益位列房地产上市企业第四。

在28年的实践中，招商地产总结出一套注重生态、强调可持续发展的“绿色地产”企业发展理念，并成功开创了国内的社区综合开发模式。凭借稳健的治理模式与经营业绩，招商地产以其持续稳定的增长和强有力的经营能力赢得了股东的信任，其对股东的回报在业内获得较高评价。从2005年开始，招商地产正式启动股改程序，将招商局物业管理有限公司和南京招商局国际金融中心项目两大优质资产注入上市公司。在股权分置改革后，招商地产与招商局下属招商银行开启战略合作，进行“3+X”战略布局，立足深圳，放眼全国，在深圳、北京、天津、上海、重庆等城市同时启动18个项目，总开工面积突破160万平方米。公司进入一个腾飞的阶段，股价也开始大幅攀升。

招商地产这些年来能够顺利实现在资本市场的融资目标，不仅得益于公司良好的经营运作，还得益于母公司招商局这一强大的资源平台（见图3-59）。招商地产通过资本市场的后续造血活动是从1996年A股配股开始的，至今已经进行了7次资本融资，共募集资金109.5亿元。每一次融资都带来了招商地产公司资产规模的不断增大。

3. 土地市场扩张策略均衡，凸显持续稳健发展

招商地产均衡稳健的土地扩张策略，有效缓解了由于经济和市场周期性波动带来的风险。自开展“3+X”战略布局全国以来，招商地产稳步发展，积极推进，进入城市已增加至19个，主要位于环渤海地区、长三角地区、珠三角地区、成渝汉地区以及厦漳地区，区域分布更为广泛，项目品种更为丰富，为企业持续稳健的发展提供了有效的支持。

截至2011年，招商地产进入的19个城市中，囊括了4个直辖市、4个省会首府城市、8个沿海经济发达城市，在2010年全国GDP排名前15位的城市中，招商地产正式入驻10个，基本实现了对国内重点房地产市场的覆盖。

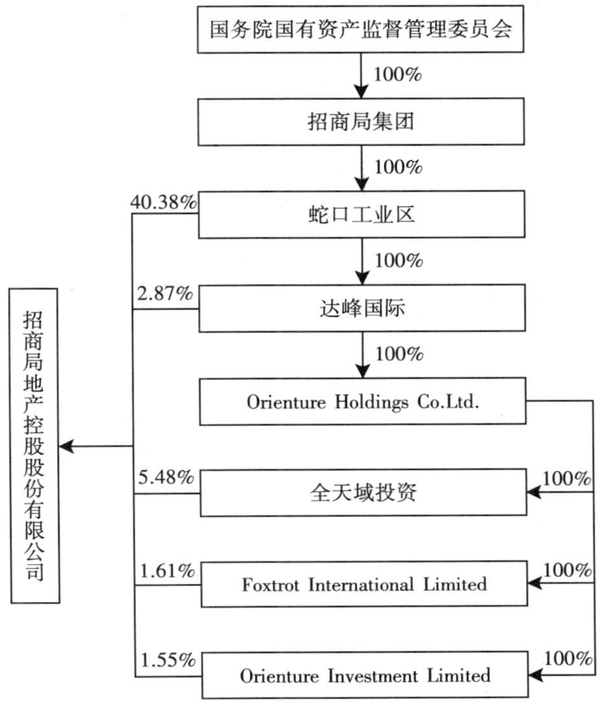

图 3-59 招商地产股东及实际控制人关系

（二）多元化开发经营，秉承稳健发展战略

目前，世界500强企业90%以上都实行多元化经营。房地产企业发展到一定阶段以后，同样可以通过实施多元化经营来调整产品结构，分散经营风险。房地产商品的区域性会使房地产企业的经营规模受到当地经济发展水平的制约，限制房地产企业的发展。多元化经营战略可以避免因经营业务单一而使企业过于依赖某一区域市场并产生波动的弱点，多元化经营企业即使在某一经营领域遇到挫折，也可以通过在其他行业的经营成功来弥补亏损，从而提高企业的抗风险能力。

1. 蛇口模式——综合社区开发典范

林少斌："招商地产在社区综合开发中，以动态规划，均衡发展；合理布局，功能互补；规划先行，有序开发为准则，以整个生活社区为项目单元，对其中的各个功能要素包括居住区、产业区、商贸办公区、休闲娱乐区、交通体系、绿化体系、园林建设及景观体系、医疗教育体系、信息化网络体系以及基础配套设施等进行综合规划并持续地进行开发。"

从20世纪80年代中期以来，我国房地产开发大致经历了四种典型的开发模式，即简单住宅楼宇开发、住宅小区开发、大规模住宅小区开发、社区综合开发四个阶段。从房地产行业发展的历程中可以看出，房地产行业在提高开发规模的同时，也从单纯走向复杂，以大面积社区为开发对象的综合规划已成为房地产发展的必然趋势。

在深圳蛇口地区的开发中，招商地产扮演着“园区开发商”和“绿色开发商”两个角色，对蛇口地区进行综合片区开发。作为改革初期的开发“先锋”，蛇口由工业区不断城市化，经过综合开发和升级，最终发展成为现代化、国际化城区最成功的范例之一。蛇口的园区开发规划建设最初体现在一级土地开发上，以产业、居住互动为核心的社区综合开发模式，形成功能丰富又相互支持，具有高度自我调节能力的社会生态系统。招商地产很注重人群就近居住、就业、购物、休闲、享受医疗、教育，确保高效率、低能耗、低排放，提供了经济层面可持续发展的活力。以蛇口“网谷”为例，原来沿山路一带的旧厂房，每平方米单位年产值大概是2000元。更新改造以后，每平方米单位年产值达到20000元。产值的增加，物业的更新，带动了整个区域其他方面的更新。原来蛇口的从业人群主要是加工业的蓝领工人，现在是新兴产业白领，人口素质提高了，消费力增强了，进一步推动了区域商业的发展、公共服务水平的提升、整体环境的优化。招商地产在蛇口的绿色开发规划建设，体现在土地二级开发上，招商地产以保护环境生态、降低资源消耗、降低污染排放为目标，绿色生态开发的理念与实践贯穿个案项目。既尊重自然原生态，又注重对老建筑的再生和生态庭院的营造，并采用可持续发展的材料、能源、设备乃至植被等构成的绿色生态技术体系。

在经济效益上，“社区综合开发”最大限度地挖掘了土地的利用价值，提升了房地产附加值，拉动区内房地产市场的发展。在社会效益上，促进了居住与产业之间的良性互动和有机结合，造就了区内生活的高效率与高品质。在综合开发模式下，目前招商地产以综合社区开发、社区物业管理、商业物业租赁等为主营业务；开发项目涉及城市综合体、写字楼、工业园区、商业配套、大型综合性商品住宅、别墅级城区公用设施等。其中，商业物业、社区物业管理等能给公司带来稳定的现金流，为房地产开发业务扩张提供资金支持，而物业管理也有利于公司把握市场变化，间接为地产开发业务提供服务。

如今，招商地产将对蛇口进行再造和升级。按照2010年提出的“再造新蛇口”规划，招商局将在未来5~8年再投资600亿元，将蛇口重新划分为10大片区分门别类进行开发，以成整个蛇口的再造。蛇口再造包括：海上世界城市综合体、投资近百亿的太子湾邮轮母港、以网络信息及科技服务产业集聚发展为产业目标的蛇口网谷等。

根据《深圳2030城市发展策略》，蛇口将成为其主要的生产性服务中心之一、中国香港高端服务的空间“外溢”区，以及珠三角区域外向型金融、娱乐、航运服务中心。产业的升级、园区的改造，将进一步推动着城市更新。

2. 商住互补，多元化开发经营

林少斌：“现在拿地其实大量的项目是住宅跟商业捆绑在一起，只做住宅不做商业是不可能的，所以我们应该具备商业方面的能力，拿地时也会两者并动，我相信，商业的分量随着发展可能会越来越大。”

进入2012年，随着中央关于进一步巩固调控成果，促进房价合理回归方针的明确，关于楼市出现反弹和相关政策可能出现调整的预期正在淡化。与此同时，房地产企业也纷纷采取更加主动的措施，加快多元化布局成为2012年整个行业着力的重点。早期的房地产开发，往往是粗放式的开发经营，产品同质化严重。房地产未来的市场机会必然转移到对客户价值的深度培育和挖掘上。在此多重环境条件之下，打造适合发展的多元化发展战略和体系，既是行业趋势，更是企业可持续发展的必备能力。

招商地产多元化开发经营主要涉及三个方面：①持有型物业管理；②投资型物业经营；③新型产业模式开发。目前，国内房地产企业绝大部分仍停留在项目开发的阶段，招商地产在多元化开发经营层面上恰恰有着先天优势，商业物业、社区物业管理、园区供电等业务每年能为招商地产带来稳定的收入。早在2006年，招商地产就收购了招商局物业管理有限公司，使房地产开发各个环节的资源优势得到进一步整合，在完善公司产业链的同时，也提高了房地产产品开发的附加值。同时，招商地产持有的商业物业主要集中于深圳地区，2007年累计完成租赁面积达557.11万平方米，年平均出租率达95%。招商地产在北京和天津的持有型物业主要是星级酒店，由于地段的稀缺性，所以收益率也比较可观。

招商地产“住宅开发+商业开发与持有”的综合开发模式已经抢得先机。众所周知，“住宅开发+商业开发与持有”综合开发模式能够平滑宏观调控的周期波动，是大型开发商的必然选择。虽然在招商地产目前的业务体系中，住宅产品开发依旧占据主体，但商业地产业务也处于快速发展之中。住宅业务方面，招商地产已经成功开发了深圳半山·兰溪谷、蛇口·花园城、依山郡、依云水岸、金山谷等绿色开发经典项目。2011年，招商地产的商业地产业务向扩大规模、积极整合、专业合作的方向发展，从城市商业综合体、产业园区、服务式公寓/高端酒店等多个产品层次进行产品线深化整合。其中，重点打造海上世界等综合体项目并向全国复制拓展。2011 年 3 月 12 日，招商地产公告宣布，公司拟将全资子公司深圳招商房地产有限公司以派生分立的形式，分立为存续公司和新派生公司——深圳招商商置投资有限公司。招商地产将系统性再造商业地产专业平台。与此同时，招商地产在南京、成都的商业项目亦开始进入实质性阶段。

截至 2011 年，招商地产年报显示，公司主营业务收入中，房地产开发销售 131.43 亿元，结算面积 74.77 万平方米；投资性物业租赁收入 6.28 亿元，累计租赁面积达 823 万平方米；园区供电销售收入 6.19 亿元，售电 81021 万度；物业管理收入 5.82 亿元；房地产中介收入 0.65 亿元。各主营业务收入比例如图 3-60 所示。

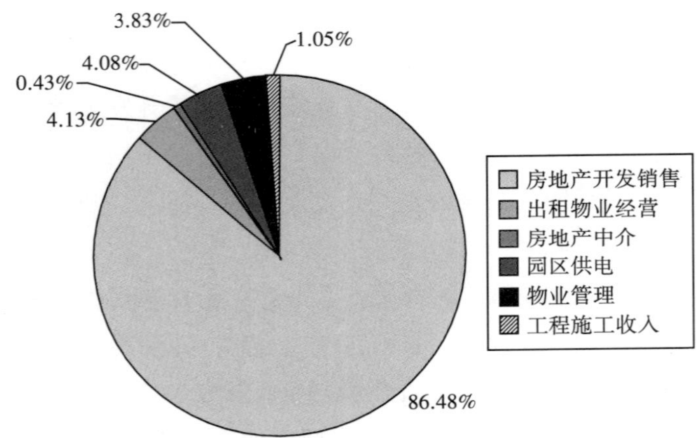

图 3-60　招商地产 2011 年主营业务收入比例

招商地产所具有的“房地产开发 + 房地产租赁 + 工业园区开发”的主营业务结构，体现了其“稳健 + 快速发展”的发展思路。一方面，通过开发投资回报快的住宅项目，实现企业的快速发展，为公司业绩成长创造空间；另一方面，加大开发持有性出租物业的比例，以提高企业的抗风险能力，为以后的房地产业务发展提供了稳定、长期的现金流和利润，降低了单一房地产开发经营的风险集中度。招商地产的这种主营业务结构，兼顾了风险和收益，使企业在房地产行业调控期既能规避行业发展波动的风险，又能分享行业景气所带来的高额利润和快速成长空间。

3. 产业协同发展，产业开发空间巨大

林少斌：“形成全国性品牌，并在发展模式、市场定位等方面构筑独特的竞争力。实现金融业与实业的互动及各产业协同参与内地区域经济开发。”

"产业协同拓展"模式即集团产业协同向全国各地拓展，与地方政府进行全面战略合作。一方面，显著增强了公司在当地拓展的优势；另一方面，区域综合开发领域的合作将直接给公司带来可观的资源。集团与地方政府存在利益互补关系是公司能够持续获取低成本资源的坚实保障。该模式在二、三线城市具有很强的可复制性，后续空间巨大。

招商地产通过蛇口工业区、漳州开发区等提供成片综合开发，协同发展服务，并通过招商地产从事房地产开发业务。招商地产早期在蛇口工业区的运作模式是在一片开炮填海的空地上，紧随蛇口工业区的现代化发展，不断建设配套的办公场所、商务设施和中高端住宅。在这种"产业协同"模式下，蛇口由工业化向国际化一步步蜕变，在产业价值不断升值的情况下，招商地产投资运营的兰溪谷、雍景湾等项目持续热销。

号称"第二蛇口"的漳州开发区，总体规划面积 5600 万平方米，由招商局集团与福建省漳州市等政府机构联合开发，招商局负责经营管理。招商局集团持有漳州开发区 78%的股份，并在开发区拥有大量土地资源。而作为招商局旗下的唯一地产平台，招商地产进入漳州开发区运营住宅、商务等配套设施的建设。漳州开发区的招商地产项目，有漳州招商花园城、漳州假日 365 等。随着漳州开发区的逐渐成熟化运营，开发区内的地产项目带给招商地产丰厚的利润。企业 2012 年年报显示，漳州假日 365 实现毛利 2039 万元，漳州招商花园城一期实现毛利 7054 万元，漳州卡达凯斯一期实现毛利 1032 万元。

2012 年 4 月，招商局集团公布《坪山河流域开发概念方案》，由招商局集团和坪山城投组成开发联合体，对坪山河流域进行土地一级、二级开发，或双方联合完成土地一级开发后再通过招拍挂的形式进行土地二级开发。根据上述方案，招商局集团希望以招商地产为主体介入坪山河流域整体开发建设，计划 10 年内投入 600 亿元。7 月 14 日，招商地产与深圳市坪山新区管委会签署了《坪山河流域片区综合开发战略合作框架协议》签署。新的产业片区综合开发模式即将启动。

（三）塑造品牌典范，力争行业标杆

林少斌："招商地产需要塑造一个富有责任感、注重人与人关系、提供归属感、关注建设和谐社会的品牌。"

招商局集团董事长傅育宁在 2011 年曾表示：招商地产要进入国内行业第一梯队，形成全国性品牌，并在发展模式、市场定位等方面构筑独特的竞争力。在

保持另外两大核心优势地位的同时，不管是发展潜力还是自身禀赋，地产都将是重头。招商地产已走出深圳，布局全国，跻身地产蓝筹行列，从偏居一隅的区域性公司发展成为众人瞩目的全国性房地产上市公司，并将在其一贯的稳健、持续增长的发展理念和经营之道下，开启新的品牌创新道路。

在国内房地产行业中，要永续经典，持续发展，需要的不仅仅是简单的拿地卖项目，而是整合出传承百年的品牌，而招商地产是最早一批启用国际品牌专家对品牌进行整合的企业。招商地产力邀有着 360 度品牌管家美誉的奥美广告进行品牌整合。中国香港奥美广告经过长达两年之久的调研、梳理，与招商地产品牌管理人员最终确立了招商地产的品牌理念、品牌写真、品牌推广战略等。在此基础上，双方开展了一系列深度的合作，随着招商地产全国战略的推进，九大城市，数十个项目的陆续启动，品牌异地拓展也相继喜结硕果。从一个地区性的品牌逐步发展成为全国性的品牌，招商地产完成了漂亮的转型。

招商地产以客户忠诚度为核心目标，持续关注客户需求，服务构建始终走在行业前端：2000 年，领先业内首先推出“全程服务体系”；2006 年始，聘请第三方机构开展客户满意度调查，针对产品及服务的不足制订整改措施及计划；2011 年，全面整合服务端口，业内首次推出“到家”专业服务品牌。至此，招商地产的服务完成了从技术到体系，再到品牌化的里程碑式转变。

以客户需求为出发点所提炼的“到家”服务品牌，既是对招商地产多年倡导的“家在情在”品牌诉求的内涵补充，更是公司对未来长远规划着力点的体现。在过往服务经验基础上，整合客户服务部门、招商物业和招商会三大专业服务机构的能力与资源，在售前、售中和售后三个客户关系阶段全程提供高品质服务，以“3×3”资源聚合效应，实现客户生活价值全触点提升，创国内地产服务之先。

打造适合发展的服务战略和体系，既是行业趋势，也是企业可持续发展的必备能力。区别于传统的服务体系，招商地产所提炼出的“到家”服务品牌不仅包含了传统的项目销售及相关服务内容，更包含了招商地产的国际社区综合服务成熟经验。例如深圳蛇口，有来自近 30 个国家和地区常驻人口的商务、居住综合社区服务，招商地产通过对涉外别墅区、租赁式公寓、酒店、商业中心和涉外写字楼的管理，形成了成熟的国际化社区综合服务经验。

（四）开发绿色地产，成就业内旗帜

林少斌：“选择绿色地产之路不但是国情使然，更是招商地产主动承担社会责任、敬畏自然，强调平衡的表现。”

国家"十二五"规划将坚持把建设资源节约型、环境友好型社会作为加快转变经济发展方式的重要着力点，而房地产企业如何实现低碳化转型，提高建筑能效，成为能否落实国家节能减排政策的重点。

当业内众多企业还停留在喊口号、造概念的阶段时，招商地产已正式将"绿色地产"提升到企业发展战略的高度。28 年来，在行业内首倡绿色开发，在住宅新建、旧城改造、商业和公共建筑营造等建设开发中始终遵循"自然生活、天人和谐"的理念，以达到生态、环保和减排的目的，为人们营造绿色、健康、可持续的生活。招商地产以产业、居住互动为核心的社区综合开发模式，形成了功能丰富又相互支持，具有高度自我调节能力的社会生态系统。在这一系统中，人们得以就近居住、就业、购物、休闲，享受医疗、教育。这一系统高效率、低能耗、低排放，提供了经济层面可持续发展的活力。招商地产以保护环境生态，降低资源消耗，降低污染排放为目标，将绿色生态开发的理念与实践贯穿整个社区项目。

实际上，招商地产的绿色地产之路始于对既有建筑的改造与再利用。南海意库 3 号楼的前身是 1980 年建设的蛇口日资三洋厂房，招商地产让它再次重现生机。南海意库 3 号楼仅仅是中国城市化过程中的一个缩影。仅深圳特区内，面临改造的厂房就有 500 多万平方米，深圳全市的类似厂房面积，就达 2500 万平方米之多。在珠三角地区，面临改造的工业厂房也达到数亿平方米之多。对既有建筑的改造与再利用在中国具有巨大的节能减排效益，首先沿用旧建筑而不是拆除，能避免产生大量的建筑垃圾；同时也减少了资源的再度消耗，综合减排效益明显。

广州金山谷项目，是招商地产在绿色创意城市方面的另一样本。金山谷项目规划实施居住与产业互动，将吸引众多创意产业中小企业进驻，创造和提升本地就业机会，实现四个"走路"，即走路上班、走路上学、走路购物、走路休闲，通过降低交通出行和改变人们的行为习惯来降低碳排放和环境污染。与其他社区的最大区别在于，金山谷项目提倡居住—产业一体化，促进经济效益、社会效益和环境效益显著提升。据初步估算，金山谷项目的工作加生活综合开发模式可减少 30%的出行，交通减排 3200 吨二氧化碳/年，至少相当于 284 公顷森林每年的吸收量；而综合节能 65%的建筑，按每平方米建筑面积每年节电 5 度计算，全年可节约用电约 500 万度，加上低层及部分高层应用太阳能热水系统节约的能源，全年可节约标准煤约 2500 吨，可减少二氧化碳排放 5200 吨。项目采用人工湿地处理污水用于景观绿化，目前的处理规模为 200 吨/日，年节水 73000 吨。

截至目前，金山谷国际先后吸引200多家现代服务业和创意产业企业入驻；建立了3所国际学校和1所国际汉语教育中心；增加约25000个工作机会；实现产值约50亿元，税收数以亿计。

从单体建筑的绿色节能到社区综合开发、绿色新城开发建设，招商地产把绿色开发理念不断延伸升级。截至2011年2月，全国共有140个建筑项目通过认证并获得国家绿色建筑标识。其中，有9个项目来自招商地产。仅在广东省，招商地产获得绿色建筑认证的项目就已分布在深圳、广州、珠海多地。自2002年绿色建筑评价标准公布以来，全国只有几十个项目获得三星级绿色建筑认证，位于广州的招商金山谷项目便是其中一个，它同时也是广州市首个三星级绿色建筑设计标识获奖项目。

招商地产将绿色建筑设计贯穿于招商地产项目策划及设计的各阶段，规划、建筑、结构、给排水、通风与空气调节、电气与智能、经济等各专业相互配合，综合考虑建筑全寿命周期的技术与经济特性，采用有利于促进建筑与环境可持续发展的建筑技术、设备和材料。目前，招商地产的多个项目已采用小区通风、热岛模拟、人工湿地处理中水、屋顶绿化和垂直绿化、小区雨水渗入、太阳能热水、节能玻璃等建筑技术。在绿色技术标准和规范尚处于摸索阶段的中国房地产界，招商地产已经完成自己的绿色技术标准和规范：《深圳市建筑节能设计及竣工验收指南》、《绿色建筑技术方案任务书指导》、《绿色建筑技术设计指引》、《招商地产项目建造标准细分表》等。

2011年4月，住房和城乡建设部科技发展促进中心与招商地产签订合作框架协议，双方将着力于促进绿色环保新技术的交流推广以及其在房地产开发项目中的应用，将大力研发、推广、运用、整合新的绿色建筑技术，并推动科技产业化。未来具体的工作还包括推动既有工业厂房绿色建筑改造、促进绿色建筑政策标准的进一步完善、积极开展低碳生态城项目研究、加强绿色建筑的宣传推广等。

房地产行业已步入比拼企业软硬实力的全面竞争时代，特别是在行业波动加剧的情形下，拥有可持续发展的战略布局和经营理念将成为企业应对市场变局的重要基础。招商地产作为一家有责任心的央企，倡导“社区综合开发模式”、“绿色地产开发理念”、“全程服务体系”，被誉为中国地产界“可持续发展”的最早践行者和成功典范。今后，推崇稳健经营、可持续发展战略的招商地产会结合企业发展战略不断完善品牌战略，打造产品系列品牌，丰富品牌传播方式，充分发挥企业的多元化经营优势，促进跨地域开发与成长，为企业的长远发展奠定良好的基础。

（五）招商地产大事记（见表 3-22）

表 3-22　招商地产大事记

事　件	时间	说　　明
回溯	1981 年	蛇口工业区进行结构调整，下设 3 室和 13 个专业公司，房地产为 13 个专业公司之一，这便是招商地产的前身
成立	1984 年	4 月，蛇口工业区房地产公司成立，注册资金人民币 200 万元
涉足房地产投资经营管理	1985 年	以土地、资金入股等参资的方式进行投资，实行规范化管理，共计 19 家参资企业
获取行业资质	1987 年	经深圳市政府批准成为具有国家一级房地产综合开发资质的房地产公司
首推社区综合开发理念	1988 年	开发设计的鲸山别墅区成为全国首批物业管理先进小区
确立新的发展方针	1990 年	确立“立足蛇口，依托内地，面向海外”的发展方针，正式进军蛇口以外和深圳以外市场
在深圳证券交易所上市	1993 年	6 月，在中国深圳证券交易所上市。发行境内公众股 2000 万股，内部职工股 700 万股，特种股 5000 万股，向境外公开发行 B 股股票 5000 万股，发行后公司股份总额达到 21000 万股
在新加坡上市	1995 年	7 月，部分 B 股以 SDR 形式在新加坡证券交易所上市
涉足房地产三级市场	2001 年	3 月，成立租售代理部，介入房地产三级市场
推广全程服务体系	2001 年	4 月，成立客户服务中心，全面推广“全程服务体系”为业界注目
确立品牌新形象	2002 年	5 月，联合香港奥美广告举行品牌发布会，正式确立“家在，情在”品牌新形象，并引入 CRM 管理
配股	2003 年	通过配股获得配股资金人民币 3.38 亿元
更名为“招商地产”	2004 年	6 月，正式更名为“招商局地产控股股份有限公司”，原 A 股证券简称“招商局 A”更名为“招商地产”，以进一步突出上市公司主营业务
提出“绿色地产”战略	2004 年	提出“绿色地产”战略，成功举办了首届中外绿色地产论坛并出版《绿色地产之路——招商地产 20 年》
股权分置改革地产	2005 年	4 月，完成将招商局物业管理有限公司和南京招商局国际金融中心项目两大优质资产注入上市公司
地产与金融强强联合	2005 年	11 月，与招商银行——招商局旗下另一核心产业旗舰在上海正式宣布战略合作
完成“3+X”战略布局	2005 年	完成“3+X”战略布局。公司立足深圳放眼全国，在深圳、北京、天津、上海、重庆等城市同时启动 18 个项目，总开工面突破 160 万平方米
深化管理	2006 年	把 2006 年定为“绩效年”，推行项目全周期生产经营计划管理
股权收购，强强联合	2007 年	收购上海丰扬房地产公司 60%股权。联合香港九龙仓竞地开发项目。联合香港会德丰公司竞地开发项目。收购珠海源丰公司 51%股权。收购珠海汇丰公司 100%股权。通过增资扩股方式获得广州市番禺创新科技园有限公司 70%股权
拓展房地产建筑领域	2008 年	8 月 6 日，深圳招商建设公司获市建设局第一批颁发的工程总承包资质证书，标志着招商地产已正式具备建筑企业资质
销售破百亿	2009 年	公司全年销售总额突破了 170 亿元大关，成功站上百亿台阶
开启海上世界项目运作	2010 年	8 月 25 日，海上世界城市综合体等三大项目联合开工仪式在蛇口海上世界举行
参与政府保障房建设	2011 年	7 月 20 日，在深圳市国有建设用地挂牌出让中，以 2.53 亿元竞得宝安安居型商品房用地
启动新的片区综合开发模式	2012 年	2012 年 7 月 14 日下午，与深圳市坪山新区管委会签署了《坪山河流域片区综合开发战略合作框架协议》

二、北京城建：重信兴利　任重道远

几度风雨几度春秋，北京城建十余年植根军旅国企双重土壤，致力于以住宅为主导产品，做最受信赖的专业品牌地产商。企业努力实现股东、员工和客户价值的统一，并积极参与危改房、限价房、廉租房的开发建设，重信兴利，服务社会，打造专业品牌地产商。

（一）植根北京的专业品牌地产商

北京城建投资发展股份有限公司（股票代码：600266.SH，以下简称“北京城建”）由北京城建集团于1998年独家发起设立。北京城建集团是以工程总承包、房地产开发、设计咨询为主业的大型综合性建筑企业集团，打造出国家体育场（鸟巢）、国家体育馆、五棵松文化体育中心、奥运村等41项奥运项目及其配套设施工程，以及首都机场二号、三号航站楼、国家大剧院、国家博物馆、银泰中心等国家和北京市重点工程，71次荣获中国建筑业鲁班奖、国家优质工程奖和詹天佑大奖。

北京城建是以房地产为主业的大型专业品牌地产商，也是北京的房地产开发龙头企业，企业总部位于北京，布局重庆、成都、天津。截至2011年年底，北京城建总资产219.90亿元，净利润为13.01亿元。北京城建多年来坚持集团化、专业化、品牌化运作，打造出世华水岸、尚源印象、东湖湾、公园2008、首城国际中心、世华泊郡、筑华年、徜徉集、泰和国际大厦等项目，并参与危改房、限价房、廉租房的开发建设，开发出定福家园等保障房项目，北苑南区项目等廉租房、政策性租赁用房配建项目。北京城建重信兴利，服务社会，努力实现股东、员工和客户价值的统一。

1. 经营业绩持续增长

2002~2011年，北京城建营业收入由16.81亿元增长至52.46亿元，净利润由1.79亿元增长至13.01亿元，实现持续增长。

利润的增长推动公司股价长期上涨。如图3-61所示，2002年，北京城建营业收入为16.81亿元，净利润为1.79亿元；到2011年，企业营业收入为52.46亿元，净利润为13.01亿元，增长分别超过2倍和6倍，盈利规模持续快速提升。其中，2005年、2007年和2009年三年盈利增速均在100%以上，2009年更

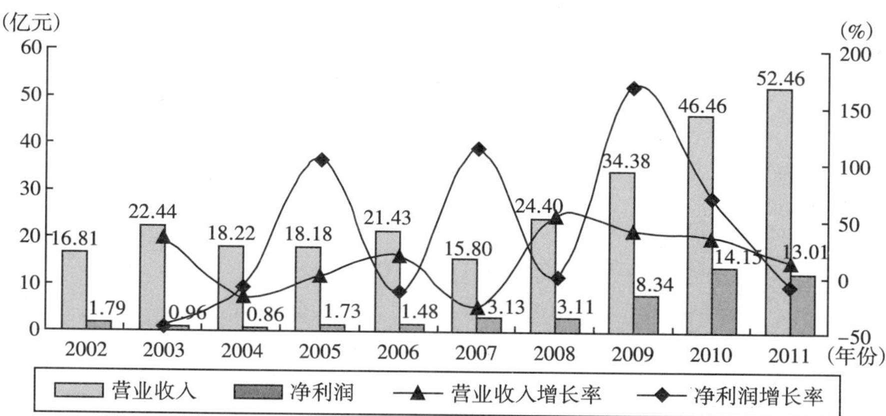

图 3-61　北京城建 2002~2011 年营业收入、净利润及其增速

是以 167.76%的增速达到顶峰。

2009 年是北京城建近 10 年净利润增速最高的一年，该年企业以“发展、融资、提高、风险、统一”为工作主线，受益于所在板块的区域规划战略，世华水岸、公园 2008、首城国际中心等项目销售均创下历史最好业绩，其中，世华水岸受益于北京市政府启动促进城市南部地区加快发展行动计划，签约合同额达到 11.6 亿元，首城国际中心受益于北京 CBD 东扩计划带来的发展前景，签约合同额达到 23.0 亿元。

2006~2010 年，北京城建每股收益进入快速增长的黄金期，如图 3-62 所示，至 2010 年底每股收益达 1.35 元的历史高点，2011 年底回落至 0.96 元，仍位于 10 年间的高点。从发展趋势看，即使在 2008 年市场波动中，北京城建的每股收益仍取得持续增长，由 2007 年的 0.36 元上升到 0.43 元。企业以资金回笼为重点，促楼盘销售，同期收回世华国际中心全部销售款 14.5 亿元，为公司盈利作出重大贡献，而世华诚合大厦、世华水岸、公园 2008、首城国际中心等项目的销售在 2009 年、2010 年逐步展开，也有助于公司在接下来的两年里每股收益不断攀升，直至 2010 年突破 1.35 元大关。通过加大销售，最大限度地增加现金流，并持续加快开发速度，提高资产周转速度，北京城建每股收益持续提升。

2. 资本市场表现稳定

尽管北京房地产市场高手云集，既有万科、中海、保利等业内大腕，也有远洋、龙湖、首开、中信、富力等众多房企群星闪耀，北京城建以其长达 10 余年的持续经营，始终漫步在资本市场，最终发展成为北京地产龙头。

10 多年来，北京城建日积月累，逐步打造和培育“投融资管理、土地拓展管理、品牌管理、内部管控”四个方面的特色管理模式，实现产品服务在时间、

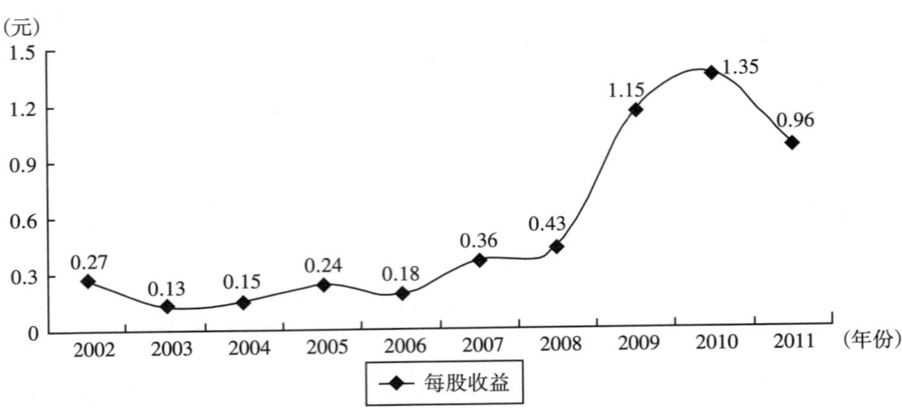

图 3-62　北京城建 2002~2011 年每股收益

空间上的完美结合，为投资者和客户创造价值。在 10 余年的发展历程中，北京城建股价走势与市场涨跌趋势基本相吻合。如图 3-63 所示，2007 年以前，北京城建处于积累阶段，股价走势比较平稳；2007 年企业发展走高，股价大幅攀升，中国房地产行业也在这一年进入高速发展期；2008 年金融危机袭来，面对不确定性，企业股价出现回落；2009~2012 年，企业的股价稳定在 10~20 元的区间内，以其持续发展和经年累月的一致性表现，在变与不变中寻求平衡，追寻股东、员工和客户价值的统一。

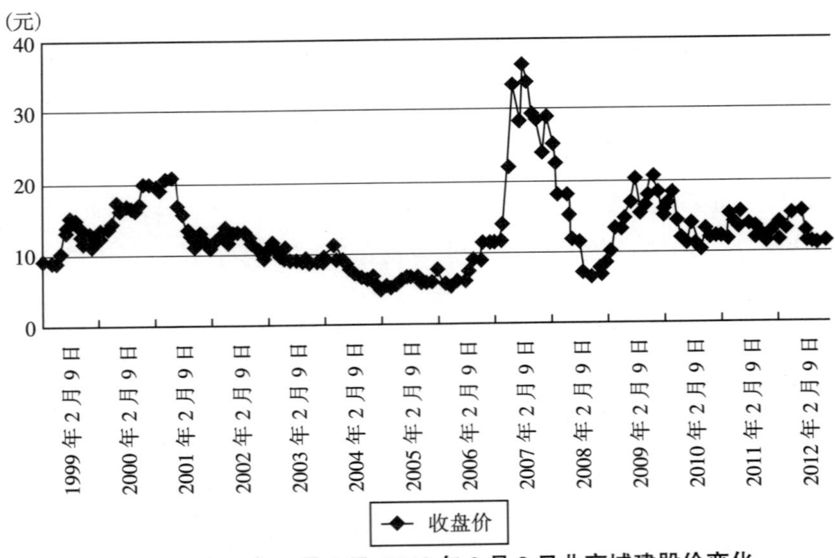

图 3-63　1999 年 2 月 9 日~2012 年 2 月 9 日北京城建股价变化

（二）融资并购广积粮

房地产行业变幻莫测，唯一不变的是资金需求。2011 年末，主要金融机构及农村合作金融机构、城市信用社和外资银行的房地产贷款余额同比增幅为 13.9%，比 2010 年末回落了 13.5 个百分点，房地产企业传统的融资渠道收紧，多元化融资成为大势所趋。展望未来，只有发掘适合自身经营特色的融资模式，才能为房企的持续发展补充源源不断的资金。

北京城建审时度势，在将融资作为重中之重的前提下，抓住关键环节重点思考。企业在市场调整期始终将融资放在首位，于 2010 年抓住“融资、拿地、做产品”三个关键环节，以打造和培育具有公司特色的“投融资管理、土地拓展管理、品牌管理、内部管控”四个方面的管理模式，实现地产开发高效化。2011 年，公司围绕“推动公司持续、健康、快速发展”为中心，抓住三个关键环节，深化四个管理模式，实现低成本扩张、高效化开发的局面。市场行情时有波动，北京城建通过拓展融资渠道，与时俱进中不断激发企业活力，为企业未来的发展深挖洞、广积粮。

1. 融资补充资金短缺

1998 年 12 月 9 日，北京城建发行 10000 万股，发行价格 8.43 元，募集资金总计 8.29 亿元。资产及经营规模的扩大，为公司的快速发展创造了条件。1999 年 2 月 3 日，北京城建股票正式在上海证券交易所上市，首日开盘价 9.80 元。上市为公司打开了资本市场的大门，拓展了宝贵的融资渠道。如图 3-64 所示，1998 年公司上市以来，共向上市公司股东募集资金 19.98 亿元，派现 10.22 亿元。

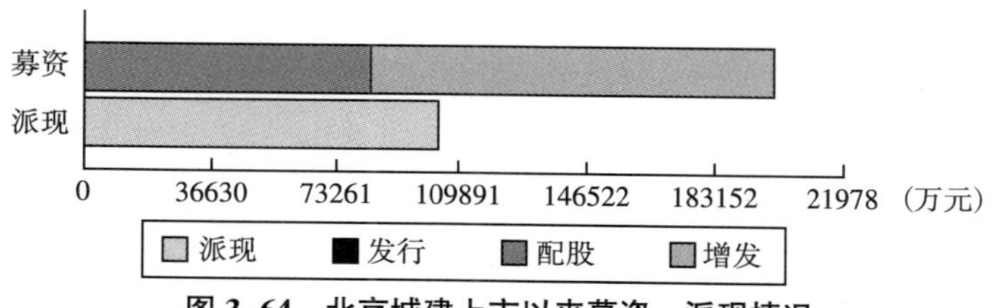

图 3-64 北京城建上市以来募资、派现情况

上市后，随着北京城建的不断发展，土地储备陆续增加，资金的需求量不断增大，在加大销售回款、提高资金使用效率的同时，公司的盈利水平、财务杠杆、融资能力均受到挑战，多元化融资亦是箭在弦上。

2007 年，北京城建发行 5 亿公司债券，期限 7 年。债券募集资金用于奥运村、国家体育馆、五棵松文化体育中心项目建设；同年，企业通过定向增发筹集资金11.69亿元，后又通过发行企业债券融资5亿元。这些资金在补充公司流动资产之余，主要投向小营土地一级开发项目以及世华水岸项目。后者在2009年的销售中大获成功，为企业带来声誉，成为北京城建开发的经典项目之一。

在不确定性弥漫的房地产市场，资金实力关系存亡。北京城建多方位拓宽融资渠道，积极应对外部市场环境的深刻变化。一方面，通过采取灵活的销售策略，最大限度地增加现金流；另一方面，通过直接融资工作，从债券市场和资本市场融资。同时，盘活存量资产，提高资产变现速度和周转速度；强化公司的预算管理，加大资金筹措与调控力度，提高资金周转效率。

2009年，北京城建发行公司债券融资9亿元，启动了额度不超过2.2亿股的定向增发再融资，投融资力度空前加大，改善了公司负债结构。公司在加大销售、提高周转、定向增发之余，积极探索信托、房地产信托投资基金等新的融资方式。2010年，公司通过了关于向江西江南信托股份有限公司申请2亿元信托贷款的议案。

2011年，北京城建以世华龙樾、筑华年保障房项目为主体获得安居债贷款10.1亿元，以世华蓉湾项目为主体获得信托贷款3亿元。公司还在产业投资基金、私募基金等方面进行了尝试，积极开展企业债、公司债、安居债、信托产品等方式的融资，加大私募基金的研究力度，并探索通过海外平台进行融资，为公司的持续发展补充源源不断的资金。

2. 并购捕捉发展机遇

2002~2012年，在通过银行贷款、股票、债券、基金进行融资之余，北京城建一共进行了10多次并购，通过并购丰富了公司业务结构，低成本获取优质土地储备，向重庆、成都等地拓展，区域布局获得有益补充，并维持了公司在北京市场的领先地位。

并购按照行业关系，分为横向并购、纵向并购、混合型并购三种类型。其中，横向并购是在同种商业活动中经营的竞争型企业的合并，具体指生产同种商品或服务的企业之间的并购；纵向并购是具有购买销售关系的企业之间的并购，内部可细分为对供应源的并购和最终用户的并购；混合型并购指从事不相关业务类型经营的企业间的并购。北京城建的并购属于地产行业内部的并购，为横向并购。通过10余次并购，北京城建的市场布局进一步拓展，发展规模和市场份额得到迅速提升，为实现规模经济、提高竞争力奠定了坚实的基础。

从表3-23可见，在北京城建的10余次并购中，金额在0.5亿元以上的共有4起，均位于北京区域。其中，对北京城和房地产开发有限责任公司67%股权的

表 3-23　北京城建历次收购（金额在 0.5 亿元以上）

时间	被收购方	收购金额（亿元）	交易标的	影　响
2002 年 8 月 15 日	北京城和房地产开发有限责任公司	0.50	公司 67%的股权	扩大公司主业规模，增强公司实力
2008 年 4 月 3 日	北京惠明置业有限公司	0.50	公司 50%的股权	优化公司资产结构，提高管理效率
2008 年 8 月 8 日	北京城建兴华地产有限公司	1.88	公司 6.154%的股权	增加权益开发面积
2010 年 8 月 13 日	北京世纪鸿城置业有限公司	4.00	公司 45%的股权	加快清河营村 4 号地项目整体开发

并购扩大了公司房地产核心业务。

2008 年是北京城建并购最为频繁的一年，企业并购达到 5 次。2008 年，房地产处于历史低谷期，在市场低迷期，企业的市场价值往往会出现被低估的局面，股价较低。在竞争压力以及自身发展需要的驱使下，有实力的房企会在经济复苏之时甚至之前抢先进行并购。同期北京城建用于并购的金额全年达到 2.6 亿元，这一金额相当于企业全年营业利润的六成。通过大手笔的并购，企业实现了在重庆的扩张，市场格局进一步拓展。

并购金额最大的一笔是对北京世纪鸿城置业有限公司 45%股权的收购，以加快清河营村 4 号地（现世华泊郡）项目的整体开发。通过该次收购，公司持有世纪鸿城公司 100%股权，土地储备得到有益补充，投资收益进一步提升。

（三）未雨绸缪，登高望远

1. 后来居上，大举拿地

北京城建区域扩张的步伐迈出较晚，却厚积薄发，其在 2009~2011 年频繁拿地扩张，土地资源日趋丰富。

2009 年，在北京拿地之余，北京城建迈出了对外扩张的第一步。受益于 9 亿元公司债券的成功发行，以及销售的回暖，企业手中现金充裕，为其在房地产市场调整期实现低成本扩张提供了极大的资金支持，北京城建先后在 5 月和 9 月分别以 1.3 亿元中标宣武商业（现泰和国际大厦）项目和以 15.1 亿元竞得房山长阳 4 号地（现徜徉集）项目，其中房山长阳地块规划建筑面积达到 36.4 万平方米，并配有两限房 16 万平方米。随后，北京城建再接再厉，于 11 月以 1.58 亿元取得重庆西彭（现重庆熙城）项目，该项目规划建筑面积 31.6 万平方米，首次实现异地扩张。除了在北京地区加大项目拓展力度外，北京城建对合肥、成都、武汉、天津、南京、福州等地项目进行了调研和跟踪，为随后更大规模的异地拓展做准备。

2010年，受益于上年市场交易量的增加，存货消化，房地产投资意愿高涨，企业拿地意愿较高，当年北京城建新增土地规划建筑面积同比增长80%至125万平方米，实现了较大突破。公司通过投标方式获得小营项目两期二级土地开发权，并通过竞买获得成都市双流县项目的土地二级开发权；通过收购世纪鸿城公司股权增加了二级开发土地，青岛黄岛项目也正式启动。2011年，“新国八条”为全年定下调控基调，随后各地在3月陆续颁布新政，房地产市场进入深度调整期。在充满不确定性的房地产市场，房地产企业多在2011年放慢拿地节奏，然而北京城建于市场调整期加大拿地步伐。2011年，公司在北京、天津、重庆等地获取土地规划建筑面积达到144.3万平方米，土地开源再创历史新高，如表3-24所示。

表3-24 北京城建2011年新增二级开发土地

时间	项目名称	城市	项目位置	规划面积（万平方米）	建筑面积（万平方米）	规划用途
5月20日 6月18日	平谷项目	北京	平谷区马坊镇	26.65	34.86	居住、商业等
7月15日	重庆华岩	重庆	重庆九龙坡区	26.79	32.67	居住及配套
7月19日	武清项目	天津	天津武清下朱庄街	21.67	32.47	居住
8月19日	顺义项目	北京	顺义新城9号地	8.01	20.02	居住
12月16日	密云项目	北京	北京密云县	20.60	24.25	居住

通过拿地，企业在全国范围布局由北京拓展到中西部，并进行环渤海和中西部的双重布局。2011年，北京城建密切关注市场形势，适时扩大土地规模，尤其关注政策性保障房土地。积极寻求二、三线城市的低成本拿地机会。全年北京城建在北京、天津、重庆等地获取土地规划建筑面积达到144.3万平方米，创下新纪录。其中，企业新增土地的54.85%位于北京，重庆和天津的新增土地占比分别达到22.65%和22.51%。在关注二、三线城市发展契机之余，北京仍然成为企业发展的重地。而位于重庆、天津的新增土地，使得企业在中西部和环渤海的布局得到有益补充。

房地产市场的拿地潮往往先于行业复苏而兴起，并在行业走势向上攀登之前进入高潮。市场繁荣时期固然伴随着拿地高峰，而市场调整时期同样蕴涵着下一次拿地的强烈动力和机遇。从表3-25可见，通过市场调整期的步步拓展，北京城建项目资源和土地储备得到补充，企业区域布局得到完善。截至2011年底，企业现有二级土地开发项目建筑面积逾500万平方米，布局城市包括北京、重

表 3-25 北京城建 2011 年二级土地开发项目

序号	项目名称	城市	项目位置	规划面积（万平方米）	建筑面积（万平方米）	规划用途
1	首城国际	北京	广渠路 36 号	45.96	59.09	居住及配套
2	世华泊郡	北京	朝阳区来广营乡	29.88	39.53	居住及配套
3	筑华年	北京	朝阳区北苑南区	20.93	25.93	居住及配套
4	徜徉集	北京	房山区长阳镇	36.38	46.18	居住及配套
5	世华龙樾	北京	海淀区清河镇	51.86	78.20	居住及配套
6	顺义项目	北京	顺义新城 9 号地	20.02	24.52	居住
7	平谷项目	北京	平谷区马坊镇	34.68	47.35	居住、商业等
8	武清项目	天津	天津武清下朱庄	32.50	38.00	居住
9	密云项目	北京	密云县	24.25	31.71	居住
10	重庆熙城	重庆	重庆九龙坡区	31.80	40.03	居住及配套
11	重庆华岩	重庆	重庆九龙坡区	30.13	39.39	居住及配套
12	世华蓉湾	成都	成都市双流县	69.38	99.45	城市综合体
13	青岛项目	青岛	青岛市	1.65	2.59	居住

庆、成都、天津、青岛等地，其中 352.51 万平方米的规划面积位于北京，占比达到 61.63%，17.39%位于成都，13.89%位于重庆。至此，在植根北京之余，北京城建在中西部和环渤海等重点区域的布局得到补充，区域布局日趋完善。

2. 产品打造：发掘基地特色

产品是企业与客户的纽带，凝聚企业多年的专业经验，于细微处现精神，具体诠释企业理念。在 10 多年的发展历程中，北京城建始终以市场为导向，打造特色地产，培育特色产品，陆续推出了以富海中心为代表的生态地产、以花市枣苑为代表的教育地产、以定福家园为代表的大众地产、以世华国际中心为代表的商业地产和以北苑家园为代表的奥运地产。

（1）滨水人居——世华水岸。

世华水岸 2009 年签约合同额达到 11.6 亿元，为北京城建在 2009 年、2010 年销售额的重点贡献项目。作为企业改善型产品的典型代表，世华水岸从产品设计、园林绿化、物业服务、商业配套等多个方面提升产品价值，突出满足了改善型客户对“舒适”的功能诉求和对“惬意”的情感诉求，升华了企业品牌核心价值“品质·人生”的内涵。项目以现代风格为主调，联袂欧式的建筑元素，展现典雅气质。

世华水岸充分发掘基地特色，建筑缘水而起、高低起落、韵律有致的长板建筑，依河岸线而折转展开，大面宽、景观落地窗打造看得见风景的房间。30000 平方米现代风情园林主题景观移步易景，成为建筑与绵延水岸、河岸公园的完美纽带。项目重视物业管理，以历史悠久的国际物业管理公司高力国际为项目物业顾问，为业主提供高质量物业服务。周边配套商业集休闲娱乐、特色餐饮为一体，全方位营造高品质生活氛围。

（2）精致人居——筑华年。

筑华年作为品质型产品的典型代表，定位于“为成长型精英打造的，可持续发展的高品质项目”，项目主要面向首次置业及升级换代双重需求类型，拥有的三大差异化优势使其显著领先于同质项目：与同功能产品相比具有低总价优势；与同面积产品相比具有多功能优势；与同总价产品相比具有多面积优势。

筑华年秉承“精致人居”的产品理念，从规划到建筑风格均体现出精致二字。北苑罕有的公园式半围合规划，典雅的艺术装饰风格建筑环绕中央园林以及超大楼间距等，让每间屋子都成为看得见风景的房间，精致无处不在。社区兴建大型商业，7600平方米的简欧风格商街，体验随心所欲的缤纷购物之旅，不出社区，尽享生活，营造舒适悠闲生活氛围。

3. 客户细分：锁定三类人群

全球品牌评级机构国际品牌集团的品牌强度十要素较为引人注目的就是“无处不在”，该指标极为写意地衡量出企业无处不在的程度，一方面包括了企业的营销途径方面无孔不入的无处不在；另一方面包括了企业对客户定位、研究和捕捉的无处不在。北京城建从成立伊始就努力实现股东、员工和客户价值的统一，对客户进行首次置业、二三次置业、多次置业者的三类细分，以便更好地进行客户定位，捕捉客户需求，发掘潜在客户，为客户提供独特的产品、服务与体验。

（1）居住型。面向25~35岁的首次置业者，强调基本的居住功能。此类产品突出质量、实用、方便使用，满足基本的居住条件，如社区配套完善、景观适度、安全性好、物业服务及时等。代表项目如北苑家园、花市枣苑、重庆尚源印象等。

（2）改善型。面向35~45岁的二三次置业者，关注社区景观、物业、环境、房屋布局等品质要素，营造舒适、安静、放松、惬意的生活氛围，从房屋本身户型的设计到社区、周边配套乃至物业服务实现全面升级。代表项目如首城国际中心、世华水岸、顶秀青溪等。

（3）品质型。面向45岁以上的多次置业者，关注品位、健康、环保、自然、和谐的因素，注重社区的私密性和安全性。注重产品细节和人性化设计，增加个性化服务和增值服务，多方面体现生活、文化品位。代表项目如国奥村、筑华年、顶秀美泉小镇等。

差异化打造产品、客户细分业已成为海内外一线房企的共识。Pulte Group 旗下拥有 Pulte Homes、Centex、Del Webb 三大主要品牌系列，分别服务多次置业者、初次置业者以及 55 岁及以上人群。通过对客户不同生命周期的研究与定位，企业得以更好地了解客户需求，进而将客户和旗下不同的品牌加以匹配。北京城建以客户为导向、进行客户细分，有助于企业更好地领会客户需求，有针对性地配置产品，从而深化北京城建品牌的打造，系统发掘企业价值。

（四）家国天下、社会责任

在北京城建的持续发展中，公司积极参与危改房、限价房、廉租房的开发建设，开发出定福家园、电子城、顶秀欣园、田村路北小区等政策性保障房项目，北苑南区项目配建 1.6 万平方米廉租房，配建 3 万平方米政策性租赁用房，房山区长阳镇起步区 4 号地项目配建 16 万平方米的限价商品房住房，展现出了强烈的社会责任感。

北京城建所开发的望坛危改及土地一级开发等项目，改善了危旧房区拆迁居民住房条件和居住环境。该项目地处原崇文区永外地区，规划范围内的居民房屋大部分为 20 世纪 50~60 年代所建平房，项目将主要规划建设危改回迁安置房，用于当地拆迁居民回迁，不仅能够改善当地居民居住条件，同时还尽量减少其购房支出，以提高其生活水平。该项目将大大改善北京南城发展面貌，带动南城地区经济和社会发展，具有美化北京的城市功能。

与此同时，在发展过程中，北京城建关注绿色环保理念，以强烈的社会责任感，践行品质人生理念，在开发中尽量保护规划地块范围的原有绿色植被，发掘项目本身与周边环境的特色。在花市枣苑项目的开发建设中，为保留一棵高达 14 米、粗为 4.5 米的千年酸枣王古树，不惜牺牲一个楼座，并投资 100 多万元，在园林专家指导下采取保护措施，使其返老还童，成为原崇文区乃至北京市的一道别致景观，为企业不期而获“首都文明社区”、“首都绿化社区”、和“首都绿化美化花园式单位”等荣誉称号，从绿色环保意识中汲取持续发展的养分。北京城建还先后捐赠数百万元支持中国红十字以及抗震救灾、抗洪抢险、灾后重建等社会事业。

北京城建上市 10 多年来，定位清晰，做有品质的专业品牌地产商，逐步打造“投融资管理、土地拓展管理、品牌管理、内部管控”等特色管理模式，成长为北京龙头房企。企业在开发出世华水岸、首城国际中心等项目的同时，参与危改房、限价房、廉租房的开发建设。近年来，北京城建积极寻求二、三线城市的低成本拿地机会，布局重庆、成都、天津、三亚等地，未来企业将受益于刚需拉动、明确的业务战略、有重点的区域布局战略以及政策性保障房所带来的机遇，在房地产大浪淘沙的磨砺与机遇中获得持续发展。

（五）北京城建大事记（见表 3-26）

表 3-26　北京城建大事记

事　件	时间	说　　明
蓄势待发	1998 年	城建集团作为独家发起人，向社会公开发行 A 股股票，以募集方式设立北京城建
上市	1999 年	北京城建在上海证券交易所上市
品牌树立	2002 年	率先在北京房地产业导入现代企业管理理念，向社会隆重推出企业形象识别系统，树立“北京城建地产”和“北京城建物业”两大品牌
开发奥运会项目	2003 年	以北京城建为代表的北京城建联合体，相继中标国家体育场、五棵松文化体育中心、国家体育馆及奥运村等北京奥运会建设项目
联合投标	2006 年	与首开集团联合投标广渠路 36 号地住宅取得成功
发行债券	2007 年	发行公司债券，发行总额为人民币 5 亿元，债券期限为 7 年
融资	2009 年	发行公司债券融资 9 亿元，启动了额度不超过 2.2 亿股的定向增发再融资
土地市场拓展	2011 年	在北京、天津、重庆等地获取土地规划建筑面积（地上）合计 144.3 万平方米

三、福星股份：践行公民责任　助推城市发展

福星股份是国家大型企业、国家重点高新技术企业、中国驰名商标企业。福星股份坚持金属制品与房地产双主业运作模式，金属制品业务具备年产50万吨的能力，是中国行业排头兵；房地产业务经过持续的高速增长，已成为湖北地区房地产行业龙头、全国房地产百强企业。多年来，企业坚守“以企带村、运营城市”的核心理念，立足稳健经营、提升品牌内涵、不断开拓创新，为城市发展、行业升级、人民安居做出了卓越的贡献。

（一）企业名片：双主业并驱的优质企业

湖北福星科技股份有限公司（股票代码：000926.SZ，以下简称“福星股份”）成立于1993年6月，总部位于湖北省孝感市沉湖镇，是国家大型企业、国家重点高新技术企业，中国驰名商标“福星”的所有者，深圳证券交易所A股上市企业。截至2012年6月底，公司净资产为78.58亿元，总资产228.43亿元，市值66.53亿元。

福星股份现阶段主营业务为商品房开发和金属制品制造；业务架构是以房地产业为核心，以金属制品业为基础。双主业在一定程度上可以有效化解房地产行业的周期性风险，2008年，福星股份依然能够保持净利润增长就证明了这一点。

金属制品业务是福星股份的传统业务，主要产品包括子午轮胎钢帘线、钢绞线、钢丝绳、钢丝系列产品。公司已经成为国内龙头企业，在各细分产品领域均已进入国内行业排名前三位。

福星股份于2000年进入房地产开发领域，主要业务集中在武汉城市圈和环渤海经济圈，产品包括住宅和商业地产。福星股份在2007~2012年连续五年在武汉城市圈房地产行业综合实力排名第一。福星股份是较早进行城中村改造的企业之一，通过积极参与城中村改造，福星股份在城市核心区域获得了大量的土地储备。依靠自身丰富的经验、完备的城中村改造模式和独特的资源优势，福星股份已发展成为湖北最大、全国领先的旧城及城中村改造开发商。

从图3-65中可以看到，在过去的10年里，福星股份的营业收入和净利润均出现了爆发式的增长。营业收入方面，从2002年的4.36亿元增长至2011年的47.61亿元，增长了近10倍，其中2010年营业收入达到顶峰，突破56亿元，同

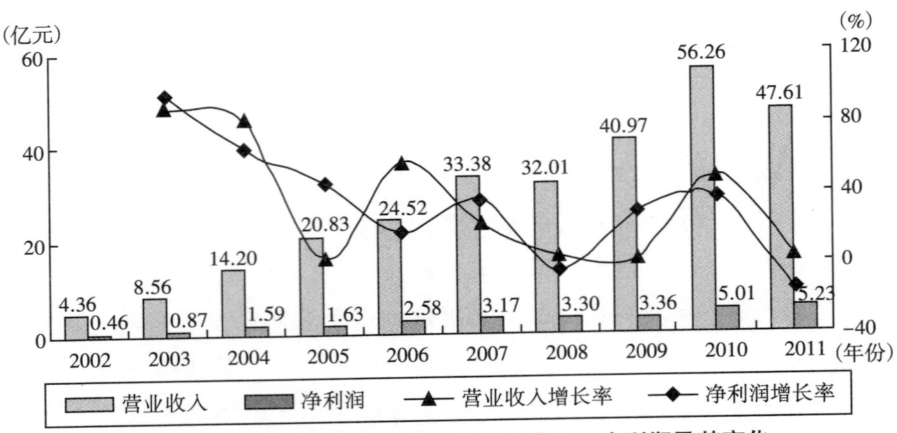

图 3-65 福星股份 2002~2011 年营业收入、净利润及其变化

比增幅超过 51.88%。净利润方面，从 2002 年的 0.46 亿元增长到了 2011 年的 5.23 亿元，增长 10.4 倍，盈利能力稳步提升。

如图 3-66 所示，自 2002~2006 年，福星股份每股收益稳步提高，于 2006 年上升到历史最高点 0.97 元，远超出同期地产股平均水平。2007~2009 年，由于公司战略调整及宏观市场影响，公司每股收益出现了下滑态势，但依然处于较高水平。2010 年以来，福星股份每股收益继续攀升，2011 年达到 0.73 元，大大超过房地产上市公司平均水平 0.46 元。可以看到，企业通过加快资金周转、降低资金成本等方式提升每股收益并取得了显著的成绩。同时，企业坚持不断进行技术革新、积极获取城市核心优质低价土地，有效地保障了未来较大的盈利空间。

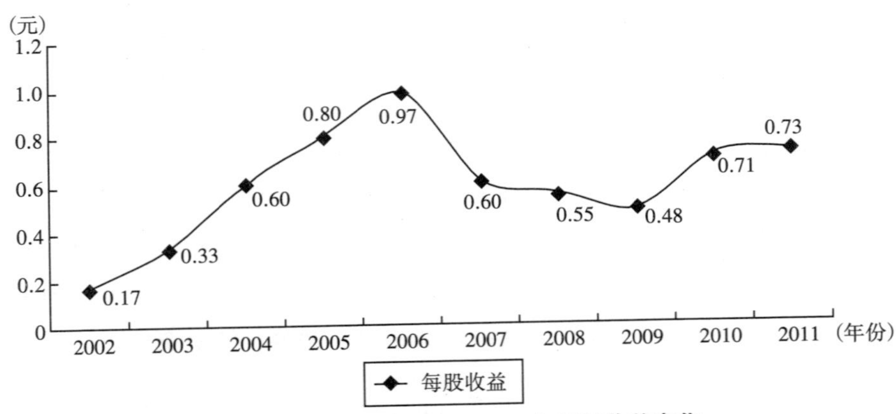

图 3-66 福星股份 2002~2011 年每股收益变化

（二）资本市场表现稳健，助推企业健康成长

1. 证券市场受热捧，实现跨越式发展

福星股份于 1999 年 5 月 26 日公开发行人民币（A）股 5500 万股，同年 6 月 18 日在深圳证券交易所挂牌交易，募得资金 2.84 亿元。通过上市，福星股份打开了资本市场的大门。公开上市不仅为福星股份做强金属制品产业打下了坚实的基础，还为公司探索多元化经营埋下了伏笔。

2008 年 5 月经批复，福星股份公开增发 1.8 亿股，募集资金 12.51 亿元。此次募得的资金主要用于“水岸星城三期”、“汉阳福星城”和“恩施福星城”等项目的进一步开发建设。在 2008 年金融危机来临前后，整体市场尚不明朗，“增发”难度极大，但福星股份依靠自身的实力，通过了相关审批，成功增发，为企业实现“扎根武汉，立足湖北，面向环渤海经济区”的全国性发展战略打下了坚实的基础。

一直以来，企业“以金属制品业务为基础，以房地产业务为核心”的业务架构以及深耕武汉城中村和旧城改造的发展模式获得了机构投资者的广泛认可。福星股份股票 2012 年 9 月 13 日收报 7.85 元，近三年的股票走势不仅强于房地产一线龙头企业（万科、保利、金地等），也强于大盘（深圳成份指数）。福星股份目前是沪深两市极少数能站在年线之上的房地产股。近几年来，福星股份公司高管增持和大非锁定，也显示出股东的长期持股信心和对股价走势的看好。

作为表现突出的区域龙头，福星股份一直以来也获得了资本市场上多家券商的高度关注。据不完全统计，在近 6 年里，仅专业研究机构出具的公司研究报告就接近 300 份，其中，绝大部分报告的研究结果均集中在“买入”、“增持”或是“推荐”，表达了资本市场对于福星股份广阔发展空间的认可。

评价一家上市企业优秀与否的重要标志之一便是看其能否坚持持续稳定的分红。在中国股市从大起大落到持续低迷的情况下，福星股份一直都把持续稳定分红作为义不容辞的责任，在提高股东回报、坚持现金分红方面堪称 A 股市场的典范。除极少数年份外，福星股份坚持每年现金分红，此外还通过送股、转增股等其他方式实现股东回报。上市以来，截至 2012 年 6 月 22 日，福星股份共向上市公司股东募集资金 20.03 亿元，而现金分红累计达 4.84 亿元，如表 3-27 所示。

福星股份坚持现金分红，吸引了长期资金入市，促进了福星股份股价的平稳发展，多只基金一直以来坚持重仓福星股份便是一个明证。不仅如此，通过坚持分红，福星股份的资金安排得到了合理配置，抑制了盲目扩张，客观上也保护了

表 3-27　上市以来福星股份分红送配情况（截至 2012 年 6 月 22 日）

公告日期	分配方案（每 10 股）		
	现金分红（元）	送股（股）	转增股（股）
1999 年 11 月 4 日	1.25	—	—
2000 年 11 月 4 日	—	1	2
2001 年 5 月 26 日	1.25	—	—
2002 年 5 月 21 日	1.25	—	—
2004 年 7 月 22 日	1	—	—
2005 年 5 月 21 日	2	—	—
2006 年 8 月 2 日	2	—	—
2007 年 5 月 16 日	0.2	1.8	8
2008 年 5 月 15 日	1	—	—
2009 年 5 月 15 日	1	—	—
2010 年 4 月 14 日	1	—	—
2012 年 6 月 22 日	1	—	—

投资者的利益。

由于资本市场上的优越表现，福星股份获得“2007 沪深房地产上市公司地产绩优股 TOP10”称号。依靠其稳健的财务措施，福星股份还多次获得“沪深房地产上市公司财务稳健性 TOP10”及“沪深上市房地产公司投资价值 TOP10”等荣誉。

2. 涉水股权收购，创新发展模式

福星股份除通过股票等方式进行融资外，在资本市场上更是通过股权转让及并购等方式为公司提供低成本的优质土地资源，以巩固区域市场地位，为走向全国提供良好保障，不断地实践“做大房地产行业”的业务战略。

2007 年 6 月 12~28 日，福星股份控股孙公司湖北星程投资有限公司与武汉团结集团股份有限公司 598 名股东签订协议，星程公司共受让团结集团 96.96% 的股权，成为团结集团的实际控制人。根据福星股份的公告，团结集团拥有 16 项土地以及龙潭空中花园项目。其中 15 项土地均为集体用地，占地将近 240 亩，建筑面积在 60 万平方米以上。

此次福星股份收购团结集团股权，不仅增加了城市核心区域土地储备，也标志着公司介入武汉市城中村改造项目，对企业后续发展具有支撑作用。在万科、华润等外来房地产巨头大举进军武汉市场，以及本地土地拍卖价格步步走高的双重背景下，福星股份此举开创了一种新的土地储备模式。

2007 年 7 月 2 日，福星股份控股子公司福星惠誉成功收购了北京安人投资有限公司的全部股权。2007 年 7 月 29 日，福星惠誉对安人投资增资 1 亿元，将其更名为"北京福星惠誉房地产有限公司"。2009 年 5~6 月，北京福星惠誉先后收购北京盛世新业 6%和 20%的股权。加上此前间接持有的北京盛世新业房地产开发有限公司 25%的股权，北京福星惠誉持有北京盛世新业的股权增加至 51%，北京盛世新业成为北京福星惠誉的控股子公司。据公告显示，当时北京盛世新业正对北京通州砖厂区 580 亩土地进行一级开发，该项目预计总投资 10 亿元，收益模式为固定收益模式，预计收益率为总投资的 8%。

可以看到，福星股份已将北京福星惠誉作为在北京发展的投资平台，通过股权收购的方式进入北京房地产市场，谋求房地产业在环渤海经济圈的战略布局。这是福星股份房地产业务走出湖北、实现全国布局的重要一步。

3. 整合融资渠道，保障企业平稳发展

自 2009 年以来，宏观调控力度加大，针对房地产调控的相关政策密集出台。随着限购、限贷等政策的深化落实，资金吃紧已经成为悬在房地产开发商头上的一把"达摩克利斯之剑"。在这样的情况下，福星股份并没有让融资难阻碍公司快速扩张的发展步伐。公司在运用上市平台优势公开募集资金的基础上，一方面保障银行贷款等常规融资渠道的顺畅；另一方面积极探索股权信托等新型融资方式，为企业快速发展提供充足的现金流。

在银行贷款方面，福星股份凭借自身良好的口碑和实力在贷款方面获得了多家银行的倾斜，与多家银行签订了长期战略性合作协议，累计获得了巨额的信贷支持。不仅如此，城中村开发和棚户区改造等业务更是为福星股份获得国开行等银行的大额贷款提供了帮助。2009 年 9 月，福星惠誉与国家开发银行签署合作协议，获得国家开发银行 100 亿元授信。

除银行贷款外，福星股份主要还通过房地产信托进行融资。福星股份旗下子公司福星惠誉 2010 年以来分别发行了多个信托融资计划，累计融资超过 50 亿元。举例来说，2010 年 5 月，福星惠誉宣布与中融国际信托有限公司签订相关的股权信托融资协议，融资 10 亿元以开发武汉"三角路·B 地块"项目。2011 年 1 月，福星惠誉与中诚信托合作设立"2010 年中诚信托民心 1 号集合资金信托计划"，融资不超过 16 亿元信托资金以开发"姑嫂树城中村改造"项目。

福星股份以突出的资本运作能力为企业的发展提供了长久的保证。在股本融资方面，福星股份先后通过 IPO、配股、送股、定向增发和公开增发等多种方式扩充股本。在债务融资方面，除正常的商业信用和银行信用外，福星股份依托房地产信托基金等方式积极开创房地产融资新途径。在资金成本方面，福星股份获取的大额银行贷款有着低成本的先天优势。此外，借助福星股份强大实力及突出的财务管理能力，福星股份发布的信托融资成本更是控制在业内较低水平。低成本融资为企业实现良好的投资回报提供了保障。

（三）远见卓识，涉足“城中村改造”成就领先品牌

1. 步入房地产行业，涉足旧城改造

2000年，福星股份多次邀请专家学者研讨、论证，探讨市场经济条件下企业的生存之道。在福星股份董事长谭功炎看来，只有多业发展，才能避开市场经济条件下行业规律性周期的影响。与此同时，以北京、上海、广东、江苏、天津等为代表的东部发达地区，房地产投资、建设、销售和利税在全国都占非常大的比重。国家准备调整区域增长结构，倾斜政策和资金助推中西部地区的发展，房地产行业迎来发展机会。在此背景下，以谭功炎为代表的福星股份管理层决定于2001年1月成立福星惠誉房地产有限公司（以下简称“福星惠誉”）。

福星惠誉成立时，武汉房地产公司加起来已有数百家，福星惠誉既不是资金实力最雄厚的，也不是最擅长房地产开发的，与它们进行正面竞争，难有成功胜算。当时绝大部分的房地产公司都在郊区开发大盘，在这样的背景下，福星惠誉决定在中心城区进行旧城开发，事实证明这不仅是独辟蹊径，而且是棋先一步。

公司一成立，福星惠誉就接手改造汉口新华路上闲置8年的化学助剂厂。当时，这块地因资金匮乏闲置8年之久，拆迁户还建一再延期导致拆迁户多次到市政府上访。福星惠誉在相关部门协调下，出资1.8亿元开发该地块。短短两年，福星惠誉就将其改造成环境优美的福星城市花园，既解决了原化学助剂厂的搬迁改造，又让拆迁户搬进新家，维护了一方稳定。

其后，2003年1月，武汉市宣布启动64栋“烂尾楼”的整治工作。为响应市委市政府清理“半拉子”工程号召，福星惠誉受让最具影响、已搁置10年之久的“烂尾楼”——武汉第一城，把该地块建成旗舰级高尚住宅——福星惠誉·金色华府，10栋近百米华贵高层成为市中心商住新地标。成功的改造经验，让福星惠誉坚定了不走寻常路的信心。

作为武汉旧城改造的先锋，福星惠誉因多次成功帮助政府解决“烂尾楼”、旧城改造问题，让政府刮目相看。此后，福星惠誉经常被点将出马，解决“烂尾楼”及改造问题。由于专业和专心，福星惠誉不仅得到地方政府支持与认同，更是受到建设部的重点表彰。福星惠誉旗下福星城市花园荣膺了建设部“旧城改造特别贡献楼盘”。

2. 坚定城中村改造决心，成就龙头地位

随着城市化进程日益加速，城中村改造已经成为城市发展与建设的攻坚难点，动拆迁成为开发商避之不及的烫手山芋，尤其对武汉这样的城市。在这样的背景下，2007 年，福星惠誉开始有更大的动作，把视角投向了难度更大的城中村改造并大获成功。福星惠誉的成功秘诀看起来似乎很简单：让利于民，授人以鱼，授人以渔，然而其中却蕴涵很深的道理。

2007 年 12 月，福星惠誉以挂牌方式竞得武汉市洪山区团结村地块。此前，福星惠誉旗下的星程公司以 4.63 亿余元受让团结集团 99.88%的股份。由于采取了透明、公开的股权收购操作模式，作为股东的村民成为直接受益人，村里多个家庭脱贫致富。福星惠誉对村民房产进行货币补偿同时，还把村民们的旧危房、小产权房置换为具有合法产权的还建房，每个家庭都实现了资产增值，福星惠誉成为城中村人民财产性收入的创造者，这就是授“鱼”之举。

更重要的是授人以“渔”。团结村还建的商品房和商铺地段优势明显，加上项目规划科学，周边配套齐全，引来了更多投资商机，有效扩大了区域租赁需求，也为城中村居民开辟了更多财产性收入的新途径，解决了村民的后顾之忧。

经过持续建设，团结村的形象发生了翻天覆地的变化，当初脏乱差的景象消失了，一个绿色生态大型综合社区国际城崛起了。福星惠誉·国际城按照当今流行的“矩阵城市”的先进规划设计理念，建设有特色商业街、主题商业中心、酒店公寓、高层住宅及休闲广场，已成为全国可持续和谐城市的最佳创新范例，荣获联合国人居署“HBA·中国范例贡献优秀奖”。

如果说团结村项目是福星惠誉城中村改造的试水作的话，那么其后的三角路城中村改造项目则是福星惠誉改造城中村的重头戏。2009 年，福星惠誉拍得三角路村地块。对村民按普通商品房的标准就地还建；对村集体，除现金补偿外，同时给予 9 万多平方米的商业物业作为补偿，而且优先安排村民就业。拆迁难让诸多开发商对城中村改造望而却步，但在广大村民主动热情的支持配合下，福星惠誉仅用 3 个月，就圆满完成三角路村 1000 多户的拆迁任务，这是武汉市有史以来最顺利最成功的拆迁纪录。

三角路城中村原本私房林立，没有像样的配套设施。福星惠誉在这个地块建设推出的福星惠誉·水岸国际项目总建筑面积约 120 万平方米，项目整体设计理念采取开放式创意商业街区的模式，展现出一个集居住、休闲、办公于一体的大型高端城市综合体，成为武昌滨江商务区的一大亮点。三角路村旧城改造的成功，让福星惠誉在城中村改造方面跻身全国房地产企业的前列，为武汉其他城中村改造提供了先进的范本。

2009年，武汉市政府下发了《关于进一步加快城中村改造建设工作的意见》，计划近年内完成二环线内56个城中村综合改造任务。在这样的背景下，具有丰富城中村改造经验的福星惠誉义无反顾率先主动响应政府号召，集中一切人力物力，大手笔投身于城中村改造。依靠良好的口碑，福星惠誉相继签订了多个城中村改造协议，协议改造面积近300万平方米。

由此，福星股份逐步积累了“旧城改造”、“城中村改造”和“建造大型城市中心区高档住宅”的综合专业实力，发掘、提炼、升华出了福星股份“城中村改造”的成功模式。过去10余年里，福星股份累计投入改造资金超百亿元，完成拆迁面积超过1300万平方米，积累了丰富的实践经验。由于闯出了前人没有走过的路，造就了系列成功案例，形成了其“城市核心区运营”的独家风格和综合专业实力优势，福星股份受到社会的广泛关注。2012年，福星惠誉连续第四年获得“中国房地产专业领先品牌TOP10——城中村旧城改造”，并继续蝉联“中国中部房地产公司品牌价值TOP10”。

3. 创新不止，实现商业住宅并举

大部分城中村，所处位置都十分优越，政府在规划时也要求开发商多建一些商铺和写字楼，以满足这些拆迁居民的就业需要。这些要求看似是一种束缚，却为福星惠誉实现业务创新埋下了伏笔。

2009年开始，随着外部环境的不断变化，商业、住宅并进发展已经是房地产企业战略转移的重点。在此背景下，福星股份审时度势，适时调整，发展战略也开始由单一住宅开发逐步转型为住宅与商业地产齐头并进，并在短短两三年的时间内取得巨大突破。陆续开发的福星惠誉·国际城、福星惠誉·水岸国际、福星惠誉·青城华府、福星惠誉·东澜岸和福星惠誉·福星城都是住宅商业兼备的大型城市综合体，总建筑面积近300万平方米，其中商业面积就达到40万平方米。

2012年，随着新项目的推进，商用物业的体量与规模又有增加，这些商业项目均位于城市内环或区域商业中心，具有较高的商业价值和升值潜力，同时兼具土地获取的价格优势，有望成为未来盈利增长点，实现企业持续发展的目标。

自此，通过业务创新，福星股份的“旧城及城中村改造”已不仅限于住宅，而是推行住宅与商业地产并举的复合物业形态；福星股份的开发战略已从由单一住宅开发转型为住宅与商业地产齐头并进。此外，福星股份将遵循“租售并举”的商业地产开发模式，依靠雄厚的资本支持，逐步增加持有优质物业以及优质零售商业项目，为公司提供稳定的收入，保持公司稳健增长。

房地产行业是福星股份于2000年新开辟的主业，随着金属制品业务逐步进入平稳发展阶段，其对公司营业收入和净利润的贡献逐年减少，而房地产开发业务仍旧处于快速发展阶段，对公司发展起着越来越重要的作用。由于房地产业务规模及利润贡献逐步超越金属制品业务，2007年10月，经深圳证券交易所核准，福星股份所属行业变更为"房地产行业"。2011年，房地产成为公司主要的净利润来源，房地产业务对公司净利润的贡献度超过100%，已经成为公司未来发展的主驱动力。

（四）做好企业公民，与城市共同成长

1. 践行公民责任，积极回馈社会

福星股份从开创以来，一直强调要实现可持续发展，做品牌老店。在已经走过的数十年里，福星股份一直认真承担着一个"企业公民"应尽的社会责任。

决策层早已达成共识，"诚信经营，依法纳税"是企业的基本社会责任和社会义务。从1993年至今，福星股份从未拖欠过一次税款，连续多年获得省国家税务局和地方税务局联合颁发的"百佳诚信纳税企业"等殊荣。福星惠誉先后获得湖北省地税行业纳税排行榜第一名、湖北省地税综合纳税榜第三名、武汉市"突出贡献纳税人"等称号。

良好的诚信度得到了社会的广泛认可，也促进了企业步入快速发展的轨道。1999年6月8日，公司在深圳成功上市；2004年，国家工商行政管理总局授予公司"重合同，守信用"称号；2006年11月，"福星牌"成为中国驰名商标。

助学济困，帮扶弱势群体，已经成为福星股份这个"企业公民"的自觉义务。2007年，向湖北省慈善总会捐赠330万元，用于开展助学、救灾及其他公益活动。2008年汶川大地震发生后，企业捐赠达450万元。2011年1月，向湖北慈善总会捐赠3520万元。2012年6月，在湖北希望工程第三届慈善晚宴上，捐款400万元，成为本次慈善晚宴最大的爱心企业。近年来，福星股份累计捐款近1亿元。

通过各类方式回馈社会，福星股份践行着企业公民的社会责任，并形成了主旨鲜明的企业社会责任观，在慈善公益领域成为一道亮丽的风景。近年来，福星股份及其子公司先后荣获"最佳企业公民"、"湖北省爱心慈善奖"、"中华慈善突出贡献单位（企业）奖"、"希望工程特别贡献奖"等荣誉。

2. 开创"以企带村"，造福一方百姓

福星股份在壮大发展的过程中，并没有忘记培育它成长的沃土——汉川市沉

湖镇福星村。在过去的10余年里，以福星股份为主体的福星集团推行“以企带村”模式，结出了累累硕果。一座被誉为“村庄里的都市”的农民新城崛起在汉川市沉湖镇福星村的原野上，宽阔洁净的村庄大道，整齐划一的现代化厂房，古朴典雅的居民公寓，富裕文明的村民家园，和谐相处的人际关系，勾画出一幅社会主义新农村的生动图景。

“以企带村”模式是1996年12月时任汉川钢丝绳股份有限公司总经理的谭功炎提出来的。汉川市政府顺势而动，通过广泛征求基层干部和农民群众意见，认为这是一种促进农村经济发展的新思路，批准福星村接受汉川钢丝绳股份有限公司指导，实行“以企带村”模式。2005年5月，又将公司南面相邻的李花村纳入“以企带村”模式，形成一企带两村的发展新格局。

“以企带村”的主要内容便是企业“五到村”：①项目到村。通过产业转移，相继扶持福星村、李花村办起了工字轮厂、塑料制品有限公司、金属结构加工厂等30家工业企业，为福星股份生产配套产品。②骨干到村。采取“企推村选”的形式，拓宽选人用人渠道，破解福星村干部难选、难育、难留的难题。③文化到村。建设了卫星地面接收站，实施有线电视“户户通”工程。在村里建起拥有5000多册图书的图书室和可容纳4000多人的福星剧场。④福利到村。将福星村范围内的所有老人、子女都纳入福星股份母公司福星集团所实行的社会福利计划中。⑤资金到村。福星集团在“以企带村”的过程中，高度重视发展农业生产和农业投入，积极采取保农、扶农、强农措施。

经过10余年的探索与实践，“以企带村”取得了明显的成效，收到了立体式的综合效应。首先，通过“以企带村”，福星地区发生了“三大转变”：①实现了农村向城镇的转变；②实现了第一产业向第二、三产业的转变；③实现了种田农民向产业工人的转变。其次，“以企带村”后，村企双方都十分重视培育农民的公共道德意识、人际关系意识、公共卫生意识、公共生活意识，倡导健康文明新风尚。人民群众的精神面貌也发生了巨大变化。近年来，该村先后被评为孝感市文明单位、湖北省安全文明村，福星集镇也被评为湖北省文明社区。

显而易见，“以企带村”模式对于福星地区人民的经济、社会、政治、文化生活等各方面已经带来深刻变化，其“以人为本、造福人民”的理念也深入人心，在全社会产生了深远影响。现如今，“以企带村”的发展模式在社会主义新农村建设中，将以更加强大的生命力造福更多的百姓。

3. 担当建设使命，助推城市发展

“一个福星惠誉，半部武汉旧城改造史。”曾经有人如此形容福星惠誉的成长历程。武汉市的城中村，是武汉城市破旧形象的代表，区域内违建房、旧房集中，城市设施陈旧，脏乱差的片区环境早已不适应城市发展需求。城中村改造的顺利实施，将直接推动地方经济发展和城市面貌的有效改善，这已经成为各级政府的普遍共识。

近年来，福星惠誉义无反顾率先响应政府号召，12 年来坚持在老城区探索旧城改造，集中一切人力物力，大手笔投身城中村改造，探索并总结出符合武汉实际的经验，推动武汉城市化进程加速向前。截至目前，福星惠誉投入旧城及城中村改造资金超过 100 亿元，累计完成旧城及城中村改造项目建筑面积超过 1300 万平方米，为拆迁户提供的还建房超过 800 万平方米，累计为政府提供的绿化、道路、文化等各类配套设施用地超过 3000 亩。作为旧城及城中村改造先锋，从福星城市花园，到金色华府、汉口春天，再到水岸星城、国际城、水岸国际、青城华府多个改造项目的陆续推进，福星惠誉为改善市民生活环境、提升武汉城市形象和品位、优化城市空间做出了突出的贡献。

在武汉之外，福星惠誉的项目也勇担城市建设重任，持续地创造经典。2008 年，孝感福星城因积极推动“武汉 1＋8 城市圈”的建设，被中国住交会授予“中国推动城市化进程最具影响力名盘”特别大奖。此外，恩施福星城和咸宁福星城也双双荣获“2008 年度 CIHAF 中国名盘”称号。福星惠誉每到一片区域，都能从容不迫地挖掘、提升这片土地的潜在价值，将其潜力发挥到极致。

通过近 30 年的不断摸索，福星股份已经建立了一套完善的管理体系，具有较强的抗风险能力和市场应变能力。如今，在国内大宗商品和原材料价格大起大落、房地产政策调控和行业竞争激烈现象依然突出的环境下，福星股份在金属制品方面，将继续提升科技创新的核心竞争力；在房地产业务方面，将坚守城市运营的核心开发理念，走区域扩张和品牌扩张并举之路，打造全国房地产知名品牌企业。通过不懈努力，为打造“福星股份”百年名企、实现基业长青的长远目标奠定坚实的基础。

（五）福星股份大事记（见表 3-28）

表 3-28　福星股份大事记

事　件	时间	说　　明
成立	1993 年 6 月	湖北省汉川县钢丝绳厂（现更名为“湖北省汉川市钢丝绳厂”，系公司控股股东）等 5 家发起人共同发起设立湖北省汉川钢丝绳股份有限公司
发行 A 股	1999 年 5 月	向社会公开发行人民币（A）股票 5500 万股
	1999 年 6 月	在深圳证券交易所挂牌交易

续表

事　件	时间	说　　明
更名	1999年10月	变更为"湖北福星科技股份有限公司"
涉足房地产行业	2001年1月	公司控股子公司——福星惠誉房地产有限责任公司注册成立，注册资本为4500万元
旧城改造大获成功	2003年6月	开发的"福星城市花园"项目荣获建设部住宅产业化促进中心"2003中国住宅创新夺标旧城改造特别贡献楼盘"称号
重点高新技术企业	2005年5月	被科学技术部火炬高技术产业开发中心认定为"国家火炬计划重点高新技术企业"
升资质	2006年8月	福星惠誉经国家建设部核准，获房地产开发企业一级资质
股权分置改革	2005年11月	按10∶6.3股的比例缩股，顺利完成股权分置改革
股权激励	2006年9月	发布股票期权激励计划，以净资产收益率和净利润增长率为关键指标，使公司管理团队的回报与公司经营业绩密切挂钩
驰名商标	2006年10月	"福星"商标被国家工商行政管理总局认定为"中国驰名商标"
进军武汉周边城市	2006年11月	在孝感竞得P（2006）02号地块，标志着"十一五"期间开始向武汉城市圈布局，跨区发展目标正式实施
试水城中村改造	2007年6月	公司控股孙公司湖北星程投资有限公司收购团结集团，获得城市内环15宗集体土地，正式进军城中村改造
成为区域龙头	2007年7月	跻身武汉市房地产开发企业综合实力第一名，成为湖北房地产龙头
主业变更	2007年10月	经深圳证券交易所批准，主业变更为房地产业
增发	2008年7月	经批复，公开增发不超过18000万股人民币（A）股，增发后股本总额为70522.765万股
业务扩展至环渤海区域	2009年6月	收购北京盛世新业为福星惠誉的控股子公司，正式进入北京开展房地产开发业务，进一步实施"1+1"扩张战略
开发模式全国领先	2012年9月	福星惠誉连续第四年获得"中国房地产城中村旧城改造专业领先品牌TOP10"

四、栖霞建设：承担造“家”使命的优秀企业公民

栖霞建设：核准制下中国房地产行业首家上市公司，国企改革排头兵。多年来，栖霞建设秉承企业公民使命，数十年如一日地积极参与建设部倡导的住宅产业化改革并取得丰硕成果，有效引导了南京市乃至江苏省房地产行业整体开发水平的提高，为南京城市面貌的改变和地方经济的发展作出了重大贡献。作为江苏省房地产行业的领军企业，栖霞建设在管理制度、节能环保、保障房建设等方面创下了多个全市、全省、全国的行业“第一”纪录。

（一）企业名片：核准制下中国房地产行业首家上市公司

南京栖霞建设股份有限公司（股票代码：600533.SH，以下简称“栖霞建设”）是南京栖霞建设集团有限公司（以下简称“栖霞建设集团”）控股的约20家子公司之一。栖霞建设总部位于南京，是核准制下中国房地产行业的首家上市企业。截至2011年底，栖霞建设净资产为33.81亿元，总资产118.78亿元，市值34.44亿元。

1. 企业发展稳健，业绩优良

自2002年上市以来，栖霞建设一直发展稳健，营业收入和净利润整体保持稳步增长态势。2002~2011年，栖霞建设营业收入从3.66亿元增长至31.41亿元，净利润从0.42亿元增长至3.34亿元。

栖霞建设不以盈利为终极追求，而是力求成为一个有使命感、责任心，有理想抱负，有人文情怀的企业。10年来，栖霞建设一直保持稳健增长，同时兼顾增长质量，对股东和社会尽到应有的责任。

2. 产品结构调整，经营策略创新

栖霞建设在“企业管理现代化+住宅产业现代化+资本运作现代化”和“主业精深化、垂直一体化”发展战略指引下，提出并实施了“开发与持有并举、开发与投资并举、开发与产业并举”的经营策略。

首先，栖霞建设坚持以中低价位、中小户型普通商品房项目开发为主。在商品房领域，栖霞建设顺应市场潮流和政策导向，坚持以中小户型普通住宅为主的产品定位，所建商品房项目深受百姓青睐。与此同时，所建保障房项目也受到广大被拆迁群众的一致好评。未来，在建设高品质商品房的同时，在资金回笼有保证的情况下，栖霞建设还将通过产品升级和管理创新，努力建设更多更好的保障

房项目。

其次，栖霞建设不断增加持有物业规模。为控制房地产开发行业存在的政策与市场风险，近年来，栖霞建设全面开展所属各小区配套商业的整体招商运营，竞得了苏州东环路商业街，收购了百安居超市栖霞店，在幸福城保障房项目中建设13万平方米的商业配套，成功运营东方天郡、上城风景商业街等项目。持有物业规模的扩大和经营水平的提升，为公司带来稳定的现金流。

最后，栖霞建设积极在产业链上下游开展投资。随着国家经济结构调整力度的加大，房地产产业链上下游产业出现了许多新的机会。在"三个并举"经营思路指引下，栖霞建设在优秀合作伙伴中选择发展潜力大、盈利模式优、团队素质高的企业进行PE投资。目前，栖霞建设已成功投资了广东棕榈园林、南京电子网板厂、河北银行等多个优质项目，并设立了小贷公司，从而为企业发展开辟了新的利润来源。

（二）困境中成功增发，彰显公司实力

2002年3月28日，栖霞建设登陆A股市场，在上海证券交易所成功上市，成为中国证券市场实行核准制后房产第一股。

栖霞建设上市10年来，股价走势与上证指收盘点位涨跌趋势基本相吻合（如图3-67所示）。2006年以前，栖霞建设平稳发展，并在不断寻求突破。2006年开始，整个中国房地产行业进入了一个狂飙突进的高速发展期，栖霞建设也不

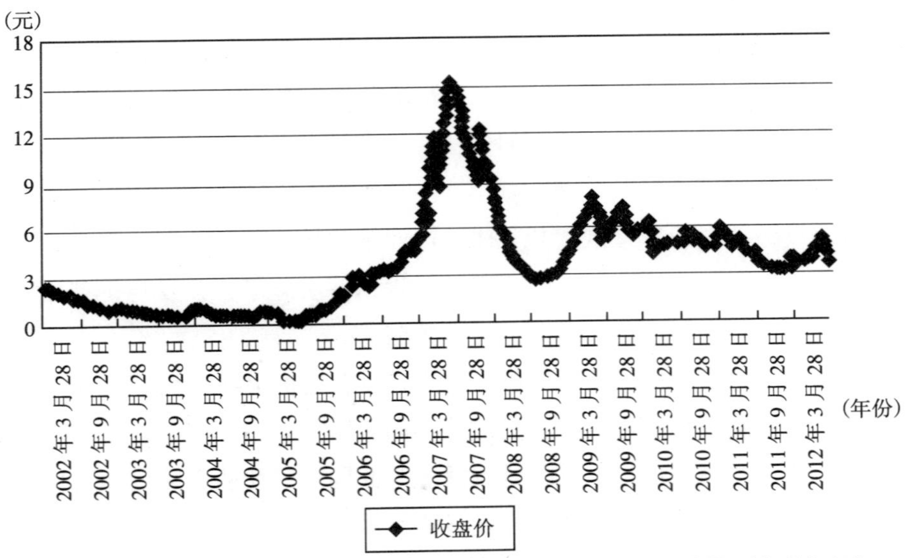

图3-67　2002年3月28日~2012年3月28日栖霞建设股价变化（向前复权）

例外，这一年，栖霞建设营业收入、净利润等多项指标同比增长都超过 50%，股价也开始大幅攀升。2006 年 8 月，就在股份公司定向增发时，股票市场价格却一度低于增发价，然而公司经过努力，最终通过审核并增发成功。

2008 年 7 月，房市和股市都极度低迷，而栖霞建设 1.2 亿股股票公开增发工作也到了关键时刻。在公司的努力下，最终增发股票获得超额认购，再度彰显栖霞建设的企业实力和资本市场的认可。

（三）从小国企到大集团：锐意进取的改革之路

1984~2012 年，栖霞建设集团从一家隶属于南京市栖霞区的小型国有开发企业，发展成为拥有 2 家房地产开发一级资质企业、6 家房地产开发二级资质企业、1 家物业管理一级资质企业，以及设计公司、工程监理公司、营销公司、广告公司、建材超市等在内的 20 多家成员单位的大型现代化住宅产业集团。凭借一个个开创行业先河的创新举措和令同行艳羡的纪录和荣誉，栖霞建设集团在全市、全省乃至全国房地产行业创下了多个历史性的“第一”。

1. 国企改革的先行者

作为在改革开放大潮中成长起来、与中国房地产业同龄的企业，栖霞建设的成长历程浓缩了国企改革的时代缩影，是一部极具历史意义的企业发展史。

1992 年 8 月 8~31 日，栖霞城镇建设综合开发公司与外商合资经营的东方、金港、兴隆三家房地产公司相继宣告成立，首批项目“东方花园”、“金港大厦”、“兴隆大厦”也同时奠基，当年累计引进外资 2000 万美元，其速度之快，效率之高，引资数额之大，社会影响之巨，为当时南京房地产业所罕见，被誉为“栖霞精神”、“栖霞速度”、“栖霞效应”。

1993 年 5 月，栖霞城镇建设综合开发公司联合所属的全资和控股房地产企业，变“单兵作战”为“集团军作战”，组建起全省第一家房地产企业集团——南京栖霞城镇建设综合开发集团。同时，栖霞建设集团开始引入会计师委派制度，在人事制度上实行企业化改革，除总经理一人为政府委派任命之外，其余高管人员均由总经理根据各人的能力、经历和工作业绩选拔任用。这在当时的国有房地产企业中也极为罕见。

1995 年，栖霞建设集团被建设部列为全国 8 家国有大中型房地产企业现代企业制度试点单位之一，在上级政府部门的指导下，完成了（集团）公司为国有独资企业、下属公司逐一规范为有限责任公司的企业改造，初步确立了现代企业制度的框架。

1999年底，栖霞建设集团以集团全部住宅小区开发资产出资，与几家著名企业联合发起设立了南京栖霞建设股份有限公司，筹谋登陆证券市场拓展企业融资能力。

2001年，栖霞建设向证监会提交上市材料。时值我国股票发行制度施行关键性改革，实施多年的额度制被改为核准制，栖霞建设成为核准制下全国第一家申报上市的房地产企业。尽管毫无经验可循，凭借专注的工作效率，坚韧的拼搏精神，栖霞建设在2001年11月15日通过中国证监会股票发行审核委员会审核，于2002年3月28日在上海证券交易所成功上市，成为江苏省房地产业的首家上市企业和核准制下中国房地产业的首家上市企业。从开始申报材料到获得批准，栖霞建设只用了5个月时间，其高速高效令业内同仁赞叹。栖霞建设的成功上市，标志着企业开始进入全面实施“企业管理现代化+住宅产业现代化+资本运作现代化”发展战略的新阶段。2006年8月与2008年7月，栖霞建设克服股市低迷障碍，先后两度实现逆市增发。栖霞建设股票的上市与增发，不仅为企业后续项目的开发建设提供了资金保障，优化了企业的资产结构，也有助于企业在未来发展中借助资本市场的力量整合战略资源。

在集团化发展与现代企业制度创新方面，栖霞建设集团同样成绩斐然。早在1994年初，栖霞建设集团就迈出了集团产业链建设的第一步，成立了南京市第一家物业管理公司，并率先发展成为南京市第一家拥有国家一级资质的物业管理企业。在企业开发规模不断扩大与综合实力快速提升的过程中，栖霞建设集团又成功引入世界第四大建材连锁经营企业德国OBI，成为首个将国外大型建材超市引入中国的企业。

1996年，栖霞建设集团做出了当时在全国房地产界轰动一时的决策：实施形象战略，打造企业品牌。同年9月17日，栖霞建设集团在全国房地产界率先全面成功导入CIS——企业形象战略系统，并在国家工商局为企业注册“星叶”商标，熠熠闪亮的红叶标志既彰显出栖霞品牌蕴涵的地域文化内涵，也揭示了企业所持有的“立广厦于天地”、“给人们一个温馨舒适的家”的使命价值观。如今，栖霞建设的“星叶”商标已是中国驰名商标。栖霞建设集团也被国家工商行政管理总局评为“全国重合同守信用单位”，被国家建设部评为“全国建设系统企业文化建设先进集体”。

1997年，在建设小康示范工程的同时，栖霞建设集团还在全国房地产行业率先进行了ISO9000贯标，把小康示范工程的有关标准以及企业建设示范工程的成功经验直接写入企业贯标文件进行标准化管理，从而切实提高了企业的住宅开发水平。

2002 年 10 月，栖霞建设集团被江苏省计划经济委员会正式确定为“江苏省 30 家重点服务企业”，企业出台了新规划，明确提出要在“企业管理现代化、住宅产业现代化、资本运作现代化”发展战略的指引下，跻身全国大型现代化住宅产业集团行列。从 2003 年初开始，栖霞建设抽调骨干管理人员，会同国内企业管理方面的知名专家学者组建了专门的课题组，在对国内外优秀房地产企业的管理构架、业务流程、成本控制体系、约束与激励机制等进行深入研究的基础上，针对企业的发展现状，尤其是针对企业跨区域发展的需要，建立了由八大业务流程、二十个管理办法、十二个作业指导书组成的新的管理制度，从而使企业真正做到管理组织科学化、管理职责明确化、管理过程规范化、管理内容标准化、管理工具软件化、管理人才专业化。

为时一年的管理系统与业务流程全面改造结束后，栖霞建设迈出了跨区域发展的步伐。2003 年 6 月 30 日，栖霞建设把古城苏州作为走向全国的第一站，联合江苏雨润食品产业集团有限公司、南京新港高科技股份有限公司共同投资设立了苏州栖霞建设有限责任公司，开始营建首个异地项目枫情水岸。迄今为止，栖霞建设已在南京、苏州、无锡等城市成功开发建设了数十个包括多项国家示范工程在内的优秀住宅小区。2007 年，企业全面应用国际先进的巴塞尔项目管理信息门户，实现上下游企业的协同工作和全生命周期的项目总控；同年 8 月，经建设部批准，栖霞建设成为华东地区首个开发企业联盟型国家级住宅产业化基地。

2. 住宅产业化的排头兵

1990 年，栖霞建设集团开发的安怀村小区 06 号复建房项目被建设部评为全国优质样板工程，开始在同行中崭露头角。国企身份所带来的与生俱来的使命感，促使栖霞建设集团此后数十年如一日地积极参与建设部倡导的住宅产业化改革并取得丰硕成果，有效引导了南京市乃至江苏省房地产行业整体开发水平的提高，为南京城市面貌的改变和地方经济的发展作出了重大贡献。

1995~1997 年，栖霞建设集团先后将东方城和月牙湖花园申报列入“国家小康示范工程实施计划”，并严格按照国家小康示范工程建设的有关标准，在住宅建设的标准化、集约化、节能、智能、菜单式装修以及倡导“四新”等方面倾注了大量的精力。2000 年，月牙湖花园在建设部、科技部组织的小康住宅评比中一举获得规划设计、工程质量、科技进步、室内装修、环境质量、物业管理全部六项优秀奖。2001 年 6 月，作为 1996~2000 年中国住宅小区的唯一代表，月牙湖花园在联合国“伊斯坦布尔 + 5”人居特别会议上进行了展示，同时还获得

"联合国改善人居环境迪拜奖"，并被建设部树为全国小康示范工程建设的样板，业内人士将其誉为南京乃至江苏省住宅产业化的先锋。2005年，经人事部批准，栖霞建设设立了中国房地产企业首个博士后科研工作站。2012年，经教育部批准，栖霞建设成为"全国高等教育工程管理实践基地"。

2007年5月，栖霞建设的天泓山庄项目顺利通过建设部"国家康居示范工程"达标验收，并一举囊括了全部四项金牌。在集成应用于该项目的近百项住宅新技术中，有两项技术在不久后的北京国际住宅科技博览会上被列入全国十大重点推广技术。建设部专家不仅把天泓山庄评价为"中国目前建设水平最高的住宅小区之一"，更是再三强调，该项目最可贵之处，是它的技术体系具有可推广性，造价也是购房者能够承受的。这一指导思想，在栖霞建设的经济适用房项目中得到了更好的体现。通过集成应用非晶体合金美式箱式变电站、太阳能光伏照明系统、太阳能热水系统、雨污水收集处理回用技术、垃圾生化处理技术等近百项住宅新技术，栖霞建设实现了小区"三废"不出门，减轻了保障房业主的经济负担，户均每年可节约水、电、气及物业管理费用1000多元。

在利用产业化手段不断提升住宅建设品质的同时，栖霞建设人秉持高度的历史使命感和社会责任感，与相关领域的专家一起，共同探索企业发展与行业发展相结合、行业发展与城市发展相协调的新思路。栖霞建设董事长陈兴汉女士在《房地产开发建设与新城市生活主义》中旗帜鲜明地提出了"新城市生活主义"的房地产开发理念。栖霞建设所倡导的"产业化打造的换代住宅+街坊式的配套与服务+和谐优美的自然环境+浓郁迷人的文化氛围"四位一体开发模式，为其他房地产企业的小区建设提供了有益的参考。

2008年5月，栖霞建设在建设部住宅产业化促进中心委托和指导下完成的我国《冬冷夏热地区居住建筑"四节一环保"技术导则》，正式通过建设部专家审核。同年11月，栖霞建设被联合国人居署授予城市可持续发展特别贡献奖。同年12月，栖霞建设承建的一个保障房项目被世界不动产联盟授予最高奖——卓越奖。

（四）敢为人先：探索保障房建设的创新模式

创立28年来，栖霞建设集团（含栖霞建设）仅在南京一地就已建成1200万平方米的住宅项目，其中250万平方米为保障房项目。公司在建保障房项目总建筑面积约150万平方米。

2007年，国务院24号文开启了我国住房供应双轨制的大幕，栖霞建设随之

加快在保障房领域拓展的步伐。在2011年国务院宣布的全国1000万套保障房建设计划中，栖霞建设作为南京地区保障房建设的主力军，承担了南京四大保障房片区之一的幸福城项目。

作为南京市重点民生工程，幸福城保障房项目占用面积约43.21公顷，总建筑面积约为120万平方米，住宅总套数约为12300套。项目建成后，将成为一个容纳1.2万户近4万人口、体现可持续发展和百年建筑理念、满足人们生活就业交往等多种需求的大型绿色数字保障房居住区。

为贯彻市保障房建设指挥部提出的"高起点、高标准、高速度、高品质、低成本"建设要求，实现公司自己制定的"面积不大功能全，占地不多环境美，造价不高品质优，离城不近配套齐"的建设目标，栖霞建设在市保障房建设主管部门支持下，充分调动内外资源，科学引入项目总控和价值工程理念，大胆创新项目建设管理的体制机制，不断优化规划设计方案，统一策划商业配套设施的建设营运和后期物业管理，编制了国内首部针对保障房项目的管理制度，建立了专门的项目管理信息系统，大大提高了项目质量、进度、成本管理的效率。2012年5月18日，幸福城项目通过住建部住宅产业化促进中心和江苏省住建厅联合组织的专家组的现场评审，被列入"国家康居示范工程"实施计划。

栖霞建设在建设幸福城项目过程中摸索提炼出自己独特的保障房建设管理模式，认为只有从模式、理念、文化等各个角度进行全方位和全过程的质量管理创新，才能使保障房社区最大限度地发挥其应有的功能。

所谓"模式创新"，指的是栖霞建设在幸福城项目的建设管理中，采用新型的开发商委托代建模式，有效加强了建设主管单位对保障房建设和资金的控制，提高了保障房项目建设的效率。在项目实施过程中，公司采用大部制模式，将10个管理部门的职能集成化，并按项目区域划分设置3个项目经理部，形成扁平化的矩阵式项目组织，实现项目参与者之间的无缝对接。

理念创新表现在两个方面：①对项目进行全寿命周期的项目总控，从保障对象、资金来源、建设过程到最后的物业管理，都要进行全程策划，尤其是施工策划，必须提前进行；②以可持续发展和百年建筑理念为指导，集成国内外先进适用技术，将项目建设成为"有限总价全寿命周期低碳住宅"。

文化创新则表现在栖霞建设努力建设伙伴型的项目管理文化，打破了传统观念中的甲方乙方关系，尊重和保障合作伙伴的正当权益，在购房资金不到位的情况下，积极融资支付材料款和施工款，从而极大地调动了各参建单位的自豪感和责任意识，也得到政府和社会各界的广泛好评。目前，该项目已通过国家绿色建筑评审和国家康居示范工程评审。

栖霞建设在保障房建设领域的创新与探索得到了住建部领导专家的肯定，认为南京幸福城项目的技术可行性研究方案以及规划和建筑设计方案，充分体现了国家对保障性住房的要求，为全国保障性住房项目提供了样板和示范，值得在全国范围内推广。

28 年来，栖霞建设集团作为江苏房地产行业的领军企业，和大多数房企一样，可谓充分经历和见证了中国房地产行业的几经起落，逐步走向繁荣的曲折进程，并在这样的进程中，用自身的睿智和激情，发展壮大了企业，为人们居住水平的提高和南京乃至江苏房地产业的繁荣做出了不可磨灭的贡献。

从“两轮驱动”发展思路的提出，到“三个现代化”发展战略的形成；从对当代中国房地产行业存在问题的思考，到对“新城市生活主义”开发理念的积极倡导，栖霞建设在新时期房地产开发理论探索领域引领风骚。从进行标准化管理，到根据企业发展需要进行管理梳理和流程再造；从建设国家示范工程，到对住宅科技前沿课题进行探讨；从引进外资进行产权多元化的尝试，到企业成功上市、成为核准制下的中国房地产第一股，栖霞建设在实现“三个现代化”的征途上屡攀新高。

（五）栖霞建设大事记（见表 3–29）

表 3–29　栖霞建设大事记

事　件	时间	说　　明
成立	1984 年 3 月	栖霞区城镇建设综合开发总公司在黄家圩 54 号宣告成立，是一家隶属于栖霞区的小型国有开发企业，主要在栖霞区政府的指导下进行一些城镇建设综合开发业务
成立三家合资企业，引进外资 2000 万美元	1992 年 8 月	栖霞城镇建设综合开发公司与外商合资经营的东方、金港、兴隆三家房地产公司相继宣告成立，首批项目“东方花园”、“金港大厦”、“兴隆大厦”也同时奠基，当年累计引进外资 2000 万美元
组建江苏省第一家房地产企业集团	1993 年 5 月	栖霞建设联合所属的全资和控股房地产企业，变“单兵作战”为“集团军作战”，组建起全省第一家房地产企业集团——南京栖霞城镇建设综合开发集团
成立南京市第一家物业管理公司	1994 年 3 月	成立南京市第一家物业管理公司，迈出了集团产业链建设的第一步
试点房地产现代企业制度	1995 年 8 月	被建设部确定为全国 8 家国营大中型房地产企业现代企业制度试点单位之一，并在上级政府部门的指导下，完成了（集团）公司为国有独资企业、下属公司逐一规范为有限责任公司的企业改造，初步确立了现代企业制度的框架
成功导入 CIS	1996 年 7 月	在全国房地产行业率先全面成功导入 CIS
ISO9000 贯标	1997 年 5 月	在全国房地产界率先进行 ISO9000 贯标，进行标准化管理
住宅产业链建设	1998 年 5 月	率先进行住宅产业链的建设

续表

事　件	时间	说　　明
进行股份制改造	1999 年 2 月	由栖霞建设（集团）公司作为主要发起人，联合南京新港高科技股份有限公司、南京市栖霞区国有资产投资中心、南京市园林实业总公司、东南大学建筑设计研究院、南京栖霞建设集团物资供销有限公司五家发起人发起设立栖霞建设股份有限公司
引入国外大型建材超市	2001 年 3 月	成为全国首个将国外大型建材超市引入中国的企业
成为核准制下首家房地产上市企业	2002 年 3 月	栖霞建设（600533）登录 A 股市场，在上海证券交易所成功上市，成为江苏省房地产行业的首家上市企业和核准制下中国房地产行业的首家上市企业
开始实施跨区域发展	2003 年	历时一年完成业务流程再造，并开始实施跨区域发展
设立博士后科研工作站	2005 年	经人事部批准，设立中国房地产企业首个博士后科研工作站
增发 6000 万股	2006 年	股份公司完成股权分置改革，并成功定向增发 6000 万股
开发企业联盟型国家级住宅产业化基地	2007 年 8 月	经建设部批准，南京栖霞建设集团有限公司成为华东地区首个开发企业联盟型国家级住宅产业化基地
增发 1.2 亿股	2008 年	在股市极度低迷的情况下，成功公开增发 1.2 亿股
入股广东棕榈园林	2009 年	初始投入 2100 万元，该公司上市后，公司所持股份的最高市值约 12 亿元，被 PE 投资业内人士称为奇迹
收购百安居栖霞店物业	2010 年	栖霞建设以原始价收购百安居栖霞店物业
设立小贷公司	2011 年 3 月	与栖霞建设集团、南京栖霞建设物业公司（公司控股子公司）共同发起设立农村小额贷款公司，注册资本为 1.5 亿元，其中公司及控股子公司合计出资 1.2 亿元，占 80%
入股河北银行	2012 年	栖霞建设参与河北银行增资扩股

第四章　中国房地产上市公司资本运营之道

房地产上市公司的资本运营主要是指房地产企业以资本增值最大化为目的，在现有的宏观政策及制度下，将外部取得的资本以及内部拥有的各种资本全部纳入价值资本的运行轨道，通过借贷、并购、重组、上市、产权转让等各种方式，为企业融得资金，实现投资及资本结构优化，将潜在的资本转变为活化资本并进行优化配置的经营活动。

资本运营是房地产企业发展到一定规模和阶段时所必须采取的一种战略措施，也是房地产上市公司做大做强的必由之路。在当前国家宏观调控政策层层加码、行业内部竞争日趋激烈的情况下，房地产企业更需要认清企业自身资本运营的现状，选择切合企业实际情况又具有创新性的资本运营模式。

根据我国房地产企业资本运营现状，其大致可以分为两个方面：一方面是房地产企业资本的融资；另一方面是房地产企业的资本投资及资本结构的优化组合。

首先，作为资本运营的主要体现，房地产企业的融资主要涉及如何以较小成本获得企业所需要的资本。为使资本增值而对资本进行的各种筹划和运用是资本运营的关键内容，而资本的筹集包括自有资本的积累、权益资本的筹集和负债资本的筹集。其中，房地产企业权益资本的筹集主要有吸收直接投资、发行股票等方式；而负债资本筹集主要有房地产经营贷款、房地产抵押贷款、发行债券以及房地产信托等方式。

其次，房地产企业的资本投资及资本结构的优化组合也是资本运营的必要手段。随着房地产市场竞争日趋激烈，房地产企业更应注重资本结构的优化组合，分散投资及运营风险，获得最大的资本收益。其中，资本投资主要涉及如何将融入的资本进行运营，以获得最大收益。资本结构的优化是指利用资本运营调整资本的结构，所选择的资本结构特点因企业所处发展阶段的不同而有所不同，调整手段均以产权市场和资本市场为依托，主要包含企业上市、重组、并购等。

在企业的整个发展过程中，融资与投资紧密相连，因此房地产上市公司在资本运营实践中，以上两方面内容密不可分。而房地产企业资本运营的内容最终表现为通过对企业的资本进行合理运营，达到资本价值最大化和最佳经济效益的目的。

第一节　房地产上市公司的多元融资体系

随着国家宏观调控力度的持续加大以及房地产行业内部竞争的加剧，我国房地产行业开始了新一轮洗牌。在这种形势下，加快企业规模扩张、加大土地储备力度，就成为房地产企业在当前竞争环境中生存和发展的主要手段，而这些战略性竞争活动需要大量的资金支持。因此，我国房地产企业迫切需要拓宽融资渠道，以适应企业竞争和发展的要求。

近年来，随着新金融产品的创新及各种金融衍生品的问世，房地产公司的融资方式及手段呈现多样化特点。为了满足我国房地产行业发展过程中对资金的大量需求，多元化融资体系逐步建立与完善。

总的来看，上市公司在资本市场的融资方式越来越多元化，目前我国房地产上市企业的主要融资方式涵盖了银行贷款、配股、增发、债券等多种模式。

一、银行贷款仍为主要、稳定的融资渠道

在国内，银行贷款是房地产上市企业主要的资金来源渠道。银行贷款是指贷款人（银行）向借款人（开发商）发放的用于房地产开发及其配套设施建设的贷款。针对房地产开发的贷款方式主要包括短期透支贷款、存款抵押贷款、房地产抵押贷款、土地使用权抵押贷款、自有财产（股权）抵押贷款、担保贷款等。其他可拓展的银行贷款融资手段包括项目封闭融资、公司综合授信、纯信用免担保抵押贷款等。

自 1998 年我国房地产市场化以来，用于房地产开发的银行贷款一直保持着高速的增长，截至 2009 年，房地产开发中使用的银行贷款比重已在 50%以上，而某些城市的开发商对银行贷款资金的依赖程度已高于 80%。2011 年全年，国内主要金融机构的地产开发贷款余额 7680 亿元，同比下降 7.9%。房产开发贷款

余额2.72万亿元，同比增长17.1%，比2010年末低5.9个百分点。截至2012年6月末，国内主要金融机构的地产开发贷款余额8037亿元，同比增长0.8%，增速比上季度末高8.8个百分点。房产开发贷款余额2.92万亿元，同比增长11.3%，增速比上季度末高0.3个百分点。

整体来看，地产开发及房产开发贷款在房地产相关贷款中仍占相当的比例，且近三年的增幅较为稳定，显示了银行贷款对房地产开发建设的重要性。不过，从2010年开始，国家对房地产市场进行多轮严厉的政策调控，金融信贷调控是其重要内容之一。银行信贷整体趋于紧张，房地产开发企业资金压力在逐渐加大，银行授信规模已经受到很大限制，开发商从银行获得的信贷融资渠道正在收紧。

但是，仍有一些优秀的房地产上市公司积极把握最新形势，找准市场需求变化节奏，凭借自身强劲的综合实力和稳健的经营策略，在逆市中赢得信任与口碑；而国内外银行机构也给予成长质量佳、投资价值潜力大的优秀房地产上市公司以合理的信贷额度，打开了银行与房地产上市公司战略合作的新格局。2012年4月，农业银行北京分行与北京市金融街资本运营中心签署了战略合作协议，向金融街资本运营中心提供不超过50亿元的信贷额度，用于支持其下属重点企业及重点项目发展；2012年6月，远洋地产获得由多家银行组成的财团提供的3年定期贷款融资，本金额约为6亿美元；同月，SOHO中国公布公司获得一笔约为6.26亿美元的3年期贷款融资。目前来看，即使房地产上市公司的融资模式更趋多元化，融资渠道更为广泛，银行贷款仍为其最重要、最常见的方式。

二、配股与增发近年来处于低谷

虽然存在发行限制条件较多、融资规模受限、业绩指标易被稀释等缺点，但由于配股融资具有实施时间短、操作较简单、成本较低、不需要还本付息、有利于改善资本结构等优点，因此已经成为上市公司较为熟悉的融资方式。近年来，因房地产调控影响，沪深上市的房地产公司基本没有可能实现配股融资，像招商地产、中粮地产等上市公司的配股操作（见表4-1）也基本集中在5年以前。相比之下，香港市场也仅有龙湖地产于2012年9月配股获得31亿港元，为其在土地市场的拓展提供资金支持。

配股完成后，上市房地产企业能够有效地控制该公司的资产负债率及净负债率，财务状况更加稳健。特别是那些经营和资金状况相对较好，并且能够募集到

表 4-1　2003~2008 年进行过配股的上市房地产企业

配股年度	配股企业	配股募集资金（亿元）
2003	招商地产	3.51
2007	中粮地产	13.48
2008	华发股份	25.88
	张江高科	25.64

资金的上市地产公司，将更具有进行业务扩张的优势。招商地产在 2003 年进行的配股，所募集资金约 3.5 亿元均定向投资到两个大型地产项目，其地理位置、开发规模和市场定位为公司在深圳市的房地产业内树立了良好的口碑，充分支撑了招商地产在当地业务的扩张。同时，募集资金所投项目逐步产生的后续效益对公司资产质量和收益等方面均产生了积极的影响，有效提高了公司的市场竞争力和综合实力。2007 年，中粮地产实施了每 10 股配售 3 股、配股最高价格不高于 6.5 元的低价配股，在确保大股东以较低成本保持稳定持股比例的同时，也使中小股东能以较低的价格获得公司的新增股份，有利于公司业务长期稳定发展和投资者对企业长期投资的信心。配股所募约 13.4 亿元资金用于收购一家房地产公司的全部股权以及支持 3 个房地产项目的开发建设。配股的成功有效推进了企业的业务发展，中粮地产作为整合及发展中粮集团房地产业务的专业平台，逐步成为具有全国品牌优势的房地产开发商。

增发与配股在本质上没有大的区别，但增发融资与配股相比限制条件少、融资规模大，资本市场内已有一大批较为成熟的机构投资者参与，而且定向增发在一定程度上还可以有效解决控股权和业绩指标稀释等问题，是最近几年房地产上市公司较为关注的再融资方式。

从图 4-1 可以看到，2002~2005 年，上市房地产企业的增发活动，无论是募集资金还是企业个数均较少。据监测，自 2006 年起，增发活动开始出现井喷式发展：2006 年，9 家企业募得 144.45 亿元资金；2007 年，28 家企业募得 444.76 亿元资金；2008 年，21 家企业募得 585 亿元资金；2009 年，22 家企业募得 669.2 亿元的资金总额；2010 年和 2011 年有所回落。增发规模在 2007~2009 年达到顶峰，主要是因为这三年中国房地产上市公司经历了过山车般的跌宕起伏，由 2007 年的最高峰，到 2008 年受全球金融危机深度影响探至谷底，再到 2009 年整体市场回暖。鉴于房地产行业资金密集型特征，房地产上市公司迫切需要拓宽融资渠道，以缓解因扩张所带来的资金压力，而增发融资则是上市房地产企业募集资金的有力手段之一。如保利、万科在 2007 年都成功地实施了公开增发，合计获得约 170 亿元的巨款，帮助了企业实现新一轮的快速发展。而在此轮增发后的两个月内正处于国内楼市最高峰期，上述两个房地产公司在增发后短期内也带给投资者一定利润回报。2008 年，紧缩的财政政策使企业从银行获得贷款的难度增加，年内销售萎缩造成房地产企业资金回笼速度放缓，为了缓解资金压力，房地产上市公司选择通过增发来解决资金紧张问题。金融街、泛海建设、招商地产、首开股份等一批企业进行了增发，其整体规模超过了 2007 年。而与配股一样，近几年来受调控影响，房地产上市公司增发募资也基本处于低谷阶段。

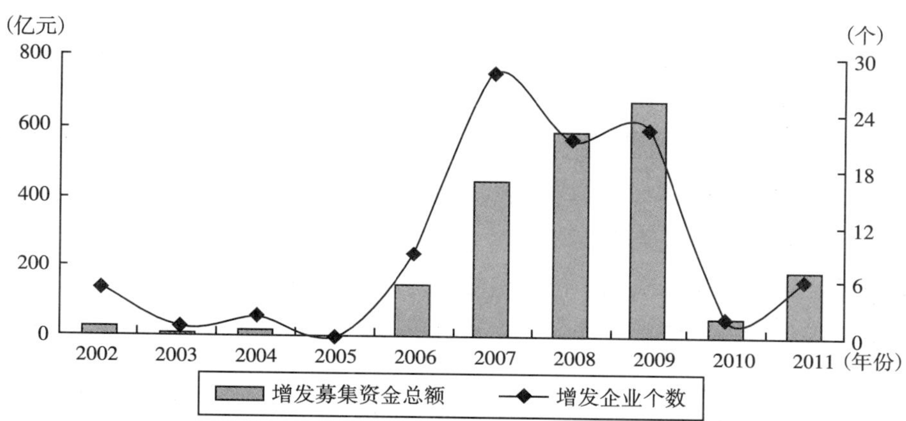

图 4-1　2002~2011 年房地产上市公司增发募集资金总额及企业个数

三、海外债券融资受到较大关注

债券融资是指项目主体按法定程序发行的、承诺按期向债券持有者支付利息和偿还本金的一种融资行为。我国房地产债券最先出现在 1992 年，经过近 20 年的发展，已成为上市房地产企业进行直接融资的又一个主要渠道。在现行土地出让制度下，房地产企业获得土地储备、进行开发建设需要雄厚的资金支持，而央行近期采取的银根收紧政策使房地产上市公司资金来源渐渐由银行贷款向债券等直接融资方式转移。

债券融资作为房地产上市公司直接融资的一种重要手段，可以给企业带来如下优点：

（1）改善债务结构。

房地产项目的开发周期往往历经数年，但目前房地产开发公司往往存在短贷较多、长贷缺乏甚至短贷长投现象，债务结构非常不合理。同时，在政府严控银行对房地产的贷款、限制预售款使用的情况下，企业紧绷的资金链经受不住政策变动的冲击。而以中长期为主的债券融资为房地产公司提供了较为稳定的资金来源，有利于降低信贷政策对房地产企业融资的影响，减少对信贷融资的依赖，从而改善房地产企业债务结构。

（2）降低财务成本。

由于房地产开发公司资金需求量较大，房地产企业的资产负债率通常较高，而间接融资会提高负债成本；通过发行公司债替代银行贷款，有望大大降低财务成本。

（3）程序快捷成功率高。

因为公司债券发行审核重点在项目的盈利状况和发行人的偿债能力，没有负债比率、用途等硬性指标限制，因此相比股权融资，债券融资尽管会增加公司财务负担，但程序更快捷，成功率更高。

（4）所融资金应用灵活。

目前，房地产企业来源于银行信贷的资金用途被严格限定，如商业银行对房地产开发企业发放的贷款只能通过房地产开发贷款科目发放，原则上不得跨地区使用，而债券融资相对限制较少，受到众多房地产上市公司的青睐。

2011 年 3 月 31 日，龙湖地产与摩根士丹利、渣打、汇丰及花旗银行签立订购协议，在新加坡通过发行 5 年期优先票据的方式进行融资，票面总价值 7.5 亿美元，票面利率为 9.5%，扣除相关费用后所得净额为 7.35 亿美元。龙湖地产在债券市场上的成功得益于其在资本市场上所树立的良好品牌形象。龙湖地产自上市以来，各项经营指标均保持稳步增长，整个企业的经营业绩十分优秀，并借此获得标准普尔以及穆迪较高的信用评级。

富力地产于 2011 年 4 月在香港发行了 26.12 亿元和 1.5 亿美元的优先票据，票面利率分别为 7.0%和 10.875%。富力地产及其附属的海外公司共同进行不可撤销的担保，并提供一定的抵押。瑞信、花旗、高盛及摩根士丹利是债券的初始购买人。本次债券发行使富力地产获得了约合 5.397 亿美元（按当时汇率折算）的资金。

富力地产成功发行债券有两方面的原因：①投资银行依然看好中国房地产市场，推动富力地产进行债券发行；②本次富力发行的债券主要是以人民币优先票据为主，在人民币升值预期的影响下，人民币债开始受到资本市场的青睐。

富力地产的操作方式比龙湖地产评级方式发债简便，对财务指标的要求也不多，发行的速度也比较快，考虑到近两年的整体政策环境，国内在经历了多次提高准备金以及加息后，贷款环境严重恶化，因此选择成本较低的海外发债，可以

说是一个理想的选择。

第二节 房地产上市公司的并购整合

房地产公司的并购是指全部或部分受让房地产公司股权，相应获得房地产公司名下财产的所有权，包括其开发的房地产项目。在地产新政策背景下，除法律规定的招、拍、挂方式外，以收购房地产公司方式获得其名下房地产项目，成为现阶段上市房地产企业加速拓展的另一种重要形式。

并购意味着资源和市场在行业中的重新组合，有助于上市房地产企业挖掘规模经济效益，提高对市场的控制能力。而目标企业在市场、产品、管理等方面的经验和特长也将助力并购方企业的发展。从动因来看，宏观调控政策、市场竞争等外部推力，以及获取资源、企业发展战略调整等内部因素共同作用，推动了房地产行业的并购整合。自2010年以来，中国房地产行业的并购案例持续增长，房地产行业已迎来新一轮并购整合的浪潮。

房地产业并购的类型可以从很多角度来进行分类：按照被并购一方的法律状态，可以把并购区分为兼并和收购两种类型；按照并购双方所在行业的关系，可以把并购分为横向并购、纵向并购和混合并购；按照并购的支付方式可以把并购分为自有资金支付、吸收入股、承债式兼并、资产置换等不同类型。

如果按照房地产公司并购模式来分类，大致有以下四种：①战略合作型。规模较大、优势明显的企业从战略高度考虑企业间的合作，并购后有助于双方实现优势互补。②资源重组型。具备相对明显的优势企业为了发挥资源的最大效用，通过并购实现资源控制权的调配。③业务扩张型。处于高速成长期的企业有对外扩张的需求，可通过并购的方式帮助企业快速做大做强，或实现在某个区域市场的立足。④初次触地型。不从事房地产业务的企业未来要寻求新的业务增长点或实现多元化经营，通过并购的方式可进入房地产市场。

在宏观调控政策趋于严厉、市场竞争不断加剧的双重背景下，并购整合已经成为房地产企业突破融资困境、拓展市场份额的一条便捷通道。2010年，中国房地产行业并购案例呈“井喷式”增长，发生近90起，其中万科一年内就收购了24家公司。2011年，房地产行业的并购案例数和并购金额又创下单季度历史新高，占据并购市场诸多行业之首。其中恒大地产、万科、富力、合景泰富等房地产上市公司均通过并购获得优质项目。如表4-2所示。

表4-2　2010~2012年大型上市房企并购其他房企及项目的典型案例

并购方	被并购方（或项目）	并购日期	交易金额	备　注
万科	昆明市新河民房地产北市区有限公司	2010年2月	3.36亿元	
	上海中房滨江房产有限公司	2010年3月	1.52亿元	收购75%股权
	深圳市九州房地产开发有限公司	2010年4月	9820万元	
	北京CBD赢嘉中心	2010年10月	11.5亿元	原属中信地产
	深圳海轩广场	2010年11月		原属深圳海轩投资发展有限公司
	国鼎公司	2010年6月	22.5亿元	收购90%股权
	永泰地产	2012年5月	10.79亿港元	收购永泰地产持有的南联地产股份
SOHO中国	上海城投悦城置业有限公司	2010年11月	3.535亿美元	收购70%股权
	绿城中国控股有限公司	2012年4月	21.4亿元	收购绿城广场置业全部股权
富力地产/合景泰富	深圳建设（集团）有限公司	2011年1月	16.6亿元	收购71%股权
恒大地产	浙江伍丰置业有限公司	2011年1月	6.72亿元	收购100%股权
	盛高置地	2012年7月	9.66亿元	收购其无锡市锡山区土地
佳兆业	中城建（大连）房地产开发有限公司	2011年4月	5.147亿元	收购70%股权及股东贷款
	大连华灏、大连华普	2012年7月	8.14亿元	收购大连华灏及大连华普的全部股权
恒盛地产	中城建（大连）房地产开发有限公司	2011年4月	5.147亿元	收购70%股权及股东贷款
招商地产	招商嘉天、万科滨海	2012年8月	36亿元	以股权转让的方式收购招商嘉天与万科滨海两家房企各50%股权

从上述典型并购案例中可以发现，房地产企业并购呈现出实力分化和整合提速的特点，即并购方多为在资本市场上摸爬滚打多年的大型上市房地产企业，而被并购方则是有项目或土地但体量小、融资渠道少的中小房地产企业。规模的扩大使房地产上市公司的市场整合能力也随之提升。品牌房地产上市公司通过对中小房地产企业的项目并购或企业整体收购，使自身规模得到扩大，规模的扩大又进一步增强了企业的市场整合能力，促进了行业集中度的持续提高。

房地产上市公司规模的扩大，也意味着企业区域扩张能力的加强。随着调控深入、限购令遍及更多一、二线城市，房地产上市公司对三、四线城市的拓展力度持续加强，挖掘出更多有潜力的市场。同时，规模化也加快了产品结构的多元化，房地产上市公司依托资本与土地优势，通过产品创新，由单一产品开发转变为高中低档产品同步开发。在市场波动期，多元化、多区域经营比单一经营模式更能分散经营风险，为房地产上市公司股东带来稳定回报。

上市房地产企业频繁并购是房地产市场行业集中度提升过程中的必然趋势。房地产企业并购案大多数是大型上市房地产企业看中了被并购房地产企业手中的土地或者房地产项目。通过并购，上市房地产企业能够在较短时间内获得更多的资源，并提升其品牌优势，增强行业综合竞争力。另外，上市房地产企业通过并购新项目，能够大幅缩短战略调整时间，规避经营风险。当前大部分房地产企业在进行业务调整和区域布局优化，但是贸然进入陌生区域或者从事陌生业务，将面临极大的经营风险，此时如果能够并购该领域内公司，吸取专业人才，显然会有效降低整体经营风险，实现其战略目标。

在现有的复杂多变的市场环境下，房地产上市公司已逐步建立了多元化的资本运营战略，不断拓展融资渠道，有效提高自身的资本运营能力，在激烈的竞争中持续做大做强，并以资本运营作为桥梁有效沟通金融市场与房地产市场，最终促进整个行业的快速健康发展。可以预见，这一趋势在未来仍将得到持续强化。

第五章　中国房地产上市公司发展展望

第一节　中国房地产行业发展趋势

房地产发展与宏观经济的发展具有正相关性。宏观经济的持续发展，将为房地产业发展提供强力的支撑，有利于放大房地产上游的生产要素供给总量，并拉动房地产的终端市场需求，对房地产具有推动和拉动双重效应。未来5~10年，我国宏观经济增速会有所放缓，结构调整仍将是宏观经济政策的主题。房地产调控政策也将服务于这一主题，长效机制逐步建立和完善，促进房价合理回归，房地产业平稳发展。此外，在“80后结婚高峰持续”、“住房存量低于预期”等因素的影响下，未来5年内，首次置业需求旺盛，改善性需求也将逐步释放。在上述大背景下，房地产上市公司面临着机遇与挑战并存的发展环境。

一、宏观经济发展趋势

加入世界贸易组织后，中国经济已成为世界经济的重要组成部分，宏观经济的发展，不可避免地要受到世界经济走势的影响。2008年，发源于美国的次贷危机，打破了世界经济传统格局和模式，虽然各国出台了多项政策刺激经济复苏，然而，维持全球经济发展的持续动力还未出现。欧债危机后，全球工业继续减速，经济不振持续蔓延。目前，稳定经济、实现增长正成为全球经济发展的首要目标。

中国经济增长也面临着重重压力。首先，出口、消费和投资“三驾马车”近两年发展越来越不平衡。出口方面，在金融危机背景下，出口订单和国际贸易均大幅减少。2011年贸易顺差从2010年的1845亿美元收窄至1551亿美元，创下3年来的新低；贸易顺差占GDP的比重也从2010年的3.1%下降至2.3%左右。从全年月度数据来看，出口增速的持续放缓趋势已相当明显，外部需求的低迷、贸易摩擦的日益频繁、劳动力成本的上升以及持续的人民币汇率问题，都将在2012年继续困扰中国的出口。

2002年以来，投资对于经济的贡献率一直高于消费。2002年，消费需求贡献率为43.9%；2010年，消费需求贡献率下降为36.8%，而投资贡献率则上升为54.0%；2011年，消费对GDP增长的贡献率提高至51.6%，但仍未超过投资对GDP增长54.2%的贡献率，消费品零售增速基本处于一个明显的减速通道，尤其是剔除全年都处于高位的价格因素后，实际消费增速回落几乎已处于2005年以来的最低水平，甚至还低于2009年的危机阶段。投资消费比例失衡会影响经济的内生动力。从最终消费支出占GDP的比重来看，近几年已回落至50%以内，远远低于白俄罗斯、泰国、秘鲁等发展中国家60%~80%的比重。因此，虽然政府采取了降息、建立社会保障体系等试图刺激消费的一系列措施，但对经济不景气的担忧和对收入增长的保守预期对民众的消费趋势产生了决定性影响，导致内需持续不振。因此，很难寄希望于通过拉动内部消费来刺激经济增长。

从投资层面说，自2011年底以来，外国对华直接投资连续10个月下跌，工业产出增长速度落至3年来的最低点。除此之外，受劳动力价格上涨以及经济降速影响，不少外资从中国抽离，转移到劳动力更便宜的国家和地区。从国内来看，由于商业环境的恶化、投资的不确定性和政策的摇摆浮动，新富阶层对自己的财产和人身的未来安全普遍产生担忧，因此纷纷寻求移民海外，从而助推了2010年以来的第三波移民潮，与此相应的是国内投资的大幅减少。出口与消费的萎缩，造成近期经济的增长动力依旧只能依靠由政府主导的投资。与2009年有所不同，2012年，除中央政府外，各地方政府也正在酝酿新一轮“7万亿”的投资热潮。不过，新一轮的投资是否能解决投资效率低下、国私企业间分配不公以及权力寻租等诸多问题，避免重蹈覆辙造成新一轮的投资过度，这种靠投资驱动一条腿走路的经济增长模式能否承担起保证经济增速、维持就业稳定，进而促进全球经济复苏的重担，目前都仍是未知数。

货币政策工具在通胀和刺激经济增长之间面临两难的抉择。目前来看，虽然随着国内劳动力成本持续上升、能源和资源品以及国际大宗商品价格持续上涨，加上美、日等多个发达国家持续量化宽松政策大量印钞，物价控制依然压力巨大，但促进经济发展的任务更加艰巨。2011 年下半年开始，货币政策已适时适度预调微调，由“稳中偏紧”向“稳健”转变。2011 年第四季度，货币政策频现微调信号，如支持铁路等基础建设、发放地方债、增加对中小企业的信贷扶持、降低央票发行利率、下调存款准备金率等。2012 年，我国实施了积极的财政政策和稳健的货币政策，信贷规模有所上升，着力扩大国内需求，力求在保经济平稳发展和物价总水平基本稳定两方面达到平衡。

此外，地方政府因税收及卖地收入近 1 年来规模有所下降造成收入减少，可开支却在不断增加，如 3600 万套保障房建设及基础设施建设需要大量资金、地方债务集中还款期到来等，中国经济面临着考验。

从我国宏观经济发展来看，过去 20 年间我国经济增速约为 10.5%，而 IMF、中国社会科学院等机构对未来 5~10 年 GDP 增长率的预测普遍在 8%~9%（见表 5-1）。这表明，随着人口红利消失、城市化进程放缓等一系列因素的影响，中国经济增速放缓已成各界普遍共识。2011 年发布的《中华人民共和国国民经济和社会发展第十二个五年规划纲要》提出的经济增长目标是：未来 5 年国内生产总值年均增长 7%。

表 5-1　不同机构对中国宏观经济增速的预测

机构名称	预测值
IMF	预计 2015 年中国 GDP 增速为 9.4%，2020 年为 9.5%
摩根士丹利	预计 2011~2020 年中国 GDP 平均增速约 8%
“十二五”规划	2011~2015 年中国经济增速目标为 7%
中国社会科学院	预计 2011~2015 年中国 GDP 平均增速约 9%
世界银行	《2030 年的中国》预测 2010~2015 年中国 GDP 潜在增长率为 8.6%

经济发展有周期性波动，中国经济经历了 20 多年的高速发展，也应该放慢一点速度，做一次彻底的“体检”了。未来 10 年，中国经济将经历一个比较大的调整期，而调整的重点就是经济结构调整。

随着国内外经济环境的巨大变化，经济结构的不合理、产能形成和投放超出国内居民的购买力支持等，正日益成为影响我国经济持续健康发展的主要问题。中共十八大报告指出，以加快转变经济发展方式为主线，是关系我国发展全局的战略抉择，推进经济结构战略性调整是加快转变经济发展方式的主攻方向。由此可见，未来经济发展的方向以及政策思路已经明确，下一阶段中国经济发展战略将着力解决经济结构调整问题，将主要通过推进结构调整和加快转变经济发展方式促进经济增长，更加注重经济发展的质量和效益。房地产发展服务于宏观经济大局，经济结构调整需要房地产发展更加健康，这也是未来房地产调控仍将延续的大背景。

二、房地产相关政策

房地产行业关联度高，带动力强，房地产行业与相关产业的联系，与国民经济的联系是客观存在的。作为基础性的产业，房地产行业应该与经济社会的发展及相关产业的发展相协调，滞后会影响相关产业与国民经济的发展，过度超前会形成泡沫，造成资源能源的浪费。

中国房地产市场的发展速度与政策有着非常直接的关系。房地产调控政策出台密度之大、措施之多远超其他行业。国家政策对规范房地产市场、调整市场结构与产业结构、平抑市场价格具有深远的影响，并起到了至关重要的作用。

图 5-1 标示了 2010~2011 年我国房地产代表性政策对商品房市场的影响，图 5-2 则表明了房地产政策与市场变化的关系。

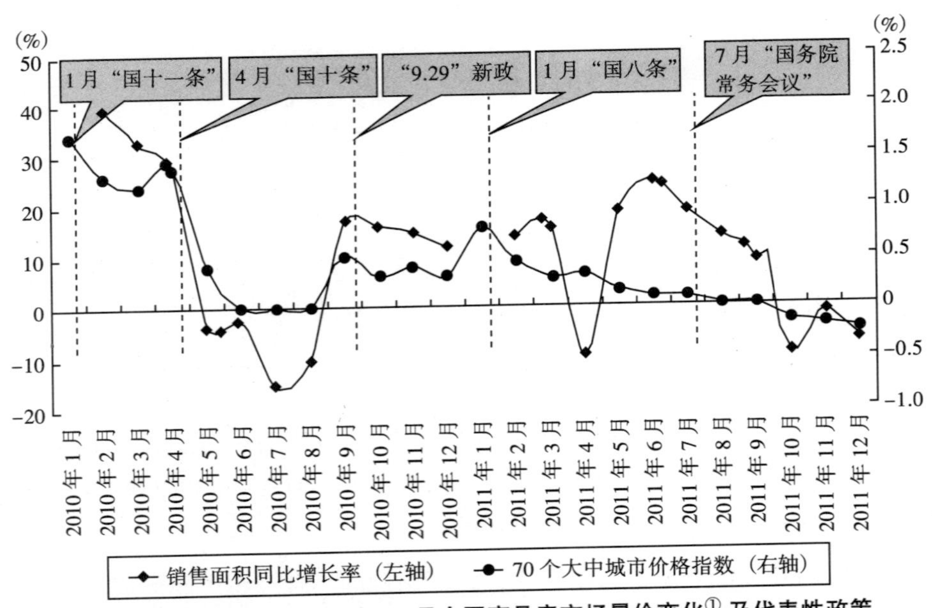

图 5-1　2010 年 1 月~2011 年 12 月全国商品房市场量价变化[①] 及代表性政策

本轮调控事关中央政府公信力和中国经济健康发展的大局。针对一些地方可能借口稳增长而放松调控的现象，中央政府不断强调必须坚定不移地做好调控工

① 销售面积除 2 月外，均为单月增长率；价格指数自 2011 年 1 月起为 70 个城市环比涨幅的平均值，根据国家统计局公布数据计算。

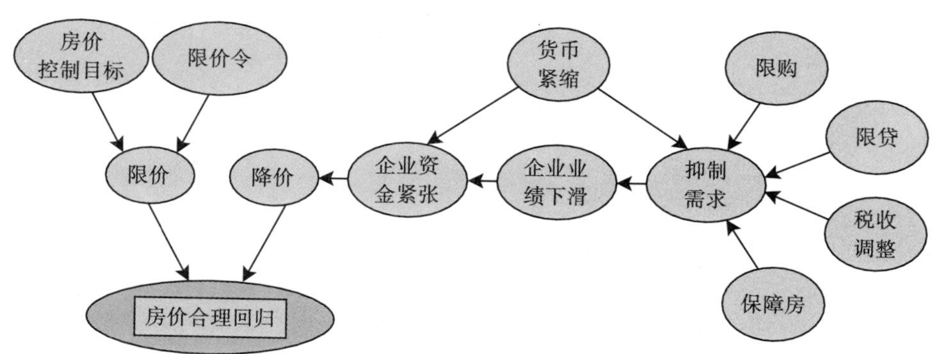

图 5-2 房地产政策与市场变化关系

作，把抑制房地产投机与投资性需求作为一项长期政策，并强调要加强市场监管；对地方出台变相放松房地产市场调控政策的，要有针对性及时制止纠正。同时，要求抓紧研究推进房地产税收制度改革，加快建立健全房地产市场调控的长效机制和政策体系。2012 年，我国把经济增长预期目标调低为 7.5%，已经为房地产调控留出了空间，体现了中央政府坚持楼市调控、促进经济转型发展的决心。国务院还从 2012 年 7 月下旬开始，派出 8 个督察组，对 16 个省市贯彻落实调控措施的情况开展专项督察。随着国家加大对各项调控政策措施的监督检查和约谈问责等措施的到位，我国的房地市场总体上仍会朝着调控预期的方向发展。

从中长期政策来看，房产税的全面推行如同达摩克里斯之剑，将成为后市房地产调控的重要利器。如表 5-2 所示，2009 年以来，我国推出了一系列房产税改

表 5-2 房产税改革相关政策变化

日期	政策来源	关键内容
2009 年 5 月 25 日	国务院批转国家发改委《关于 2009 年深化经济体制改革工作的意见》	深化房地产税制改革，研究开征物业税
2010 年 4 月 17 日	国务院《关于坚决遏制部分城市房价过快上涨的通知》	发挥税收政策对住房消费和房地产收益的调节作用。财政部、税务总局要加快研究制定引导个人合理住房消费和调节个人房产收益的税收政策
2010 年 5 月 27 日	国务院批转国家发改委《关于 2010 年深化经济体制改革重点工作的意见》	深化财税体制改革，逐步推进房产税改革
2010 年 9 月 30 日	住建部、国土资源部、监察部《关于进一步贯彻落实国发〔2010〕10 号文件的通知》	加快推进房产税改革试点工作，并逐步扩大到全国
2011 年 1 月 27 日	上海、重庆两地市政府发布会	房产税试点改革在沪渝两地正式落地
2011 年 12 月	财政部财政科学研究所所长贾康接受采访	总结沪渝两地试点情况，出台下一步扩大试点方案
2012 年 12 月	财政部部长谢旭人表示	下一步税收制度改革的重点将包括对房地产交易环节征收的有关税种进行简并，并研究逐步在全国推开房产税等

革相关政策。2011年，作为长期制度建设的关键一环，房产税试点改革在沪渝两地正式落地，标志着“房地产税收制度改革”进入实际操作阶段，表明调控政策已从先前的以阶段性、行政性手段为主转向中长期、根本性制度调控，将对房地产业中长期政策环境产生显著影响。预计在今后几年，房产税试点改革范围将进一步扩大。尽管试点初期由于税率较低、覆盖范围窄，不会对市场产生显著影响，但其长期影响不容忽视。房产税改革试点和相关配套制度的逐步实施，将优化房地产税收制度、平衡房产持有和交易环节税负，有助于促进公共财政制度的变革，从根本上有利于房地产业的长期健康发展。同时，房产税改革试点范围扩大，可能降低相关城市限购的必要性，这将为限购政策的逐步退出提供条件。

如同过去两年房地产调控对不同需求区别对待，未来3~5年，在总体趋紧的大方向下，一方面，由于居民投资渠道狭窄，流动性总体旺盛，针对投资投机性需求的抑制性政策不会放松；另一方面，即使3600万套保障房如期开工建设，仍仅覆盖约20%的城镇人口，商品住宅市场仍将是绝大多数居民解决住房问题的首要选择，因此对首次置业等合理需求的保护和支持政策仍将延续。虽然近两年调控政策持续收紧，但中央仍多次强调对首次购房的鼓励性政策，如低首付要求、利率折扣等。

至于首次改善需求，目前限购政策并未影响这部分需求的释放，只是购买第二套住房的首付要求较高，影响了部分需求的释放。随着房价平稳态势确定，无论是从政策合理性还是商业银行自身盈利需求等方面考虑，60%首付的要求不可能一直持续。只要有关首次改善需求的政策略有放松，就会极大地促进相关需求的释放。

房地产调控和房价合理回归有利于扩大内需，促进经济结构调整和平稳发展。一方面，加大保障性安居工程建设，不仅可以分散商品房需求，缓解房地产市场供求矛盾，而且可以保障中低收入群体在实现住有所居的同时还有其他消费能力；另一方面，通过房地产市场调控，抑制投资投机需求，促使房价合理回归，有助于减少居民住房消费的支出，并降低住房消费对其他消费的挤出效应，也有利于推动城镇化，从而拉动内需，提高消费在经济中的比重，进而有利于调整经济结构。

中央政府调控房市的本意是为了促进房地产市场的平稳健康发展，因此，中国房地产业在未来10年内仍有较大发展空间，但短期内调控政策、货币政策全面放松的可能性不大。从过去几年房地产市场的情况来看，房地产宏观调控将由总量的调控转变为结构性调控，由土地、金融政策的调整转变为交易税收政策的调整，其效果可能会提高房地产行业的进入门槛，促进行业的稳定发展。

三、房地产行业发展前景

如图 5-3 所示，影响房地产市场的外部因素很多，诸如经济增长、货币政策、地方财政、城市化及房地产调控政策。其中，货币政策是影响房地产市场的关键，占近一半的比例。

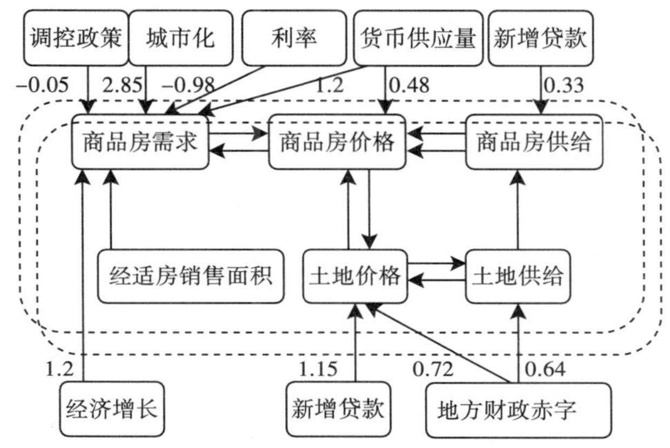

图 5-3　房地产市场与外部影响因素①

在物价水平初步得到控制、房地产调控效果刚开始显现的背景下，我国的货币政策开始出现微调。存准率下调后释放的近万亿元资金，虽然主要是为了应对我国外汇占款的下降，但也为已经接近枯竭的房地产信贷注入了稍许活力。

历史数据显示，货币政策对商品房市场影响显著，一旦全面放松，市场将在 1~2 个季度内反弹。2007 年以来，房地产市场量价水平与货币政策的周期性密切相关，但货币政策对房地产市场的影响却有滞后。从不同政策来看，紧缩的货币政策对商品房量价的影响需要较长时间才能逐步体现，通常需要一年到一年半甚至更长时间；而刺激性政策则在较短时期内即有显著效果，通常 1~2 个季度就可显露。从图 5-4 可以看出货币政策对房地产市场量价的影响。

对于房地产行业来说，信贷环境紧缩比限购造成的影响更大。2011 年，新增房地产贷款余额下降超过 40%，对房地产行业尤其是对开发企业造成巨大影响。同时，限贷政策是针对全国所有城市，对供需双方的资金情况均有显著影

① 其数据由中国指数研究院依据“中国房地产中长期动态模型”计算得出。

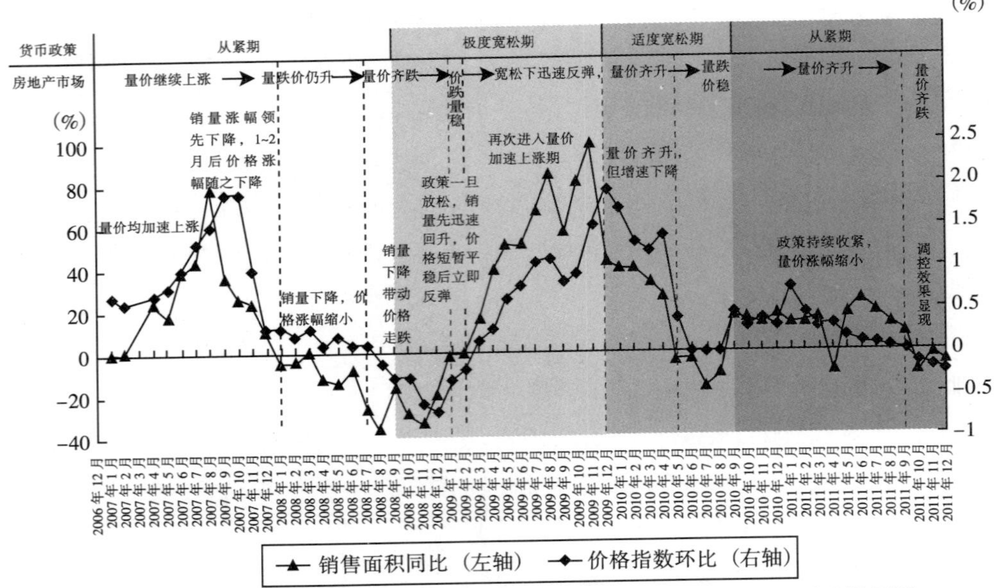

图 5-4 2006 年 12 月~2011 年 12 月中国房地产市场量价走势与货币政策周期

注：销售面积指单月商品房销售面积；价格指数指 70 个大中城市新建住宅销售价格指数。

响，比起限购只针对 40~50 个重点城市，主要针对需求端，影响更为深远。

房地产行业近年来虽然遇到了一些制约其快速发展的政策调控，但同样存在支撑其长期向好的有利因素。

首先，在经济总量平稳增长的带动下，商品房销售额亦能保持持续增长。房地产行业在国民经济中占据着重要的地位，商品房销售额与 GDP 增长关联度较高，我国商品房销售额占当年 GDP 比重不断提升，从 2009 年开始趋于稳定，基本保持在 12%以上（见图 5-5）。GDP 增长直接决定居民可支配收入和银行贷款，

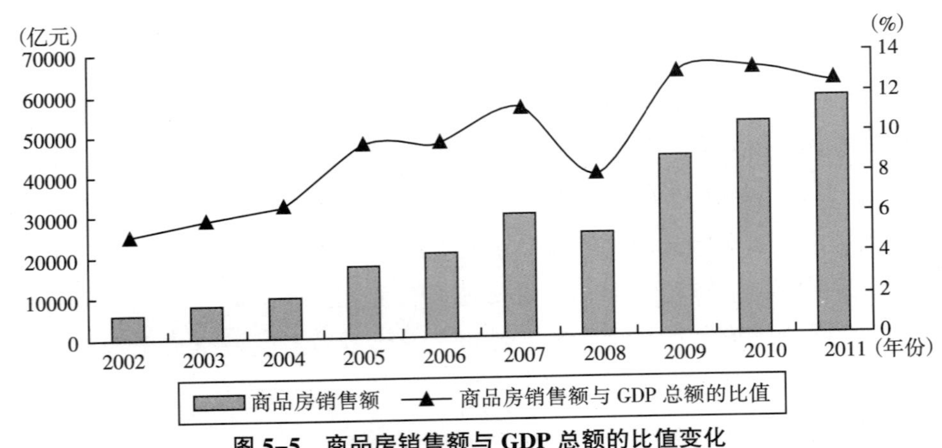

图 5-5 商品房销售额与 GDP 总额的比值变化

进而影响了商品房的需求和供给。2011 年，大中城市 GDP 与同期商品房销售额的相关系数为 0.82，GDP 的增长依然是房地产行业发展的重要动力。未来 5 年，我国仍处于发展中的特殊阶段，随着区域发展渐趋平衡、外需环境渐趋稳定，我国经济发展保持 7.5%增长速度的难度不大。在 GDP 稳定增长的带动下，我国商品房销售金额仍将保持适度增长。

其次，城市常住人口数量的不断增加对当地商品房销售具有促进作用。人口因素是影响房地产市场的核心因素。适龄购房人数每增加 1%，就会增加 0.75%的商品房购买需求，导致房价上涨 0.37%；中国每年的人口增量约有 1000 万人，仅此人口增量所引起的每年住房增量就约为 1 亿平方米（考虑了城市化比率）。如图 5-6 所示，2011 年，40 个大中城市常住人口数量与同期商品房销售面积的相关系数达到 0.6。商品房销售面积第 1 位的重庆，其常住人口也居全国首位；而北京、上海两个城市人口位列前三，虽然受限购政策影响，商品房销售面积有所下滑，但仍位于前列。

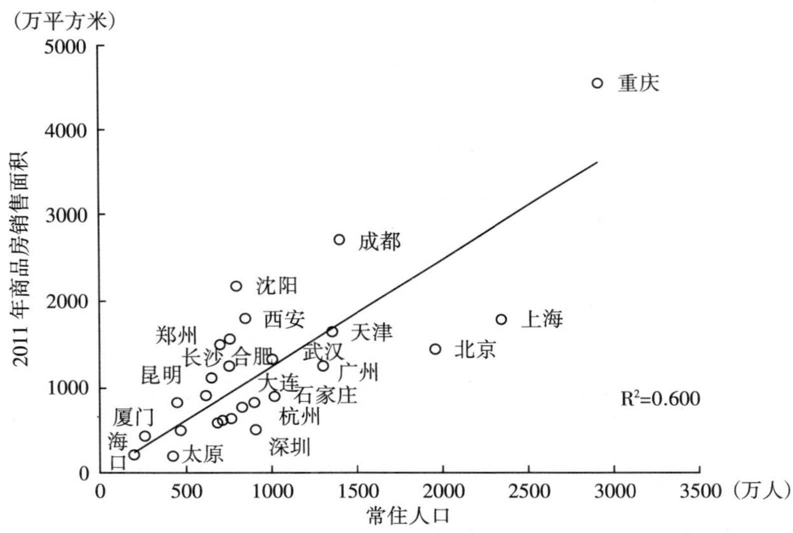

图 5-6 部分大中城市常住人口与商品房销售面积的相关性

最后，也是最重要的一点，我国城市化率还有不小的上升空间，年龄结构上适婚人口数量持续加大，这些将直接刺激拉动房地产市场的消费增长。城市化是影响房地产发展的重要因素。在过去的 15 年，我国经历了一个高速的城市化过程。2002 年以来，城市化率累计提高 12.18 个百分点，平均每年提高 1.22 个百分点。与此同时，商品房销售面积 2002~2011 年复合增长率为 15.16%（见图 5-7）。城市化率每增加 1%，就意味着新增城市人口约 1300 万，新增住房需求约 3.25

亿平方米。2011年底，中国城市化率（按城镇人口占比计算）首次突破50%达到51.3%，从快速城市化阶段进入城市化中期阶段。按照国际通行标准，城市化率达到70%之前仍将保持较高的提升速度。

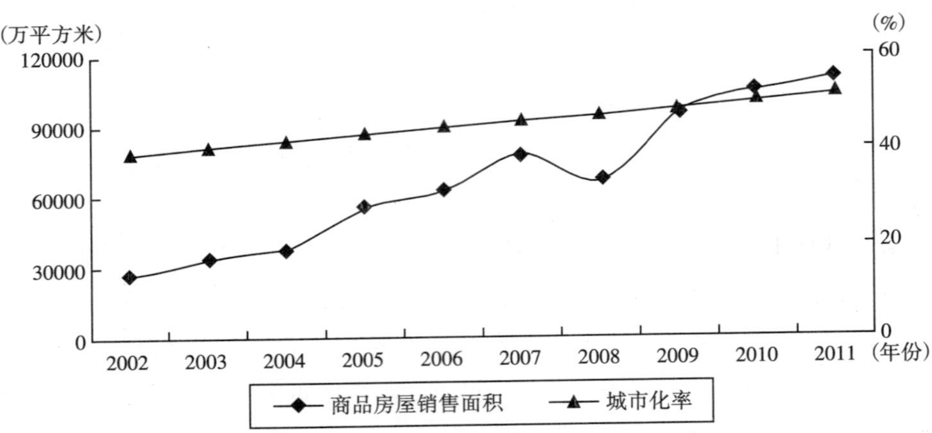

图 5-7　2002~2011年城市化率与商品房销售面积走势对比

中共十八大明确推进经济结构战略性调整必须以推进城镇化为重点，李克强也曾多次强调城镇化，认为立足扩大国内需求这一战略基点需要促进城镇化发展，城镇化是我国发展的一个大战略，是最大的内需潜力所在。推进城镇化发展，可以释放内需巨大潜力，促进经济长期平稳较快发展与社会和谐进步。随着我国城市化率的进一步提高，未来对新增商品房的需求量仍然很大，必将成为住房市场需求的直接推动力。

另外，中共十八大报告提出，到2020年实现城乡居民人均收入比2010年翻一番的目标，这是党代会首次明确提出居民收入倍增目标，预示着未来宏观经济发展的方向发生变化，将从对宏观总量的关注转向对微观民生的关怀，发展成果更注重惠及民生和注重公平。收入倍增，居民才有消费欲望和消费能力，可以促使我国经济从依靠投资向投资和消费共同拉动转变，可以向扩大内需推动经济方式转变。从调结构来看，未来可能以城镇化为突破口，以增加居民收入为基本要素，因为只有推进城镇化发展和居民收入大幅增长，才能拉动消费扩大内需，改变传统的经济增长模式，减少经济增长对投资和出口的依赖，降低经济增长的风险。

人口是衡量潜在住房需求的重要前提之一。2011年末，我国大陆总人口（不包括港澳台）为13.47亿人。根据联合国预测，在2030年之前，我国20~49岁城镇人口将持续增长，其中，20~34岁城镇人口在2011~2015年每年增加376

万人，这部分人群将成为首次置业、首次改善等刚性需求的主要推动力；而65岁以上人口比重则由2006年的7.9%上升至2011年底的9.1%（见图5-8）。随着我国老龄化速度的不断加快和生活方式的变化，对养老、旅游度假等地产的需求将持续上升，这也将为我国房地产市场提供新的增长点。

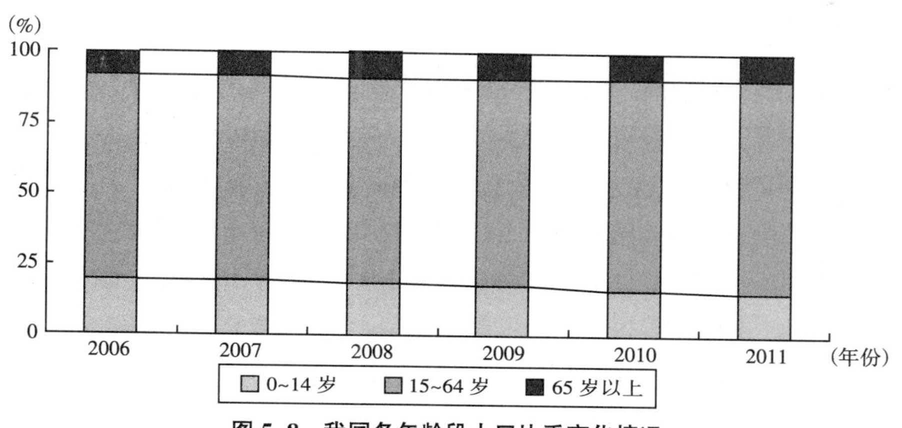

图5-8 我国各年龄段人口比重变化情况

展望未来，调控政策之下，短期内房地产市场需求和价格波动幅度加大，行业风险上升。从中长期来看，GDP的持续增长、人口结构的变化、城市化进程的加快、居民收入倍增计划等将共同推动我国房地产行业未来发展持续向好。随着人口增长和城市化进程的放缓，增长的速度会放缓，平稳增长将成为行业中期发展趋势。

第二节　中国房地产上市公司发展策略

房地产上市公司作为房地产行业具有代表性的企业，集中了房地产行业面临的问题。在未来5~10年，房地产上市公司将持续面临来自政策、资金、企业内部管理及外部竞争等多层面的挑战。目前，房地产企业盈利模式正从依赖地价与房价上涨获得高毛利向依靠综合开发能力及经营效率的提高转变。房地产上市公司如能认真思考转型之路，拓展新的开发模式和融资模式、强化企业内部管理、优化结构、控制成本、合理储备土地、创新产品并提高服务水平，将更易适应快速变化的市场，获得持续发展。

一、房地产上市公司面临的挑战

资金和土地历来是房地产行业发展的两大命脉。而摆在房地产上市公司面前最急迫的问题，是资金。高杠杆模式的终结，使房地产企业普遍遭遇流动性紧缺的问题。

自1998年房改开始，房地产企业在外部金融系统的支持下，一直处于高杠杆运作模式状态，资产规模和开发规模得到快速扩张。因而，紧缩房地产企业的信贷资金和融资渠道，成为目前房地产调控的重要手段。2011年，流动性的全面收紧已经让房地产企业感受到了去杠杆化的痛楚。国内贷款以及个人按揭贷款两大资金来源的萎缩，导致上市公司自筹资金比例上升，而信托的逐渐叫停和海外融资风险的上升也使筹资的难度不断加大。

虽然从2011年底开始的“降准”，以及目前业内普遍认同的8万亿元的新增贷款目标让2013年流动性放松可期，同时部分城市房地产市场交易有所回暖，但短期内房地产调控政策依然不会放松，房地产开发依旧是流动性控制的重点目标。而2011年累计押后的贷款需求、前期投资的后续资金都会迅速消耗新增的额度，高成本的债务偿还高峰期也陆续到来。因此，快速销售、提高资本运作能力、开拓新型融资渠道以保障现金流安全，仍然是房地产上市公司在资金方面需要重点关注的问题。贷款、证券、信托、基金是房企融资的四大渠道。其中，房地产私募股权基金（房地产基金）将成为越来越重要的融资工具。此外，向保险公司融资也是未来较为可行的方式。

不同房地产公司的资金状况不尽一致。从目前来看，龙头企业资金状况仍然良好，而中小企业负债率却持续上升。2011年，招商、保利、万科、金地四家龙头企业财务状况仍十分稳健，手持现金数量为短期借款及一年内到期的非流动负债的1.5倍左右，明显好于2008年接近于1的水平，短期偿债压力不大。而中小企业短期偿债压力在2010年以来持续上升并有继续恶化的趋势，短期偿债能力已接近2008年的低点，2012年的资金压力进一步加剧。

下一个10年，中国房地产行业变局横生，除了金融生态环境的挑战，房地产企业还面临着外部政策环境变化、企业间竞争分化、开发模式转变、产品创新危机、商业地产过剩等诸多挑战。

政策环境作为最不确定的因素，对房地产上市公司造成相当的困扰。综观过去几年的房地产调控政策，均在促进和抑制两极之间摇摆，市场自主调节节奏被干扰。未来 5 年，调控体系、调控政策、制度因素都可能出现相当变数。因此，房地产上市公司与其时刻关注政策走向，不如按照既定战略踏实发展，成为真正自信的企业。

在房地产竞争加剧的背景下，近年来房地产行业集中度进一步提高。在沪深市场，总资产前五名企业的占比从 2002 年的 19.6%增加到 2011 年的 43.8%，领先优势继续增强。万科、中海、保利地产等多家企业销售规模突破 700 亿元，增幅远高于行业平均水平，万科更是连续两年销售额突破 1000 亿元，稳居行业首位。龙头上市公司市场占有率逐步提升，其快速增长的业绩将挤占中小开发商的生存发展空间。未来几年，实力雄厚的开发企业将凭借资金、政府关系、市场熟悉度等方面的优势，借助房地产波谷，扩张市场版图，业内优胜劣汰将会成为常态。对此，房地产上市公司要做好准备，争取成为收购的主动出击方，利用行业兼并重组来拓展自己的业务。

从长远来看，传统地产投资模式无法再支撑新的造城运动，要推动大城市圈的新生项目，需要引入大量的综合性产业服务机制和产业内容。这对企业在资金、管理、技术、人才等多方面提出了巨大挑战，转型升级成为摆在房地产上市公司面前无法规避的问题。

近几年，住宅市场调控频繁，且随着我国经济不断发展、国民收入不断提升、消费需求不断升级，未来商业地产的发展前景被普遍看好，越来越多的开发企业意识到商业地产对企业的风险影响与平衡。华润、富力、保利等龙头企业已将发展商业地产提升为企业战略转型的首选领域，连从前专注于住宅地产的万科也有多个大体量商业项目陆续投资开发，众多中小开发企业亦尾随纷纷进入商业地产的主战场。一时间，多个城市综合体拔地而起，商业地产已开始进入快速发展、高度竞争时期。不同于住宅地产，在商业地产领域，决定一个企业能否成功的关键因素不是销售能力，而是运营能力。商业地产运作成功的首要条件是拥有雄厚的资金实力，商业资源及人才储备的匮乏会成为制约企业开发商业地产的“瓶颈”。未来 5 年，商业地产将会出现一个洗牌和淘汰的过程，中小开发商涉足商业地产尤需谨慎。

二、房地产上市公司的应对策略

在变动频繁的政策与市场环境下，房地产上市公司纷纷开始思考如何调整下一步的发展战略，以更好地抓住机遇、规避风险。那些拥有强大现金流和雄厚财力、擅长反周期操作的公司在经济及土地市场疲软之时会获得更多的土地购置机会。2012年下半年，万科、龙湖、招商地产、富力、佳兆业等大型上市房地产企业纷纷加快了拿地的频率、加大了拿地的规模。

房地产企业的这一轮抄底并非盲目，首先，手中资金的充裕使这些企业有了买地的“底气”。2012年上半年，国家信贷政策有所放松，同时整个房地产行业加速去库存后回笼了大量的资金。据统计，近150家上市房企在6月末持有货币资金近2800亿元，与年初相比增加17.14%。其次，上半年土地市场处于阶段性底部，一些重点城市土地出让金下降五成，钢铁、水泥等建材价格都处于历史低位，开工的建安成本较低，销售房价却在上升，开发利润空间变大，手握重金的龙头企业不愿错失购入良机。在保证充足现金流的前提下，抢先布局的企业往往会掌握下一轮发展的先机。

房地产企业都要通过产品和服务树立品牌形象。恰当的产品定位、市场定位与区域定位有利于最大限度地发挥企业优势。近年来，房地产项目同质化趋势渐强，在产品设计和规划上趋于雷同，而购房者对居住氛围、户型、质量等各方面将提出更高要求。开发企业还需在包括住宅户型变化、内部功能布局以及物业服务等方面大胆创新，凭借高质量、高品质的产品长久立足市场。

从城市布局和产品结构方面来看，加快重点区域二、三、四线城市布局，积极迎合住宅刚性需求的房地产上市公司仍是未来市场的主流。2011年，中国城市化率达到51.27%，相比当前主要发达国家80%的城市化率仍有很大提升空间；我国城市化水平在不同地区发展差异较为明显，部分中西部二线城市和三、四线城市的城市化水平普遍较低，城市化水平提升空间较大。从住宅产品结构来看，普通住宅和高端住宅面临着不同风险和机遇。尽管限购令使高端住宅市场成交受到显著影响，但少数具有高品质和资源稀缺性的高端项目在淡市中依然取得了较好的销售业绩。不过，目前刚需产品仍是市场主流，2011年，北京、上海120平方米以下住宅的销售量占总体的比例均达到45%以上，未来占比仍将增加；而且楼市调控主要是抑制投资和投机需求，政府在土地储备、供应结构及信贷政策方面对刚性需求继续持支持态度。重点房地产上市公司在战略决策上要迎合市场需要，重点布局发展潜力较大、市场辐射能力较强的城市，优化业务布局与产品结构，以实现稳健经营与成长，持续引领行业的布局走势。

房地产企业正在告别低成本扩张模式，积极探索业务转型升级，这是由我国调整经济结构、转变增长方式、进行产业升级和确保社会稳定与中国经济可持续发展的历史使命决定的。房地产上市公司要积极转变经营理念，在充分考虑风险的背景下通过收购与战略合作整合多元化业务，在商业地产、旅游地产、养老地产、工业园区建设等业务领域创造和发展新的市场需求，使公司利润增长多元化，以在未来获得更强的竞争力和生命力。

市场在上行和下行时，企业有着不同的发展目标：上行时往往以获取最大利润为目标；下行时则需要以生存为本，积蓄未来发展力量。众多上市公司经历了多次房地产市场波动的洗礼，抗压能力已逐渐增强，不必过度放大调控这一外因对于企业的影响，企业的健康程度才是影响企业发展的根本。10 年时间，足以决定一个企业的盛衰甚至存亡，对于那些有远大理想抱负、追求基业长青的房地产企业来说，当下的关键在于反思与自省上一个 10 年的经验教训，牢牢抓住下一个 10 年的发展机遇，通过重新定位、突破自我、战略调整，实现融资渠道的多元化、企业服务的多元化、企业盈利点的多元化，以增强控制风险的能力，在嬗变的市场中乘风破浪、稳健前行！

附录 1　中国房地产上市公司大事记（2002~2011 年）

2002 年

国土资源部发布《招标挂牌拍卖出让国有土地使用权规定》（国土部 11 号令）。

栖霞建设、华丽家族成功上市。

万科成功发行了 15 亿元可转换公司债券，为主营业务的规模增长提供了保障。

2003 年

《国务院关于促进房地产市场持续健康发展的通知》（国发 18 号文件）下发。

首创置业成功在港上市。

万科成为沪深两市唯一超过 100 亿元资产规模的房地产上市公司。

2004 年

华发股份、世荣兆业成功上市。

2005 年

富力地产在中国香港上市。

中海地产成为首次获得穆迪和标准普尔“投资级”评级的国内房地产企业。

2006 年

北辰实业、保利地产、盛高置地、绿城中国成功上市。

2007 年

SOHO 中国、远洋地产、合景泰富、碧桂园、雅居乐等房企纷纷在中国香港上市，掀起内地房企赴港上市的高潮。

鑫苑（中国）顺利在纽约证券交易所上市，成为亚洲首家在美国纽约证券交易所上市的专业房地产开发公司。

2008 年

滨江集团、建业地产、合肥城建成功上市。

2009 年

恒盛、龙湖、佳兆业、恒大地产等企业成功上市。

恒大地产上市当日股票收盘价较发行价溢价 34.28%，创下 705 亿港元总市值的纪录，成为起于内地、在港市值最大的内地房地产企业。

2010 年

融创中国、中骏置业成功上市。

万科实现销售额 1086 亿元，成为内地首个销售额突破千亿元的房地产公司。

恒大地产先后成功发债 27.5 亿美元，创造了中国房地产企业全球发债的最大规模纪录。

2011 年

莱蒙国际成功在中国香港上市。

金科集团、华夏幸福基业等企业借壳上市。其中，金科集团成为地产公司借壳上市的成功案例。

附录 2　2012 中国房地产上市公司 TOP10 研究报告

一、研究背景与目的

由国务院发展研究中心企业研究所、清华大学房地产研究所和中国指数研究院三家研究机构共同组成的“中国房地产 TOP10 研究组”，自 2003 年开展中国房地产上市公司 TOP10 研究以来，已连续进行了 10 年，其研究成果引起了社会各界特别是机构投资者的广泛关注，中国房地产上市公司 TOP10 研究的相关成果已成为投资者评判上市公司综合实力、发掘证券市场投资机会的重要标准。

为进一步巩固调控成果，中央政府综合运用行政、经济手段，持续升级调控力度，促进房价合理回归。在“稳增长、调结构”的基调下，中国房地产市场逐步由高速增长向常态发展回归，行业发展步入结构调整与资源整合的崭新阶段。优秀房地产上市公司积极把握形势，找准市场需求变化节奏，主动进行策略调整，凭借强劲的综合实力和稳健的经营策略，获得逆市中的业绩突破，彰显了投资价值。在 2012 中国房地产上市公司研究中，中国房地产 TOP10 研究组在总结历年研究经验的基础上，进一步完善了研究方法和指标体系，本着“客观、公正、准确、全面”的原则，发掘成长质量佳、投资价值潜力大的优秀房地产上市公司，探索不同市场环境下房地产上市公司的经济增长方式，为投资者提供科学全面的投资参考依据。

中国房地产上市公司 TOP10 研究的目的是：

（1）客观反映中国房地产上市公司的整体发展水平和最新动态，促进房地产上市公司做强做大。

（2）发掘综合实力强、最具财富创造能力及投资价值、财务稳健的房地产上市公司；扩大企业在机构投资者中的影响力，拓展企业融资渠道，帮助企业更好更快发展。

（3）通过系统研究和客观评价，打造“中国房地产上市公司TOP10”品牌，引领房地产行业投资的良性循环和健康发展。

二、研究方法体系

1. 研究对象

（1）依法设立且公司股份于2011年12月31日前在上海证券交易所、深圳证券交易所及香港联合交易所、纽约证券交易所等境内外证券交易所公开上市的房地产企业（业务收入主要来自中国大陆，且收入构成需满足下款条件）。由于在不同交易所上市的企业采用的会计准则存在一定差异，研究组将根据上市地点分别对在中国内地、中国香港上市的房地产企业进行研究。

（2）主营业务收入构成满足以下条件之一：①房地产相关业务收入（包括房地产开发与销售、园区开发与管理，下同）所占比重不低于50%或所占比重虽低于50%但比其他业务收入比重均高出30%（源自《上市公司分类与代码》，中国证监会2005年3月颁布）；②如果公司收入来自两个行业，房地产相关业务收入占其总收入60%以上或其收入和利润均占整体比重超过50%，或按历史和未来趋势来看，房地产业务为企业提供最主要的收入和利润。如果公司业务收入来自三个或以上行业，房地产相关业务收入或者利润占整体比重超过50%（源自全球行业分类标准，Global Industry Classification Standard，GICS，摩根士丹利公司和标准普尔公司联合发布）。

2. 评价指标体系

（1）房地产上市公司评价体系。在2012中国房地产上市公司TOP10研究中，中国房地产TOP10研究组从经营规模、财富创造能力（EVA）、投资价值、财务稳健性四个方面对企业进行评价，对同一家企业在四个指标体系中的得分按一定的权重值（权重来自于对四项得分的“方差—协方差分析”）进行加总，最终得到企业的综合实力得分，评价得出“2012中国房地产上市公司综合实力TOP10”。2012中国房地产上市公司综合实力评价体系见附图2-1。

①经营规模评价体系。中国房地产TOP10研究组以总资产、营业收入、利润总额和总市值作为经营规模的评价指标，2012中国房地产上市公司经营规模评价体系见附图2-2。

②财富创造能力（EVA）评价体系。中国房地产TOP10研究组沿用了2003~

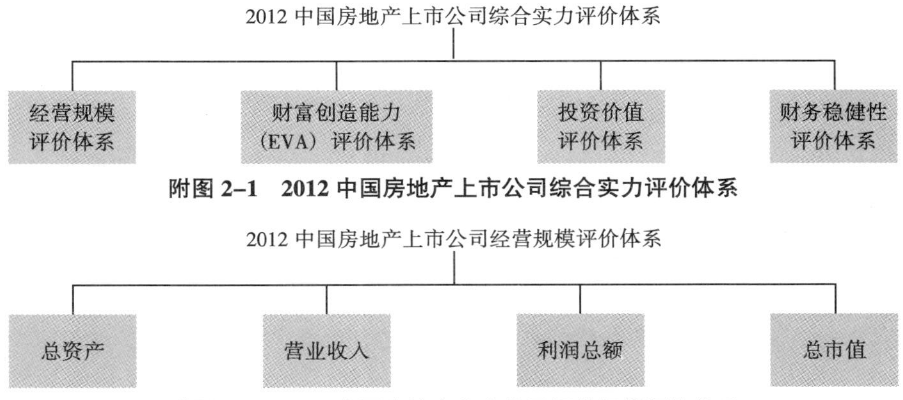

附图 2-1　2012 中国房地产上市公司综合实力评价体系

附图 2-2　2012 中国房地产上市公司经营规模评价体系

2011 年连续使用的财富创造能力 EVA（Economic Value Added）评价理论和方法，第 10 次对房地产上市公司的经营绩效进行 EVA 评价。2012 中国房地产上市公司财富创造能力（EVA）评价体系见附图 2-3。

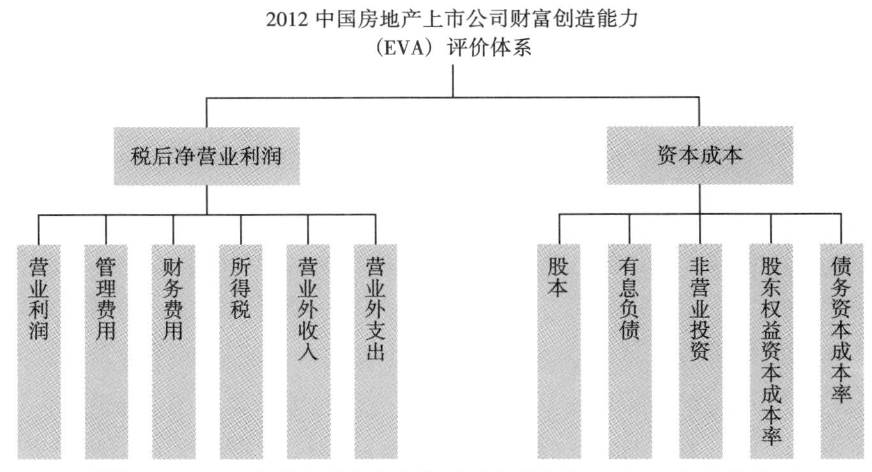

附图 2-3　2012 中国房地产上市公司财富创造能力（EVA）评价体系

③投资价值评价体系。本次研究中，中国房地产 TOP10 研究组从盈利能力、成长能力、运营效率等公司基本面的深入分析出发，系统分析企业在资本市场的表现，结合企业的业绩预测，全面评价企业的投资价值。2012 中国房地产上市公司投资价值评价体系见附图 2-4。

④财务稳健性评价体系。流动性风险（Liquidity Risk）是中国房地产上市公司面临的主要风险。所以，中国房地产 TOP10 研究组将从企业的现金流风险出发，兼顾企业的中长期偿债能力指标资产负债率和净负债率，综合分析企业的财务稳健性。2012 中国房地产上市公司财务稳健性评价体系见附图 2-5。

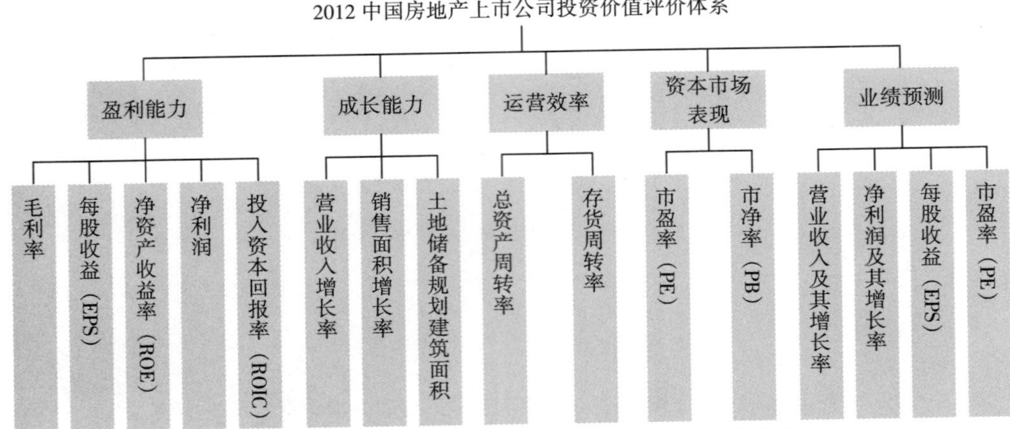

附图 2-4　2012 中国房地产上市公司投资价值评价体系

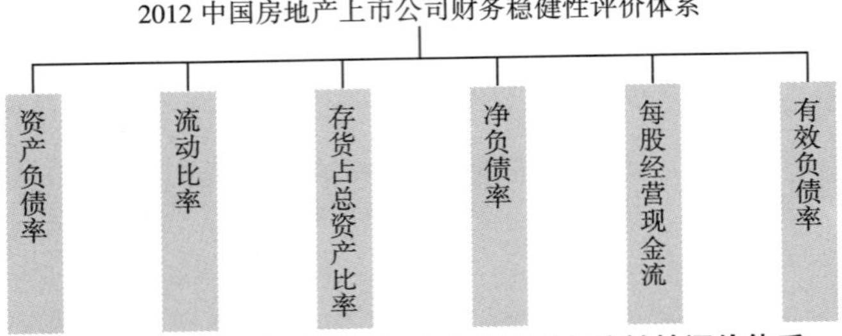

附图 2-5　2012 中国房地产上市公司财务稳健性评价体系

（2）园区开发上市公司竞争力评价体系。中国房地产 TOP10 研究组从园区开发上市公司的经营能力出发，考虑园区的经营绩效（是园区开发上市公司经营管理能力的体现，也对园区开发上市公司的业绩成长产生影响）。同时，中国房地产 TOP10 研究组也分析了企业在资本市场的表现，从而全面评价园区开发上市公司的竞争力。2012 园区开发上市公司竞争力评价体系见附图 2-6。

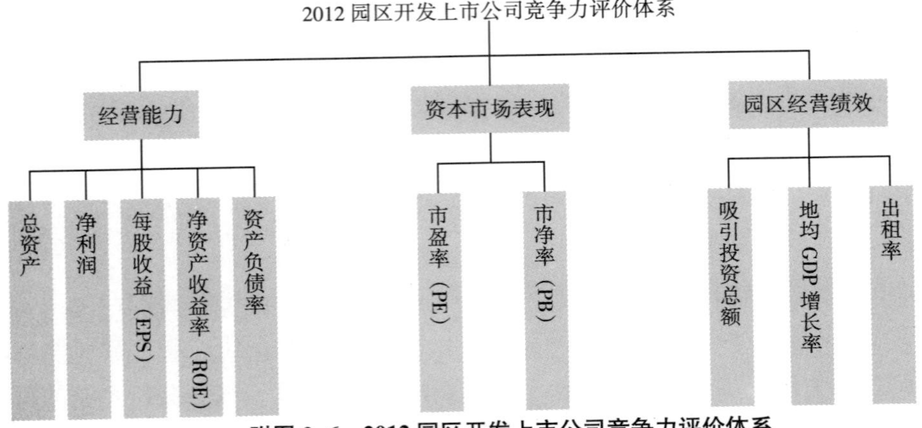

附图 2-6　2012 园区开发上市公司竞争力评价体系

3. 计量评价方法

研究方法上，为增加研究的严谨性，采用因子分析（Factor Analysis）的方法进行。因子分析是一种从变量方差—协方差结构入手，在尽可能多地保留原始信息的基础上，用少数新变量解释原始变量方差的多元统计分析方法。它将原始变量分解为公共因子和特殊因子之和，并通过因子旋转，得到符合现实意义的公共因子，然后用这些公共因子去解释原始变量的方差。

设 x_1，x_2，…，x_p 是初始变量，F_1，…，F_m 表示因子变量，使用统计软件SPSS可以计算出每个研究对象的各个因子的得分，然后计算出因子综合得分：

$$A = (\alpha_1 F_1 + \cdots + \alpha_m F_m) / \sum \alpha_i,\ i = 1,\ \cdots,\ m$$

其中 α 表示各个因子变量的方差贡献率。

三、研究结果及分析

1. 整体发展状况分析

“2012中国房地产上市公司TOP10研究”的研究对象主要包括125家沪深上市房地产公司和35家中国内地在香港上市房地产公司。研究结果显示：2011年，房地产上市公司的运营表现出经营业绩增速放缓、股东回报稳步提升、财富创造能力整体下降、资金面持续趋紧的态势，同时上市公司在资本市场也处于较低的估值阶段。2012年1~5月，央行两次降低存款准备金率，同时房地产上市公司加大营销力度，提升项目去化率，部分城市房地产市场交易有所回暖，但短期内房地产调控政策依然不会放松，房地产上市公司的资金来源增速继续放缓，快速销售、融资创新以及“开源节流”保障现金流安全仍然是房地产上市公司未来需要重点关注的问题。

（1）经营状况：收入与利润保持增长，但业绩增速呈放缓态势。

受益于2010年及2011年上半年良好的销售表现，房地产上市公司的经营业绩再创新高，营业收入与净利润均继续保持增长，但受政策调控影响，房地产市场开始回归理性，房地产上市公司的业绩增速呈现放缓态势。

①营业收入增速放缓，业绩分化更趋明显。

2011年，房地产上市公司的营业收入继续保持增长态势，但增速大幅下滑，全年沪深及中国内地在中国香港上市房地产公司的营业收入均值为53.50亿元，同比增长14.37%，增速较上年下降了18.58个百分点。其中，沪深上市房地产

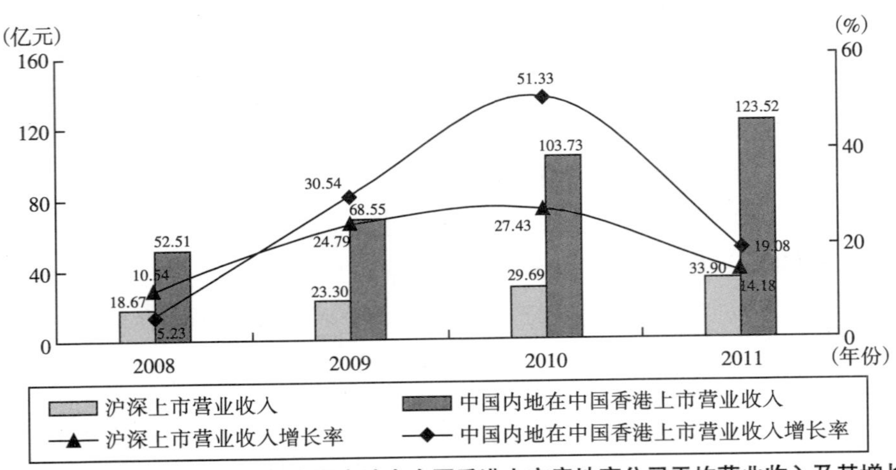

附图 2-7　2008~2011 年沪深及中国内地在中国香港上市房地产公司平均营业收入及其增长率

公司营业收入均值为 33.90 亿元，同比增长 14.18%，增速较上年下滑 13.25 个百分点；中国内地在中国香港上市房地产公司平均营业收入 123.52 亿元，同比增长 19.08%，增幅较上年下降 32.25 个百分点。中国内地在中国香港上市房地产公司营业收入的整体增长率虽然下降明显，但仍高于沪深上市房地产公司，且营业收入的规模是沪深上市房地产公司的 3.6 倍，双方的收入差距日益扩大。

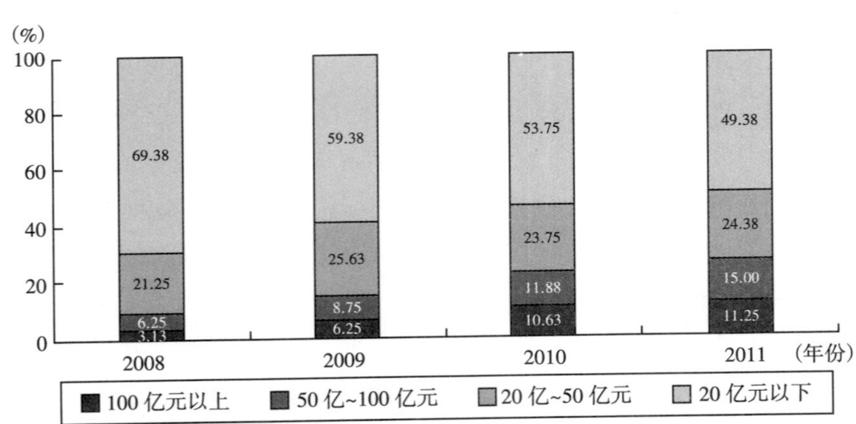

附图 2-8　2008~2011 年沪深及中国内地在中国香港上市房地产公司营业收入分布情况

2011 年，房地产上市公司的营业收入分化更加明显，集中度持续提升。沪深及中国内地在中国香港上市房地产公司中，营业收入在 100 亿元以上的企业有 18 家，较 2010 年增加 1 家，占比达到 11.25%；50 亿~100 亿元的企业达到 24 家，较 2010 年增加 5 家。其中万科 2011 年实现营业收入 717.83 亿元，同比增长 41.54%，在所有房地产上市公司中继续领跑；恒大地产 2011 年营业收入达到

619.18亿元，位居中国内地在中国香港上市房地产公司的首位。在调控背景下，龙头房地产上市公司依靠多元化、多区域经营更好地分散了市场风险，营业收入持续提升，营业收入前十的房地产上市公司占总营业收入的比重由2010年的39.76%提升至2011年的43.99%；与之相对的是，35.19%的企业受销售不畅影响，营业收入出现负增长，这一比例较2010年增加了24.56个百分点，企业间的差距再度拉大。2012年，房地产调控仍将延续，行业的两极分化会继续加剧，强者恒强的局面愈加明显。

测算数据显示，房地产企业的预收账款通常占下年营业收入的40%~60%，是企业来年业绩的风向标。2011年，房地产上市公司预收账款均值达到47.13亿元，同比增长29.87%。其中，万科2011年预收账款达1111.02亿元，同比增长达49.32%。预收账款的持续增长，一定程度上保障了房地产上市公司2012年的营业收入与利润，有助于短期业绩的稳定；从中长期来看，龙头上市房地产公司的业绩增长也具有较好的资源基础，目前万科、保利、中海、恒大等上市公司的现有土地储备总量至少可以支撑企业未来4年的开发，资源充裕，业绩增长预期良好。

②净利润额达历史高点，但净利润率下降，与毛利率走势相背离。

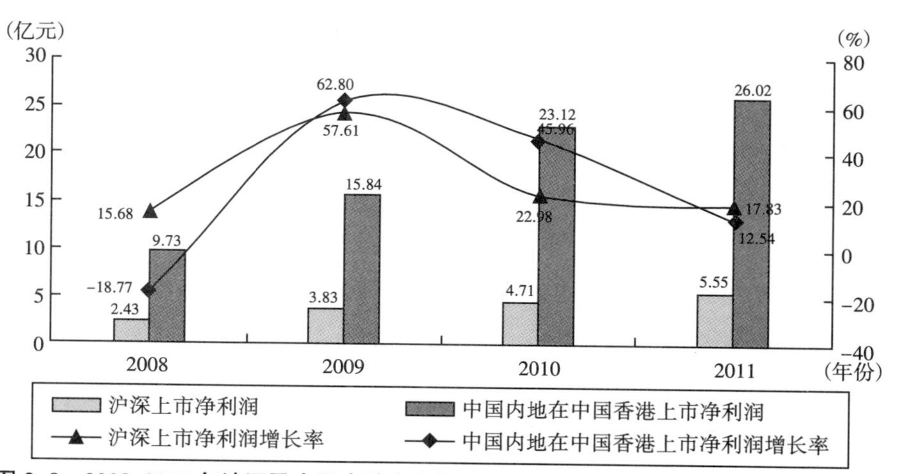

附图2-9　2008~2011年沪深及中国内地在中国香港上市房地产公司平均净利润及其增长率

2011年，沪深上市和中国内地在中国香港上市房地产公司的净利润继续上升，但增长幅度也出现明显下滑。2011年，沪深及中国内地在中国香港上市房地产公司净利润均值达到10.03亿元，同比增长14.77%；其中，沪深上市房地产公司的净利润均值为5.55亿元，同比增长17.83%，增速较2010年下降5.15

个百分点，其中万科实现净利润 96.2 亿元，同比增长 32.2%，继续在沪深上市房地产公司中领跑；中国内地在中国香港上市房地产公司的净利润均值为 26.02 亿元，同比增长 12.54%，增幅较上年下降 33.42 个百分点。其中中国海外发展实现净利润 125.5 亿元，同比增长 19.34%，盈利规模继续高居行业首位。具体来看，160 家房地产上市公司中，有 69 家的净利润出现下滑，较上年增加 5 家，未来盈利质量亟须改善。

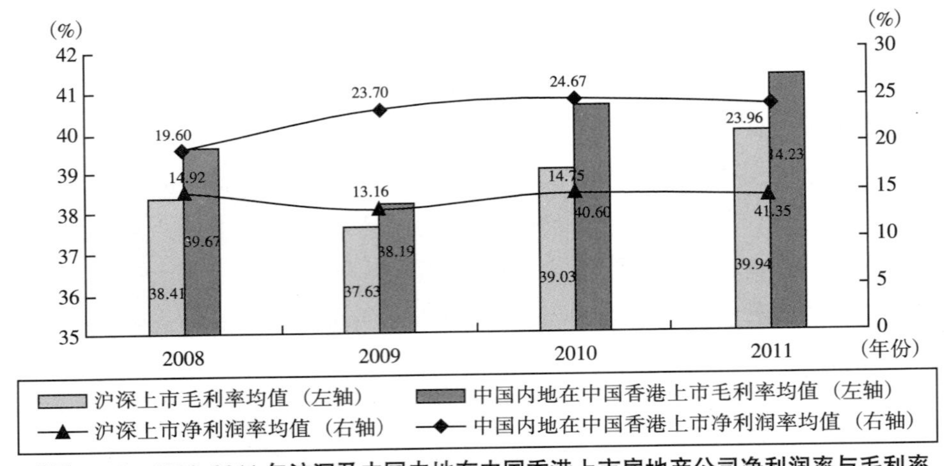

附图 2-10　2008~2011 年沪深及中国内地在中国香港上市房地产公司净利润率与毛利率

2011 年，房地产上市公司净利润率与毛利率呈现背离走势。由于房地产销售和结算的滞后性，受益于 2010 年及 2011 年上半年结算均价的上升，沪深及中国内地在中国香港上市房地产公司毛利率分别提升至 39.94%、41.35%；但与之相对的是，房地产上市公司的净利润率出现下滑，其中，沪深上市房地产公司的净利润率由 14.75%下降至 14.23%，中国内地在中国香港上市房地产公司则下降至 23.96%。随着调控的持续深入，房地产上市公司的成本压力明显增大，其 2011 年的期间费用增加 2.45%，销售费用高企、融资成本激增等因素进一步侵蚀了企业的利润空间，因此净利润率呈现下降态势。

2010 年以来，虽然宏观调控政策的力度和进度均未出现方向性的变化，但受中国经济稳健发展及城市化快速推进的叠加影响，企业将逐步从规模增长向质量提升转变，业绩增速会步入缓慢调整期。在主营业务稳定增长的同时，受到“去政策红利、去存量和去杠杆”等多重压力影响，房地产上市公司的利润增长速度也将出现一定回落，但品牌优势显著、成本控制出众且持续开发能力强的房地产上市公司仍拥有较大的业绩发展潜力，值得市场关注。

（2）股东回报：实际回报稳步提升，财富创造能力面临挑战。

在经营业绩持续提升的同时，房地产上市公司也更加注重对股东的回报，积极提高收益水平为股东创造更多实际价值。2011 年，房地产上市公司利润达到历史高点，每股收益及净资产收益率较上年均有提升，股东实际回报稳步增加，但房地产上市公司创造的经济附加值（EVA）却出现下滑，如何更有效地应对资本成本迅速提升带来的挑战，更好地平衡利润增长和资金使用成本之间的关系，将是房地产上市公司需要重点关注的问题。

①净资产收益率再度提高，有效保障股东收益水平。

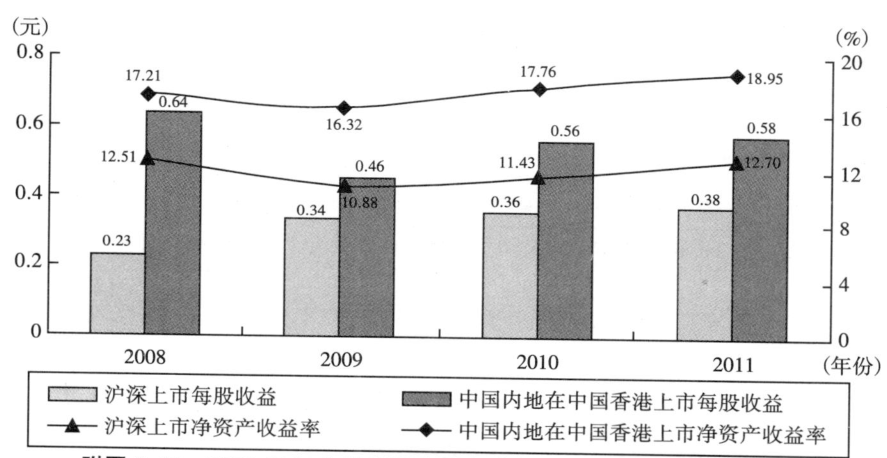

附图 2-11 2008~2011 年沪深及中国内地在中国香港上市房地产公司每股收益与净资产收益率均值

2011 年，受益于盈利规模的扩大，沪深及中国内地在香港上市房地产公司净资产收益率均有提升，其中沪深上市房地产公司提升 1.27 个百分点至 12.70%，中国内地在中国香港上市房地产公司则达到 18.95%，较 2010 年提高 1.19 个百分点，可见随着房地产上市公司整体经营能力与资本利用效率的提升，其股东权益的收益水平逐年提高。同时，沪深及中国内地在中国香港上市房地产公司每股收益均值都较上年提升了 0.02 元，分别达到 0.38 元和 0.58 元；其中招商地产 2011 年每股收益达到 1.51 元，同比增长 28.85%，中国海外发展每股收益为 1.49 元，同比增长 16.09%，分别在沪深及中国内地在中国香港上市房地产公司中表现突出，为股东创造了较好的收益。

②资金成本快速上升，经济增加值（EVA）普遍下滑。

为更全面、客观反映房地产上市公司在经营周期内创造财富的能力，中国房地产 TOP10 研究组连续 10 年对其经济增加值（EVA）进行了研究。从 2011 年的情况来看，沪深及中国内地在中国香港上市房地产公司的 EVA 均值都有下滑，财富创造能力面临挑战。

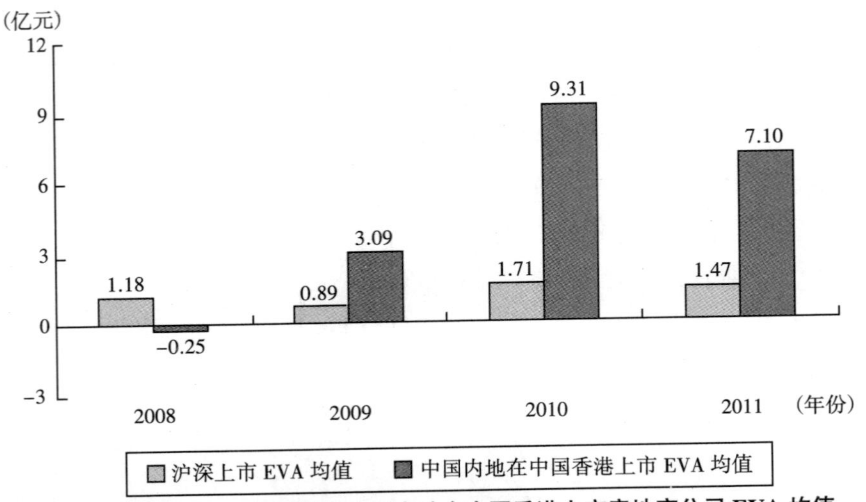

附图 2-12　2008~2011 年沪深及中国内地在中国香港上市房地产公司 EVA 均值

2011 年，沪深上市房地产公司的 EVA 均值为 1.47 亿元，同比降低 14.04%，其中，EVA 为正值的企业约占 50%，较上年下降了 15 个百分点；中国内地在中国香港上市房地产公司创造的收益也低于其所投入资本的市场平均预期收益，财富创造能力有所削弱，全年 EVA 均值降至 7.10 亿元，其中 EVA 为正值的企业占 66%，较上年下降 11 个百分点。但万科、恒大、中海等行业龙头企业，其实现的经济增加值继续保持较快增长，分别在沪深和中国内地在中国香港上市公司中有着良好表现。

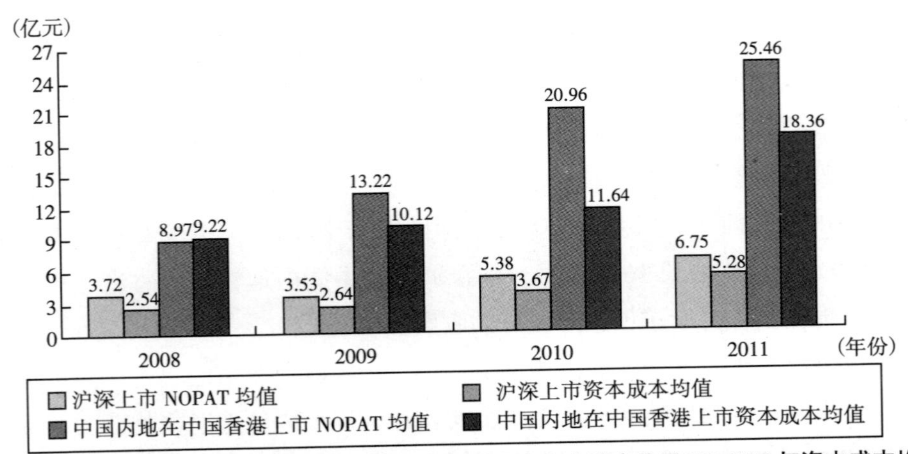

附图 2-13　2008~2011 年沪深及中国内地在中国香港上市房地产公司 NOPAT 与资本成本均值

房地产上市公司经济附加值（EVA）下降的主要原因在于其资本成本在2011年大幅提升：资本成本是指企业取得和使用资本时所付出的代价，如何平衡盈利与资本成本是企业提高财富创造表现的关键。2011年，沪深和中国内地在中国香港上市房地产公司资本成本均值为5.28亿元和18.36亿元，分别同比增长43.87%和57.73%，投入资本规模加大和资金成本率显著上升是部分企业资本成本较高的主要因素：

一方面，随着上市公司经营规模的扩大，投入资本规模持续增加，特别是中国内地在中国香港上市房地产公司投入资本均值达253.28亿元，同比增长38.16%。这主要是源于这些在中国香港上市房地产公司拥有多元化融资渠道，在国内信贷紧缩的情况下，其充分利用发债、配售、国外银行贷款等多种方式获取资金注入，债券资本和股权资本的规模快速扩张，但并未创造相应增速的收益。另一方面，加息带来的加权资本成本率提高也是资本成本上升的主要原因。2011年央行先后三次加息，截至2011年12月31日，3~5年期贷款利率已达6.90%，房地产上市公司的平均加权资本成本率大幅提升，资本使用成本显著增加。

2012年，中央明确表示房地产调控不动摇，房地产市场的波动性仍将持续，在国内通货膨胀仍需警惕的情况下，预期人民币贷款基准利率下调空间有限。在此背景下，房地产上市公司如何有效控制投入资本规模、持续优化融资结构，并不断提高盈利质量，将是其能否稳定地为股东和社会创造财富，全面提升公司价值的关键。

（3）财务稳健性：债务压力持续加大，现金流困局待破解。

2011年，沪深及中国内地在中国香港上市房地产公司的资产负债率与有效负债率[①]持续攀升，达到4年来的高点，而货币资金与短期及一年到期借款比值却明显降低，甚至已略低于较为艰难的2008年，随着经营性现金流继续趋紧，存货规模的快速攀升，房地产上市公司的运营风险不断加大。

①有效负债水平创新高，短期偿债风险需警惕。

房地产上市公司的负债水平呈逐年上升态势：截至2011年末，沪深上市房地产公司的资产负债率均值为63.43%，较2010年提高0.24个百分点；中国内地在香港上市房地产公司的资产负债率均值为67.43%，较上年提高1.12个百分点。在沪深与中国内地在香港上市公司中，2011年末已有15家企业的资产负债

① 有效负债率能较客观反映房地产企业的真实负债情况，其计算公式为：（总负债–预收账款）/总资产。

率超过 80%，其财务杠杆的应用空间已十分有限。用剔除预收账款后的有效负债率进一步考察房地产上市公司的负债状况：2011 年，沪深上市房地产公司与中国内地在中国香港上市房地产公司的有效负债率均值分别为 50.38% 和 53.41%，皆提高 3 个百分点以上，其实际的债务压力进一步加重。

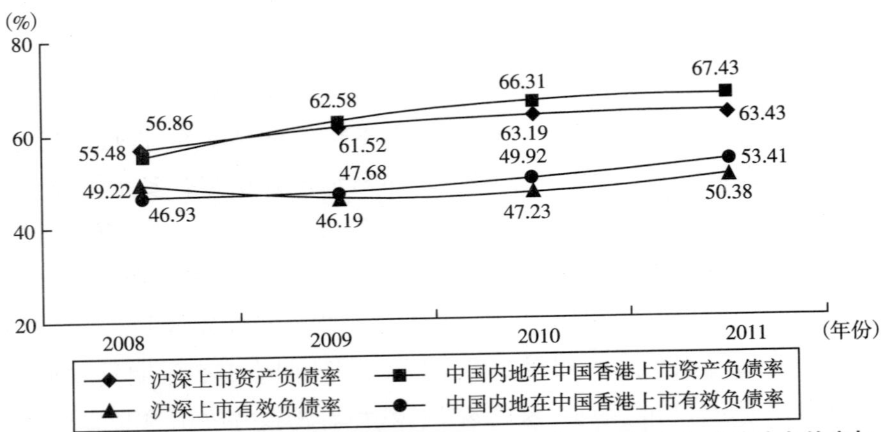

附图 2-14　2008~2011 年沪深及中国内地在中国香港上市房地产公司资产负债率与有效负债率均值

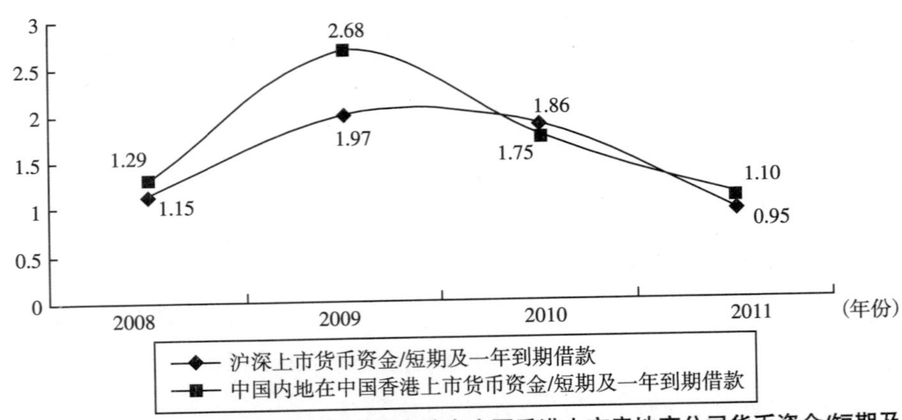

附图 2-15　2008~2011 年沪深及中国内地在中国香港上市房地产公司货币资金/短期及一年到期借款及变化情况

在负债水平攀升的同时，房地产上市公司的短期偿债能力也趋于弱化：从货币资金比短期及一年到期借款指标值来看，2011 年，沪深与中国内地在中国香港上市房地产公司该指标均值分别为 0.95 和 1.10，较 2010 年下降十分明显，且已低于 2008 年的水平，可见其以现有资金应对短期负债的能力面临较大考验。在销售放缓及融资渠道受限的市场环境下，上市房地产公司的短期偿债能力明显分化：一线龙头企业依托更均衡的业务体系，依旧保持了较好的偿债水平，万科、保利、中海及招商等公司现金与短期及一年到期借款的比率都达到 1.3 以上；但另外有近 30%的房地产上市公司该指标值小于 0.5，短期偿债能力较为脆弱，需特别警惕财务风险。

②回款减缓导致资金更趋紧张，七成公司经营现金“入不敷出”。

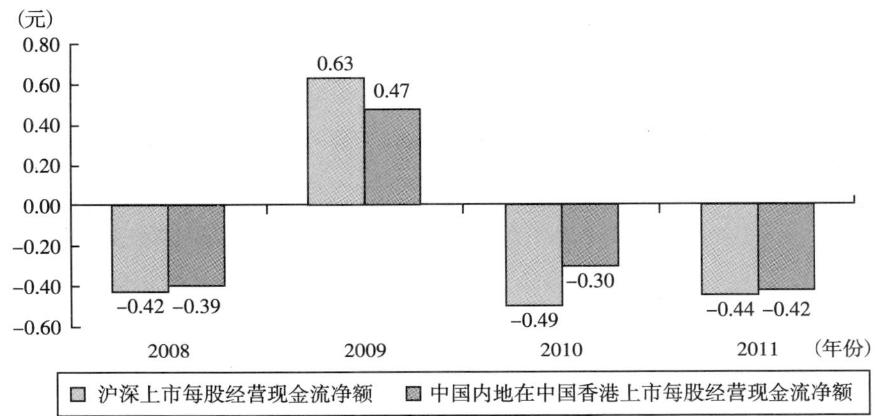

附图 2-16　2008~2011 年沪深及中国内地在中国香港上市房地产公司每股经营现金流净额

从现金流状况看，尽管 2011 年房地产上市公司通过控制拿地和工程款的支出，积极维持现金流的平衡，但销售回款的减缓仍在较大程度上影响了现金的整体流入，房地产上市公司全年每股经营现金流均值仍为负值。其中，沪深上市公司每股经营现金流均值为-0.44 元，中国内地在中国香港上市公司每股经营现金流均值为-0.42 元，略弱于 2008 年的水平，现金流趋紧状况更加突出。

从内部结构来看，沪深上市房地产公司中，2011 年每股经营现金流为负的共有 84 家，较上年增加了 13 家；而在香港上市房地产公司中，2011 年每股经营现金流为负的共有 29 家，较上年增加了 7 家：可见目前近 70%的房地产上市公司经营现金呈现“入不敷出”状况，行业整体运行风险加速累积。在这近七成经营现金流为负值的上市公司中，有两类企业的现金流风险需警惕：一些企业产品结构单一、区域布局范围狭窄，应对市场调整的策略也略显滞后，往往在调控下难以实现快速销售和资金回笼，经营风险陡增；另一些企业在市场形势较好时高价拿地、大规模开工且没有稳定融资通道的支持，目前也正经历着盲目扩张带来的经营阵痛，资金困局较难破解。

③存货规模快速攀升，资产减值风险加大。

存货规模的快速攀升也已明显影响到房地产上市公司的稳健运营：2011 年

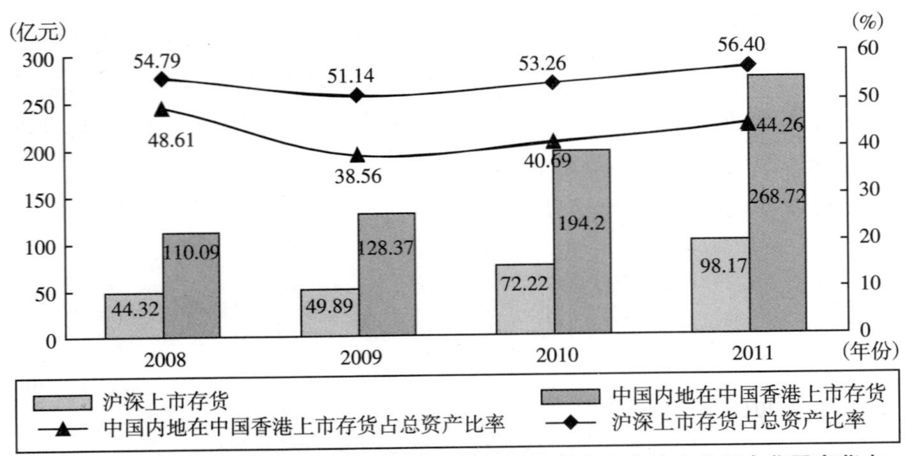

附图 2–17 2008~2011 年沪深及中国内地在中国香港上市房地产公司存货及存货占总资产比率情况

下半年以来，调控政策对销售形势的影响更加明显，沪深上市房地产公司的平均存货达 98.17 亿元，同比增加 35.93%，而中国内地在中国香港上市房地产公司的存货均值达到 268.72 亿元，同比增加 38.37%，达到近 3 年的高点，面临较大的去化压力。

从存货占比看，2011 年末中国内地在中国香港上市房地产公司中存货占总资产比率为 44.26%，而沪深上市房地产公司该指标更是增至 56.40%，达到近年来的高点。作为总资产的重要组成部分，存货占比的提高进一步削弱了房地产上市公司资产的流动性，加剧了经营风险。同时，在房地产市场波动下行的过程中，过高的存货占比也意味着资产减值风险的加大，明显影响到房地产上市公司经营规模的稳定。

按照上一年的销售情况推算，目前大多数房地产上市公司的存货足够其维持两年的销售，在政策与市场层面不发生重大变化的背景下，企业进行大规模拿地的动力不足：2012 年第一季度，万科、保利、中海、金地和龙湖等标杆上市房企的拿地规模同比明显下降，其中万科同期新增土地储备总量同比大幅减少 500 万平方米左右，现金支出得到了有效控制。未来一段时间内，房地产上市公司将更多地聚焦于深化调整价格策略、创新营销手段，以加快周转与消化库存、缓解财务压力。

(4) 投资价值：估值水平仍处低谷，龙头上市公司价值凸显。

2011 年，沪深及香港股市震荡下行，房地产板块亦出现下滑，在证监会 23 个行业分类中，房地产板块跌幅位列第五，但 2012 年以来，在一系列激励政策下，房地产板块强势回升，截至 5 月 25 日，其涨幅居所有行业之首；另外，市场深度调整后，房地产上市公司的估值水平目前也处于相对较低的区间，其市盈率与市净率存在较大回升可能，尤其是龙头上市房地产公司，投资价值愈发凸显。

①房地产上市公司市值仍处低谷，上行空间可期。

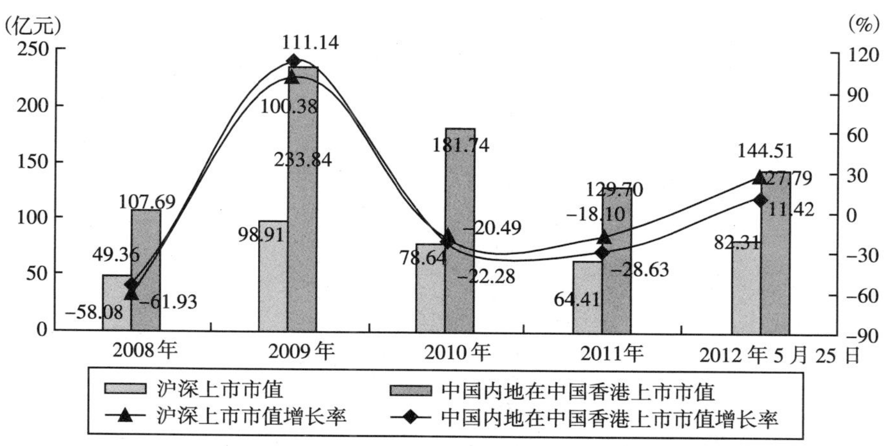

附图 2-18　2008~2012 年 5 月沪深及中国内地在中国香港房地产上市公司市值及其增长率

2011 年，中国股市整体处于结构性调整阶段，全年走势震荡下行：截至 2011 年 12 月 30 日，上证指数和深证成指分别收报于 2199.42 点和 8919.82 点，全年累计跌幅达到了 21.68%和 28.41%，点位仅高于 2008 年末，仍处于近 5 年低点；同时，受美国降评以及欧债危机的影响，外国资金纷纷流出亚洲股市，香港恒生指数自 4 月以来连续下降，全年降幅达 19.97%，成为过去三年来表现最差的一年。从房地产板块的走势来看，受政策面与基本面影响，投资者对房地产上市公司的前景持保守态度，全年地产板块未出现整体上行的机会，按证监会分类的行业比较，房地产指数全年下跌 21.91%，跌幅超过金融保险业 12.67 个百分点，在 13 个行业中跌幅排在第五，且仍处于近 5 年中较低的点位。而截至 2011 年底，沪深上市房地产公司的平均市值为 64.41 亿元，同比下降 18.10%；中国内地在中国香港上市房地产公司平均市值为 129.70 亿元，同比下降 28.63%。

2011 年底及 2012 年以来，央行三次下调存款准备金率，标志着货币政策适度微调，而且针对刚性需求的扶持基调也基本确立，房地产公司纷纷加大降价促销力度，楼市自 2 月以来明显回暖。在一系列激励下，投资者对房地产板块的止跌复苏产生了乐观预期，促动了该板块强势反弹，截至 5 月 25 日，证监会房地产板块指数较年初上涨 25.08%，在二级市场所有行业的涨幅中居于首位，房地产龙头企业万科、中海、保利等凭借良好的经营表现，市值增幅均超过了 20%，中长期投资价值凸显。

②房地产上市公司估值抑或触底回升。

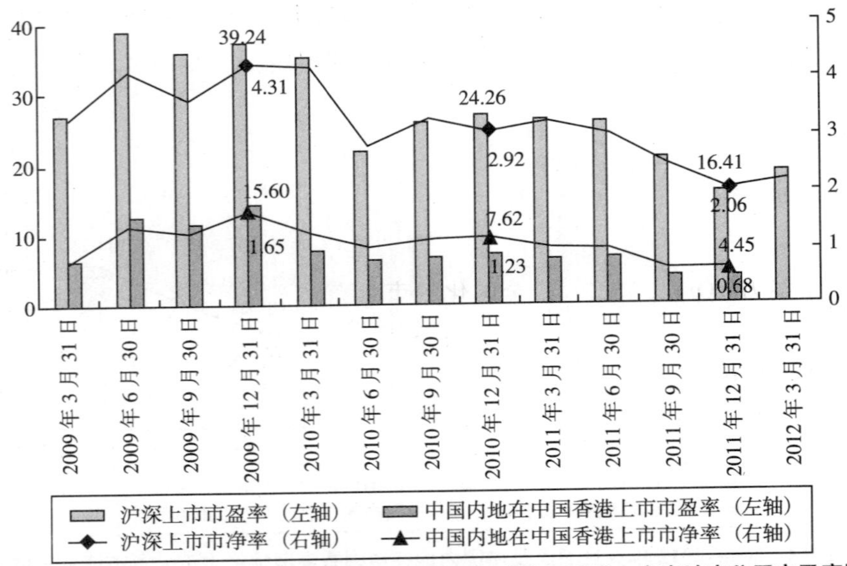

附图 2–19　2009~2012 年第 1 季度沪深及中国内地在中国香港上市房地产公司市盈率及市净率变化情况

2011 年，房地产上市公司股价持续走低，并在低位震荡，沪深及内地在港上市房地产公司的市盈率和市净率均接近 3 年来底部。沪深上市房地产公司的市盈率由上年的 24.26 下降到 16.41，中国内地在中国香港上市房地产公司的市盈率也从上年的 7.62 降至 4.45。同期，沪深及中国内地在中国香港上市房地产公司的市净率也分别下降到 2.06 和 0.68。2011 年房地产上市公司的低估值尽管反映了市场对行业基本面的担忧，但也使该板块具有较高的安全边际。因此，在政策面基本见底与股价低估的双重影响下，未来房地产上市公司有可能实现连续上扬的估值修复过程。

2011 年房地产上市公司在资本市场的分化也较为明显，其中主营业务增长良好、财务稳健的全国或地区性地产龙头企业股价涨幅较大，受到投资者普遍关注。截至 2012 年 5 月 25 日收盘，招商地产收盘价 24.20 元，较 2011 年年底的 17.49 元上涨 38.36%；保利地产收盘价 13.52 元，较 2011 年年底的 9.91 元上涨 36.43%，显示出市场波动过程中，龙头地产企业的投资价值仍持续凸显，深获资本市场认可。

鉴于房地产上市公司专业化程度的不同及应对调控策略的差异，企业间业绩的分化将进一步加剧，市场将会涌现出一批更具投资潜力的企业。一些全国及区域龙头型房地产上市公司由于在不同等级城市的均衡布局，合理推出首次置业、改善型置业等产品项目，在利润率和现金流等方面取得总体平衡，保障了未来业绩的稳定增长，如保利地产、招商地产等。另外一些房地产上市公司由于其出色的资源整合能力，实现商业物业、工业开发等多业态运作，成功对冲商品住宅回落影响，拥有广阔的成长空间，例如华夏幸福基业、金融街等企业，也值得资本市场关注。

2. 2012 中国房地产上市公司 TOP10 研究结果

（1）综合实力 TOP10。

综合实力 TOP10 企业依托全国化的市场布局和丰富的业务、产品体系，有效地分散了市场调控的风险，保持了业绩的稳定增长，各项业绩指标继续处于行业领先地位。作为行业龙头，万科、保利、华润、恒大、中海等企业不仅资产规模大幅领先于整个行业，运营管理能力也十分突出，市场份额不断扩大，行业领先地位继续巩固。

附表 2-1　2012 沪深上市房地产公司综合实力 TOP10

2012 排名	股票代码	股票简称
1	000002.SZ	万科 A
2	600048.SH	保利地产
3	600383.SH	金地集团
4	000024.SZ	招商地产
5	000402.SZ	金融街
6	000069.SZ	华侨城 A
7	600376.SH	首开股份
8	600823.SH	世茂股份
9	600340.SH	华夏幸福
10	600266.SH	北京城建

附表 2-2　2012 中国内地在中国香港上市房地产公司综合实力 TOP10

2012 排名	股票代码	股票简称
1	3333.HK	恒大地产
2	0688.HK	中国海外发展
3	1109.HK	华润置地
4	0960.HK	龙湖地产
5	2007.HK	碧桂园
6	2777.HK	富力地产
7	3383.HK	雅居乐地产
8	3900.HK	绿城中国
9	3377.HK	远洋地产
10	1238.HK	宝龙地产

2011年末，沪深上市综合实力TOP10的总资产均值为916.59亿元，每股收益（EPS）均值为0.93元，为同期沪深上市房地产公司均值的2.5倍；而中国内地在中国香港上市综合实力TOP10总资产均值则首次突破千亿元大关，实现1111亿元，每股收益（EPS）均值为1.05元，高出同期中国内地在中国香港上市房地产公司均值81.0%，资产与盈利规模稳居行业前列。

万科、保利地产坚持快速周转策略提高资金回笼速度，并发挥多元融资优势提升资金保障，营业收入同比分别增长41.5%、31.0%；恒大地产合理布局二、三线城市，精准定位首次置业者和刚性需求购房者，持续优化产品结构，2011年总资产增长71.4%，一跃成为资产规模最大的中国内地在中国香港上市房地产公司；中国海外发展全年实现销售额870.9亿港元，同比增长29.8%，净利润更是高达125.5亿元，继续保持在行业的领先地位；金融街、华夏幸福则获益于非住宅业务带来的市场机遇，借力商业地产、产业新城板块，实现综合实力的稳步增长。

（2）财富创造能力TOP10。

在市场深度调整下，财富创造能力TOP10企业积极调整策略，发挥自身资源优势和核心竞争力，或扩大经营规模，或转变业务策略，或发挥低成本优势、提高资金使用效率，有效提升了企业的财富创造能力。万科、中海、保利、招商、龙湖、新城等企业在财富创造能力方面依然表现优秀，而中粮地产也因良好的财富创造能力得以进入沪深上市房地产公司财富创造能力TOP10。

附表2-3　2012沪深上市房地产公司财富创造能力TOP10

2012排名	股票代码	股票简称
1	000002.SZ	万科A
2	600048.SH	保利地产
3	600383.SH	金地集团
4	000069.SZ	华侨城A
5	000024.SZ	招商地产
6	600376.SH	首开股份
7	900950.SH	新城B股
8	600266.SH	北京城建
9	000031.SZ	中粮地产
10	002244.SZ	滨江集团

附表 2–4　2012 中国内地在中国香港上市房地产公司财富创造能力 TOP10

2012 排名	股票代码	股票简称
1	3333.HK	恒大地产
2	0688.HK	中国海外发展
3	0960.HK	龙湖地产
4	2007.HK	碧桂园
5	1638.HK	佳兆业集团
6	1109.HK	华润置地
7	2777.HK	富力地产
8	1238.HK	宝龙地产
9	3383.HK	雅居乐地产
10	3900.HK	绿城中国

2012 沪深上市房地产公司财富创造能力 TOP10 全年的 EVA（经济增加值）均值达到 24.96 亿元，同比增长了 34.58%，是同期沪深上市房地产公司 EVA 均值的 17 倍；2012 中国内地在中国香港上市房地产公司财富创造能力 TOP10 全年 EVA 均值为 29.63 亿元，同比增长 24.09%，远高于同期中国内地在中国香港上市房地产公司的 EVA 均值，且领先优势十分明显。

恒大地产持续提升管理能力和成本控制水平，2011 年净利润再创新高，达到 117.8 亿元，同比增长 46.9%，财富创造能力实现快速提升；中国海外发展经营稳健，2011 年实现净利润 125.5 亿元，同比增长 19.34%，净利润连续两年突破百亿元，财富创造能力保持行业领先；保利地产坚持快速周转、以中小户型普通住宅开发为主的经营策略，营业利润率达 20.07%，同时保持了较好的成本费用控制能力，三项费用率仅为 5.09%；新城 B 从公司内部管理、产品研究开发、销售策略等多方面积极应对市场变化，同时进一步固化和提升产品标准化，2011 年净资产收益率达 30.73%，而三项费用率控制在 7.15%，财富创造能力再获突破；中粮地产持续强化成本控制，在保证工程质量的前提下，系统压缩工程成本，加强费用预算管理，有效提升了财富创造水平。

（3）财务稳健性 TOP10。

2012 中国房地产上市公司财务稳健性 TOP10 企业一直坚持稳健的经营策略，坚守财务纪律，适度控制发展规模与节奏，在维持企业稳健运营的态势下实现了高质量的成长，较好地控制了财务风险。万科、中海、金地、招商、龙湖、华润等企业在实现经营规模扩大的同时，持续加强财务安全管理与债务结构优化，稳健经营水平不断提高。

2012 沪深上市房地产公司财务稳健性 TOP10 每股经营现金流净额均值为

附表 2-5　2012 沪深上市房地产公司财务稳健性 TOP10

2012 排名	股票代码	股票简称
1	000002.SZ	万科 A
2	000024.SZ	招商地产
3	600383.SH	金地集团
4	600048.SH	保利地产
5	000402.SZ	金融街
6	000069.SZ	华侨城 A
7	600266.SH	北京城建
8	600325.SH	华发股份
9	600340.SH	华夏幸福
10	000961.SZ	中南建设

附表 2-6　2012 中国内地在中国香港上市房地产公司财务稳健性 TOP10

2012 排名	股票代码	股票简称
1	0688.HK	中国海外发展
2	1109.HK	华润置地
3	3333.HK	恒大地产
4	0410.HK	SOHO 中国
5	2007.HK	碧桂园
6	3377.HK	远洋地产
7	0960.HK	龙湖地产
8	0604.HK	深圳控股
9	1238.HK	宝龙地产
10	0817.HK	方兴地产

0.12 元，远远高于沪深房地产上市公司-0.44 元的均值，企业现金较为充足，有效抵御市场波动的能力明显增强；2012 中国内地在中国香港上市房地产公司财富稳健性 TOP10 资产负债率均值为 65%，企业资本结构合理，偿债风险较小。

中国海外发展的稳健运营能力一直保持在行业领先水平，近年来实行财务、资金、融资集中统一管理，现金比例及借贷水平维持合理，2011 年资产负债率仅为 59.89%，远低于行业平均水平；面对复杂的市场环境，万科仍然保持了相对良好的财务状况，2011 年，万科的净负债率只有 23.8%，其货币现金远高于短期借款和一年内到期长期借款，现金流保持在较好水平；龙湖地产则在追求高增长的同时，加强现金流管理，2011 年底的净负债率为 43.25%，继续维持了稳健运营，为企业后续的融资活动奠定了良好基础；金地则在深耕住宅产业的同时，继续推进“一体两翼”转型策略，商业地产和房地产金融协同发展，2011 年的经营性现金流净额达 15.30 亿元，整体财务状况保持良好。